Laurie Ashner / Mitch Meyerson

WENN ELTERN ZU SEHR LIEBEN

Deutsch von Lieselotte Mietzner
und Karin Petersen

Rowohlt

Die Originalausgabe erschien 1990
unter dem Titel «When Parents Love Too Much»
im Verlag William Morrow and Company, Inc.,
New York
Umschlagillustration Britta Lembke
Redaktion Dr. Wiebke Schmaltz
Lieselotte Mietzner übersetzte das Vorwort und die Kapitel 1 bis 7,
Karin Petersen die Kapitel 8 bis 13.

1. Auflage April 1991
Copyright © 1991 by Rowohlt Verlag GmbH,
Reinbek bei Hamburg
«When Parents Love Too Much»
Copyright © 1990 by Laurie Ashner and Mitch Meyerson
Alle deutschen Rechte vorbehalten
Satz Bembo (Linotronic 500)
Gesamtherstellung Clausen & Bosse, Leck
Printed in Germany
ISBN 3 498 00035 7

Für Sylvia Schwab,
deren Liebe genau richtig für mich war!
L. A.

Für meine Eltern,
die meine Träume immer unterstützten
M. M.

Inhalt

TEIL 2 : Die Eltern, die zu sehr lieben 289

Vorwort

In diesem Buch geht es nicht darum, Eltern Schuld zuzuweisen. Denn gerade Eltern gaben uns den Anstoß, es zu schreiben, indem sie uns von ihrer aufopfernden Liebe zu ihren Kindern berichteten – einer so überwältigenden Liebe, daß daraus oft schmerzliche Probleme erwuchsen.

In einer Welt, in der täglich viele Kinder mißbraucht und verlassen werden, erscheinen hingebungsvolle Eltern, die alles für ihre Kinder tun, ideal. Eltern, die zu sehr lieben, leiden jedoch in ihrem täglichen Leben ständig unter Kränkungen, Angst und Kummer, die aus der Art herrühren, wie sie ihre Kinder sehen und sich ihnen gegenüber verhalten.

Eltern, die zu sehr lieben, machen sich ständig Sorgen. Die Sorge um ihre Kinder und ihre Probleme kann so quälend werden, daß die Eltern nicht mehr essen, schlafen und an nichts anderes mehr denken können.

Wenn es ihrem Kind nützt, ist solchen Eltern nichts zu schwer. Sie erwarten so viel von ihrem Kind, daß sie ständig enttäuscht werden. Aus Angst, das Kind könnte stolpern, wenn sie es nicht sicher durch alle Klippen des Alltags steuern, lassen sie es keinen Schritt allein tun. Die Eltern betrachten die Pflichten und Verantwortlichkeiten des Kindes als ihre eigenen. Sie vernachlässigen ihre Freunde, ihre Interessen, ja selbst ihren Ehepartner, um jederzeit für das Kind dasein zu können. Sie geben, bis sie innerlich leer und erschöpft sind, doch auch das reicht nicht aus, um ihre Unruhe zu betäuben oder das Kind zu dem zu machen, was es in ihren Augen sein könnte.

Kinder aus Familien, in denen hochmotivierte Eltern ihre Kinder aus Liebe «überversorgen», werden Erwachsene, die wissen, daß sie geliebt werden. Aber sie leben zugleich mit lastenden Ängsten, Schuld- und Abhängigkeitsgefühlen, die sie emotional verkrüppeln können. Die erwachsen gewordenen Kinder, die in unserem Buch zu Wort kommen, erzählen Geschichten von hohen elterlichen Erwartungen und überbehütender Liebe, die alle Beteiligten teuer bezahlen mußten.

Niemand beschließt bewußt, seine Kinder so zu lieben, daß die Liebe sich ins Gegenteil verkehrt und destruktiv wirkt. Wie kommt es dennoch dazu?

Verhaltensmuster übergroßer Liebe werden in der eigenen Kindheit unbewußt erworben. Alle Eltern, die zu sehr lieben, leben mit der Erinnerung, daß jemand sie in ihrer Vergangenheit nicht so akzeptiert und geliebt hat, wie sie es unbedingt gebraucht hätten.

Sind Sie ein Vater oder eine Mutter, die zu sehr lieben? Dann kommen Sie wahrscheinlich aus einer Familie, in der die Menschen, von denen Sie abhängig waren, infolge von Alkoholproblemen, Gewalttätigkeit oder chaotischen Lebensverhältnissen Ihre emotionalen oder körperlichen Bedürfnisse nicht befriedigen konnten. Oder sie waren vielleicht gleichgültig und ganz von ihren eigenen Problemen in Anspruch genommen. Die Eltern oder sonstigen Pflegepersonen übersahen Sie oder verlangten so viel von Ihnen, daß nichts, was Sie taten, je gut genug war. Vielleicht liebten die Eltern Sie nur, wenn Sie Ihre eigenen Gefühle unterdrückten und fieberhaft versuchten, ihnen auf jede erdenkliche Weise zu gefallen.

Sie erlebten eine Kindheit voller Kummer und Enttäuschungen. Aber Sie versuchten dennoch immer weiter, die Ihnen vorenthaltene Liebe zu bekommen, auch wenn Ihr Bemühen vergeblich blieb. Sie entwickelten sich zu einem gewissenhaften, verantwortungsbewußten Menschen. Sie lernten, sich in Situationen zu beherrschen, in denen alle anderen sich gehen ließen. Sie lernten, Ihre eigenen Bedürfnisse zurückzunehmen. Sie wurden zu einem Menschen, der immer gibt und dabei hofft, die anderen würden ihm zum Dank die Liebe und Anerkennung geben, die er so sehr braucht.

Was Sie auch taten, es war nie genug. Ihre Kindheit hinterließ in Ihnen schließlich das Gefühl, *Sie* seien nicht gut genug. In Ihnen erwachte der Wunsch, um keinen Preis zuzulassen, daß Ihre Kinder je das gleiche empfänden.

Wenn wir unsere Kinder zu sehr lieben, ahnen wir normalerweise nicht, daß wir das aus eigener Bedürftigkeit und nicht wegen der Bedürfnisse unserer Kinder tun. Das ist am schwersten zu verstehen, vor allem, wenn unser Kind in Schwierigkeiten ist. Wir geben ihm Liebe, Geld, Aufmerksamkeit, Verständnis und Hilfe in fast zwanghafter Weise. Wir verbringen unser Leben damit, unser Kind glücklich zu machen, indem wir seine Probleme lösen. Gelingt uns das nicht, kann der Schmerz unerträglich sein. Um das schreckliche Gefühl loszuwerden, nicht gut genug gewesen zu sein, um geliebt zu werden, versuchen wir, nun wenigstens als Eltern gut genug zu sein. Da ist es kein Wunder, daß wir meinen, perfekte Eltern mit perfekten Kindern sein zu müssen.

Exzessives Fixiertsein auf das Leben und die Probleme anderer, so daß wir unsere eigenen Schwierigkeiten kaum noch wahrnehmen, nennt man Co-Abhängigkeit. Co-Abhängige bemühen sich zwanghaft, anderen zu helfen, sie zu beherrschen und Dinge für sie zu tun, die sie gut selber tun könnten. Eltern, die zu sehr lieben, sind Co-Abhängige, die ihre eigenen Bedürfnisse vernachlässigen, um sich mit ganzer Kraft auf das Leben und die Probleme ihrer Kinder zu werfen.

Wenn Sie ein Erwachsener sind, der als Kind zu sehr geliebt wurde, dann erkennen Sie Ihre Eltern in dieser Beschreibung vielleicht nicht wieder. Nach außen hin erscheinen Ihre Eltern vielleicht ungeheuer stark. Wahrscheinlich erzählen sie Ihnen nur sehr wenig aus ihrer Vergangenheit. Da Ihre Eltern sich für Sie aufopferten, wissen Sie, daß Sie geliebt werden. Sie können viele Vorteile aufzählen, die Sie hatten, weil Sie so aufmerksam umhegt wurden, und es verursacht Ihnen furchtbare

Schuldgefühle, Ihre Kindheit in irgendeiner Weise in Frage zu stellen.

Trotz alledem haben Sie doch das Gefühl, nie gut genug zu sein. Ihre Eltern erwarten wahre Wunderdinge von Ihnen, und das unablässige Umsorgt- und Beratenwerden irritiert Sie, obwohl es Ihnen gleichzeitig ein Gefühl der Sicherheit gibt. Sie fühlen sich schuldig, weil Sie so viel bekommen haben, vor allem, wenn Sie daran denken, daß Sie selber Ihren Eltern kaum etwas geben konnten. Sie sind außerordentlich selbstkritisch und so perfektionistisch, daß Sie es kaum über sich bringen, etwas Konkretes zu tun – es könnte ja nicht ganz phänomenal ausfallen. Sie wurden mit so viel Liebe und Aufmerksamkeit überschwemmt, daß Sie sich immer nur wundern, warum es Ihnen so schwerfällt, Liebe und Intimität außerhalb der Familie zu finden.

Es gibt viele andere, denen es genauso geht. Hunderte erwachsener Kinder und Eltern haben uns für dieses Buch ihre Lebensgeschichte erzählt. Die hier abgedruckten Fallgeschichten sind Sammelporträts und schildern keine bestimmten Personen, doch der Kern der einzelnen Geschichten blieb unangetastet.

Wir haben dieses Buch nicht geschrieben, um Ihnen oder Ihren Eltern vorzuwerfen, was Sie heute empfinden. Es geht vielmehr darum, die Verhaltensmuster zu erkennen und zu verstehen, die durch übermäßiges Lieben und Geliebtwerden entstehen und bei Eltern wie erwachsenen Kindern auch später noch Leid, Bitterkeit und Abhängigkeit verursachen. Unser Buch will Ihnen helfen, diese Verhaltensmuster zu ändern und dadurch frei zu werden, Ihr eigenes Leben zu leben.

TEIL 1:

KINDER, DIE ZU SEHR GELIEBT WURDEN

1. Kapitel
Das Silbertablett

«Du hast in allem das Beste verdient!»

> «Meine Eltern halten unglaublich viel von mir. Sie würden alles für mich tun. Im Vertrauen gesagt, sie tun zuviel. Jeder glaubt, wenn man in guten Verhältnissen aufgewachsen ist und so liebevolle Eltern hatte wie ich, dann hätte man nie Probleme.
> Aber ich habe in meinem Leben mehr Probleme als sonstwas. Ich habe bisher noch jede Beziehung vermasselt. Ich kriege immer sehr schnell Schuldgefühle und glaube, daß ich nichts wirklich gut mache.»
>
> Jeff, 26 Jahre

Am Anfang erscheint es uns leichter, unseren Eltern nachzugeben, als uns gegen sie zu wehren. Sie wollen ja nur unser Bestes, sie wollen uns ja nur helfen.

Ihre ständigen Telefonanrufe beweisen das: «Warum rufst du mich eigentlich nie an?» fragen sie. «Ich mache mir solche Sorgen um dich. Warum kommst du nicht öfter?» Sie interessieren sich für uns. Sie nehmen Anteil an unserem Leben. Sie brauchen uns.

Sie überschütten uns mit Ratschlägen. Hilflos lassen wir sie bei jedem Besuch über uns ergehen.

Die Post bringt uns Umschläge voller Zeitungsausschnitte. Die Artikel, die unsere Eltern uns schicken, haben Überschriften wie: DAS TÖDLICHE VIRUS, DAS IHR ARZT VIELLEICHT NOCH NICHT KENNT oder MÄDCHENMORD IN GUTER WOHNGEGEND.

In einer Welt, in der es so viele verwaiste, mißhandelte und mißbrauchte Kinder gibt, kommen wir uns undankbar und unverschämt vor, weil wir kein größeres Problem haben, als daß unsere Eltern uns zu sehr lieben.

Nichts ist unseren Eltern zu zeitraubend oder zu mühsam, wenn es uns nützt. Wenn sie könnten, würden sie uns vor jedem Kummer und jeder Kränkung bewahren. Wir brauchen nur auf sie zu hören, dann lösen sie alle unsere Probleme.

Seit unserer Kleinkinderzeit haben unsere Eltern uns immer wieder gesagt, wie viel wir ihnen bedeuten und wie wichtig unsere Fortschritte für sie sind. Sie betrachten uns mit großem Stolz – und noch größeren Erwartungen. Wir können spüren, daß sie uns unausgesetzt prüfen, unauffällig, aber mit nie erlahmender Aufmerksamkeit. Wir verdienen nur das Beste. Wie können wir uns dann damit zufriedengeben, weniger als das Beste zu leisten?

Obwohl unsere Eltern uns lieben, geben sie uns nicht unbedingt ein Zuhause, in dem wir uns verstanden, akzeptiert und verläßlich geliebt fühlen. Bei manchen von uns besteht das tägliche Zusammenleben vor allem aus bösen Worten, gereiztem Schmollen und bis zum Überdruß wiederholten Ermahnungen. Aber wir, die Kinder, stehen immer im Mittelpunkt. Unser Leben ist die Bühne, auf der unsere Eltern das Drama ihrer Hoffnungen und Träume aufführen.

Wenn wir es zulassen, machen unsere Eltern sich für immer in unserem Leben breit. Wir ertrinken in ihrer ständigen Aufmerksamkeit. Reichen wir nicht in allem an das heran, was sie von uns erwarten, schlucken wir unsere Ressentiments schuldbewußt hinunter. Wir versuchen, uns durch freche Antworten am Abendbrottisch ein wenig Spielraum zu erkämpfen. «Du kannst mich ja liebhaben», würden wir am liebsten sagen, «aber doch nicht so sehr!»

Kates Lebensgeschichte illustriert, worum es hier geht. «Meine Mutter macht mich verrückt», klagt Kate. «Mir geht es so schlecht wie noch nie in meinem Leben, aber sie macht es noch schlimmer.»

Kates Mann Jim hat ihr vor kurzem eröffnet, daß er sich scheiden lassen will. «Seit ich es meiner Mutter gesagt habe, läßt sie mich keinen Augenblick mehr in Ruhe. Den ganzen Tag ruft sie an, um mich zu warnen: ‹Paß auf, daß er nichts aus dem Haus trägt!› Oder: ‹Sorg dafür, daß du alles bekommst, was dir zusteht!›» Kates Mutter ruft Jim im Büro an, um ihn über seine Verpflichtungen gegenüber seiner Familie zu belehren.

«Ich habe sie gebeten, nicht mehr anzurufen und mich die Sache mit Jim allein ausfechten zu lassen. Zwei Tage war Ruhe, und dann fing sie wieder an. Sie hat Angst, ich könnte irgend etwas über ihren Kopf hinweg entscheiden.»

Kate, die jüngste von dreien, war schon immer Mutters Liebling. «Sie müssen meine Mutter verstehen», erklärt Kate. «Sie ist felsenfest überzeugt, daß ich nie etwas Unrechtes tun würde. Eigentlich hat sie viel mehr gemeinsam mit meinem Bruder, der sich wie sie für Bücher und Musik interessiert. Sie unternimmt mehr mit meiner Schwester, die immer in irgendwelchen Schwierigkeiten steckt und ihre Hilfe brauchen kann. Aber so, wie sie mich anschaut und mit mir redet, war mir schon immer klar, daß ich für sie was Besonderes bin. Wahrscheinlich macht ihr deswegen auch meine Scheidung so viel aus.»

Kate hatte Jim mit einundzwanzig Jahren geheiratet. «Meine Eltern richteten uns eine riesige Hochzeit aus, mit allem Drum und Dran. Aber in Wirklichkeit konnten sie sich das gar nicht leisten. Allein mein Kleid hat fast tausend Dollar gekostet. Ich weiß, daß mein Vater dafür einen Kredit aufnehmen mußte, auch wenn er es nie zugegeben hat.

Jim und ich hatten ursprünglich eine kleine Hochzeit im engsten Familienkreis gewollt, aber für meine Eltern kam das nicht in Frage. Sie sagten immer wieder, sie hätten ihr Leben lang auf diesen Tag gewartet und ich solle doch meinem Vater das Vergnügen gönnen, mich vor allen Freunden und Verwandten zum Altar zu führen. Da haben wir halt ja gesagt. Ich war am Schluß sogar froh, daß wir ihnen ihren Willen gelassen haben, aber Jim hat es ihnen nie verziehen.»

Mit der Zeit gab es immer stärkere Spannungen zwischen Jim

und Kates Mutter. «Jim nannte meine Mutter den ‹Boss›. Er sagte, sie mische sich dauernd in unsere Ehe ein. Aber meine Mutter und ich haben schon immer eine enge Beziehung gehabt. Nicht, daß wir nie streiten würden, aber ich habe immer alles mit ihr besprochen. Jim konnte das nicht verstehen, er meinte immer, ich solle ihr doch nicht alle unsere Intimitäten erzählen. Aber meine Mutter meint es bestimmt nur gut! Sie will ja nur mein Bestes.»

Nach einer verlegenen Pause erzählt Kate weiter: «Ich weiß natürlich, daß meine Mutter sich in mein Leben einmischt. Ich war einfach nie stark genug, mich dagegen zu wehren. Ich habe mich nur ein einziges Mal wirklich durchgesetzt. Als ich mich mit achtzehn bei verschiedenen Colleges bewarb, wollte sie unbedingt, daß ich mich auch bei der Brown University bewerbe. Sie fand es wichtig, daß ich auf eines der ‹besseren› Colleges ginge, wahrscheinlich, damit sie vor ihren Freundinnen damit angeben konnte. Aber ich habe mich geweigert, aufs Brown zu gehen, weil ich wußte, daß dort wirklich hart gearbeitet wird. Meine Noten in der High School waren nie berühmt. Richtig schwierige Kurse habe ich nicht gemacht. Wenn eine Lehrerin zu streng war, schickte ich meine Eltern hin, die beschwerten sich, und ich wechselte den Kurs. Bei wirklich schweren Hausarbeiten haben sie sich mit mir an den Küchentisch gesetzt und mir geholfen. Von daher hatte ich auf dem Papier tolle Noten, aber das heißt ja nicht viel. Brown hätte ich bestimmt nicht geschafft.

Aber meine Mutter war anderer Meinung. Sie hielt mich für ein Genie. Sie hatte in der Küche so eine ‹Andachtsecke› mit Zeugnissen von mir und Arbeiten, die ich geschrieben hatte, und Dutzenden von Fotos von mir an der Wand. Wenn eine meiner Freundinnen eine Cola oder sonstwas aus der Küche wollte, lief ich immer schnell selber, um es zu holen. Ich glaube, ich wäre gestorben, wenn irgend jemand das Zeugs an der Wand gesehen hätte.

Ich sagte meiner Mutter, daß ich mich auf keinen Fall für Brown bewerben würde. Aber an einem Nachmittag finde ich in der Post einen Brief von der Brown University an mich. Da lief mir die Galle über. ‹Wir freuen uns, Ihnen mitteilen zu können, daß Ihr Antrag auf Zulassung angenommen worden ist.› Meine Mutter hatte die Bewerbung in meinem Namen fertiggemacht und sogar für mich unterschrieben, sie hatte den persönlichen Lebenslauf und alles andere verfaßt.»

Die Auseinandersetzung um das passende College war die erste Schlacht, die Kate gewann. Aber das von Kate gewählte College war dann nicht ganz so, wie sie erwartet hatte. Da Kate die Einstellung ihrer Mutter zu diesem College kannte, hatte sie zu viele Schuldgefühle, um das Leben dort zu genießen – denn das wäre doch für ihre Mutter ein Schlag ins Gesicht gewesen. Schlimmer noch: Die einsame, heimwehkranke Kate verbrachte den größten Teil ihres ersten College-Jahres allein in ihrem Zimmer, von wo sie Pizzas bestellte und ihren Eltern in ihren Briefen vorlog, daß sie viele neue Freunde gefunden habe.

«Ich habe noch nie schnell Freundschaften geschlossen», sagt Kate. «Meine Mutter wollte das nie wahrhaben. Ich bin einfach schüchtern. Ich hasse Parties, aber die waren das Wichtigste an meinem College. Wenn ich als Kind nicht zu allen Geburtstagsfesten eingeladen wurde, rief meine Mutter bei den jeweiligen Eltern an und kitzelte doch noch eine Einladung für mich heraus. Ich fand das furchtbar demütigend, aber sie zwang mich hinzugehen. Seither habe ich Parties immer gemieden.»

Das zweite Jahr war noch schlimmer. Kate wechselte dreimal die Zimmergenossin, weil sie mit keiner auskam. «Im April war es so weit, daß niemand mehr mit mir sprach. Ich habe meinen Eltern nie etwas davon gesagt. Sie erzählten mir doch immer nur, wie schön und wie wunderbar ich sei. Etwas anderes wollten sie nicht hören. Aber eines Abends explodierte ich. ‹Hier ist eure wunderbare, herrliche Tochter›, schluchzte ich am Telefon. ‹Ihr erzählt mir doch immer, wie toll ich bin. Warum hassen mich dann alle außer euch?›

Meine Mutter schob alles auf mein College. ‹Aber das hab

ich dir doch gesagt!› hieß es immer wieder. Mit meinen Noten ging es unaufhaltsam bergab. Ich hatte niemanden, der mir hätte helfen können. Das Leben kam mir ziemlich ungerecht vor. Am Ende des zweiten Jahres brach ich dann das Studium ab.»

Kate ging nach Hause zurück, schuldbewußt und voller Angst, ihrer Mutter gegenüberzutreten. «Ich hatte das Gefühl, meine Eltern unheimlich zu enttäuschen. Sie erwarteten doch große Dinge von mir. Ich wußte, wie sehr mein Versagen meiner Mutter zusetzte. Was sollte sie ihren Freundinnen sagen?»

Kate schrieb sich am städtischen College ein, wo sie ihren späteren Mann Jim traf. «Zuerst ging alles ganz glatt», erinnert sie sich. «Wir hatten nie Streit. Er schien sich für alle meine Gedanken und Gefühle zu interessieren. Er stellte mir dauernd Fragen, als ob ich der faszinierendste Mensch auf der Welt sei.

Am Tag nach meinem Abschlußexamen heirateten wir. Jim war von Anfang an verschnupft, weil ich meiner Mutter mehr anvertraute als ihm. Er behauptete, ich wollte eher meine Eltern glücklich machen als ihn.

Ich war nie die Sorte Frau, die sich ganz in ihren Mann einfühlt und ihn ganz verstehen möchte. Jim monierte immer, ich interessiere mich nicht für seinen Beruf. Also, wenn er seine Anekdötchen aus seinem Büroalltag erzählte, sprang ich tatsächlich nicht an die Decke.

Am Anfang lief ich jedesmal zu meinen Eltern, wenn Jim und ich Krach hatten. Ich wußte, daß sie mich unterstützen würden. Egal, wie sehr ich Jim auch gereizt hatte – nach einer Viertelstunde bei meinen Eltern war ich wieder überzeugt, daß ich recht und Jim unrecht hatte.»

Jim hatte das Gefühl, Kates Eltern zuliebe besonders viel leisten zu müssen und doch nie recht gewürdigt zu werden. Er und Kates Mutter mißtrauten einander, was sie aber nie offen aussprachen. Die Spannung zwischen den beiden wuchs, während Kate mit ihrer Tochter Cara schwanger war. «Meine Eltern kauften mir eine komplette Babyausstattung, eine Schlafzimmergarnitur, jede Menge Spielzeug für das Baby – und viele Sachen, die ich überhaupt nicht brauchte. Jim regte sich wirklich darüber auf. Ich habe nie verstanden, warum er deswegen mit mir böse war, schließlich habe ich meine Eltern nicht um die Sachen gebeten. Sie haben sie mir von sich aus geschenkt, wie sie das immer tun. Jim meinte, er hätte gern die Babysachen gekauft, aber jetzt hätten meine Eltern ihm alles verdorben. Ich hatte nicht das Herz, Mama zu sagen, sie solle alles wieder zurücknehmen. Wir behielten die Sachen, doch sie blieben ein ständiger Streitpunkt zwischen uns.

Als ich im achten Monat mit Cara schwanger war, verlor Jim seine Stelle. Er lief tagelang mit hängendem Kopf herum und redete immer nur davon, daß er Angst habe und sich wie ein Versager vorkomme. Einmal fing er morgens sogar richtig an zu weinen. Mir war das furchtbar unangenehm, denn schließlich war ich jetzt ganz von meiner Schwangerschaft in Anspruch genommen. Außerdem fiel es mir schwer zu verbergen, daß mich seine Entlassung ärgerte. Wenn er bloß nicht dauernd davon geredet hätte! Als ich versuchte, ein anderes Thema anzuschneiden, rannte er aus dem Haus.

Nach Caras Geburt verbrachte ich viel Zeit mit meiner Mutter. Cara schrie stundenlang, und da wußte ich mir nicht anders zu helfen, als meine Mutter anzurufen, die dann immer schnell vorbeikam.

Als Cara ungefähr ein Jahr alt war, kriegte sie auf einmal sehr hohes Fieber. Mein Kinderarzt hatte mir zwar gesagt, ich solle mich nicht aufregen, das passiere bei allen Kleinkindern, aber ich verlor die Nerven, und da fuhr Mama uns schnell in die Notaufnahme. Sie hatte auch kein Zutrauen zu dem Kinderarzt.

Wir waren stundenlang in der Klinik. Keine von uns hatte daran gedacht, Jim Bescheid zu sagen. Als ich nach Hause kam, lief er herum wie ein Tiger im Käfig. Er hatte den ganzen Tag versucht, mich anzurufen, und war ausgeflippt, weil er mich nicht erreichen konnte. Er konnte es nicht verwinden, daß ich ihn nicht benachrichtigt hatte. ‹Hättest du mir denn einen

Rat geben können?› fragte ich ihn. Da starrte er mich ungläubig an und sprach wochenlang nicht mehr mit mir.

Als Cara fünf war, fing meine Mutter an, mir dauernd zu erzählen, daß sie auf eine Privatschule gehen sollte und nicht auf die normale Schule in unserem Viertel. Ich wußte, daß das Jim gar nicht recht sein würde. Hinter seinem Rücken gingen Mama und ich mit Cara zu einem Gespräch mit der Direktorin der Privatschule. Natürlich konnte Cara dieses Geheimnis nicht für sich behalten. Sie erzählte Jim alles von der freundlichen Dame in der schönen Schule. Jim ging in die Luft. Danach haben wir nur noch gestritten.

Unsere Beziehung wurde immer schlechter. Jim nannte mich ein verwöhntes Gör, das immer noch am Rockzipfel seiner Mutter hänge. Ich warf ihm vor, er sei ein schlechter Vater, dem es mehr um sein Sparkonto gehe als um Caras Ausbildung. Eines Abends packte Jim seinen Koffer und ging. Er sagte, er habe jetzt endgültig genug von mir und meiner Mutter.»

«Heute behauptet Jim, ich hätte ihn nie wirklich geliebt, sondern hätte nur selbst geliebt werden wollen», bekennt Kate. «Er lastet fast alle unsere Probleme meiner Mutter an, aber ich glaube nicht, daß das gerecht ist. Sie möchte wirklich nur helfen. Mir ist klar, daß mich nie wieder jemand so lieben wird wie sie – aber gleichzeitig hängt mir ihre Zuneigung wie ein Mühlstein am Hals. Sie wollte mich mein Leben lang immer beschützen. Ich kann ihr nicht böse sein, obwohl sie mich inzwischen ganz verrückt macht. Ich schulde ihr zuviel.»

Kates frühe Erfahrungen sind typisch für alle Kinder, deren Eltern nichts Spannenderes kennen als das Auf und Ab im Leben ihres Nachwuchses. Für Kates Mutter gab es nichts Dringlicheres als die Probleme ihrer Kinder. Voller Angst, Kate könnte ohne ihren Rat und ihre Hilfe untergehen, versuchte sie, die Tochter sicher durch alle Tiefen und Untiefen ihrer täglichen Pflichten zu geleiten.

Kates Mutter verstrickte sich in das Leben ihrer Tochter,

weil sie sie liebte und ihr eine gute Mutter sein wollte. Sie tat jedoch des Guten zuviel. Kates Mutter neigte zur Überversorgung ihrer Tochter und liebte sie zu sehr.

Was heißt «zu sehr lieben»? Sehen wir uns einmal genauer an, welche charakteristischen Eigenschaften Eltern wie die Kates von anderen Eltern unterscheiden, die auf eine gesündere Art lieben:
● Liebevolle Eltern schenken ihrem Kind Zeit, Aufmerksamkeit und Zuneigung und sorgen für sein emotionales und körperliches Wohl. Väter oder Mütter, die zu sehr lieben, verstricken sich in das Leben ihres Kindes und betrachten es als Teil ihrer selbst.
● Liebevolle Eltern wollen das Bestmögliches für ihr Kind, wissen aber zugleich, daß es keine vollkommenen Eltern gibt. Eltern, die zu sehr lieben, überversorgen und behüten ihr Kind aus Angst, als Eltern nicht gut genug zu sein, oder um ihre eigenen Kindheitsentbehrungen aufzuwiegen.
● Liebevolle Eltern ermutigen ihr Kind zu Selbständigkeit und setzen zugleich angemessene Grenzen; damit bieten sie dem Kind eine sichere Umgebung, in der es allmählich seine Autonomie entfalten kann. Eltern, die zu sehr lieben, entmutigen die Selbständigkeitsbestrebungen des Kindes. Sie versuchen, sein Denken und Handeln zu kontrollieren, und haben den unbewußten Wunsch, das Kind nach ihren allerhöchsten Erwartungen zu formen.
● Liebevolle Eltern können akzeptieren, daß ihr Kind Stärken und Schwächen hat. Sie schaffen eine Atmosphäre von Akzeptanz, die die Selbstachtung des Kindes fördert. Eltern, die zu sehr lieben, verurteilen unbewußt das Kind, wenn es ihren rigiden Erwartungen nicht entspricht. Sie nehmen dem Kind vieles ab, anstatt es zu eigenem Tun anzuleiten, weil sie Angst haben, ohne ihre Hilfe könnte das Kind versagen.
● Liebevolle Eltern sprechen direkt, offen und ehrlich mit ihrem Kind und schaffen dadurch eine sichere, vertrauensvolle Atmosphäre. Eltern, die zu sehr lieben, erzeugen oft Unsi-

cherheit und Mißtrauen, weil sie – aus dem unbewußten Wunsch heraus, das Kind zu manipulieren und zu beherrschen – indirekt mit ihm kommunizieren.

● Liebevolle Eltern hören ihrem Kind zu und zeigen in ihrem ganzen Verhalten das Bestreben, die emotionalen und körperlichen Bedürfnisse des Kindes zu erfüllen. Eltern, die zu sehr lieben, geben, weil sie sich damit unbewußt ihre eigenen unerfüllten Wünsche und Hoffnungen erfüllen wollen. Sie achten nicht darauf, was das Kind wirklich braucht.

● Liebevolle Eltern ermutigen die Stärken und Begabungen ihres Kindes. Eltern, die zu sehr lieben, kümmern sich mehr um Äußerlichkeiten und vergleichen ihr Kind ängstlich mit anderen Kindern.

Eltern, die ihre Kinder überversorgen, können reich oder arm sein, ledig, verheiratet oder verwitwet. Manche arbeiten über sechzig Stunden die Woche, andere gehen kaum einmal aus dem Haus. Die Neigung zur Überversorgung ist nicht an einen dicken Geldbeutel gebunden. Sie hängt weniger von der tatsächlich mit den Kindern verbrachten Zeit als von den Stunden ab, in denen wir in ängstlicher Sorge über ihr Schicksal nachgrübeln. Kinder überzuversorgen heißt nicht unbedingt, sie zu verwöhnen, obwohl das manchmal eine Folge davon sein kann. Es bedeutet ein starkes emotionales Überengagement, verbunden mit dem Bedürfnis, das Kind zu beherrschen. Es begünstigt eine sehr wirkungsvolle und zugleich schmerzliche wechselseitige Abhängigkeit.

Manchmal beschränkt sich die Überversorgung auf ein Kind der Familie, sei es das älteste, sei es das jüngste. Manchmal ist es das Kind mit der besonderen Begabung, es kann aber genauso das «Problemkind» treffen, das keinerlei besondere Fähigkeiten zeigt. Welches Kind überversorgt wird, hängt mehr von den Bedürfnissen der Eltern ab als von denen des Kindes.

Kates Mutter zeigte viele der charakteristischen Eigenschaften von Eltern, die zu sehr lieben. Sie «schenkte» ihrer Tochter Zeit, Aufmerksamkeit und materielle Dinge, ohne große

Rücksicht darauf, was Kate wirklich brauchte oder wollte. Sie versuchte, Kates ganzes Leben zu bestimmen, indem sie Kates Wünsche geringschätzte und ihre Abhängigkeit von sich förderte. Sie hatte Kate eine so hohe Selbsteinschätzung vermittelt, daß Kates Leben zu einer Kette von Enttäuschungen wurde, weil die anderen sie nicht so liebten und anerkannten wie ihre Eltern.

Die Liebe der Eltern ist das Fundament, auf dem das Kind seine Selbstachtung aufbaut. Ohne Zuneigung, Beachtung und Anerkennung von unseren Eltern empfinden wir uns als leer und wertlos und lernen nicht, uns selbst zu lieben. Man könnte deshalb glauben, daß unser Selbstwertgefühl um so größer sein müßte, je mehr Liebe, Aufmerksamkeit und Fürsorge wir von unseren Eltern bekommen. Für Kate stimmt das Gegenteil. Wie bei den meisten Kindern, die zu sehr geliebt werden, half es Kates Selbstachtung nicht auf, daß ihre Mutter sie ihr Leben lang ängstlich am Gängelband führte. Ihr Selbstwertgefühl wurde untrennbar mit der Zustimmung der Mutter verknüpft. Kate fühlte sich sicher, wenn sie ihrer Mutter gefiel. Je mehr ihre Mutter sie beherrschte, desto passiver wurde sie.

Im Zusammenleben mit ihren Eltern hatte Kate nie gelernt, eine Beziehung emotional mitzutragen und sich für ihr Weiterbestehen verantwortlich zu fühlen. Im Licht von Kates frühen Erfahrungen überrascht es nicht, daß es in ihrer Beziehung zu Jim schon sehr bald zu kriseln anfing. Als Kate Jim kennenlernte, brachte sie nichts in die Beziehung ein als ein paar von ihren Eltern abgeguckte oberflächliche Vorstellungen davon, was Lieben und Geliebtwerden heißt. Kates überwältigende Angstgefühle, als Jim in ihrer Gegenwart weinte, und ihre fehlende Bereitschaft, auf ihn einzugehen, zeigen, daß sie emotional in der Beziehung nicht anwesend war. Kate sah in Jim bloß den Ernährer, der sie versorgen sollte, ohne viel für sich selbst zu verlangen. Heute versteht Kate, daß sie Jim geheiratet und ein Kind von ihm bekommen hat, ohne wirklich eine echte Beziehung zu ihm zu entwickeln. Ihre Abhängigkeit von der

Mutter, die allzu enge Beziehung zu ihr ließ keinen Raum mehr für Jim.

Nicht alle Kinder lassen sich so willig von ihren Eltern beherrschen wie Kate. Viele begehren auf, kehren aber immer wieder reuevoll zurück, wenn ihre Schuldgefühle zu stark werden. Aber die Rebellen wie die Gefügigen zahlen einen hohen Preis dafür, als Kind überversorgt gewesen zu sein.

Wenn unsere Eltern sich in uns spiegeln und versuchen, uns nach ihren höchsten Erwartungen zu formen; wenn sie sich in unsere alltäglichen Freuden und Leiden einmischen, für uns kämpfen und uns vor Kummer bewahren; wenn sie uns mehr Beachtung geben, als wir brauchen und wollen; wenn sie sich für die Erfüllung unserer Pflichten verantwortlich fühlen – dann bekommen wir von ihnen widersprüchliche Signale, auf die wir widersprüchlich reagieren. Wir lernen, eine «Star»-Rolle zu übernehmen, aber wir lernen nicht, wir selbst zu sein und um das zu bitten, was wir brauchen. Wir lernen, uns von anderen leiten zu lassen, doch wir werden zu ängstlich, um selbst Initiative zu entfalten oder unseren Impulsen zu vertrauen. Wir lernen, wie wir es anstellen müssen, uns Aufmerksamkeit zu sichern, aber wir sind unfähig, uns klar und direkt mit anderen zu verständigen. Wir sind Meister darin, in Beziehungen «gut dazustehen», doch wir haben Angst davor, uns auf wirkliche Intimität einzulassen.

Von unserer Kinderzeit bis zum Erwachsenenalter entwickeln wir einen bestimmten Verhaltensstil und eine Reihe von Selbstdefinitionen. Die folgenden Eigenschaften sind typisch für Menschen, die wie Kate als Kinder überversorgt wurden. Wenn Sie mit erstickender Aufmerksamkeit, übermäßiger Fürsorge und unrealistisch hohen Erwartungen großgeworden sind, dann treffen einige der nachstehend aufgeführten Eigenschaften wohl auch auf Sie zu:

Sie haben Probleme mit engen
zwischenmenschlichen Beziehungen

Unsere Beziehungen leiden unter zwei Extremen: einerseits Bedürftigkeit, andererseits dem unbewußten Wunsch, Menschen, die uns zu nahe kommen, auf Distanz zu halten. In jedem Fall erreichen wir das Erwachsenenalter mit dem Gefühl, daß die Nähebedürfnisse anderer Menschen (oder unsere eigenen) bedrohlich sind.

Wir suchen nach Intimität und haben gleichzeitig Angst davor. Von unseren Eltern haben wir gelernt, daß Liebe immer mit hohen Erwartungen gekoppelt ist. Was, wenn wir nicht so sind, wie unser Partner es erwartet? Werden wir nicht zurückgestoßen werden, wenn wir jemanden zu nahe an uns heranlassen und dann nicht in jeder Hinsicht so sind, wie der andere uns will? Und wenn wir die Wünsche des anderen erfüllen können, werden wir dann nicht durch Zuneigung erstickt?

Wir stoßen andere Menschen ab, indem wir entweder zu bedürftig und abhängig sind oder sie mit kühler Überlegenheit auf Distanz halten. Wie wir auch immer vorgehen, das Resultat ist das gleiche: Wir sehnen uns nach Intimität, haben aber zuviel Angst, um sie wirklich zu erleben.

Sie dürsten nach
dem Beifall der anderen

Menschen, die als Kind überversorgt wurden, wollen es oft zwanghaft jedem recht machen. Sie sind empfänglich für die Bedürfnisse anderer und setzen alles daran, «gut dazustehen».

Als Kinder maßen wir unseren Selbstwert daran, wieviel Bestätigung wir von unseren Eltern bekamen. Von innen heraus konnten wir uns noch nicht selbst bestätigen. Unsere Selbstachtung hing ganz von Lob und Anerkennung unserer Eltern ab. Da unser «Selbst-Empfinden» (das Wissen darum, wer wir ungeachtet unserer Leistungen und Talente sind) schwach blieb, verlagerten wir diese Abhängigkeit später auf andere Menschen.

Wir warten ständig darauf, daß andere uns gut finden – aber nur durch die Bestätigung anderer zu leben ist gefährlich. Oft bekommen wir die ersehnte Bestätigung nicht. Die meisten Leute nehmen uns einfach nicht so wichtig, wie unsere Eltern es taten. So ist die Realität, auch wenn sie uns immer wieder enttäuscht.

Sie fühlen sich immer schuldig, selbst wenn Sie gar nicht verantwortlich sind

«Ich habe ständig Schuldgefühle!» ist ein immer wieder zu hörender Stoßseufzer von Menschen, die als Kind überversorgt worden sind. Von klein auf haben sie erlebt, daß ihre Eltern alles für sie taten. Die Eltern gaben ihnen materielle Dinge, Geld, Kleider, Essen, Wohnung. Sie gaben ihnen noch mehr Aufmerksamkeit und Zuwendung – sie schenkten ihnen ständig so viel Beachtung, daß es den Kindern fast die Luft abschnürte. Eltern, die es so maßlos lieben, meint das Kind etwas schuldig zu sein.

Wenn wir das erlebt haben, meinen wir, unseren Eltern für all ihre Liebe nur dadurch etwas zurückgeben zu können, daß wir brave kleine Jungen und Mädchen sind. Wir glauben, uns nie über unsere Eltern ärgern zu dürfen, weil sie doch so viel für uns getan haben. Wir lernen, alle negativen Gefühle zu unterdrücken, da sie unsere Eltern verletzen könnten. Wir haben das Gefühl, daß wir unseren Eltern zu Gefallen etwas leisten müssen, damit sie auf uns stolz sein können. Gelingt uns das nicht, quälen uns enorme Schuldgefühle.

Sie finden das Leben ungerecht

Das überversorgte Kind merkt schon früh, daß die Welt draußen es nicht so bewundert, wie seine Eltern es getan haben. Die Folgen sind Enttäuschung und innere Unsicherheit.

Nur wenige von uns können die hochgespannten Erwartungen unserer Eltern erfüllen. Dadurch fangen wir an, unsere eigenen Erfolge anzuzweifeln. Hatten unsere Eltern uns nicht immer wieder gesagt, daß wir zu Großem bestimmt seien und nur die Hände auszustrecken brauchten, um uns alles zu nehmen, was das Leben zu bieten hat? Wenn die Welt uns nicht in jeder Weise zufriedenstellt, so wie unsere Eltern es uns versprochen haben, finden wir das Leben ungerecht.

Sie können anderen Menschen nicht vertrauen

Menschen, die als Kind zu sehr geliebt wurden, können anderen nur schwer vertrauen. Wir trauen entweder gar niemandem oder betrachten die wahren Motive unserer Mitmenschen mit so viel Naivität, daß wir ihnen alles glauben, bis sie uns dann bitter enttäuschen.

Warum ist Vertrauen ein solches Problem für uns? Das Grundgefühl des Vertrauens oder Mißtrauens gegenüber anderen entsteht schon in der frühen Kindheit. Auf bewußter und unbewußter Ebene entscheiden wir immer wieder, ob wir die Welt als sicher betrachten oder nicht.

Mütter und Väter, die ihre Kinder überversorgen, tun das aus Sorge um das Wohlergehen des Kindes. Sind die Eltern zu beherrschend und treffen alle Entscheidungen für das Kind, dann bekommt es die Botschaft: Meine Entscheidungen sind nicht gut genug. Ich kann mir selbst nicht trauen. Wenn die Eltern das Kind überbehüten und ihm immer wieder sagen, wie gefährlich die Menschen und Dinge in seiner Umgebung seien, dann beginnt es zu glauben: Ich kann anderen nicht trauen.

Dieses elementare Unsicherheitsgefühl durchdringt unsere Persönlichkeit und begleitet uns durch unsere Kindheit. Sobald wir mit Gleichaltrigen zusammentreffen, wird unser Vertrauen vielleicht noch mehr erschüttert. In den ersten Kindheitsjahren haben unsere Eltern uns zu verstehen gegeben, wir seien etwas Besonderes und hätten ständige Beachtung verdient. Wenn wir jetzt über den engsten Familienkreis hinauskommen, merken wir zu unserer Enttäuschung, daß die übrige Welt nicht immer dieser Meinung ist. Wem also sollen wir trauen? Wir projizieren unser grundlegendes Mißtrauen auf die Außenwelt, was sie noch bedrohlicher erscheinen läßt. Wir mißtrauen Menschen und Chancen, fürchten Kritik, Zurückweisung und körperliche Übergriffe.

Sie wollen immer alles im Griff haben

Immer Herr der Lage zu sein ist Ihnen äußerst wichtig. Da überversorgte Erwachsene so lange von ihren Eltern beherrscht worden sind, üben sie jetzt oft rigide Selbstbeherrschung, um die anderen auf Abstand zu halten.

Als kleine Kinder sind wir ganz von unseren Eltern abhängig. Verläuft die Entwicklung normal, dann können wir unsere Kräfte erproben und unsere Fähigkeiten in neuen Situationen testen. Manches gelingt, manches mißlingt uns. Wir lernen aus unseren Fehlern.

Bei überbehütenden Eltern dürfen wir jedoch nichts wagen. In ihrem Beschützerdrang greifen sie zu weit in die Ereignisse unseres Lebens ein. Damit uns nur ja niemand ein Leid antut, halten sie uns von möglichen Bewährungsproben fern – wir könnten ja versagen oder frustriert werden.

Das kann dazu führen, daß wir uns recht hilflos vorkommen. Um dieses Gefühl abzuwehren, müssen wir alles im Griff haben und können anderen gegenüber sehr bestimmend sein. Oft versuchen wir, andere auf passive Art zu beherrschen, indem wir uns ihnen entziehen. Autoritätsfiguren leisten wir passiven Widerstand, rebellieren aber innerlich um so heftiger gegen sie. Diese Haltung schlägt sich in dem Mißtrauen nieder, das die meisten von uns unserem Chef, den Lehrern unserer Kinder und der Regierung gegenüber empfinden. Wir finden es schwierig, «im Team» zu spielen. Für uns allein, wenn wir alle Fäden in der Hand halten, kommen wir viel besser voran.

Immer wenn wir uns gehenließen, wurden wir von dominierenden Eltern in Liebe erstickt und überbehütet.

Als Erwachsene «erwarten» wir deshalb, daß die anderen immer noch genauso reagieren. Das rigide, beherrschende Auftreten, das viele von uns zeigen, gibt uns die Illusion, selbstsicher und stark zu sein, aber es sorgt zugleich für Distanz und Konflikte in unseren Beziehungen.

Sie haben Schwierigkeiten, ein Vorhaben zu Ende zu bringen

Kinder, die mit den unrealistischen Erwartungen ihrer Eltern überschüttet wurden, werden oft Träumer, die große Pläne machen und detaillierte Vorhaben ausmalen, sie aber nie ausführen. Aus irgendeinem Grund vollenden sie nie, was sie anfangen.

Das wird verständlich, wenn wir daran denken, daß es Segen und Fluch zugleich ist, in einer bevorzugten Sonderstellung aufzuwachsen. Einerseits fühlten wir uns von unseren Eltern beschützt und umsorgt. Andererseits erfuhren wir, daß wir nie für etwas geradezustehen brauchten, wenn wir angefangene Vorhaben einfach liegenließen.

Unsere Eltern machten unsere Hausarbeiten fertig, legten unsere Streitigkeiten bei, fanden Arbeitsstellen und Freunde für uns und ließen ihre Beziehungen spielen, um uns zu helfen. So kamen wir zu der Überzeugung, daß die Dinge immer wie durch Zauberei für uns erledigt würden. Heute fangen wir Projekte an und warten dann auf den guten Geist, doch der kommt nicht mehr. Erwachsene, die als Kinder überversorgt wurden, erkennt man an Ordnern, Schubladen und Notizbüchern voller unvollendeter Gedichte, Listen zu erledigender Dinge, Ideen und Pläne, die nie ausgeführt werden.

Das Auf-die-lange-Bank-Schieben wurde unsere Achillesferse, seit wir die Botschaft verinnerlichten, daß wir allein doch nicht viel zustande bringen und ständig Unterstützung brauchen. Oder es begann damit, daß wir uns so hohe Erwartungen zu eigen machten, daß bei jeder Aufgabe der Mißerfolg schon programmiert schien. Heute gehen wir deshalb lieber auf Nummer Sicher. Wir meiden Risiken, Ablehnung und Verantwortung, indem wir selten zu Ende bringen, was wir angefangen haben.

Sie neigen dazu, sich selbst herabzusetzen

«Jedesmal, wenn ich einen Fehler mache, zerreiße ich mich innerlich», sagt eine Klientin, die überversorgt wurde. Menschen, die als Kind zu sehr geliebt wurden, sind selbst ihre schärfsten Kritiker. Ständig fühlen sie sich von anderen begutachtet, vor allem von ihren Eltern. Was sie auch erreichen, es ist nie gut genug.

Warum gehen wir so erbarmungslos mit uns selber um, obwohl wir doch als Kind so viel bekommen haben und so sehr gelobt worden sind? Wir standen damals im Rampenlicht. Wir glaubten, es läge an uns, ob sich die Hoffnungen und Träume unserer Eltern verwirklichen oder zerschlagen.

In der frühen Kindheit übernahmen wir eine Menge «Soll-Vorschriften» von unseren Eltern: Wir sollten Ärztin werden oder Rechtsanwalt. Wir sollten in der Schule gute Noten bekommen. Wir sollten beliebt sein. Wir sollten immer fröhlich sein. Bald brauchten unsere Eltern uns nicht mehr zu sagen, was wir tun und lassen sollten – wir hörten in uns eine Stimme, «den inneren Kritiker», die uns alles sagte. Diese Stimme unterlegte geradezu höhnisch alles, was wir taten, mit einem negativen Kommentar.

Erwachsen geworden, verfeinern wir die kritischen Signale, die wir als Kind aufgenommen haben: «Das kannst du nicht, laß mich das mal machen!» wird zu: «Allein schaffe ich das sowieso nie». «Ich mag dich, wenn du ein artiges Mädchen bist!» hörten wir früher. Heute sagen wir uns: «Ich werde nur geliebt, wenn mir alles gelingt. Ich muß tadellos aussehen und alles perfekt machen, sonst bin ich ein Versager.»

Eine unerbittliche innere Stimme wird durch unsere negativen Gedanken am Leben gehalten und untergräbt unsere Selbstachtung, macht uns depressiv und bringt uns dazu, Menschen und Möglichkeiten aus dem Weg zu gehen.

Sie haben unbewußt das Gefühl, «berechtigt» zu sein

Sie sind die ersten, die ein nicht ganz tadelloses Gericht im Restaurant zurückgehen lassen, sich über schlechte Bedienung beschweren oder einen besseren Platz verlangen: Menschen, die zu sehr geliebt wurden, haben als Erwachsene das – oft unbewußte – Gefühl, überall das Beste beanspruchen zu können.

Als Kind wurde uns so oft eine Extrawurst gebraten, daß wir bald glaubten, das sei die Regel. Da man uns Sonderrechte, materielle Gaben und Beachtung auf dem Silbertablett servierte, glauben wir heute, so müsse es sein im Leben.

Wir gehen Beziehungen ein in der unbewußten Erwartung, daß der andere uns genauso behandelt, wie es unsere Eltern früher taten. Damit beschwören wir große Enttäuschungen herauf. Wenn wir ins Zimmer kommen, ohne daß uns jemand bemerkt, sind wir verdutzt. Wenn wir traurig sind und uns keiner fragt, was wir denn haben, fühlen wir uns betrogen. Wenn wir eine bestimmte Position oder das gewünschte Gehalt nicht bekommen, verstehen wir die Welt nicht mehr.

Unsere Enttäuschung wächst, und wir sehen uns nach Beziehungen um, in denen wir uns so geborgen fühlen können wie früher bei unseren Eltern. Wahrscheinlich wählen wir einen fürsorglichen, opferbereiten Partner. Solche ungleichen Beziehungen enden jedoch meist in erbitterten Kämpfen.

Sie können nicht genießen

«Wozu die Aufregung?» fragt das erwachsen gewordene Kind. Als Kinder bekamen wir Zustimmung, wenn wir unsere Gefühle unterdrückten und uns «beherrscht» verhielten. Gefühlsausbrüche fanden unsere Eltern peinlich und bedrohlich.

Heute haben wir Angst vor unseren Gefühlen und warten schon auf kritische Reaktionen. Selbst in den glücklichsten Momenten verlieren wir nie das Gefühl der Freudlosigkeit. Wir wagen nicht, uns dem Augenblick hinzugeben. Das Leben ist eine verdammt ernste Angelegenheit! Überversorgte Kinder neigen als Erwachsene dazu, sehr kopfbetont zu leben und sich und andere ständig zu analysieren.

Sie können sich
nur schwer entscheiden

«Ich kann mir noch nicht mal meine Kleider selbst kaufen», vertraute eine Frau uns an. «Ich frage immer meine Mutter um Rat. Wenn man das als Dreißigjährige noch macht, ist es doch ziemlich bedenklich.»

Entscheidungen zu fällen, und sei es auch nur in den elementarsten Dingen, jagt dem überversorgten Kind Unsicherheit und Angst ein. Es sucht den «Segen» anderer, selbst wenn die beste Lösung klar auf der Hand liegt.

Eltern, die ihr Kind aus übergroßer Liebe zu sehr beschützen, wollen ihm oft «helfen», indem sie ihm Entscheidungen abnehmen. Oft rächt sich diese Art der Fürsorge bitter.

Wenn unsere eigene Entscheidungsfähigkeit durch die nimmermüde Hilfsbereitschaft unserer Eltern sabotiert wird, erfahren wir indirekt, daß es auf unser Urteil nicht ankommt. Wir lernen nicht, unserer Intuition und unserem Urteil zu vertrauen.

Solche Kindheitserfahrungen machen uns als Erwachsene ambivalent. Wir suchen nach einem Retter, der uns alle Entscheidungen abnimmt. Oft suchen wir uns einen Partner, der die Elternrolle übernimmt. Obwohl erwachsen, finden wir uns dann in der Rolle des Kindes wieder.

Sie fürchten den Erfolg

Überversorgte Kinder haben oft große Schwierigkeiten im Arbeitsleben. Nach einer Phase des Sich-treiben-Lassens gehen sie erst spät an den Start. Oft stehen sie sich selbst im Weg. «Wer aufsteigt, kann tief fallen!» – mit diesem Spruch versuchen sie zu rechtfertigen, daß sie viele Chancen ungenutzt verstreichen lassen. Sie glauben, wenn sie einmal Erfolg haben, werde man gleich noch Größeres von ihnen verlangen und damit ihre Unfähigkeit enthüllen.

Daß andere etwas von uns erwarten, gehört zum Leben. Aber Menschen, die ihr Leben lang über die Hürden enormer elterlicher Erwartungen gesprungen sind, reagieren allergisch, wenn jemand von ihnen verlangt, sie sollten noch mehr tun.

Erfolg macht Ihnen auch deshalb angst, weil er dazu zwingt, Verantwortung für sich selbst zu übernehmen. Als überversorgtes Kind wurde Ihnen mit all der elterlichen Liebe die Botschaft vermittelt, daß man immer für Sie sorgen werde. Da liegt die Versuchung nahe, sich ein Leben lang von den Eltern beschützen zu lassen.

Erfolg hat nur, wer risikofreudig und selbständig ist. Sich von Ihren Eltern abzunabeln und auf eigene Faust Erfolg zu haben, kommt Ihnen vielleicht so vor, als müßten Sie ohne Netz am Trapez artistische Kunststückchen vorführen. Wenn wir das sichere Netz unserer Eltern verlassen und uns emotional von ihnen lösen, könnten wir böse auf die Nase fallen. Wann hätten wir je gelernt, uns aus eigener Kraft wieder aufzurappeln? Da ist es doch besser, sich gar nicht erst ans hohe Trapez zu wagen!

Sie sind anfällig für Eßstörungen

Bulimie, Anorexie und Fettleibigkeit sind unter überversorgten Menschen weit verbreitet. Die Gewohnheit, emotionale Bedürfnisse durch Essen zu befriedigen, kann zu Eßstörungen disponieren.

Wenn unsere Eltern sich in unser Leben verstricken, wachsen wir ohne den nötigen eigenen emotionalen «Spielraum» auf. Da unsere Grenzen nicht respektiert werden, können wir kein Empfinden für unsere Autonomie und Selbständigkeit entwickeln. Wir erkennen nicht mehr, was wir sind und was die anderen.

Ängstliche Fürsorge und überbehütende Zuwendung können so weit gehen, daß wir uns vergewaltigt fühlen. Manchmal werden die Erwartungen unserer Eltern unerträglich. Je stärker wir mißachtet und in unseren wahren Bedürfnissen übergangen werden, desto dringlicher wollen wir endlich gehört und als das, was wir sind, bestätigt werden.

Schließlich geht es uns nur noch darum, unserer Angst vor Nähe zu entkommen. Eine Möglichkeit, unsere Angst zu betäuben, besteht darin, uns zwanghaft aufs Essen zu fixieren. Wir denken an nichts anderes mehr und trotzen damit unseren dominierenden Eltern einen kleinen Freiraum ab. Nur noch ans Essen zu denken, kann auch bedeuten, daß wir versuchen, uns in ein Schneckenhaus zurückzuziehen. Wenn wir übergewichtig werden oder furchterregend abmagern, halten wir damit die anderen auf Abstand.

Sie lieben Ihre Eltern zu sehr

Vielleicht haben Sie beim Lesen dieses Buches ein unbehagliches Gefühl. Vielleicht löst es in Ihnen Wut aus, oder Angst, oder den Drang, Ihre Eltern zu beschützen. Sie wollen sie wahrscheinlich in Schutz nehmen, ihr Verhalten rechtfertigen und erklären, sie verteidigen und ihnen verzeihen, weil Sie sie lieben und weil Ihnen das, was Sie hier lesen, zu kritisch vorkommt.

Sehen wir uns diesen Drang, unsere Eltern zu verteidigen, einen Augenblick genauer an.

Wir neigen dazu, unsere Eltern als schwach, zerbrechlich, depressiv, verwirrt oder unglücklich zu sehen. Warum klammern wir uns an diese Sehweise? Sicher sind unsere Eltern manchmal unglücklich. Selbstverständlich ist ihr Tun nicht über alle Kritik erhaben. Aber sie sind wohl kaum so schwach und bedürftig, wie wir sie sehen. Immerhin haben sie zwanzig oder mehr Jahre einen Haushalt geführt, sind ihrem Beruf nachgegangen, haben Kinder aufgezogen, Freundschaften geschlossen, Ferien geplant, sind jeden Morgen aus dem Bett aufgestanden und haben mehr durchgemacht, als wir ahnen. Jeder andere würde sie als stark, kompetent und vital betrachten. Wir aber finden sie schutzbedürftig und kommen ihnen schnell zu Hilfe.

Wenn es Sie beunruhigt und Ihnen Schuldgefühle verursacht, wenn Sie die Beziehung zu Ihren Eltern in Frage stellen, dann bedenken Sie einmal folgendes: Sie können die Beziehung zu Ihren Eltern überprüfen, ohne sie dadurch gleich zu beenden. Sie können sich fragen, warum Sie Ihre Eltern immer noch so sehr lieben, obwohl es Sie wütend und traurig macht, wenn Sie hinter den Erwartungen Ihrer Eltern zurückbleiben. Sie können untersuchen, warum es Sie so bedrückt, wenn Sie gegen Familientraditionen verstoßen, und warum Sie dennoch die Bindung an Ihren Vater und Ihre Mutter nicht lockern. Sie können sich mit Ihren Schuldgefühlen und Ihrem ständigen Hunger nach elterlicher Bestätigung auseinandersetzen, ohne Ihre Eltern zu verraten.

Sie können lernen, Ihre Eltern zu lieben, ohne sich selbst zu verlieren. Damit geben Sie Ihren Eltern die Möglichkeit, das gleiche zu tun.

Der erste Schritt besteht darin, Ihre Eltern realistischer zu sehen. Ihre Eltern sind stärker, als Sie denken. Daß Sie als Kind überversorgt worden sind, ist keineswegs ohne Ihr Zutun geschehen, im Gegenteil. Sie sind genauso dafür verantwortlich. Sie und Ihre Eltern sind wechselseitig voneinander abhängig. Ihre Eltern haben Sie zu sehr geliebt und dadurch genausoviel Schweres erlebt wie Sie selber, die Sie Ihre Eltern zu sehr geliebt haben.

Eine Beziehung besteht immer aus zwei Menschen, aber schon einer genügt, um die Beziehung zu verändern. Unsere Eltern können es aushalten, wenn wir unsere Beziehung zu ihnen untersuchen und fragen, was sie für uns und für die Eltern bedeutet hat.

Wenn Sie sich vielleicht auch nicht in allen oben angeführten Charakterzügen wiedererkennen können, so wahrscheinlich doch in einem großen Teil davon. Sie können sicher sein, daß Sie nicht die oder der einzige sind! Wer als Kind zu sehr geliebt wurde, zeigt die beschriebenen Eigenschaften in mehr oder weniger ausgeprägter Form.

Die Kindheit heil zu überstehen, ist selbst in der besten Familie eine schwierige Aufgabe. Manchmal sabotieren Eltern gerade durch ihre guten Absichten indirekt die Stärke und Selbstsicherheit ihrer über alles geliebten Kinder. Manchmal kettet unsere eigene Bedürftigkeit uns noch immer an unsere Eltern, obwohl wir eigentlich schon lange auf eigenen Füßen stehen sollten.

Wenn es so ist, brauchen wir Unterstützung von außen, um uns ändern zu können. Nur wenn wir rückhaltlos erforschen, wie und warum wir zu sehr geliebt worden sind, können wir darangehen, unsere Kindheitserfahrungen zu überwinden und uns zu ändern.

Dieses Buch fordert nicht dazu auf, undankbar zu sein und

unsere Eltern, die uns so viel gegeben haben, an den Pranger zu stellen. Es möchte uns auch nicht dazu bringen, umgekehrt alle Schuld nur bei uns zu suchen. Dieses Buch handelt davon, wie wir uns selbst akzeptieren, verstehen und ändern können.

2. Kapitel
Das verwöhnt-vernachlässigte Kind

«Wir haben dir doch alles gegeben.»

«Jeden Monat kommen mit der Post Schecks von meinem Paps. Ich schicke sie ihm zurück, aber er schickt mir immer wieder neue. Meine Freunde sagen, ich sei verrückt, weil ich das Geld nicht annehme. Es ist schwer zu erklären, aber an alles, was er mir schenkt, sind einfach zu viele Bedingungen geknüpft. Er würde mir alles auf der Welt schenken, wenn ich es wollte – nur nicht die Freiheit, ich selber zu sein.»

Karen, 21 Jahre, Sekretärin

Wahrscheinlich gibt es kein Wort, das mit zwiespältigeren Gefühlen, mit mehr Pflichtbewußtsein oder gar untergründigem Ressentiment ausgesprochen wird als das Wort «Danke», wenn wir es zu unseren Eltern sagen. Wenn wir mit umherschweifendem Blick von einem Fuß auf den anderen treten und «Danke, Mutter! Danke, Vater!» murmeln, fühlen wir uns auf einmal wieder klein und verlegen wie Fünfjährige.

Woher kommt das? Wir wissen genau, was wir unseren Eltern schulden. Niemand hat unsere Achtung mehr verdient als sie, die uns so sehr geliebt haben. «Liebe» war für sie gleichbedeutend mit «Geben». Was sie nicht hatten, konnten sie uns nicht geben, aber sie taten alles, um uns das in ihren Augen Notwendige zu geben.

Wahrscheinlich müssen wir lange suchen, bis wir noch einmal jemanden finden, der uns so bereitwillig beschenkt und umhegt. Und trotzdem ist es schwierig, «danke» zu sagen. Sind wir verwöhnt und undankbar? Oder haben wir zuviel bekommen?

Alle Eltern schenken ihren Kindern Zeit, Aufmerksamkeit und materielle Dinge, doch Eltern, die zu sehr lieben, geben zuviel. Wie kann man zuviel geben? Tracy, eine vierunddreißigjährige Lehrerin, berichtet aus ihrer Kindheit, als selbstlose Eltern sie mit ihrer Liebe und Fürsorge überschütteten:

«Meine Mutter hatte wirklich nicht viel von ihrem Leben. Sie gehörte nicht zu den Frauen, die sich in Wohltätigkeitsvereinen engagieren oder mit ihren Freundinnen kegeln gehen. Ihr ‹Hobby› waren wir.

War es mir langweilig, dann legte sie alles beiseite und ging mit mir in den Zoo oder einkaufen oder ins Kino. Sie sagte nie: ‹Warum rufst du nicht deine Freundin an?› oder ‹Tracy, ich habe jetzt keine Zeit. Kannst du dir nicht selbst eine Beschäftigung überlegen?›

Sie wollte uns um keinen Preis mit Babysittern zu Hause lassen, deshalb wurden mein Bruder Mark und ich überallhin mitgenommen. Meine Eltern planten keinen Samstagabend, ohne uns zuerst zu fragen, was wir machen wollten, und uns nach Möglichkeit in ihre Aktivitäten einzubeziehen. Nie fuhren sie ohne uns in Urlaub.

Unsere Freunde fühlten sich bei uns wie zu Hause. Wir stellten alles auf den Kopf, und meine Mutter räumte hinter uns her. Sicher, sie hat schon geschimpft, aber es blieb ohne Wirkung. Meine Mutter kann niemandem länger als zwei Minuten böse sein. Sie schrie uns an und entschuldigte sich gleichzeitig dafür, daß sie uns anschrie.

Das hört sich doch nach perfekter Kindheit an, nicht?» Tracy lacht, wird dann aber sehr nachdenklich. «Oberflächlich gesehen war es das auch. Man kann tatsächlich ein verwöhntes Gör sein, selbst wenn nicht viel Geld da ist. Wir waren nicht reich, aber es ging uns gut, und ich hatte immer alles, was ich brauchte.

Komisch, ich habe nie um etwas gebeten. Immer fing meine Mutter an und sagte: ‹Nächstes Jahr kommst du in die High School, da müssen wir dir ein paar neue Sachen kaufen› oder ‹Du brauchst auch so ein Paar Jeans, wie die anderen sie alle anhaben.› Eigentlich war sie diejenige, die neue Kleider gebraucht hätte, doch sie sagte immer: ‹Ich geh ja nirgends hin, wozu brauche ich neue Sachen?›»

Tracy gewöhnte sich daran, sich in allem auf ihre Mutter zu verlassen, und diese enttäuschte sie nie. Ihre Mutter war immer für sie da. «Ich war ein ruhiges Kind, das hat sie wirklich beunruhigt.

Beim Abendessen saßen wir vier um den Tisch, und Mark machte Unsinn, während ich schweigend in meinem Essen herumstocherte. Irgendwann ging es dann los. ‹Was hast du, Tracy? Warum ißt du nicht?›

Ich antwortete immer: ‹Ich hab nichts›, und dann fragte meine Mutter mich wieder, bis ich schließlich losbrüllte: ‹ICH HAB NICHTS! WARUM KANNST DU MICH NICHT ENDLICH IN RUHE LASSEN?› und in mein Zimmer lief.

Gleich darauf stand sie vor der Tür. Ich hatte es gewußt. In unserem Haus durfte ein Kind nicht böse sein. Sie setzte sich auf mein Bett und hörte nicht eher auf, bis sie rausgekriegt hatte, was mich geärgert hatte. Dann versicherte sie mir, wie stur mein Lehrer, wie verbohrt meine Freundinnen, wie verbissen mein Freund sei. Alle, auf die ich wütend war, waren im Unrecht. Sie glaubte das wirklich. Mich traf nie die geringste Schuld. Ich kann Ihnen sagen, meine Mutter sorgte immer dafür, daß ich mich wieder besser fühlte!

Jahre später, als ich eine Therapie machte, brach ich öfter ab, schaute auf den Boden und erwartete, daß der Therapeut nachfragte, was ich denn hätte. Ich wartete wirklich darauf, daß er mir sagte, daß ich recht und alle anderen unrecht hätten. Und wenn er das nicht tat, wurde ich wütend.

Meine Mutter sagte immer: ‹Tracy, du weißt, daß wir für dich den Mond vom Himmel holen, wenn dich das glücklich macht.› So waren sie wirklich. Nie wieder hat sich jemand so sehr bemüht, mich glücklich zu machen, wie meine Mutter. Hier ist ein gutes Beispiel. Eines Tages langweilte ich mich und lamentierte herum, daß ich so gern nach der Schule einen Teilzeitjob annehmen würde. Ich ging in einen Laden und füllte einen Bewerbungsbogen aus, aber dann hatte ich schon genug und jammerte nur noch. Schließlich ging meine Mutter in alle Läden in der Nachbarschaft und erzählte, was für eine begabte Tochter sie hätte. Am Ende fand sich ein Fotoladen, der mich einstellte.»

Mit verlegenem Lächeln erinnert sich Tracy an das, was folgte. «Ich habe ungefähr einen Monat da gearbeitet. Ich fand es so öde, Objektive abzustauben und Abzüge zu sortieren, daß ich eines Tages einfach nicht mehr hingegangen bin. Einfach so. Das habe ich oft so gemacht – blieb einfach weg und ward nicht mehr gesehen. Oder ich ließ meine Mutter anrufen.»

Tracy lebte auch nach Abschluß ihres Studiums weiter zu Hause. Ihre Eltern ermutigten sie nicht wegzuziehen, ganz im Gegenteil. «Ich kriegte eine Stelle als Lehrerin an einer High School, das Gehalt war nicht berühmt, aber es gefiel mir, den ganzen Sommer freizuhaben. Der Direktor, der fand, daß ich nach dem Unterricht noch Sport-AGs leiten und an Ausschüssen teilnehmen sollte, konnte mich nicht leiden. Aber schließlich wurde ich nur bis drei Uhr bezahlt, und da fand ich es auch Zeit, aus der Tür zu gehen.

Es war gar nicht so, daß ich dann etwas Tolles vorgehabt hätte. Die meiste Zeit fühlte ich mich wie gelähmt. Ich lernte überhaupt keine Männer kennen, oder jedenfalls keine, mit denen ich gern eine Beziehung gehabt hätte. Selbst meine besten Freundinnen hatten keine Zeit mehr, sich mit mir zu treffen. Ich ärgerte mich, weil sie mich nie anriefen, aber sie sagten: ‹Warum rufst du uns nie an, statt daß du immer nur darauf wartest, daß wir dich anrufen und etwas vorschlagen?› Aber ich hatte nie viele Ideen, was man anfangen könnte. Im Handumdrehen war immer das nächste Wochenende da, und ich saß wieder herum und sah fern.

Obwohl ich fünfundzwanzig war, hatte ich das Gefühl, mein Leben habe noch gar nicht angefangen. Ich war ständig erschöpft, dabei tat ich doch kaum etwas. Schließlich dachte ich, wenn ich von meinen Eltern weg in die Stadt zöge, würde sich vielleicht etwas ändern.

An einem Wochenende fuhr ich in die Stadt und suchte nach einem Apartment, das ich mir leisten konnte. Es fiel mir nicht leicht, so etwas ohne die Hilfe meiner Mutter abzuwickeln, aber ich hatte sie bewußt nicht mitgenommen. Schließlich wollte ich jetzt endlich selbständig werden, verstehen Sie? Aber gegen Abend war ich ganz fertig. Irgendwie sahen die Wohnungen auf einmal alle gleich aus. Mir war so wirr im Kopf, daß ich am Ende einfach irgendein Apartment mietete.

Am nächsten Tag gingen meine Eltern mein neues Apartment ansehen. Die konnten sich gar nicht wieder beruhigen. Meine Mutter schrie: ‹Aber so kannst du doch nicht wohnen!› Und ich schrie zurück: ‹Was anderes kann ich mir nicht leisten!›

Mein Vater drängte uns immer hysterischer werdende Frauenzimmer hinaus ins Auto. Er fuhr uns durch die Stadt und hielt vor einem gediegenen Wohnhochhaus in einem schicken Stadtviertel.

Ich ging hinein und dachte, Mensch, ist das schnieke! Das Haus hatte sogar ein Schwimmbecken und ein Sonnendach. Das war genau das richtige für mich.

Mir war klar, daß ich mir so eine Wohnung bestimmt nicht leisten konnte, aber ich sagte nichts. Meine Eltern meinten: ‹Hier solltest du hinziehen.› Also nahm ich mir dort eine Wohnung, und meine Eltern gaben mir jeden Monat einen Scheck, damit ich sie bezahlen konnte. Es war schon ein Witz. Mein Versuch, mich mit fünfundzwanzig endlich auf die eigenen Füße zu stellen, endete damit, daß ich eine monatliche Zahlung von meinen Eltern bekam.»

Als Tracy auf ihren dreißigsten Geburtstag zuging, war sie wegen ständiger Erschöpfung und Magenbeschwerden regelmäßig beim Arzt. Der Arzt fand keine körperlichen Ursachen und empfahl ihr eine Psychotherapie. Tracy war erbost. «Ich ging sofort zu einem anderen Arzt. Therapie war in meinen Augen etwas für Leute, die überfallen worden waren oder emotionale Schwierigkeiten hatten. Ich fand es unmöglich, daß jemand mich zur Therapie schicken wollte.»

Es war ihr Bruder Mark, der Tracy schließlich dazu überredete, zu einem Therapeuten zu gehen. «Wir hatten ein enges Verhältnis zueinander, und er kannte mich tatsächlich besser, als ich gedacht hatte. Von außen sieht es ja so aus, als ob ich es wirklich gut getroffen hätte im Leben. Ich habe eine hübsche Wohnung und einen anständigen Job. Ich stehe jeden Tag auf und tue meine Arbeit, doch in Wirklichkeit mache ich alles ganz mechanisch. Ich bin die ganze Zeit deprimiert. Nichts interessiert mich richtig, irgendwie ist es immer dasselbe.

Es fällt mir schwer, es zuzugeben, aber ich bin einsam. Ich fühle mich unglücklich, doch ich habe keine Ahnung, was ich dagegen tun kann. Wenn mich einer fragt, was ich gut kann, muß ich antworten: Ich weiß es nicht. Ich klage über mein Leben, aber irgendwie kann ich es nicht ändern.

Ich weiß, daß ich meine Eltern sehr enttäusche. Nach allem, was sie für mich getan haben, könnte ich wenigstens glücklich sein. Sie finanzieren mir die Therapie, aber es macht sie ganz krank, daß ich dauernd deprimiert bin und mich deswegen behandeln lasse. Sie rufen mich an und machen mir alle möglichen Vorschläge. Ich sehe sie förmlich vor mir, wie sie zu Hause sitzen, sich um mich sorgen und fragen: ‹Was sollen wir bloß machen, damit Tracy mehr von ihrem Leben hat?›

Ihre letzte Idee war, daß wir zusammen, als Familie, ein Schnellrestaurant pachten sollten. Sie waren bereit, dafür ihre ganzen Ersparnisse auf den Tisch zu legen. Mein Vater sagte: ‹Tracy, du bist der Chef. Wir mischen uns nicht ein. Wir wollen nur, daß es dir gut geht.› Aber ich konnte das nicht machen. Ich habe im Moment einfach nicht die Energie.»

Es ist schwer zu verstehen, wie Tracy, die als Kind der Augapfel ihrer Eltern war und in jeder erdenklichen Weise umsorgt wurde, zu der depressiven und ständig müden Erwachsenen werden konnte, als die sie eines Tages zu mir in die Therapie kam.

Tracys Eltern verhätschelten ihre Tochter. Sie hatten geglaubt, wenn sie ihrer geliebten Tochter alle Mühen und Mißerfolge ersparten, würden sie ihr damit eine solide Lebensgrundlage mitgeben. Wieso ging das schief?

Tracys Mutter meinte, als liebende Mutter rund um die Uhr kochen, saubermachen, chauffieren, organisieren, zuhören, für ihr Kind dasein und es verwöhnen zu müssen. Bis zu einem gewissen Grad stimmt das. Aber Tracys Mutter tat des Guten zuviel.

Tracy begriff rasch, was gespielt wurde. Sie brauchte nur ein bißchen bedrückt dreinzuschauen – und manchmal noch nicht einmal das –, damit ihr Vater und ihre Mutter ihr instinktiv zu Hilfe eilten. Tracy war mißmutig, und ihre Eltern versuchten, ihre Schwierigkeiten für sie zu lösen. Tracy brauchte eine Arbeit oder eine Wohnung, und ihre Eltern verschafften ihr beides. Ihre Eltern betrachteten Tracys Verpflichtungen als ihre eigenen.

In den ersten Schuljahren, wenn die Kinder die grundlegenden Dinge über den Umgang mit anderen lernen, fand Tracy zu Hause jeden Tag eine Mutter vor, die ihr klarmachte, daß an ihren Fehlern und Enttäuschungen immer die anderen schuld seien. Tracys Mutter konnte es nicht ertragen, ihre Tochter betrübt zu sehen, und versuchte aus beschützender Liebe heraus, Tracys Schmerz wegzuerklären.

Wie reagierte Tracy auf ihre überaus gebefreudigen Eltern? Gelangweilt, ruhelos und anspruchsvoll verbrachte sie ihr Leben damit, darauf zu warten, daß etwas passieren und sie glücklich machen würde. Sie lernte nie, daß es nötig ist, Verantwortung für das eigene Leben zu übernehmen.

Tracy war so sehr daran gewöhnt, daß andere ihre Wünsche erahnten, daß sie sich treiben ließ. Lustlos und matt, hatte sie weder reale Ziele noch die Kraft, mehr zu tun als Geschenke anzunehmen. Sie konnte sich in der Sicherheit wiegen, daß ihre Eltern immer für sie dasein würden, wofür sie dankbar war. Sie konnte sich darauf verlassen, daß ihre Eltern sie immer vor den Folgen ihrer eigenen Entscheidungen in Schutz nehmen würden. Wie viele Kinder, denen zuviel gegeben wird, lernte sie, ihre Freiheit und das Gefühl, etwas zu leisten, für die weniger anstrengende Abhängigkeit von ihren Eltern aufzugeben.

Diese Abhängigkeit jedoch führte zu tiefsitzenden Selbstzweifeln. Tracy fing an, allen Aufgaben aus dem Weg zu gehen, die sie möglicherweise nicht meistern würde. Sie fühlte sich gelähmt, wenn sie eine Entscheidung treffen mußte. Sie konnte sich keine Ziele setzen, eine befriedigendere Arbeit suchen oder auch nur einer Freundin vorschlagen, wie sie den Abend gemeinsam verbringen könnten.

Die Mattigkeit und Passivität, mit der Tracy durchs Leben ging, war in Wirklichkeit eher Furcht als körperliche Müdigkeit. Es war eine Abwehrhaltung, durch die Tracy mit ihren immer stärker werdenden Unzulänglichkeitsgefühlen fertigzuwerden versuchte.

Tracy ist ein Musterbeispiel für das verwöhnt-vernachlässigte Kind – das ungewollte Ergebnis einer Erziehung durch Eltern, die zuviel geben. Eine Überdosis an Liebe, Aufmerksamkeit, Geld, Zeit, ein Übermaß von allem, was ihre Eltern ihr geben konnten, enthielten Tracy dennoch etwas Fundamentales vor: Das Gefühl, selbst etwas leisten zu können, Selbstachtung, den Drang, Initiative zu entfalten, etwas durchzustehen, sich auf sich selbst zu verlassen. Tracy konnte nie die Fähigkeiten entwickeln, die es ihr ermöglicht hätten, sich als kompetent und als Herrin über ihr eigenes Leben zu erfahren. Ihre überaus wohlmeinenden Eltern standen ihr dabei im Weg.

Es ist Elternpflicht, zu geben und alles in den eigenen Kräften Stehende für das Kind zu tun. Eltern übertreiben aber, wenn sie ihrem Kind jeden Wunsch von den Augen ablesen, so daß es immer wieder Dinge bekommt, die es weder braucht noch erbeten hat. Es geht hier wohlgemerkt um Kinder jenseits der Kleinkinderzeit, einem Zustand totaler Abhängigkeit, in dem allein ein solches «Gedankenlesen» am Platz ist. Eltern, die zuviel geben, lesen dem Kind auch später noch die Wünsche von den Augen ab und erfüllen sie in vorauseilender Gefälligkeit.

Das in einem solchen Elternhaus aufwachsende Kind wird täglich mit materiellen Gütern und Dienstleistungen überschüttet, die es nach Meinung seiner Eltern «braucht». Das Kind bettelt nie um die Aufmerksamkeit von Vater oder Mutter. Das ist nicht nötig. Genausowenig bettelt oder quengelt das Kind, um Spielzeug, Kleider oder Taschengeld zu bekommen. Es braucht kaum zu bitten. Die Eltern setzen ihm selten Grenzen und schlagen ihm fast nie einen Wunsch ab. Sie sagen ja, obwohl sie eigentlich nein meinen, und nehmen ihrem Kind Dinge ab, die es gut selbst tun könnte.

Eltern, die zu sehr lieben, meinen oft, die Bedürfnisse ihres Kindes besser als jeder andere und vor allem besser als das Kind selbst zu kennen. Das bringt sie dazu, ihrem Kind alles zu ersparen, was ihm Versagens- oder Frustrationserlebnisse einbringen könnte. Sie geben dem Kind ständig Rat und Hilfe, ohne es zu eigenem Denken zu ermuntern oder seine Gedanken überhaupt zu beachten.

Solche Eltern glauben, durch unablässiges Geben und Führen ihre Liebe zu beweisen und ihre Kinder glücklich zu machen. Liebe heißt für sie, Essen zu kochen, immer wieder Geld herauszurücken, am Abend am Küchentisch mit den Kindern Hausaufgaben zu machen und sie mit Geschenken zu überraschen. Liebe heißt, ihren Kindern so weit wie möglich den Weg zu ebnen.

Aber bekommen diese reich beschenkten Kinder dabei auch das, was sie wirklich brauchen? Wer von uns eine ähnliche Kindheit wie Tracy erlebt hat, zögert mit der Antwort. Wir wissen, daß unsere Eltern uns geliebt haben. Wir hatten zu essen, ein Dach über dem Kopf, Aufmerksamkeit und Kontakt mit unseren Eltern. Wir meinen, eine glückliche Kindheit gehabt zu haben, weil unsere Eltern uns viel gegeben haben.

Um unsere Fähigkeiten ganz zu verwirklichen, brauchen wir jedoch ein paar Dinge, die wir nie bekommen haben.

Dazu gehören
- Akzeptanz und Bestätigung unserer Person – so wie wir wirklich sind,
- Respekt und Toleranz gegenüber unseren wirklichen Gedanken und Gefühlen,
- die Freiheit, selbst Entscheidungen zu treffen,
- die Unterstützung unserer Stärken und die Achtung unserer Grenzen,
- die Förderung unserer schöpferischen Fähigkeiten,
- das Gefühl, etwas zu leisten,
- das Gefühl, daß wir anderen etwas geben können,
- das Gefühl, unser Leben selbst zu meistern und zu bestimmen,
- die Möglichkeit, sich über Kummer, Verlassenheitsgefühle und Wut mit jemandem aussprechen zu können.

Es kann sein, daß unsere Eltern uns «alles» gegeben haben, nicht aber die oben angeführten Dinge. Das ist der Fall beim verwöhnt-vernachlässigten Kind.

Es gibt eine Zeit, in der unsere Eltern uns hegen und pflegen müssen. Auf uns allein gestellt hätten wir die ersten Lebensjahre nicht überlebt. Aber sobald wir größer werden, kommt es darauf an, daß unsere Eltern uns zur Selbständigkeit ermuntern und dafür sorgen, daß wir sie immer weniger brauchen. Wenn unsere Eltern uns weiterhin verhätschelten, haben sie uns damit indirekt Verschiedenes gelehrt: uns eher auf die Fähigkeiten anderer als auf unsere eigenen zu verlassen; passiv statt aktiv zu sein; ängstlich oder niedergeschlagen dreinzuschauen, damit jemand kommt und uns errettet. Wie ein Patient es formulierte: «Immer wenn Not am Mann war, griffen meine Eltern ein.»

Selbstachtung entsteht direkt aus dem Meistern von Aufgaben und den damit verbundenen Kompetenzgefühlen. Michael Franz Basch, der bekannte Psychiater und Autor des Buches *Understanding Psychotherapy*, schreibt dazu: «Wahre Selbstachtung, ein echtes Empfinden dafür, daß das eigene Selbst Schutz und Stärkung verdient und wachsen und sich entwickeln kann, stammt aus dem Erleben eigener Kompetenz... Niemand kann einem anderen die Erfahrung, kompetent zu sein, vermitteln: Jeder muß sie selbst machen.»

Das Gefühl, kompetent zu sein, erwächst aus der Erfahrung, daß wir die nötigen Fähigkeiten besitzen, um unsere Vorhaben zu verwirklichen. Eltern, die zu sehr lieben, wollen ihren Kindern das Leben erleichtern und rauben ihnen dabei unwissentlich die Möglichkeit, sich als kompetent zu erfahren. Diese Eltern retten ihre Kinder, indem sie die Dinge in die Hand nehmen und Lösungen anbieten, enthalten ihnen damit jedoch das Instrumentarium vor, mit dem man sich das Gefühl aufbaut, das eigene Leben zu meistern.

Unsere Kindheitserfahrungen tragen wesentlich dazu bei, wie unser Leben sich entwickelt und welche Person wir heute sind. Kompetenzerlebnisse in der Kindheit geben dem Erwachsenen Selbstvertrauen. Unglücklicherweise haben wir es nur selten erlebt, daß uns aus eigener Kraft und ohne «Helfer» etwas gelang, deshalb ist der Weg zu Selbstvertrauen für uns schwierig, wenn nicht gar unmöglich. Da wir in unserer beschützten Kindheit kaum gelernt haben, mit Frustrationen fertigzuwerden, weichen wir als Erwachsene allen Herausforderungen aus. Wir gehen durchs Leben und erwarten Orientierung, Abenteuer, materielle Dinge, Rat und Hilfe von anderen. Selbst wenn wir viel zustande bringen – überversorgte Kinder sind oft sehr erfolgreich –, haben wir nie das Gefühl, daß es genug ist. Wir brauchen den Beifall und den Segen anderer, um uns selbst gut zu finden.

Bei unserer Vorgeschichte überrascht es nicht, daß wir «Liebe» oft mit dem Wunsch eines anderen Menschen verwechseln, uns zu helfen oder uns zu beherrschen, denn das sind wir gewohnt. Wir suchen uns Partner, die bereitwillig die Verantwortung für unser Leben übernehmen. In unseren Augen sind das die Menschen, die uns wirklich «lieben».

Aber was ist Liebe wirklich? M. Scott Peck definiert Liebe in seinem Buch *The Road Less Traveled* als den Willen, alles in unseren Kräften Stehende zu tun, um das eigene spirituelle Wachstum oder das eines anderen zu fördern. Diese Definition besticht durch den Gedanken, daß wir wachsen, indem wir anderen etwas geben. Aber wie Peck versichert, ist nicht alles Geben förderlich. Manchmal tun wir für die spirituelle Entwicklung unseres Partners mehr, wenn wir zurückhalten, was wir doch so leicht zur Verfügung stellen könnten – vor allem, wenn er fähig ist, das, was er braucht, selbst zu erreichen. Peck nennt das *gezieltes* Geben; dazu gehört, daß wir das Geben manchmal mühsam versagen müssen, weil wir sonst die persönliche Entwicklung des anderen hemmen und seine Abhängigkeit fördern würden.

Wir haben nie gelernt, Liebe so zu sehen. Es war für unsere Eltern zu schmerzlich, uns etwas zu versagen und mit anzusehen, wie wir uns frustriert und unglücklich fühlten, selbst wenn das zu unserem Besten gewesen wäre. So nahmen wir den Weg, der uns schließlich von unseren Eltern abhängig machte – von ihrem Beifall, ihrer Aufmerksamkeit, ihren Meinungen und manchmal auch von ihrer finanziellen Unterstützung.

Menschen, die als Kind emotional oder materiell vernachlässigt worden sind, können nicht verstehen, wie jemand darüber klagen kann, zuviel bekommen zu haben: «Was haben diese Leute zu jammern? Ich wäre an die Decke gesprungen, wenn meine Eltern mich so geliebt hätten!»

Aber die Kinder, die zu sehr geliebt worden sind, wissen es besser. Sicher, unsere Eltern haben uns geliebt. Oft haben sie aber nicht nur aus Liebe gegeben. Manchmal hatte ihre enorme Großzügigkeit nicht viel mit uns und unseren Bedürfnissen zu tun.

Wir sprechen hier nicht von dem, was Eltern in vernünftigem Rahmen für ihre Kinder tun, weil sie sie lieben, sich an ihnen freuen und sich um sie sorgen. Es geht um die Eltern, die geben und geben, bis sie leer und erschöpft sind; um Eltern, die oft von ihren Kindern zu hören bekommen: «Bitte, hört auf!», ohne sich darum zu kümmern; um Eltern, die selbst darüber beunruhigt sind, daß sie so viel geben. Solche Mütter und Väter geben zuviel, weil sie es *müssen*. Sie werden unbewußt von ihren eigenen unbefriedigten Bedürfnissen angetrieben.

Wenn jemand uns ständig auf alle möglichen Arten beschenkt, fühlen wir uns unbehaglich, denn wir spüren, daß diese Großzügigkeit uns verpflichten soll. Oft verstehen Kinder das uferlose Geben ihrer Eltern als geheime Forderung oder stillschweigende Übereinkunft, daß sie dafür dies oder jenes tun oder werden müßten. Hören Sie dazu Tonys Lebensgeschichte:

«Die Scheidung meiner Eltern war ein bitterer Kampf», beginnt er. «Meine Mutter hatte geschworen, daß Vater mich und meine Schwester nie wiedersehen würde, falls er sie verließe. Darauf hatte mein Vater geantwortet, daß er notfalls mit einer gerichtlichen Verfügung und der Polizei kommen würde. Niemand könne ihn hindern, seine Kinder zu sehen.»

Nach einiger Zeit beruhigte sich die Situation, und Tony und seine Schwester Lori sahen ihren Vater jedes zweite Wochenende. «Also es ist schon komisch, aber ich kann mich nicht erinnern, vor der Scheidung meiner Eltern je massenhaft Kleider und Spielzeug besessen zu haben», erklärt Tony. «Wir brauchten nichts zu entbehren, aber wir waren bestimmt nicht verwöhnt. Ich kann mich beim besten Willen nicht erinnern, daß wir je alle Mann hoch ins Restaurant gegangen wären, höchstens in ein Schnellrestaurant. All das änderte sich, nachdem mein Vater ausgezogen war. Jedesmal, wenn wir ihn trafen, führte er uns in ein teures Restaurant. Können Sie sich das vorstellen? Eine Fünfjährige und ein Siebenjähriger dinierten in den besten Restaurants der Stadt. Er schmiß sein Geld wirklich zum Fenster raus. Aber wir bestellten immer nur Hamburger, was anderes mochten wir nicht.

Vater hatte immer Geschenke für uns parat, wenn wir ihn besuchten. Kein billiger Spielkram, nein, das waren Sachen wie Stereo-Lautsprecher oder Fernseher. Meine Mutter bekam Anfälle, wenn wir das Zeug nach Hause brachten.»

Wie viele Kinder geschiedener Eltern hoffte Tony, daß sich seine Eltern wieder versöhnen würden. Als seine Mutter einen anderen Mann heiratete, stürzte für Tony alles ein, was er im stillen ersehnt hatte. Bald verstrickten sich seine Eltern in einen verbissenen Wettkampf, wer den Kindern mehr bieten konnte.

«Wenn Vater zu Weihnachten mit uns Ferien machte, plante Mutter eine längere, aufwendigere Reise fürs Frühjahr. Wenn Vater mit uns in den Zirkus ging, lud Mutter uns in die Eisrevue ein. Beide steckten uns Geld zu, Lori und ich brauchten nie um etwas zu bitten. Wir bekamen es von allein.»

Nach einer nachdenklichen Pause erzählt Tony weiter: «Die Sachen, die meine Eltern kauften, sollten uns wohl für die Scheidung entschädigen. Aber das taten sie nicht. So packte ich zum Beispiel an meinem Geburtstag einen Berg Geschenke aus und freute mich schon: Mensch, wirklich toll! Aber dann drehte ich mich um und sah, wie meine Mutter mich beobachtete. Sie sah mich auf eine Weise an, die ich nicht verstand. Ich hätte mich eigentlich gern herzlich bei ihr bedankt, aber ich hatte einen ganz bitteren Geschmack im Mund.

Es ist irre, aber von Zeit zu Zeit hielten beide Eltern mir einen Vortrag über den Wert des Geldes und sagten, ich dürfe nicht alles als selbstverständlich ansehen. Mein Vater erzählte mir dann immer, daß er seit seinem zwölften Lebensjahr seinen Lebensunterhalt selbst verdienen mußte. Also, sie erzählten mir beide solche Sachen, und dann überschütteten sie mich wieder mit Geld.

Vielleicht hatten meine Eltern Angst, daß wir einen von ihnen mehr lieben könnten als den anderen, aber wie hätte ich als Kind das verstehen sollen? Wo wir wohnten, mußten die meisten Jungen ihre Eltern beschwatzen, um mal fünf Dollar außer der Reihe fürs Kino zu kriegen. Ich sagte meinen Freunden nie, wie es bei uns zuging, aber das haben sie sicher von allein gemerkt. Ich suchte mir jeden Sommer eine Arbeit – nicht, weil ich sie gebraucht hätte, sondern weil ich so sein wollte wie alle anderen.»

Als Tony älter wurde, hatte er häufig Streit mit seinen Eltern. «Es ist schwer zu sagen, worüber wir eigentlich gestritten haben. Wir kamen plötzlich nicht mehr miteinander aus. Alles, was sie machten, ging mir auf den Geist. Eines Abends, nachdem ich mich wegen irgendeiner Kleinigkeit furchtbar mit meinem Vater gestritten hatte, kam er mit einer neuen Lederjacke für mich an. ‹Das ist immer deine Lösung für Probleme!› schrie ich und rannte ins Haus.

Ich wollte respektiert werden, aber er kaufte mir eine Lederjacke. Daraufhin nannte er mich einen undankbaren Bengel. Von da an ignorierte er mich, was mir aber ganz recht war.

Meine Schwester Lori machte sich keinerlei Gedanken über diese Dinge. Sie hielt mich für bescheuert. Sie nahm meine Eltern nach Strich und Faden aus. Ich erinnere mich noch an einen heftigen Streit zwischen Vater und Mutter, weil Vater Lori zu ihrem sechzehnten Geburtstag ein Auto gekauft hatte. ‹Sie ist viel zu jung für ein eigenes Auto!› schrie meine Mutter. ‹Dir ist es egal, was aus ihr wird. Du machst es dir leicht, weil du nicht für die Erziehung dieser Kinder verantwortlich bist.›

Das war sehr kränkend für meinen Vater, und er tat mir ein bißchen leid. Aber in Wirklichkeit hatte Mutter auch vorgehabt, Lori ein Auto zum Geburtstag zu schenken. Vater war ihr bloß zuvorgekommen.

Wissen Sie, was meine Schwester heute ist? Eine wehleidige, ewig nörgelnde Zicke. Sie hat nie gearbeitet. Mit keinem ihrer Freunde war sie länger als einen Monat zusammen. Lori denkt zuerst an sich und an die anderen zuallerletzt. Sie manipuliert meine Eltern so, daß sie alles für sie tun. Was Lori von Mutter nicht kriegen kann, holt sie sich von Vater. Die beiden sehen anscheinend nicht, wohin das Lori gebracht hat – und wenn sie es sehen würden, wäre es ihnen wahrscheinlich egal. Ich gelte als der Verwöhnte, Undankbare. Aber ich werde ihr Geld nicht anrühren. Meine Schwester kann alles haben.»

An der Oberfläche sieht es so aus, als ob Tonys und Loris Eltern ihren Kindern so viel gegeben hätten, um ihre Bedürfnisse zu erfüllen und ihnen das Leben nach der Scheidung zu erleichtern. Es scheint, als wollten sie aus «Liebe» dafür sorgen, daß ihre Kinder alles Nötige hätten, obwohl die Familie nun nicht mehr unter einem Dach wohnte.

Bei genauerem Hinsehen erkennt man jedoch eine Fülle verborgener Absichten und manipulativer Tricks, bei denen es weniger um die Bedürfnisse der Kinder als um die der Eltern ging.

Wenn wir uns allein und verlassen fühlen, wie es bei einer Scheidung geschehen kann, wird unser inneres Gleichgewicht gestört, und Schuldgefühle und Selbstkritik werden verstärkt. Um die Situation wieder unter Kontrolle zu bekommen, greifen wir zu allen verfügbaren Mitteln. Im Fall von Tonys Eltern war das vor allem Geld. Tonys Vater spendierte seinen Kindern teure Abendessen und Geschenke – nicht, weil die Kinder sie gebraucht oder auch nur gewünscht hätten, sondern um seine eigene Unsicherheit und Hilflosigkeit zu kompensieren. Verständlicherweise fürchtete er, die enge Bindung an seine Kinder zu verlieren, wenn er nicht mehr mit ihnen zusammenwohnte. Die erneute Heirat seiner Ex-Frau verstärkte diese Befürchtungen noch. Würde er jetzt durch den anderen Mann verdrängt, der täglich mit seinen Kindern zusammen war und unweigerlich Einfluß auf sie ausübte? Tonys Vater wehrte sich gegen diese Gefahr mit Geschenken, Einladungen zum Essen, mit Ferien und Taschengeld.

Tonys Mutter fühlte sich bedroht durch die Bemühungen ihres früheren Mannes, sich die Anhänglichkeit seiner Kinder zu erhalten. Sie versuchte, ihn auszustechen. Mit jedem Geschenk an die Kinder versetzte sie seinem Selbstgefühl einen Schlag.

Keiner von ihnen beabsichtigte bewußt, die Kinder als Waffe in ihrem Krieg gegeneinander zu benutzen. Alle Menschen versuchen automatisch, ihre unerfüllten Bedürfnisse zu befriedigen. Tonys Eltern gaben zu viel, weil es ihnen ein Bedürfnis war, sich auch nach der Scheidung der Liebe und Anhänglichkeit ihrer Kinder zu versichern. Beide Eltern fühlten sich verlassen und verunsichert. Die Freude der Kinder über ihre Geschenke gab ihnen das Gefühl, das Richtige zu tun und gebraucht zu werden.

Tony konnte nicht begreifen, welche verborgenen Zwecke seine Eltern mit ihren Geschenken verfolgten, er wurde mißtrauisch. Die freigebig verteilten Gaben waren ihm unangenehm, weil er spürte, daß seine Eltern sich gegenseitig verletzen wollten. Er fühlte auch ihre Verzweiflung und kam sich als Versager vor, weil er seinem Vater und seiner Mutter nicht geben konnte, was sie brauchten. Daraus entstand eine tiefe Bitterkeit. Durch seine abwechselnd passiv-aggressiven und direkten Angriffe versuchte Tony, seine Eltern für den Schmerz zu bestrafen, den sie ihm zufügten.

Tony und seine Schwester Lori reagierten auffallend unterschiedlich auf die Großzügigkeit ihrer Eltern. Lori nahm, was man ihr schenkte, und verlangte mehr. Freudig genoß sie die Aufmerksamkeit ihrer Eltern. Das hatte weitreichende Folgen für sie.

Die Kindheit in einer Familie, in der Liebe durch Geld und materielle Geschenke gezeigt wurde, lehrte Lori, Glück als das Anhäufen von Besitz zu verstehen. Sicherheit war für sie daran geknüpft, wieviel sie bekommen konnte.

In Familien, denen es vor allem um den Erwerb materieller Güter geht, messen Kinder ihren Selbstwert häufig an Quantität und Qualität der Dinge, die sie besitzen. Das Kind mit den Designer-Jeans fühlt sich der Freundin überlegen, die ein unbekanntes Fabrikat trägt. «Wir machen dir Geschenke, weil wir dich lieben», sagen die Eltern, und die Kinder fangen an zu glauben, Liebe bemesse sich nach der Zahl materieller Dinge, die jemand gibt, und Glück sei eine Folge von Besitz. Da wird die Leere in der Familie dann durch den Kauf neuen «Spielzeugs» geheilt. Derart verwöhnte Kinder werden zu Erwachsenen, die Sicherheit und Glück außerhalb ihrer selbst suchen. Wann immer sie sich innerlich unsicher fühlen, versuchen sie, dieses Gefühl durch den Kauf neuer Dinge loszuwerden.

Tony und Lori reagierten unterschiedlich, aber beide fanden es schwierig, zu ihren Eltern «danke» zu sagen. Das ist oft so, wenn Kinder zuviel bekommen. Solche Kinder sind nicht verwöhnt, sondern wütend. Sie spüren, daß sie durch die Geschenke der Eltern nicht in ihrer Persönlichkeit bestätigt, sondern manipuliert werden.

Tonys und Loris Eltern wollten sich durch ihre Gebefreudigkeit aneinander rächen und sich die Loyalität ihrer Kinder erkaufen. Es gibt noch viele weitere Gründe, warum Eltern zuviel geben. Übermäßiges Beschenken, Helfen und zwanghaftes Umsorgen kann viele elterliche Bedürfnisse befriedigen:

Stärkung der eigenen Selbstachtung: Unsichere Menschen, die sich nie gut genug vorkommen, wollen kompensatorisch beweisen, daß sie sich als Eltern bewähren. Durch übermäßiges Geben demonstrieren viele Eltern unbewußt ihrer Umwelt: «Ich bin ein guter Mensch, seht her, was ich für meine Kinder tue!»

Wiedergutmachung eigener früher Entbehrungen: «Meine Kinder sollen nicht durchmachen, was ich durchgemacht habe!» sagen viele Eltern. Manchmal ertrinkt das übermäßig beschenkte Kind dann aus dem umgekehrten Grund in Schuldgefühlen – weil es nie gelitten, sich nie angestrengt und deshalb in seinen Augen das Beschenktwerden nicht verdient hat.

Betäubung quälender Schuldgefühle: Manchmal werden die Eltern durch die Frustrationen des Kindes an eigene schmerzliche Niederlagen erinnert. Die Eltern hatten vielleicht früher nicht viele Möglichkeiten, mit ihrem Schmerz fertig zu werden. Aber jetzt können sie ihrem Kind die Wiederholung derselben Frustrationen ersparen, indem sie ihm vieles abnehmen, was es mit einer kleinen zusätzlichen Anstrengung selbst bewältigen könnte. Unbewußt glauben die Eltern: ‹Du hast deine Schwächen und Fehler von mir geerbt, aber bei dir kann ich sie noch weniger akzeptieren als bei mir selbst. Jedesmal, wenn du Kummer hast, bekomme ich Schuldgefühle. Wenn ich in deiner Erziehung etwas falsch mache, fühle ich mich schuldig. Laß mich das wiedergutmachen.›

Ausfüllen der inneren Leere: Wahre Geschenk-Orgien gibt es in Ehen, in denen beide Partner nicht glücklich sind, aber «um der Kinder willen» zusammenbleiben. Meist fühlt sich einer der Partner vom anderen verlassen. Er beschenkt das Kind in unvernünftiger Weise, weil er unbewußt hofft, es dadurch davon abhalten zu können, daß es ihn ebenfalls verläßt. Die Ausrichtung des eigenen Lebens auf das Kind lenkt diesen Partner von der Ehemisere ab.

Entschädigung für die Abwesenheit des Ehepartners: Ein Elternteil ist Alkoholiker, ein großer Egoist, krank, kümmert sich nicht um das Kind oder mißhandelt es. Der andere Elternteil plagt sich deswegen mit Schuldgefühlen. Er fürchtet, das Kind könnte später emotionale Schwierigkeiten bekommen, wenn das Fehlen des einen Elternteils nicht ausgeglichen wird. Bei dem Versuch, den fehlenden Partner zu ersetzen, schließt der besorgte Elternteil weit über das Ziel hinaus. Trotz der vielen Gaben leidet das Kind unter dem Verlust des abwesenden Elternteils. Dazu fühlt es sich nun auch noch dem schenkenden Elternteil gegenüber schuldig, weil es trotz der Geschenke traurig ist.

Entschädigung für eigene Abwesenheit: Eltern, die sich beruflich stark engagieren, gehen oft in diese Falle. Um das Kind für ihre ständige Abwesenheit zu entschädigen, machen sie ihm Geschenke, verwöhnen es oder unterwerfen sich den unsinnigsten Wünschen. Meist stehen starke Schuldgefühle hinter dieser Großzügigkeit, die das Bewußtsein, sich selbstsüchtig zu verhalten, beruhigen soll.

Änderung des kindlichen Verhaltens: Wann immer das Kind wütend oder bedrückt ist, ziehen die Eltern so etwas wie einen Lollie hervor: Geld, den Wagen, das Versprechen, topmodische Klamotten zu kaufen, die Erlaubnis, bis spät nachts wegbleiben zu dürfen – irgend etwas, das den heraufziehenden Sturm besänftigt. Gefühlsausbrüche bedrohen das Bedürfnis der Eltern, alles fest im Griff zu haben. So lernen die Kinder, sich bestechen zu lassen. Im schlimmsten Fall lernen sie, durch manipulatorische Tricks weitere Geschenke zu ergattern.

Wie wir gesehen haben, handeln Eltern, die zuviel geben, oft aus eigenen unbefriedigten Bedürfnissen heraus. Diese Bedürfnisse als Kind zum erstenmal zu erahnen, ist sehr unangenehm. Es ist so tröstlich, sich in der Phantasie an übermenschliche Eltern zu klammern, die unfehlbar sind und keine eigenen Bedürfnisse haben. Wir nehmen es unseren Eltern übel, daß sie soviel von uns erwarten, und fühlen uns erdrückt, wenn sie ihre Gefühlsbedürfnisse durch uns befriedigen wollen. Aber weil wir sie lieben und von ihrer Liebe abhängig sind, strampeln wir uns gleichzeitig ab, um ihnen zu geben, was sie offensichtlich brauchen.

Wir kommen uns klein und schwach vor, weil es uns nicht gelingen will, unsere Eltern dazu zu bringen, daß sie sich bedürfnislos fühlen: Wir können ihre emotionalen Bedürfnisse nicht befriedigen. Wir können ihnen ihren Schmerz nicht abnehmen. Wir können es nicht ungeschehen machen, daß sie verlassen und enttäuscht worden sind, aber wir versuchen es trotzdem immer wieder. Doch was wir auch tun, es reicht nie aus. Vielleicht geben wir sogar unser wahres Selbst auf und verhalten uns so, wie unsere Eltern uns gern sähen, um es ihnen recht zu machen.

Hier erinnern sich einige Erwachsene daran, was sie von ihren Eltern bekamen und was die Eltern – oft unausgesprochen – dafür forderten.

Ted: «Mein Vater wollte einen Arzt aus mir machen, deswegen war für das Medizinstudium immer Geld da. Ich wollte aber eigentlich Maler werden. Mindestens fünf Kunstlehrer versuchten meine Eltern von meiner Begabung zu überzeugen. Aber für Malstunden und Material hatten meine Eltern kein Geld. Sie sparten für meine Zukunft – eine Zukunft nach ihrer Vorstellung, die ich um jeden Preis anstreben sollte.

Heute bin ich Arzt, und ein Teil von mir ist meinen Eltern sogar dankbar, daß sie mich in diese Richtung gedrängt haben. Doch wenn ich – jeder Zoll der ‹Herr Doktor› – in der Klinik Visite mache, fragt sich ein anderer Teil von mir: ‹Wer bin ich eigentlich?›»

Sharon: «Als ich noch im College war, hatte ich einmal am Telefon großen Streit mit meinem Vater wegen eines Jungen, mit dem ich ausging. Vater witzelte über ihn, weil er kurz und stämmig war, aber ich fand das so gemein, daß ich fast ausgerastet wäre. Ich wußte, daß mein Vater mich nur reizte, damit ich etwas dazu sagen sollte. Aber ich ließ ihn einfach reden und sagte nichts. Als Vater merkte, daß ich wütend war, sagte er: ‹Übrigens, ich habe einen Scheck für dich.› Nicht ‹Entschuldige› oder ‹Warum bist du so still?›, nein, ‹Hier hast du Geld.› Das widerte mich so an, daß ich nur sagte: ‹Vergiß es! Schick mir nichts, ich will nichts haben.›

Der Scheck kam trotzdem, aber ich schickte ihn zurück. Jetzt hätte mein Vater es ja lassen können, aber als mein Cousin übers Wochenende nach Hause fuhr, ging Vater hin und gab ihm das Geld. Als mein Cousin es mir ins Studentenheim brachte, mußte ich trotz allem lachen. Da konnte ich nichts mehr machen. Hätte ich vielleicht meinem Cousin das Geld zurückgeben sollen, damit die ganze Verwandtschaft sich deswegen in die Haare kriegte? Also behielt ich es. Zugleich verzieh ich meinem Vater alles, was er gesagt hatte, wie sehr er mich auch verletzt hatte.

Als er mich nun kürzlich sah, nahm er mich in den Arm und nannte mich ‹Papas kleines Mädchen›. Da bin ich innerlich fast explodiert. Er hat ja keine Ahnung, wer ich wirklich bin. Aber wie sollte er auch? Ich hab mich doch immer wieder rumkriegen lassen.»

Joel: «Während ich Geld für einen Wagen zusammensparte, sahen mein Vater und ich uns bei allen Gebrauchtwagenhändlern der Stadt um. Am Ende fand ich ein Cabrio mit klasse Stereo-Boxen, das ich mir leisten konnte. Wir haben es uns viermal angesehen, bis ich schließlich sagte: ‹Das nehme ich.›

Mein Vater war im Verkaufsraum bei dem Verkäufer und rief mich rein, damit ich den Kaufvertrag unterschriebe. Ich weiß selber nicht warum, aber nachdem ich unterschrieben hatte, fing ich an, das Papier zu lesen. Irgendwas stimmte nicht. Ich schaute zu meinem Vater rüber und fragte: ‹Ist das auch der richtige Wagen? Der, den ich ausgesucht habe?› Er wurde beinah rot. ‹Das ist ein guter, verläßlicher Wagen.› Aber war es auch der richtige? Jetzt wollte ich es wissen. ‹Das ist der Wagen, der für dich richtig ist. Warum hast du mich denn immer mitgenommen, wenn du nicht auf meinen Rat hören willst?›

Mein Vater bezahlte den Wagen nicht, aber er brachte mich dazu, diesen anderen Wagen zu kaufen, obwohl ich ihn überhaupt nicht wollte. Ich fühlte mich verpflichtet, weil er so lange mit mir rumgelaufen war. Ich fuhr diesen Wagen, den mein Vater ausgesucht hatte, den ich haßte und der noch nicht mal Lautsprecherboxen hatte, über zwei Jahre. Zuverlässig war er ja wirklich. Ich hatte nicht einmal eine Ausrede, ihn abzustoßen.

Mein Vater hat seinen Willen durchgesetzt, was für ihn enorm wichtig ist. Und ich hab mir zwei Jahre lang selbst die Hölle heiß gemacht, weil ich nicht stark genug gewesen bin, um mich gegen ihn zu wehren – oder den Kauf von Anfang an ohne ihn durchzuziehen.»

Aus diesen Berichten geht hervor, wie dünn die Linie zwischen «Geben» und «Beherrschen» ist. Jeder zeigt auf unterschiedliche Art, wie Eltern ihre Kinder durch Geschenke beherrschen, formen und ihren eigenen Bedürfnissen anpassen wollen. Die Kinder wurden so, wie die Eltern sie haben wollten. Sie fügten sich den Familienvorschriften, während die Eltern sich ihrerseits um die Kinder sorgten, ihnen beistanden, sie leiteten, berieten und ihnen alles gaben. Und die Kinder bemühten sich um die Eltern, die ihnen soviel gaben – was manchmal so weit ging, daß sie nicht mehr an sich selbst dachten.

Das Ergebnis einer Kindheit, in der wir verwöhnt und zugleich vernachlässigt werden, ist die passive Erwartung, daß andere Menschen sich unserer annehmen. Zugleich wissen wir, daß wir im Gegenzug mit so vielen Wünschen überschüttet werden, daß wir viele Zugeständnisse machen müssen. Dies bringt uns dazu, mit einer Fülle von Widersprüchen zu leben:

Wir meinen das Recht zu haben, von anderen Menschen bedient und umsorgt zu werden. Durch ihre Fürsorge fühlen wir uns aber zugleich unbehaglich, zu sehr verpflichtet, erstickt. Wir glauben, sie wegstoßen zu müssen, weil sie einfach zu bedürftig sind.

Wir halten uns für etwas Besonderes und anderen überlegen. Gleichzeitig kommen wir uns aber auch unzulänglich vor und üben Selbstkritik von einer Schärfe, die ihresgleichen sucht.

Wir hassen es, wenn andere uns beherrschen wollen. Wenn wir andere nicht beherrschen können, fühlen wir uns ohnmächtig.

Wir schrecken Menschen ab, indem wir uns zu sehr von ihnen abhängig machen. Wir schrecken andere Menschen durch Distanziertheit und Arroganz ab.

Wir rechtfertigen mit rationalen Gründen, warum wir immer noch so viel von unseren Eltern annehmen. Wir haben große Schuldgefühle deswegen.

Wir hängen sehr an unseren Eltern. Doch wenn wir mit ihnen zusammen sind, gibt es dauernd Zank und Streit, so daß wir uns verärgert zurückziehen.

Wir nehmen es unseren Eltern übel, daß sie uns in Watte packen. Wir packen sie in Watte.

Wir glauben, unserer Probleme wegen keine Hilfe annehmen zu können, weil man das nicht tut. Aber wir brauchen tatsächlich Hilfe, um die Fassade der «perfekten» Familie abzubauen.

Wir sind nicht verrückt, weil wir uns innerlich in zwei verschiedene Richtungen gezogen fühlen. Diese Widersprüche rühren daher, daß wir überversorgt wurden: Wir haben zuviel bekommen. Sie sind schuld daran, daß wir nicht mit uns im reinen sind. Aber sobald wir anfangen, unsere Lebensmuster und ihre Entstehung zu erforschen, gewinnen wir das Bewußtsein, das nötig ist, um unser Verhalten zu ändern.

3. Kapitel
Gut dastehen

«Mach ein freundliches Gesicht!»

> «Einmal sagten sich meine Mutter und meine Schwester beim Essen die Meinung und machten einen Mordsspektakel. Meine Mutter schrie sich fast die Seele aus dem Leib. In dem Moment klingelt das Telefon. Meine Mutter nimmt den Hörer ab und sagt, ohne auch nur eine Sekunde zu zögern: ‹Ach, hallo, Mary. Wie geht's denn? Nein, ich habe nichts zu tun, eben habe ich noch an dich gedacht.› Und das mit zuckersüßer Stimme. Mir blieb die Spucke weg. Wie um alles in der Welt konnte sie bloß so schnell umschalten? Sie hat uns beigebracht, außerhalb der Familie nie unsere wahren Gefühle zu zeigen.»
>
> Jill, 21 Jahre, Studentin

Michael hat seine Kindheit in einem Museum verbracht. «Wir hatten Sofas, auf denen keiner sitzen durfte, und Vorhänge, die wir nicht berühren durften. Das halbe Haus war mit Plastikbezügen abgedeckt. Der Inbegriff der Gemütlichkeit!»

In Michaels Zuhause war die Einrichtung tabu. Das meiste war nur zum Ansehen da. «Den großen Eßzimmertisch aus Nußbaum benutzten wir nur einmal im Jahr, am Weihnachtsabend, wenn wir Gäste hatten. Das war auch die einzige Gelegenheit, bei der das ‹gute› Porzellan und das ‹gute› Silber herausgeholt wurde. Die übrige Zeit drängten wir uns in der engen Küche, aßen in mehreren Schichten von angestoßenen Tellern und tranken aus ehemaligen Senfgläsern.»

Michaels Mutter war nichts je sauber genug. «Ins Haus geschleppter Straßenschmutz und ähnliche Dinge konnten sie zum Weinen bringen», erinnert er sich. «Selbst mein Vater bekam einen Rüffel, wenn er einmal sein Glas auf einem der Ecktischchen neben der Couch abstellte. Ein Daumenabdruck auf dem Küchentisch oder Seifenspuren an den Kacheln im Bad brachten meine Mutter in Rage.

Für mich war es ein Erlebnis, als ich in die Schule kam und meine Freunde zu Hause besuchte. Andere Leuten behielten also tatsächlich im Haus die Schuhe an und gingen damit sogar über frisch gesaugte Teppiche und gewachste Fußböden! Das wäre bei uns unmöglich gewesen.»

Vielleicht fragen Sie sich: Aber was ist denn so schlimm an einem sauberen, gut geführten, ordentlichen Haushalt? Natürlich nichts – nur daß der innere Zwang unserer Eltern, in allem immer gut dazustehen, selten bei spiegelblanken Fußböden und tadellosen Küchenschränken haltmacht.

Manchmal kennen Eltern, die zu sehr lieben, nichts Wichtigeres als den Eindruck, den ihre Familie und vor allem ihr Kind auf andere macht. So kämpfte Michaels Vater zum Beispiel noch immer gegen den Schulbezirk, als sein Sohn die Schule schon längst abgeschlossen hatte. Dieser Kampf öffnete Michael die Augen dafür, wie lebenswichtig es für seine Eltern war, daß er in den Augen von Klassenkameraden, Nachbarn, Lehrern und Verwandten gut dastand.

«Meine Mutter und mein Vater hätten mich am liebsten als den beliebtesten Jungen der ganzen Straße gesehen», erzählt Michael. «Ich sollte mit allen gut Freund sein. Wenn es in der zweiten Klasse dreißig Geburtstagsparties gab, ich aber nur zu neunundzwanzig eingeladen wurde, grämten sie sich über das eine Fest, zu dem ich nicht ging. Sie fragten mich aus, was ich diesem Kind denn getan hätte, um es so gegen mich aufzubringen.»

Beliebtheit allein genügte aber nicht. Michaels Eltern ließen vom ersten Schultag an keinen Zweifel daran, daß überragende Schulnoten für sie selbstverständlich waren. «Meine Eltern haben beide selber nicht studiert. Sie sind während der Wirtschaftskrise groß geworden, da war das einfach nicht drin. Ich hatte keine Ahnung davon, bis mein Onkel mir als Dreiundzwanzigjährigem verriet, daß meine Mutter die High School nicht abgeschlossen habe. Sie hat mit sechzehn abgebrochen und eine Stelle als Buchhalterin angenommen. Ich glaube, meine Eltern wollten, daß ihre Kinder die Chancen bekämen, die sie selber nicht gehabt hatten. Sie schwärmten mir schon vom College vor, als ich noch nicht mal in der High School war. Das hat mich enorm unter Druck gesetzt.»

Allerdings war Michael nicht gerade ein Musterschüler. Seit er in der vierten Klasse zum erstenmal Lernschwierigkeiten gehabt hatte, engagierten seine Eltern immer wieder neue Nachhilfelehrer für ihn. «Es war eigentlich nicht schlimm, nur daß ich im Lesen langsam war. Ich habe ehrlich gesagt nie gern gelesen. Es fiel mir schwer, in der Schule stillzusitzen, ich fand die Baseball-Jugendliga und das Spielen mit meinen Freunden einfach viel interessanter. Ich habe mich dann zwar zu einem recht guten Sportler entwickelt, aber das reichte meinen Eltern nicht. Ich sollte auch im Lernen ganz vorn sein. Als es mit dem Lesen nicht so recht klappte, kam täglich nach der Schule ein Nachhilfelehrer, und ich mußte eineinhalb Stunden lang laut lesen. Meine Mutter saß dabei und hörte zu, bis ihr einmal einer meiner Nachhilfelehrer sagte, sie mache mich nervös.»

Obwohl sich Michaels Lesefertigkeit verbesserte, sorgten seine Eltern weiter für Nachhilfelehrer, um weitere Schulprobleme zu verhindern. Aber die Rechnung ging nicht auf. «Es erwies sich als ziemlich leicht, die Nachhilfelehrer für meine Hausaufgaben einzuspannen. Meine Rechtfertigung war, daß meine Eltern mich unter Druck setzten. ‹Wenn ich in dieser Arbeit keine Eins bekomme, darf ich nie mehr draußen spielen›, jammerte ich. Wenn die Nachhilfelehrer meine sehr resoluten Eltern kennengelernt hatten, glaubten sie mir meistens auch. Es war leicht, sie auf meine Seite zu ziehen. Vielleicht fürchtete ich zu versagen, wenn ich meine Aufgaben allein erledigt hätte, genau weiß ich es nicht mehr. Aber meinen Eltern wären die Augen übergegangen, wenn sie gewußt hätten, wer in Wirklichkeit diese tollen Noten bekam.»

Als Michael in die High School überwechselte, brachte er regelmäßig gute Zeugnisse nach Hause. Allerdings hatte er sie nicht durch eigene Anstrengungen verdient. «Ich erzählte meinen Eltern, ich sei bei Klassenarbeiten wie gelähmt und könne mich nicht konzentrieren. Damit wollte ich die miserablen Noten rechtfertigen, die ich bekam, wenn keine mitleidige Seele neben mir saß und mir half. Tatsächlich habe ich während der ganzen High School-Zeit nie ein Buch aufgemacht.

Meine Eltern brachten mich zu einem Psychiater, der mir helfen sollte, meine ‹Angst vor Klassenarbeiten› zu überwinden. Mein Vater redete mit dem Schulpsychologen, woraufhin ich spezielle Vorrechte bekam. Man gab mir jede Menge zusätzlicher Hilfen. Alles lief bestens – bis zum vorletzten Schuljahr.»

Im vorletzten Schuljahr gab Michaels Englischlehrerin ihm eine Semesterarbeit mit dem Vermerk «Ich möchte Sie sprechen» anstelle der Note zurück. «Sie haben diese Arbeit nicht selbst geschrieben», behauptete die Lehrerin, obwohl Michael immer wieder das Gegenteil beteuerte.

Am nächsten Morgen fuhren Michaels Eltern zur Schule und sprachen mit der Lehrerin. «Sie zeigte ihnen einen Stapel Aufsätze, die ich in der Schule geschrieben hatte, die waren alle ziemlich mies. Mein Vater behauptete aber trotzdem, ich hätte den Hausaufsatz selber geschrieben. Ich saß dabei und fühlte mich wie ein Idiot. Natürlich stammte der Aufsatz nicht von mir. Ich hatte in der High School noch keine einzige Hausarbeit selbst gemacht, aber das konnte ich natürlich keinem erzählen. Also wiederholte ich immer wieder, der Aufsatz sei mein eigenes Werk. Die anderen Sachen, die ich in der Schule geschrieben hatte, seien so schlecht, weil die Lehrerin mich aus dem Konzept bringe.»

Die Lehrerin blieb aber bei ihrer Einschätzung. Michaels Vater wurde ausfallend. «Am Schluß bedauerte ich die Lehrerin.

Mein Vater hackte auf ihr herum, bis sie anfing zu weinen. Ich wäre am liebsten unter den Tisch gekrochen, so peinlich war es mir. Danach ging mein Vater zur Schulleiterin. Als er auch bei ihr nicht weiterkam, sprach er mit dem Schulrat. Da meine Halbjahreszensur sinken würde, falls die Lehrerin nicht nachgab, schalteten meine Eltern auf stur. Sie nahmen einen Anwalt und brachten die Sache vor die Schulbehörde.

In der Kleinstadt, in der wir wohnten, schlug dieser Fall hohe Wellen. Als schließlich sogar Reporter bei uns anriefen und mein Vater ihnen Interviews gab, wäre ich am liebsten in den Boden versunken.»

Sein Schuldbewußtsein ließ Michael nachts nicht schlafen. «Aber ich konnte meinem Vater nicht sagen, was wirklich los war, denn er versicherte mir immer wieder, wie sehr er mir vertraue. Wie konnte ich ihm jetzt auf einmal die Wahrheit sagen, wo ich doch mein ganzes Leben lang gelogen hatte?»

Michaels Proteste hielten seine Eltern nicht davon ab, den Schulbezirk zu verklagen. Ihrem Auftritt vor Gericht sahen sie mit unerschütterlicher Ruhe entgegen.

Michael ging schon ins College, als es seiner Tante schließlich gelang, seine Eltern von der Sache abzubringen. «Ich habe keinen Schimmer, durch welchen Trick sie meinen Vater soweit gekriegt hat.» Er seufzt resigniert. «Der Prozeß war ja sein großes Steckenpferd. Er wäre sicher bis zum Obersten Gerichtshof gegangen, wenn er gekonnt hätte.»

Als sich Michaels Eltern mit der Schulbehörde anlegten, um ihren Sohn vor einer vermeintlichen Ungerechtigkeit zu bewahren, handelten sie aus elterlicher Liebe. Michaels Leistungen bedeuteten ihnen alles. Seine Eltern wandten Zeit, Energie und Geld auf, um ihm den gewünschten Erfolg zu sichern.

Aber Michaels Eltern liebten ihren Sohn *zu* sehr. Ihre Erwartungen an ihn hatten mehr mit ihren Träumen als mit Michaels Fähigkeiten zu tun. Ihr Wunsch, ihrem Kind bei seinen Schulproblemen zu helfen, steigerte sich zu einer fixen Idee.

In der Welt, in der Michael aufwuchs, war Versagen nicht

erlaubt. Um ihn schon bei seinen relativ harmlosen Leseschwierigkeiten vor jeder Enttäuschung zu bewahren, umgaben seine Eltern ihn mit einem Kreis von «Helfern», die Michael führten und ihn sicher an jeder Niederlage vorbeisteuerten.

Aber um wen ging es Michaels Eltern wirklich? Oberflächlich sah es so aus, als täten sie alles für ihren Sohn, in Wirklichkeit jedoch wurden sie ganz von ihren eigenen Bedürfnissen getrieben. Sie waren zwanghaft besorgt um Michaels «Image», weil sie selber unsicher waren, ob sie gute Eltern seien: Wäre Michael in seiner Klasse der Erste, dann wären sie sicherlich erstklassige Eltern. Hinter ihrem enormen Einsatz für Michaels Schulerfolg stand die Angst, bei einem Versagen ihres Sohns als schlechte Eltern zu gelten. Michael mußte in jeder Hinsicht vollkommen sein – nur so glaubten seine Eltern dem gefürchteten Negativurteil zu entgehen.

Michaels Eltern rechneten sich also die Beliebtheit ihres Sohnes, seine Noten und sportlichen Leistungen selbst an. Unbewußt sahen sie ihn als Erweiterung ihrer selbst. Sie konnten sich kaum in Michaels Gefühle und Bedürfnisse einfühlen, weil sie selbst so stark von ihren eigenen Gefühlen und Bedürfnissen getrieben wurden. Ein Beispiel hierfür ist ihre Entschlossenheit, Michaels Konflikt mit seiner Englischlehrerin über seinen Protest hinweg vor Gericht zu bringen. Falls die Eltern doch bemerkt hatten, daß sie durch ihr Vorgehen ihren Sohn in Verlegenheit brachten, so verdrängten sie diese Einsicht. Wichtiger war es ihnen, ihre eigenen Träume durch ihren Sohn zu verwirklichen.

Als Heranwachsender stand Michael unter gewaltigem Druck. Statt ihn zu ermuntern, seine Probleme selbst zu lösen, mischten sich seine Eltern bei jeder Schwierigkeit selbst ein. Sobald ihm etwas mißlang, schickten sie einen Rettungstrupp. Sie meinten es gut, als sie Michael aus seinen Leseschwierigkeiten heraushelfen wollten, untergruben durch ihre Rettungsversuche aber seine Selbständigkeit und machten ihn stärker von sich abhängig. Unbewußt drängten sie ihn, von fremder Hilfe abhängig zu bleiben. Auf diese Weise wollten sie das Risiko ausschalten, daß er mit seiner Durchschnittsbegabung ihre Träume von einem Studium und einer Karriere in einem anspruchsvollen Beruf zerstörte.

Kinder lernen schnell, sich an ihre Umgebung anzupassen. Michael spürte, daß seine zunehmende Selbständigkeit seinen Eltern Angst machte, und erwartete schon zu versagen, wenn er seine Schularbeiten selbst machte. Statt das Risiko einzugehen, etwas nicht zu können und seine Eltern zu enttäuschen, wurde er ein gewitzter Manipulator. Er brachte andere dazu, seine Aufgaben für ihn zu machen, während er selbst passiv zusah. Das war seine Art, sich an das rigide Familiensystem anzupassen. Er tat, was die meisten Kinder tun, deren Erfolg zur fixen Idee ihrer Eltern wird: Er löste das Problem, allzeit gut dastehen zu müssen, auf kreative Weise – und überlebte.

Michael lieferte seinen Eltern zwar wie gewünscht die guten Noten, aber sich selbst konnte er nicht täuschen. Durch seine Schliche mochte er vielleicht einen gewissen Spielraum von seinen sehr beherrschenden Eltern zurückgewinnen, doch dafür lebte er ständig in der Furcht, entlarvt zu werden. Es war ein schwerer Schlag für seine Selbstachtung, als ihm aufging, was für ein Schwindel seine Zeugnisse waren. Mit der Bemerkung «Ich möchte Sie sprechen» auf seiner Semesterarbeit kam dann die befürchtete Katastrophe.

Es ist sehr wohl möglich, daß Michaels Eltern von Anfang an selbst den Verdacht hatten, die umstrittene Hausarbeit könne von jemand anders stammen. Warum versteiften sie sich dann so hartnäckig auf den einmal eingenommenen Standpunkt und strengten sogar einen Prozeß an, um zu beweisen, daß ihr Sohn zu Unrecht als Betrüger verdächtigt wurde?

Realitätsverleugnung war Michaels Eltern ebenso zur Gewohnheit geworden wie Lügen und Manipulieren ihrem Sohn. Die Wahrheit zuzugeben hätte geheißen, sich auf die unerfreuliche Wirklichkeit einzulassen. Denn Michael war ja nicht nur kein Genie, sondern ein junger Mann, der geschickt log und betrog. Seine Lehrer, seine Klassenkameraden, die Nachbarn, Freunde – alle hätten es erfahren können. Und als Hauptverantwortliche für einen solchen Spektakel hätten seine Eltern wohl nicht besonders gut ausgesehen.

So etwas durfte ihnen einfach nicht passieren. Besser alles zu leugnen als zuzugeben, daß ihr Sohn ebenso durchschnittlich, fehlerhaft und unvollkommen war wie sie selbst. Sie fühlten sich nur sicher, solange sie eine perfekte Fassade aufrechterhalten konnten.

Michaels Eltern konnten an ihrer Realitätsverleugnung festhalten, weil ihr Sohn alles tat, um sie vor der wirklichen Situation abzuschirmen. Wie jedoch verhalten sich solche Eltern, wenn ihr Kind so auffällig versagt, daß nichts mehr vertuscht werden kann? Susan liefert ein Beispiel für einen solchen Fall.

«Mein Onkel erzählt eine Anekdote über meine Mutter, die ganz köstlich wäre, wenn sie sich auf eine andere Familie bezöge.» Susan lacht leise. «Als ich ungefähr drei Monate alt war, las meine Mutter in einer Illustrierten einen Artikel über begabte Kinder. Darin hieß es, daß sich begabte Kinder schon als Säugling Monate früher im Bettchen auf die andere Seite rollen als andere Babies. Aber ich rollte mich nicht auf die andere Seite und zeigte auch sonst keine Anzeichen einer besonderen Begabung. Mein Onkel schwört Stein und Bein, daß mich meine Mutter daraufhin jeden Tag eine halbe Stunde lang immer wieder herumdrehte – sie wollte mir beibringen, es selbst zu tun.»

Susans Mutter hatte ihre Tochter schon als Kind mit hohen Erwartungen überschüttet. Sie hatte Susan stets mit anderen Kindern verglichen und sie angehalten, diese zu übertreffen. Aber nichts ärgerte Susan als Kind mehr, als ständig mit ihrer Cousine Melissa verglichen zu werden. «Meine Mutter wetteiferte ständig mit meiner Tante», erzählt Susan. «Alles, was meine Cousine Melissa hatte, mußte ich auch haben. Wir waren gleich alt und gingen in dieselbe Schule. Ich mußte in einer Tour Stunden nehmen – Ballett, Klavier, Stöckchenschwingen, was weiß ich noch alles –, weil Melissa das auch tat. Meine Mutter kam immer mit und rief mir vom Zuschauerraum her zu, was ich besser machen sollte. Ich war in all den Sachen ganz unbegabt, ein richtiger Trampel. Melissa war natürlich ganz toll, was meine Mutter regelrecht deprimierte.»

Susans Mutter versuchte mit Gewalt, die beiden Mädchen einander näherzubringen, aber die konnten sich, was Wunder, nicht ausstehen. «Meine Mutter wollte einfach nicht wahrhaben, daß ich nie so sein würde wie Melissa. Es fing schon damit an, daß Melissa klein und zierlich, ich aber groß und grobknochig war. Melissa redete und lachte ständig und nahm nichts ernst. Ich war still und zurückhaltend. Melissa hatte einen ganzen Schwarm von Freundinnen und war das beliebteste Mädchen unserer Klasse. Ich hatte ein paar Freundinnen, aber keine von uns paßte zu Melissas Gruppe. Als wir in der sechsten Klasse anfingen, gemischte Parties zu geben, rissen sich die Jungs darum, wer mit Melissa und ihren Freundinnen tanzen durfte. Keiner von denen redete auch nur ein Wort mit mir. Neben Melissa war ich ein gesellschaftliches Nichts. Ich habe sie sicher nur in Verlegenheit gebracht.»

Susan hatte persönlich viele Stärken, die aber, zumindest in den Augen ihrer Mutter, neben Melissas Beliebtheit verblaßten. «Ich lernte viel besser als Melissa, weil sie immer bloß herumalberte. Meine Mutter freute sich zwar über meine Noten, aber sie begriff einfach nicht, warum ich nicht beliebter war. Die ganze Zeit hackte sie auf mir herum und erzählte mir immer wieder, ich hätte doch viel mehr zu bieten als Melissa. Immer wieder bekniete sie mich und gab mir alle möglichen Ratschläge, zum Beispiel: ‹Du mußt mehr lächeln. Wie soll dich denn je einer wahrnehmen, wenn du nicht lächelst? Kämm dir die Haare aus dem Gesicht! Laß deine Bluse nicht heraushängen! Sprich doch lauter, so kann dich ja keiner verstehen. Und gib dir Mühe, nicht immer so gelangweilt auszusehen!›»

Susans Mutter versuchte sogar, die Freundschaften ihrer Tochter zu regulieren. «Einmal erwischte ich sie in der Küche mit ein paar Mädchen, die mit mir zusammen lernten. Sie redete darüber, wer für mich der geeignete Freund sei. Ich ging erst in die achte Klasse, aber meine Mutter sorgte sich schon um mein zukünftiges Liebesleben. Ich war entsetzt und hätte sie am liebsten umgebracht. Ich schwor mir, nie mehr ein Wort mit ihr zu reden, aber das habe ich dann doch nicht durchgehalten. Wie konnte ich die ganze Zeit auf sie wütend sein, wenn sie weinte und mir versicherte, sie tue das alles ja nur für mich, um mich glücklich zu machen? Ich wußte ja, daß das stimmte. Also vergaß ich es, wie hundert andere Sachen, in die sie sich einmischte.»

Susans Mutter hoffte inbrünstig, daß Susans Leben sich ändern würde, sobald sie in die High School käme. Das geschah, aber nicht ganz so, wie Susans Mutter es erwartet hatte. «In der High School waren viel mehr Schüler. Ich schloß mich an eine Gruppe von Mädchen an, die ich wirklich mochte. Sie waren vielleicht nicht die beliebtesten Mädchen der Schule, aber ich fühlte mich wohl und akzeptiert in ihrer Gegenwart. Meine Mutter mochte sie überhaupt nicht. Sie gab ihnen die Schuld an meinem angeblichen ‹Abstieg›. Ich hatte bisher immer nur Einsen und Zweien gehabt, aber jetzt bekam ich auch Vieren und Fünfen. Ich zog mich nicht mehr so an, wie meine Mutter es verlangte, sondern ging in ausgebeulten Jeans und Sweatshirts in die Schule wie meine Freundinnen. Ich gab mir keine Mühe mehr, zu Melissas Gruppe zu gehören. Wenn ich nach Hause kam, aß ich, was gerade im Kühlschrank stand, so daß ich zunahm. Da reichte es meiner Mutter. Ihr paßte die ganze Richtung nicht. Sie sagte zu meinem Vater, wir sollten aus unserem Viertel weg und in einen Vorort ziehen. Sie meinte, die neue Schule mache mich fürs Leben kaputt. Im Juni meines ersten Schuljahrs auf der High School packten wir unsere Sachen.»

In den Monaten vor dem Umzug begann Susans Mutter, ihre Tochter völlig umzukrempeln. Sie baute felsenfest darauf, daß Susan am Stadtrand andere Erfahrungen machen würde als in der Großstadt. «Meine Mutter witterte ihre große

Chance», erzählt Susan grinsend. «Sie fuhr mit mir einkaufen und sagte: ‹Such dir aus, was du willst›, und wir kauften mir einen Schrankvoll neuer Sachen. Sie ging mit mir zu einem Arzt, der mir eine Diät verschrieb, damit ich mein Übergewicht loswürde. Sie schickte mich zum besten Friseur der Stadt, um mir eine neue Frisur machen zu lassen.»

Den ganzen Sommer überschüttete Susans Mutter ihre Tochter mit Ratschlägen. Susan war froh, das Schreckgespenst Melissa loszusein, und beschloß, auf ihre Mutter zu hören. «Ich lebte mich allmählich in die Vorstellung ein, daß ich mich ganz umkrempeln und als neuer Mensch an der neuen Schule anfangen könnte. Ich dachte, vielleicht hat meine Mutter ja recht.»

Mit großen Hoffnungen begann Susan an der neuen High School. Aber die Größe des Gebäudes, unpersönliche Lehrer und die Klassenzimmer voll fremder Gesichter schüchterten sie ein. Sie war einsamer denn je und traute sich nicht, auf andere zuzugehen. Sie ging allein durch die Flure der neuen Schule und wußte, daß sich ihre Situation trotz der Bemühungen ihrer Eltern nicht wesentlich geändert hatte. «Ich war sehr niedergeschlagen über die Art, wie sich mein neues Leben anließ», bekennt sie und schüttelt langsam den Kopf. «Eine Weile hatte ich wirklich gedacht, jetzt würde alles besser. Aber so perfekt ich vielleicht nach außen wirkte, so durcheinander war ich innerlich. Erst als ich schon weit über zwanzig war, ging mir auf, daß ich der Mensch sein durfte, der ich war, und daß ich nicht so sein mußte, wie meine Mutter mich wollte. Aber bis mir das endlich klar wurde, ging es mir dreckig.»

Den größten Teil ihrer Kindheit balancierte Susan mühsam zwischen Selbständigkeit und Fügsamkeit. Dauernd bekam sie unmißverständliche Botschaften, so, wie sie sei, sei sie nicht gut genug. Susans Mutter versuchte, ihre Tochter ihren eigenen Erwartungen entsprechend umzumodeln. Sie konnte sich nicht einfühlen in Susans wahre Gefühle und die zunehmende Schüchternheit, mit der Susan auf die ständigen Vergleiche mit ihrer beliebteren Cousine Melissa reagierte.

Wie vorherzusehen war, begehrte Susan auf, als sie in die Pubertät kam. Ihre wachsende innere Empörung äußerte sich in passiv-aggressivem Verhalten: Sie nahm zu, tat weniger für die Schule und zog sich salopp an, womit sie ihre Mutter irritieren konnte.

Susan war unfähig, so zu sein, wie ihre Mutter sie zu sehen wünschte. Diese Unfähigkeit wurde schließlich so eklatant, daß sie das ganze Familiensystem durcheinanderbrachte. Susans zunehmende Unabhängigkeit bedrohte das tiefe Bedürfnis ihrer Mutter, sie zu beherrschen – ein Bedürfnis, das auf einem schwachen, fast nur auf den Leistungen ihrer Tochter aufgebauten Selbstbild beruhte.

Susans Mutter bekam das Heft wieder in die Hand, indem sie die Familie zwang, in eine andere Gegend zu ziehen. Sie rechtfertigte diesen Schritt damit, er sei nur zu Susans Bestem. Aber anstatt Susan so anzunehmen, wie sie war, ging es ihrer Mutter in Wirklichkeit darum, ihre Tochter wieder auf Vordermann zu bringen. Sie sollte wieder gut dastehen. Die Familie transportierte ihre Schwierigkeiten mit dem Hausrat in die neue Umgebung, wo Susan keineswegs eine neue Situation vorfand. Sie mußte erfahren, daß es eine mühselige Angelegenheit war, nach den Vorschriften ihrer Mutter zu leben.

Mögen die Details auch von Fall zu Fall verschieden sein, so machten Michael und Susan doch eine gemeinsame Erfahrung: Beide wuchsen in einer Umgebung auf, in der sie nicht versagen oder auch nur ein Problem haben durften. Da beide wußten, wie wichtig ihr «Image» ihren Eltern war, mühten sie sich, es ihnen recht zu machen.

Für Eltern wie die von Michael und Susan ist es entscheidend, daß ihre Kinder in allem an der Spitze stehen und immer ein gutes Bild abgeben. Natürlich freuen sich die meisten Eltern an den Leistungen ihrer Kinder und fördern ihren Erfolg. Wenn unsere Eltern uns aber zu sehr lieben, werden unsere Erfolge und Mißerfolge stark angstbesetzt.

Werden wir nicht bewundert, sind die Eltern enttäuscht.

Werden unsere Talente nicht gewürdigt, sind sie übermäßig besorgt. Läuft irgend etwas schief, wollen sie es sofort in Ordnung bringen, damit wir nur ja wieder gut dastehen. Das Ganze ist ein allseitiges Familienkomplott. Wir hüten die Geheimnisse der Familie, indem wir unsere wahren Gedanken und Gefühle verbergen. Wir machen ein freundliches Gesicht, einen guten Eindruck.

Als Kinder lernen wir, daß wir unsere Eltern unglücklich machen, wenn wir einmal kein ganz so gutes Bild bieten. «Das kannst du nicht machen!» schimpfen sie. «Wie würde das denn aussehen?» Oder es heißt: «Red nicht so! Was sollen die Leute sagen?» Wenn wir kichern und uns ausschütten wollen vor Lachen, mahnen sie uns, uns zu beruhigen und nicht so albern zu sein.

Wir verteidigen unsere Selbständigkeit, aber sie sehen uns nur überrascht an. «Mach, was du willst», sagen sie, «aber mußt du es unbedingt überall ausposaunen? Wir lieben dich ja so, wie du bist, aber warum muß Tante Sally unbedingt erfahren, daß du in Mathe durchgefallen bist?» Und das nennt sich dann bedingungslose Liebe und Unterstützung.

Als Kinder neigen wir dazu, unsere Persönlichkeit unserer Umgebung anzupassen. Ist unsere Umgebung stützend, stärkend und flexibel, dann haben wir die Freiheit, unsere eigene Individualität auszudrücken. Ist unsere Umgebung aber rigide, stellt man uns Forderungen und Bedingungen, dann müssen wir uns in unserem Verhalten an die Bedürfnisse anderer anpassen. An die Stelle unseres wahren Selbst tritt ein falsches Selbst, welches für unsere Eltern, auf deren Liebe und Billigung wir angewiesen sind, akzeptabler ist. Das heißt, wir verraten die Person, die wir wirklich sind, und werden so, wie unsere Eltern es wollen.

Das falsche Selbst ist eine Verkleidung, eine sehr überzeugend wirkende Maske. Sie täuscht viele Leute – sogar uns selbst.

Ein falsches Selbst kann unterschiedliche Formen annehmen. Da gibt es «das Opfer», «den Schweiger», «die Ver-

75

rückte», «den Rebellen», «die Kritische». Bei überversorgten Kindern sind «Herr und Frau Fehlerlos» häufig anzutreffen, dicht gefolgt von dem depressiven, frustrierten Paar «Herr und Frau Unverstanden». Alle unsere Masken aber haben eines gemeinsam: Sie sollen die Teile unserer Person verdecken, die wir als unannehmbar empfinden.

Wir können uns selbst nur verstehen, wenn wir unsere Vergangenheit verstehen. Wo haben wir gelernt, Teile unserer Person nicht zu mögen? Wie haben wir angefangen, ein falsches Selbst zu entwickeln, um uns zu schützen? Um diese Fragen zu beantworten, müssen wir bis zu unseren ersten Lebensjahren zurückgehen.

Wenn ein Kind geboren wird, nimmt es noch keine Grenzen zwischen sich und der Mutter wahr. Erst im Alter von etwa drei Jahren vermag es sich als getrennte, für sich allein existierende, mit einzigartigen Talenten und Wesenszügen ausgestattete Person zu erkennen. Dieser «Trennung und Individuation» genannte Prozeß verläuft auf körperlicher und emotionaler Ebene.

Eltern können diesen Entwicklungsprozeß fördern oder hemmen. Wird ein Kind – zumindest die meiste Zeit - bejaht und gestützt, traut es sich, der Welt sein «wahres Gesicht» zu zeigen. Es erfährt: «Ich darf ich sein» und «Ich werde so geliebt, wie ich bin».

Wenn Eltern zu sehr lieben, löst der Trennungsprozeß jedoch große Ängste bei ihnen aus. Die Bedürfnisse des Kindes kollidieren mit ihren eigenen Bedürfnissen. Das elterliche Kontrollbedürfnis wird durch die Spontaneität und Individualität des Kindes bedroht. Die Eltern fühlen sich ständig gezwungen, das unerwünschte Verhalten ihres Kindes unter Kontrolle zu halten. Dadurch wird das allmählich entstehende Selbstgefühl des Kindes geschwächt.

Natürlich hat es auch sein Gutes, daß unser Verhalten durch andere geformt und gesteuert werden kann. Unsere Impulse im Kleinkindalter sind nicht alle gesund oder in unserem eigenen Interesse. Unsere Eltern haben die Macht, unser Verhalten so zu formen, daß wir gesittete Mitglieder der Gesellschaft werden. Sie können diese Macht jedoch dazu mißbrauchen, uns unserer Autonomie zu berauben und uns zur Erfüllung unrealistischer Erwartungen zu zwingen.

Das stärkste und destruktivste Mittel, um das Kind zu einem bestimmten Verhalten zu bringen, ist Liebesentzug. Jeder Mensch fürchtet sich am meisten vor dem Verlassenwerden. In unseren ersten Lebensjahren ist Verlassenwerden gleichbedeutend mit Sterben. Liebesentzug kann als Verlassenwerden empfunden werden, und das Kind tut alles, um diesem schrecklichen Schicksal zu entgehen, auch wenn es sich selbst verraten muß. Um die Angst vor dem Verlassenwerden abzuwehren, versucht das Kind, die Erwartungen seiner Eltern zu erfüllen. Verbieten sie ihm zu weinen, wird es versuchen, nicht mehr zu weinen. Verbieten sie ihm, ihnen zu widersprechen, wird das Kind lernen, seine Gefühle zu unterdrücken. Fühlt es sich erwünschter, wenn es glatte Einsen nach Hause bringt, in die Sportauswahl der Schule aufgenommen wird oder ein Musikstück fehlerlos spielt, dann lernt es, daß es etwas leisten muß, um geliebt zu werden.

Auch wenn wir als Dreijährige erkannt haben, daß wir nicht Teil unserer Mütter sind, setzt sich der Trennungs- und Individuationsprozeß doch das ganze Leben lang fort. Was wir erleben, kann unser Selbstgefühl stärken oder schwächen. Wir unterdrücken unsere natürlichen Gefühle und Impulse, wenn wir mit Menschen umgehen müssen, denen es ein starkes Bedürfnis ist, daß wir uns in einer bestimmten Weise verhalten. Werden wir vor allem wegen unserer besonderen Begabungen und Fähigkeiten und nicht einfach wegen unseres Wesens geschätzt, dann lernen wir, die Teile von uns zu verleugnen, für die wir keinen Beifall bekommen. Wir lernen, einen guten Eindruck zu machen.

Immer gut dastehen zu wollen zeugt nicht von Selbstvertrauen. Es ist eine Abwehr – eine Maske, die verbirgt, wer wir sind und was wir wirklich fühlen, entstanden aus den verinnerlichten Wünschen und Forderungen unserer Eltern. Wenn wir als Erwachsene diese Maske anlegen, versuchen wir, uns vor einer tiefen Kränkung zu schützen, vor einem Schmerz, der uns an jene erste Kränkung in unserer Kinderzeit erinnert, als wir spürten, daß Menschen, die wir brauchten und über alles liebten, uns nicht voll akzeptierten. Erwachsene erinnern sich noch heute lebhaft an Vorfälle in ihrer Vergangenheit, als sich ihnen die Notwendigkeit eines «falschen Selbst», das ihre Eltern akzeptieren würden, mit unvergeßlicher Schärfe einprägte.

Kevin: «Wir durften als Kinder nie Jeans anziehen. Meine Mutter fand, das gehöre sich nicht. Es gab Streit um jedes einzelne Kleidungsstück. Wenn ich zum Beispiel zum Erntedank-Dinner herunterkam, schaute meine Mutter mich an und sagte: ‹Ach Kevin, du mußt dich schnell umziehen. Diese Hosen sind ordinär! Du willst mich doch nicht vor Tante Judy blamieren, oder?› Als ich älter wurde, wollte ich mich nicht mehr so ohne weiteres umziehen: dann trat mein Vater in Aktion. ‹Jetzt komm schon, Kevin! Tu's mir zuliebe. Du willst doch nicht, daß deine Mutter krank wird, nicht wahr?› Es war völlig irre. Meine Kleider machten sie tatsächlich krank. Aber am Schluß trug ich doch, was sie wollte.»

Joe: «Ich war in den Osterferien zu Hause und besuchte meinen Vater in seinem Büro. Er führte mich herum und stellte mich allen seinen Mitarbeitern vor. ‹Das ist mein Sohn Joey›, sagte er. ‹Er baut gerade sein Diplom.› Und das wiederholte er immer wieder, bei jedem, den wir trafen. Vielen erscheint das vielleicht nicht so schlimm, aber man muß meinen Vater kennen. Es genügt nicht, einfach Joey zu sein, für ihn war ich immer Joey, der dieses oder jenes leistet oder erfindet... Ohne das war ich nicht gut genug.»

Sandy: «Meine Eltern erlaubten mir nicht, im Gesundheitsbogen der Schule anzugeben, daß ich Epilepsie hatte. Ich war ein leichter Fall, und durch die Medikamente, die ich nahm, hatte ich die Situation gut im Griff, aber meine Eltern wollten trotzdem nicht, daß irgend jemand davon erführe. Sie sagten, die anderen würden mich sonst sofort anders behandeln. Doch in Wirklichkeit ging es ihnen nur um sich selbst, vielleicht schämten sie sich, ein ‹behindertes› Kind zu haben oder so. Ich frage mich immer, was passiert wäre, wenn ich in der Schule einen Anfall gekriegt hätte. Wer hätte gewußt, was mit mir los sei? Es ist schwer zu glauben, daß meine Eltern ein solches Risiko eingingen, aber genau das taten sie.»

Kim: «Sie glauben nicht, was bei mir zu Hause los war, als ich mich entschied, lieber zu arbeiten als zu studieren. Ich sagte meiner Mutter als erster, was ich beschlossen hatte. Daraufhin schloß sie sich im Schlafzimmer ein, aber ich hörte, wie sie es später meinem Vater sagte. Es war, als sagte sie: ‹Ach Stanley, unsere Tochter ist gestorben. Wodurch haben wir das bloß verdient?› Noch zwei Jahre lang hörte ich sie ihren Freundinnen erzählen, ich würde mich bei verschiedenen Colleges bewerben. Und ich dummes Huhn sagte doch wirklich meinen Verwandten und Freunden dasselbe, obwohl ich ganz genau wußte, daß ich nie wieder zur Schule gehen würde.»

Alle diese Erwachsenen lernten schon als Kinder, wie wichtig die perfekte Fassade für ihre Eltern war. Sobald sie ihre Schuhe zubinden, die Reißverschlüsse an ihren Jacken hochziehen und ihren Namen säuberlich auf ihre Hefte schreiben konnten, hatten sie auch gelernt, ihre Fehlbarkeit vor anderen zu verbergen, sie sich auf keinen Fall anmerken zu lassen. Ihre Selbstachtung wurde von ihren Leistungen abhängig. Sie waren gut, wenn sie etwas Gutes leisteten.

Wenn sie nicht gut sein konnten, mobilisierten sie ihre Überlebensstrategien: Vermeidung, Zurückhaltung, Lügen, Beschwichtigungen und das Vertuschen echter Gefühle. Auf diese Weise schützten sie sich.

«Aber meine Eltern haben mich nie richtig unter Druck gesetzt», denken Sie vielleicht. «Ich war von Natur aus ein braves Kind. Wenn mir jemand Druck gemacht hat, dann ich selber. Meine Eltern haben bloß gesagt, ich solle mein Bestes geben.»

Vielleicht können wir uns nicht mehr an direkte oder auch wortlose Signale unserer Eltern erinnern, unbedingt einen guten Eindruck zu machen. Doch diese Worte sind nicht immer nötig.

Vielleicht haben Ihre Eltern Ihnen erzählt, daß sie sich nichts vom Leben wünschten als Kinder, wie wunderbar es war, als Sie geboren wurden, und daß Sie für Ihre Eltern der wichtigste Mensch auf der Welt waren. Das mag als ein großes Kompliment erscheinen, aber welche Bürde wurde Ihnen dadurch auferlegt! Was, wenn Sie Ihre Eltern nicht so glücklich gemacht haben, wie sie es sich bei Ihrer Geburt erhofften? Es ist eine schreckliche Verantwortung, die einzige Freudenquelle der Eltern zu sein.

Wir spüren es schon als ganz kleine Kinder, wenn unsere Fortschritte die Kraftquelle unserer Eltern sind, selbst wenn sie gar nicht darüber sprechen. Vielleicht stolperten Sie, als Sie Ihre ersten Schritte machten, und entdeckten beim Aufstehen einen Ausdruck besorgter Entschlossenheit im Gesicht Ihres Vaters. Vielleicht schaute Ihre Mutter einmal, als Sie sich nicht wie gewünscht verhielten, kalt und abweisend, was für Sie zum stärksten Antrieb wurde. Wenn Sie kreischten: «Laßt mich in Ruhe, ich kann das allein!», sahen die Eltern Ihnen trotzdem immer noch ängstlich über die Schulter, ob Sie nicht vielleicht doch etwas falsch machten. Wir erfahren uns selbst durch die Reaktionen unserer Eltern, fast so, als blickten wir in einen Spiegel. Wir verinnerlichen ihr Urteil. Lasen wir in ihren Augen Zweifel daran, wie gut wir waren, wie gut wir im Vergleich mit anderen Kindern abschnitten und ob wir wohl ihre Hoffnungen erfüllten, dann dachten wir uns, es müsse wirklich etwas zu bezweifeln geben. Wir glaubten, wenn wir etwas «Schlechtes» täten, seien wir selber schlecht. Wir wußten noch nicht, daß wir gut und liebenswert sein können, auch wenn wir ab und zu Fehler machen oder unseren Mitmenschen nicht immer gefallen.

Bei einer solchen Kindheitsgeschichte überrascht es nicht, daß sich bei vielen von uns ein unstillbares Bedürfnis nach Lob, Anerkennung und Zustimmung entwickelt hat. Unser wahres Selbst hungert danach. Immer wieder blicken wir fragend in den «Spiegel» der Gesichter der Menschen um uns herum, um uns zu vergewissern, daß wir «okay» sind. Wir haben die Ängste unserer Eltern verinnerlicht, nur noch ein paar Grade stärker. So wird das Leben eine ernste, anstrengende Angelegenheit.

Wenn das Glück unserer Eltern von unseren Erfolgen abhängt, werden wir Meister im Verbergen unserer Schwächen. Gekonnt beantworten wir ihre vielen bohrenden Fragen mit unverbindlichen Sprüchen: «Gut dazustehen» wird zur Überlebensstrategie. Eine Frau erinnert sich, wie sie schnell in eine Nebenstraße abbog und dabei fast von einem Lastwagen angefahren worden wäre, als sie ihre Mutter auf der Straße auf sich zukommen sah. «Die Woche vorher war ich mit Freunden skilaufen und hatte mir dabei den Arm gebrochen», berichtet sie. «Ich war meiner Mutter seither aus dem Weg gegangen, was nicht einfach war. Sie wäre die Wände hochgegangen, wenn sie meinen Arm in Gips gesehen hätte. Sie hätte mich zu jedem Spezialisten in der Stadt geschleppt. Ich glaube fast, ich wäre lieber in den Lastwagen gelaufen, als mich den Ängsten und Urteilen meiner Mutter auszusetzen.»

Das Gebot, gut dastehen zu müssen, überträgt sich auf den größten Teil unserer Beziehungen. Im Umgang mit anderen «Elternfiguren» reagieren wir genauso. Wir können unserem Lehrer, unserem Chef, unserer Schwiegermutter oder irgendwelchen anderen Autoritätsfiguren doch nicht die häßliche Wahrheit zumuten, daß wir tatsächlich nur unvollkommene, fehlerhafte Menschen sind! Kinder, die zu sehr geliebt worden sind, werden Erwachsene, die

- nicht zeigen, daß sie gekränkt sind,
- normalen Ärger und Groll zurückstauen,
- sagen, alles sei in Ordnung, während in Wirklichkeit das Gegenteil zutrifft,
- niemals um Hilfe bitten, wenn sie welche brauchen (höchstens innerhalb der Familie riskieren sie vielleicht einen Hilferuf),
- meinen, immer vollkommen sein oder recht haben zu müssen,
- ihren Körper, ihre Frisur, ihre Gesundheit mit kritischen Augen ansehen,
- durch Angst vor Fehlern gelähmt werden,
- fürchten, daß andere ihre Verletzlichkeit wahrnehmen,
- glauben, daß sie abgewiesen werden, wenn sie sich unverstellt zeigen.

Natürlich bringt es auch etwas, gut dazustehen. Überversorgte Kinder gehen später oft in den künstlerischen Bereich, wo sie sich, das Herz bis zum Hals klopfend, aber kühle Gelassenheit im Gesicht, ohne jeden Schnitzer vor anderen produzieren. Sie werden großartige Lehrer und Dozenten und noch bessere Verkäufer. Wer könnte ein Produkt besser darstellen als jemand, der so gut gelernt hat, Fehler zu verkleinern und die guten Seiten herauszustellen?

Denken wir an die Frau, die sich um eine Stelle bewirbt, für die sie nicht ausreichend qualifiziert ist, die sie aber durch überzeugend zur Schau getragenes Selbstvertrauen ergattert, obwohl ihr die Knie zittern. Oder an den Mann, der mit so teilnahmsvollem, intelligentem Gesichtsausdruck in der Besprechung sitzt, daß alle Anwesenden beeindruckt sind und keiner merkt, daß er innerlich Lichtjahre entfernt ist und nichts mitgekriegt hat.

Kinder, die gelernt haben, ihre Fehlbarkeit vor der Außenwelt zu verbergen, finden die Geschäftswelt viel einfacher als das Leben zu Hause. Die Blicke ihrer Eltern waren viel durchdringender. Sie überzeugen andere so gekonnt von ihren Fähigkeiten und Talenten, daß sie überall beneidet werden. Die Maske, die sie vor ihrem Gesicht tragen, sagt: «Alles in bester Ordnung, alles unter Kontrolle.»

Keiner würde vermuten, was sich noch alles hinter dieser Maske aus Selbstvertrauen und Kontrolle verbirgt, wie hart sie erarbeitet ist. Die damit verbundene Anstrengung kann Stress und eine Menge psychosomatischer Symptome hervorrufen. Erwachsene, deren Erfolg die fixe Idee ihrer Eltern war, wundern sich oft, warum sie ständig unter Kopfschmerzen, Rückenschmerzen, Schlaflosigkeit, hohem Blutdruck und chronischer Erschöpfung leiden. All das sind unmittelbare Auswirkungen der verinnerlichten Angst, vor den anderen nur ja immer gut dazustehen und die Eltern nicht zu enttäuschen.

Wir wollen um jeden Preis gut dastehen, um unsere Eltern zu schützen. Diesen Wunsch haben wir uns so zu eigen gemacht, daß wir selbst uns oft unter viel höheren Erwartungsdruck setzen, als unsere Eltern es je getan haben. Wir lernen, unsere Gefühle zurückzuhalten und nur das nach außen zu zeigen, was von uns erwartet wird. Manche greifen zu Alkohol und Drogen, die uns scheinbar helfen, unseren Gefühlen zu entkommen. Wie Krieger treten wir dem Leben in einer schützenden Rüstung entgegen. Unsere tadellose Fassade bezahlen wir am teuersten in unserem Privatleben. Nehmen wir Kathy. Groß und blond, mit sanften haselnußbraunen Augen und einem zuversichtlichen Lächeln gleicht Kathy mit sechsunddreißig eher einem Fotomodell als der erfolgreichen Ärztin, die sie in Wirklichkeit ist. «Ich verstehe es einfach nicht», überlegt sie mit einem unfrohen Lachen: «Meine Freunde erzählen mir, ich hätte alle Chancen. Meine Praxis läuft großartig, und ich liebe meinen Beruf. Ich habe lange studiert und noch länger mein Studenten- und Praxisdarlehen zurückgezahlt, aber jetzt kann ich aufatmen und mir so ziemlich alles leisten, was ich will. Dies müßte jetzt eigentlich die glücklichste Zeit meines Lebens sein – aber ich fühle mich hundsmiserabel.»

«Eigentlich will ich ja vor allem einen Mann und ein paar Kinder», gibt sie zu. «Aber irgendwie kann ich mich an niemanden binden. Ich lerne dauernd neue Männer kennen. Als mich letzte Woche eine Freundin mit einem ihrer Bekannten zusammenbringen wollte, mußte ich wirklich lachen, denn es war derselbe Typ, mit dem eine andere Freundin mich eine Woche vorher hatte verkuppeln wollen. Aber aus irgendeinem Grund wird nie etwas daraus.»

Was Kathy am meisten verwirrt: Die Männer, die sie sympathisch findet, verlassen sie genau dann, wenn die Beziehung enger zu werden beginnt. «Ich gehe eine Zeitlang mit einem Mann aus und denke, alles läuft gut. Ich fange sogar schon an zu denken, der ist der Richtige. Aber dann kommt er und erzählt mir aus heiterem Himmel, daß er sich noch nicht ernsthaft binden mag. Ein halbes Jahr später höre ich, daß er eine andere heiratet.»

Ron gehört zu den Männern, mit denen Kathy ein paarmal

aus gewesen ist. Er sagt: «Sie ist eine großartige Frau, amüsant und unglaublich intelligent. Kathy hat wirklich eine Menge auf dem Kasten. Aber es hat zwischen uns nie so richtig gefunkt.»

Was hat er vermißt? «Ich habe einfach nie das Gefühl gehabt, daß sie wirklich da war, wenn wir zusammen waren. Na ja, vielleicht hat sie mich sogar ein bißchen eingeschüchtert. Aber ich habe einfach nicht verstanden, was sie eigentlich von mir wollte. Gebraucht hat sie mich sicher nicht.»

Er lächelt etwas verlegen, bevor er erklärt: «Also, ich suche bestimmt kein schwaches Frauchen, das in jeder Weise von mir abhängig ist. Das wäre mir zu langweilig. Aber wie die meisten Männer lasse ich mich ab und zu ganz gern um Rat fragen. Und ich stelle mir vor, daß der andere auch mal einen Fehler macht. Ich finde es gut, wenn eine Frau mal unordentliches Haar hat und ohne Schuhe rumläuft. Kathy war zu perfekt. Zwischen uns hat sich nichts ergeben. Es klingt vielleicht blöd, aber ich habe Kathy nie als eine Frau gesehen, mit der ich schmusen könnte.»

Was Ron nicht sehen konnte, war Kathys Verletzlichkeit. Kathy, die «so viel darstellte» und einem Partner so viel geben hatte, vergrub ihre Gefühle tief in ihrem Inneren.

Ihre Vergangenheit erklärt, warum. «Meine Mutter war sehr depressiv. Ich meine nicht niedergeschlagen oder ein bißchen traurig. Sie hatte die Art von Depressionen, derentwegen man Leute ins Krankenhaus bringt.»

Tatsächlich war die Mutter während Kathys Kindheit mehrmals in einer Klinik. «Bevor sie nach Hause kam, nahm mein Vater mich jedesmal und sagte: ‹Kathy, versprich mir, daß du nie vor Mami weinst. Sie kommt jetzt nach Hause, und da müssen wir alle versuchen, sie froh zu machen und sie nicht mit unseren Sorgen zu belästigen.›»

Kathys Vater verbot ihr bestimmte Gefühle. Sie lernte, nie zu weinen und ihre Gefühle nie zu zeigen, so traurig sie auch war. Da Kathys ausgezeichnete Schulleistungen ihre Mutter freuten, arbeitete das Mädchen angestrengt. Sie flüchtete sich in das Lernen und genoß das Lob ihrer Eltern. Sie wußte, daß ihre Eltern sie liebten, aber sie fühlte sich dennoch innerlich leer und hatte Angst, die Liebe der Eltern zu verlieren.

So wurde Kathy ein ruhiges, tüchtiges, verantwortungsbewußtes Kind, das sich nie spontan von seinen Gefühlen überwältigen ließ. Als Sechsunddreißigjährige ist sie eine fähige, erfolgreiche Ärztin. Aber ihre Freunde und Liebespartner haben das Gefühl, ihr nie wirklich nahezukommen.

Genau hier steckt der Pferdefuß: Wer immer gut dastehen will, erreicht das Gegenteil von Intimität. Wir meinen, die anderen liebten uns, wenn wir ihnen eine tadellose, tüchtige Außenseite zeigen. Schlimmer noch, wir erwarten, daß auch die anderen fehlerlos sind oder sich zumindest um Vervollkommnung bemühen. Wie unsere Eltern früher signalisieren wir unseren Freunden und Geliebten, daß es vor allem darauf ankommt, immer gut dazustehen. Wir erwarten, unseren eigenen Perfektionismus bei den anderen wiederzufinden.

«Irgendwas hat jede», sagte ein Mann, als er gefragt wurde, warum er nicht heirate. «Und meist kann man genau das auf die Dauer nicht ausstehen.» Wir entdecken sehr schnell die Schwächen unseres Gegenübers und kühlen ab. Kaum daß wir den einen Partner *in spe* fallengelassen haben, halten wir schon Ausschau nach dem nächsten.

Wir brauchen Liebe so dringend. Warum können wir bloß nicht den richtigen Partner finden? Wir haben viel zu geben. Wie kommt es, daß der scheinbar vollkommene Mensch, den wir endlich kennengelernt haben, trotz all unserer Vorzüge so schnell wieder entschwindet?

Wir wissen einfach nicht, was Menschen wirklich liebenswert macht. Wir finden es vielleicht unwahrscheinlich, aber gerade die Laufmasche im Strumpf, die chronische Unfähigkeit, unser Bankkonto in Ordnung zu halten, oder die Art, wie wir ins Flattern kommen, wenn wir vor einer Gruppe von Menschen sprechen müssen – das macht uns verwundbar und damit liebenswert.

Wir aber polieren unser Image und stoßen schließlich immer

wieder auf Fragen, die uns zunächst unlösbar erscheinen: «Wie kommt es, daß ich mich trotz meines Verdienstes und meiner Leistung, trotz des Lobs und der Komplimente vieler Menschen innerlich immer noch leer fühle? Warum werde ich das Gefühl nicht los, daß in meinem Leben etwas fehlt?»

Immer wenn wir für unsere Tüchtigkeit bewundert werden – und wir sorgen dafür, daß wir ernsthaft Komplimente bekommen –, fühlen wir uns innerlich hohl. Die ganze Anerkennung scheint wenig mit der Person zu tun zu haben, die wir in Wirklichkeit sind. Wir bekommen lediglich Applaus für die Show, die wir schon unser ganzes Leben lang abziehen. Dabei sehnen wir uns danach, für unser wahres Selbst, unsere ureigensten Gedanken, Gefühle und Ängste gewürdigt zu werden. Wir suchen Bestätigung für das, was wir sind, anstatt Lob für das, was wir tun.

Vergegenwärtigen wir uns einen Moment den Unterschied zwischen Lob und Bestätigung. Lob bedeutet eine Anerkennung unseres Verhaltens auf der Basis fremder Erwartungen oder gesellschaftlicher Normen, die vorgeben, wie wir zu sein haben. Dabei wird ausschließlich unser Verhalten gewertet, nicht unser Selbst.

Bestätigung dagegen richtet sich auf unser inneres Erleben, unser «wahres Selbst». Der andere nimmt uns in unseren Gedanken, Gefühlen, Ängsten und Träumen an.

Wurden wir als Kind immer wieder wegen unserer Tüchtigkeit gelobt, aber nicht einfach als Person bestätigt, dann baut sich unsere Selbstachtung allein auf unseren Leistungen auf. Wir beginnen zu glauben, daß wir in allem, was wir anfassen, überragende Leistungen erbringen müssen, wenn wir nicht die Bewunderung der anderen verlieren wollen, die wir für Liebe halten. Wir brauchen Leistung und Lob, um uns sicher zu fühlen. Gut dazustehen wird zu einer vorwegnehmenden Überkompensation; durch sie maskieren wir unsere Unvollkommenheit, die uns, wie wir fälschlich annehmen, «un-lie-benswert» macht.

Wieder und wieder bemühen wir uns wie in unserem Kind-

heitsdrama, das Kind zu werden, das unsere Eltern loben können. Vielleicht stehen wir vor dem Rest der Welt tadellos da,
aber solange wir unseren Eltern nicht gefallen, fühlen wir uns
nicht wohl in unserer Haut. Wir sind vielleicht Zahnarzt, aber
unsere Eltern wollen einen «richtigen» Doktor; wir sind Steu-
erberater, aber unsere Eltern wollten einen Anwalt; wir haben
zwei Kinder, aber für unsere Eltern müßten es drei sein. In uns
möchte etwas schreien: «Ist euch denn nichts je gut genug?»
Aber wir lassen diesen Schrei nicht heraus. Wir lieben unsere
Eltern zu sehr, um uns zu unserem wahren Selbst zu bekennen
und ihnen zu zeigen, wie tief sie uns gekränkt haben.

Nur wenige Menschen teilen die Erwartungen unserer Eltern an uns, und noch weniger könnten diese Erwartungen
selbst erfüllen. Die meisten finden uns liebenswert trotz unserer Fehler. Bewunderung ist nicht Liebe, und je perfekter wir
uns den anderen präsentieren, desto weniger Chancen geben
wir ihnen, uns zu lieben.

Wenn Sie als Kind zu sehr geliebt worden sind, durften Sie
Ihre Gefühle und Empfindungen wahrscheinlich nie voll erleben. Sie spürten vor allem das Bedürfnis Ihrer Eltern, daß Sie
immer gut dastehen sollten. Sie gaben Ihren Eltern, was sie
brauchten, denn nur so sicherten Sie sich ihre Liebe. Sie wurden eifrig gelobt, wenn Sie Ihre Sache gut machten, aber Sie
bekamen viel zuwenig Bestätigung für die Person, die Sie
wirklich sind.

Anderen erscheinen Sie wahrscheinlich ein wenig distanziert, da Sie Ihre Gefühle verbergen aus dem unbewußten
Glauben heraus, es mache einen schlechten Eindruck, seine
wahren Gemütsbewegungen zu zeigen. Lesen Sie sich einmal
die folgende Liste normaler menschlicher Gefühle durch. Welche davon halten Sie zurück, aus Angst, Sie könnten sonst
schlecht dastehen?

Ärger	Ausgelassenheit
Fürsorglichkeit	Sinnlichkeit
Entmutigung	Befangenheit
Neid	Zärtlichkeit
Gebefreudigkeit	Unzulänglichkeit
Angst	Verlegenheit
Rivalität	Liebe
Ekel	Stolz
Eifer	Sexualität
Zaghaftigkeit	Kummer
Zanksucht	Schwäche
Abhängigkeit	Ungeduld
Mißtrauen	Bedürftigkeit
Wut	Panik
Hoffnungslosigkeit	Zorn
Feindseligkeit	Gemeinheit
Einsamkeit	Albernheit
Offenheit	Sorge

Diese Gefühle machen Sie verletzlich. Sie glauben – wiederum unbewußt –, Verletzlichkeit sei gleich Schwäche und es mache Sie stärker, diese Gefühle unter Verschluß zu halten. Sie wissen noch, wie es war, wenn Sie im Beisein Ihrer Eltern zornig, rachsüchtig, träge, eifersüchtig, unordentlich, geistesabwesend oder ängstlich waren, und es ist keine glückliche Erinnerung.

Wir alle haben diese Gefühle, einfach weil wir Menschen sind. Doch um sich die Liebe Ihrer Eltern zu sichern, wurden Sie ein «pflegeleichtes» – verantwortungsbewußtes, tüchtiges, verständiges und artiges – Kind. Mit anderen Worten: Sie versuchten, *gut dazustehen*.

Sie können die Leere in Ihrem Innern nur vertreiben, wenn Sie sich entschließen, nicht mehr um jeden Preis gut dastehen zu wollen; Sie müssen sich von der Überzeugung lösen, Sie würden nur akzeptiert, wenn Sie immer erfolgreich, fähig und beherrscht sind. Anstatt: «Aber wie sieht denn das aus?» müssen Sie sich fragen: «Was für ein Gefühl ist das?» Sie müssen daran glauben, daß Sie akzeptiert werden, wenn Sie den anderen Ihr Inneres – und Ihre Schwächen – zeigen.

Ein solcher Veränderungsprozeß braucht Zeit. Sie können nicht erwarten, quasi über Nacht die Gewohnheit, immer gut dazustehen, gegen ein ganz anderes Verhalten auszutauschen. Aber Sie können lernen, sich selbst genauer wahrzunehmen. Sie können zulassen, daß andere hinter Ihre Maske schauen. Nur dann können Sie erfahren, daß Sie als Person und mitsamt Ihrer menschlichen Unvollkommenheit angenommen werden.

4. Kapitel
Anspruch auf Sonderrechte:
Prinzen und Prinzessinnen

«Du sollst all das haben, was wir nicht hatten!»

> «Irgendwie finde ich, es gehört sich so, daß die anderen
> mich bedienen. Sie sollen besonders aufmerksam zu mir
> sein, mich würdigen und alles liegen- und stehenlassen,
> wenn es mir schlecht geht. Sie sollen mir meine Wünsche
> von den Augen ablesen.»
>
> Linda, 34 Jahre, Lehrerin

Aus einiger Entfernung könnte man Steve für Richard Gere
halten. Dunkel und mittelgroß, mit athletischer Figur, wirkt er
energiegeladen und zugleich reserviert. Etwas Gespanntes ist
an ihm, als nähme er sich ständig zurück. Menschen, die eigentlich gern auf ihn zugehen würden, mißverstehen das oft
als Arroganz und trauen sich nicht an ihn heran.

«Das ist ein Teil meines Problems», bekennt Steve mit
einem so spontanen, freundlichen Grinsen, daß der frühere
Eindruck verfliegt. «Ich bin ein netter Kerl, aber ziemlich
schüchtern.»

Als Arroganz verkleidete Schüchternheit ist kein Plus in
dem publikumsorientierten Beruf, dem Steve zehn Stunden
am Tag nachgeht. Bis vor zwei Jahren hatte er herumgehan-
gen, ohne zu wissen, was er mit sich und seinem Leben anfangen sollte. Aber nun eröffnet er im nächsten Monat sein drittes
Restaurant, wodurch sein Barvermögen auf über eine Million

Dollar steigen wird. Pläne für zwei weitere Restaurants sind in Vorbereitung.

«Ich habe lange herumgejobbt», fängt Steve seinen Bericht an. «Eine Zeitlang habe ich Versicherungen verkauft. Vor ein paar Jahren habe ich dann die Prüfung als Grundstücksmakler gemacht, weil ich dachte, das wäre vielleicht was für mich. Aber dazu muß man in erster Linie ein guter Verkäufer sein, und als ich nicht auf meinen Schnitt kam, habe ich es wieder gelassen.

Das waren meine solideren Beschäftigungen. Eine Zeitlang habe ich dann Chauffeur gespielt – meine Eltern wären tot umgefallen, wenn sie das gewußt hätten. Sie würden mich, glaube ich, lieber für den Rest meiner Tage aushalten, als mich als Fahrer oder Pizzabäcker oder sowas arbeiten zu lassen. Ich hatte bei meinem Vater eigentlich immer das Gefühl, daß er mir etwas in der Richtung signalisierte – daß ich was Besseres sei und zu schade für bestimmte Jobs. Ich weiß, das hört sich schlimm an, und direkt hat er es auch nie ausgesprochen, aber ich habe es so verstanden. Aber trotzdem, wäre nicht ein früherer Schulkamerad mit der Idee für ein Restaurant und dem nötigen Fachwissen auf mich zugekommen, wäre ich jetzt immer noch Chauffeur.»

Steve hatte in einem Plattenladen nach einer alten Aufnahme von den Rascals gesucht, als plötzlich Neal vor ihm stand. «Wir hatten uns jahrelang nicht mehr gesehen. In der High School waren wir keine besonders dicken Freunde gewesen, aber es war spannend, sich nach all der Zeit wiederzutreffen, und so sind wir zusammen Kaffee trinken gegangen, um von den alten Zeiten zu reden. Neal erzählte mir von seinem Traum, ins Restaurantgeschäft einzusteigen. Er hatte sich genau informiert und auch schon ein Lokal ausgeguckt. Was er sagte, hörte sich phantastisch an.» Neal eröffnete Steve, daß ihm zu dem vorgesehenen Startkapital noch zwanzigtausend Dollar fehlten. Er suche einen Partner, sagte er, der kreditwürdig sei und an Bargeld herankomme. Ob Steve mitmachen wolle?

Steve wollte. Am nächsten Abend weihte er zu Hause seine Eltern in den Plan ein. «Also ehrlich gesagt, ohne meinen Vater wäre das Ganze nicht möglich gewesen. Ich hatte zu der Zeit vielleicht zwanzig Dollar auf der Bank, und kreditwürdig war ich höchstens bei ihm. Trotzdem war es mir überhaupt nicht peinlich, meinen Vater um Bares zu bitten. Meine Geschwister hatten das schon tausendmal gemacht. Meinem jüngeren Bruder hatte Vater die Anzahlung zu seinem Haus gegeben, und meinem älteren Bruder hat er praktisch jedes Jahr einmal aus der Patsche geholfen, wenn ihm das Geld ausging. Da dachte ich, jetzt bin ich mal an der Reihe.»

Als Steve sich an seinen Vater wandte, hatte er statt genauer Zahlen und präziser Fakten nichts in der Hand als die feste Überzeugung, daß das zukünftige Restaurant seine Lebensaufgabe werden sollte. Sein Vater hörte ihm aufmerksam zu und fragte dann: «Was verstehst du eigentlich von Gastronomie? Und was weißt du über diesen Neal, den du doch jahrelang nicht mehr gesehen hast?»

Die Wahrheit war: nichts. Sein Vater sah ihn mit demselben Blick an, mit dem er den elfjährigen Steve gemustert hatte, als er sein neues Fahrrad draußen im Regen stehenließ. An diesem Punkt verlegte Steve sich aufs Bitten.

«Mit meinem Vater ist das so», erklärt Steve. «Er ist Sozius einer der größten Anwaltskanzleien der Stadt. Einer seiner Partner sitzt im Stadtrat, von daher hat er Beziehungen überallhin. Wenn es um Geschäfte geht, kennt mein Vater nur Zahlen und Fakten. Aber gerissen ist er nicht. Alle mögen ihn und sagen, was für ein toller Kerl er ist. Meine Mutter erinnert uns immer wieder daran, wie hart er gearbeitet hat, um uns alles zu ermöglichen. Ich war sicher, daß er mir helfen würde, wenn ich ihn darum bäte. Ich sagte ihm, ohne seine Hilfe könnte ich diese vielleicht einmalige Chance nicht nutzen. Glauben Sie mir, niemand wünschte mir den Erfolg mehr als er.»

Steves Vater versprach, sich der Sache anzunehmen. Die nächsten beiden Wochen kam Neal jeden Abend vorbei und hörte begierig zu, als Steves Vater über Darlehen, Betriebsge-

nehmigungen, die Geschäftsführung und Partnerschaftsver-
einbarungen sprach. «Die meiste Zeit redeten Neal und mein
Vater. Ich versuchte mitzuhalten und mich auf diese Dinge zu
konzentrieren, aber wenn mein Vater über Kreditbedingungen
und Cash-Flow-Diagramme dozierte, verstand ich nur noch
Bahnhof. Meine Mutter gab dann auch immer noch ihren Senf
dazu. Ein paarmal bin ich im Sessel eingeschlafen, während sie
zum hundertsten Mal irgendwelche Einzelheiten durchkau-
ten.»

Steves Vater hatte die Sache sofort in die Hand genommen,
was seinen Sohn nicht überraschte. «Ich kannte das von früher.» Er lacht. «Aus irgendeinem Grund erinnerte er mich an
ein Erntedank-Dinner vor vielen Jahren, als er mir in der Küche vorführte, wie man den Truthahn tranchiert. Bei uns war
das Männersache. Aber ich murkste nur herum und schnitt
ganz anders, als er es mir gezeigt hatte. ‹So geht das nicht›,
sagte er und nahm mir das Messer aus der Hand. ‹Laß mich
mal ran.›

So ging es immer, wenn wir zusammen etwas machen wollten. Sobald ich mich ein bißchen hätte anstrengen müssen,
griff er ein. Jetzt bin ich dreiunddreißig Jahre alt und weiß immer noch nicht, wie man einen Truthahn tranchiert. Ehrlich
gestanden, reizt es mich auch nicht sehr, es zu lernen.»

In einer anderen Familie hätten Vater und Mutter ihrem
Sohn vielleicht beim ersten Versuch, etwas Neues zu lernen,
geholfen. Doch dann hätten sie freundlich, aber bestimmt gesagt: «So, jetzt mach du mal. Du kannst das allein.» In dem
Maß, wie das Kind mit neuen Aufgaben fertig geworden
wäre, wäre auch sein Selbstvertrauen gewachsen. Aber in
Steves Familie rief jeder Mißgriff des Kindes gleich die Eltern
auf den Plan.

Steves Vater hatte seinem Sohn – wenn auch völlig unab-
sichtlich – beigebracht, nicht viel von sich selber zu verlangen.
Und Steves Mutter hatte in die gleiche Kerbe geschlagen. Jeden Morgen hatte sie ihn ermahnt, sich die Zähne zu putzen,
die Haare zu waschen, seine Eier zu essen und Vitamintablet-

ten zu nehmen, seine Jacke anzuziehen, sein Pausenbrot mitzunehmen, im Unterricht aufzupassen und seine Hausaufgaben
zu machen. «Sie konnte nicht anders», sagt Steve heute. «Sie
glaubte, ohne ihre Ermahnungen würde ich überhaupt nichts
tun.»

Auf das Verhalten seiner Mutter, die ihm ständig über die
Schulter sah und ihn anleitete, damit er nur ja nichts falsch
mache, reagierte Steve, indem er sich immer mehr in sich zurückzog. Außerdem wurde er faul. Eine Szene aus seiner Schul-
zeit steht ihm noch deutlich vor Augen: «Ich saß in meinem
Zimmer und strengte mich an, eine Semesterarbeit über den
Bürgerkrieg fertigzumachen, die ich am nächsten Tag abgeben
mußte. Ich glaube, ich pinselte gerade etwas aus einem Lexikon
ab. Da kam meine Mutter herein, um mir zu helfen, denn es
wäre ja nicht auszudenken gewesen, wenn ich es vielleicht nicht
geschafft hätte. Und eine Viertelstunde später saß ich schon im
Wohnzimmer vorm Fernseher, während sie oben in meinem
Zimmer tippte. Meine Mutter hat mehr Semesterarbeiten verfaßt als sonst irgendeiner aus der Familie.»

Steve war ein miserabler Schüler, was seine Mutter tief enttäuschte. Sie machte ihm deshalb ständig Vorwürfe. «Aber eins
hat mich gerettet», gesteht er mit gewinnendem Lächeln. «Ich
war hübsch, im Ernst. Als ich ein kleiner Junge war, tat es ihr in
der Seele wohl, wenn die Leute sie auf der Straße anhielten, um
mich zu betrachten und ihr zu sagen, wie niedlich ich sei. Sie
redet heute noch davon. Nicht, daß Sie denken, ich sei eingebil-
det, aber ich war der Bestaussehende in der Familie. Meine
Mutter verkündete zwar immer, sie habe ihre Kinder alle gleich
lieb, aber jeder wußte, was los war. Für sie war ich etwas Besonderes, eben weil ich so gut aussah. Ich war ganz froh, daß ich
zumindest etwas hatte, auf das sie stolz sein konnte.

Aber meine Mutter hatte dauernd Angst, mir könnte etwas
passieren. Ich durfte kein Hockey und noch nicht mal Touch-
Football spielen. Wissen Sie, warum? Ich glaube, sie hatte
Angst, ich könnte buchstäblich auf die Nase fallen und mir das
Gesicht ruinieren.»

Steve bekennt, daß er die Vorstellung seiner Mutter, er sei etwas Besonderes, teilweise übernahm. Freundschaften waren nicht seine Stärke, vor allem nicht als Jugendlicher. «Wenn ich Streit mit jemandem bekam, war's immer gleich aus. Ich sagte mir immer, warum soll ich mir den Mist von diesem Burschen anhören? Ich dachte nur: ‹So ein Blödmann!› und redete nicht mehr mit ihm. Der einzige Mensch, mit dem ich jemals enger befreundet war, war Mike, der direkt neben uns wohnte. Er hängte sich an mich an und tat, was ich sagte. Mit ihm habe ich viel Spaß gehabt.»

Nach einem zweijährigen Studiengang am städtischen College nahm Steve sich zusammen mit Mike eine Wohnung. Die beiden wohnten drei Jahre lang zusammen, während Steve sich als Versicherungsvertreter, Immobilienmakler und als Fahrer versuchte, aber immer über seinen Verdienst enttäuscht war. «Ich wäre verhungert, wenn mir meine Eltern nicht ab und zu etwas zugesteckt hätten. Nichts klappte, bis ich dann Neal in diesem Schallplattenladen traf und mir vornahm, ein Restaurant aufzumachen.»

Steves Vater war es, der seinen Namen unter den Pachtvertrag für das Restaurant setzte. Seine Unterschrift sorgte für Geld von der Bank, und sein Geld ermöglichte Steve, gleich als vollgültiger Partner einzusteigen. Durch seine Beziehungen bekamen Steve und Neal auch rasch eine Ausschankgenehmigung für alkoholische Getränke, ohne die nichts gelaufen wäre.

Das Restaurant öffnete im Frühjahr. «Nach zwei Monaten war klar, wir hatten es geschafft. Die Gäste strömten nur so herbei. Neal war wirklich ein Könner, er hatte lediglich eine Finanzspritze von jemandem wie meinem Vater gebraucht. Und wenn ich an Vater denke, so ist es ein Wunder, daß seine Kanzlei nicht gelitten hat, bei der vielen Zeit, die er anfangs bei uns im Restaurant war.

Ich fand die ganze Sache zuerst sehr kompliziert und mühselig. Deshalb versuchte ich, einiges auf Neal abzuwälzen. Ich schob ihm die Feiertage und den Extradienst zu, wenn uns mal wieder ein Chef vom Dienst sitzengelassen hatte. Da praktisch alles auf den Namen meines Vaters lief, war klar, daß Neal sich nicht richtig wehren konnte.»

Doch dann begann Steve, sich zu ändern. Ein Restaurant zu leiten bedeutete lange, harte Arbeitstage, aber auch mehr Verantwortung, als Steve in der Familie je getragen hatte. Es war eine Verantwortung, nach der er bald süchtig wurde, denn sie gab ihm zum erstenmal im Leben das Gefühl, etwas zu leisten.

«Es begann mich zu kratzen, daß all unsere Angestellten mit ihren Fragen immer nur zu Neal gingen. Sicher, zuerst hatte ich von nichts eine Ahnung. Ich ließ jede Entscheidung erst von meinem Vater bestätigen. Aber nach etwa einem halben Jahr hatte ich eine Menge gelernt und war genauso schlau wie Neal.»

Bald gingen Steve die ständigen Ratschläge seines Vaters auf die Nerven. Es gab häufige Auseinandersetzungen. Steve pochte darauf, daß er sich mittlerweile auskenne. Er wollte in Ruhe gelassen werden. Aber sein Vater führte nach wie vor die Oberaufsicht und gab ihm unerbetene Ratschläge.

Nach einem weiteren Jahr hatten Steve und Neal in ihrem außerordentlich lukrativen Geschäft festen Boden unter den Füßen und fingen an, neue Pläne zu schmieden. Aber nachts, wenn das Restaurant geschlossen war, überfielen Steve Depressionen. Schlaflos warf er sich im Bett herum. «Vielleicht merkte ich erst durch die Tatsache, daß ich etwas konnte und Erfolg hatte, daß da niemand war, mit dem ich meine Freude hätte teilen können. Klar, meine Eltern waren begeistert, aber ich konnte jetzt einfach nicht mehr darüber hinwegsehen, daß ich sonst gar niemanden hatte. In Freundschaften hatte ich bisher genausowenig investiert wie in mein übriges Leben.»

Für Steve kam der Wendepunkt, als sein zweites Restaurant mit Glanz und Gloria eröffnet wurde. «Wir gaben eine große Party, richtig nobel, für ein ziemlich betuchtes Publikum. Neal feierte mit Scharen von Freunden, ich hatte nur meine Eltern und ein paar andere Leute, die ich eher Bekannte als Freunde nennen würde. Ich war den ganzen Abend in schlechter Stimmung, weil viele, die ich eingeladen hatte, nicht gekommen waren. Wahrscheinlich waren die meisten bloß neidisch auf das, was ich mir aufgebaut hatte, aber ich stand ganz schön blöd da. Ich hatte noch nicht mal 'ne Partnerin auf meinem eigenen Fest. An diesem Abend fühlte ich mich sehr einsam und grübelte die ganze Zeit darüber nach, wieso jetzt, wo ich zum erstenmal in meinem Leben schwer gearbeitet und den Erfolg wirklich verdient hatte, nur so wenige alte Freunde und keine alten Feinde da waren, um das mitzuerleben.»

Während Steve bei seinen Eltern saß und Neal im Kreis seiner Freunde beobachtete, dachte er voller Bedauern an Mike. Nach einem Streit, bei dem es fast zu einer Schlägerei gekommen wäre, war ihre Freundschaft vor ein paar Jahren zerbrochen. Zunächst war es um ein Mädchen gegangen.

Mike und Steve wohnten noch zusammen, als eines Mittags Mikes Freundin Joanne vorbeigekommen war. Steve hatte gerade seinen freien Tag; er hatte aufgemacht und Joanne hereingebeten. «Mike war schon jahrelang hinter diesem Mädchen her, aber ich hatte sie nie groß beachtet. Doch an jenem Mittag kamen wir auf einmal miteinander ins Gespräch. Mike kam und kam nicht, und da wir nach all dem Warten Hunger hatten, gingen wir zusammen essen.»

Das Mittagessen zog sich hin, dann kam das Abendessen, und als Steve Joanne schließlich nach Hause brachte, blieb er über Nacht.

«Es bedeutete mir gar nichts. Eine Nacht mit ihr war vollauf genug, wenn ich ehrlich bin, und ich war froh, am nächsten Morgen abhauen zu können. Aber sie muß sich aus dieser Nacht mehr gemacht haben als ich, denn sie fing an, mich jeden Tag anzurufen und in der Wohnung aufzukreuzen. Ich sagte Mike nichts davon. Sie war ja nicht seine feste Freundin, und das Ganze ging ihn überhaupt nichts an.»

Aber eines Tages kam Mike früher nach Hause als gewöhnlich. Steve saß auf der Couch, sah sich eine Sportübertragung an und trank ein Bier, als er plötzlich merkte, daß Mike ihn zornig fixierte. «Sein Gesicht war knallrot, als ob er den ganzen Weg nach Hause gerannt wäre. ‹Du hast dich mit Joanne getroffen›, sagte er. Es war eine Feststellung, keine Frage, dagegen konnte ich nicht viel sagen. ‹Mensch, da ist nichts›, sagte ich. ‹Sie denkt sich nur was aus.›

Mike ging in sein Zimmer und brüllte ‹Das habe ich gewußt, daß du das sagen würdest!› über seine Schulter. Ich lief ihm nach und schrie: ‹Hör doch, ich habe überhaupt nichts gemacht! Großer Gott, *sie* ist auf mich zugekommen!›

Er gab mir keine Antwort, und als ich sah, daß er seine Sachen packte, ging es wirklich mit mir durch. ‹Du kannst mich doch nicht auf der Miete sitzenlassen!›, schrie ich. Ich konnte nichts dafür, aber das war das erste, was mir in den Sinn kam. Seit ich ein bißchen Geld in der Hand hatte, waren anscheinend alle nur darauf aus, bei mir zu schmarotzen. Ich drohte Mike, ich würde zu einem Anwalt gehen. ‹Ja, geh doch!› rief er zurück, als er die Treppe runterlief. Ich schrie ‹Hau bloß ab!› hinter ihm her, aber er sah sich nicht einmal mehr um.

Bei diesem ganzen Theater geht es nicht um irgendeine dumme Gans, dachte ich damals. Mike ist bloß neidisch. Ich habe das Restaurant, und er hat nichts.

Wir haben nie wieder ein Wort miteinander gesprochen. Aber wissen Sie, wenn ich wüßte, wo er jetzt ist, würde ich ihn anrufen. Ich würde ihn sogar auf Knien um Entschuldigung bitten. Unsere Freundschaft reicht wirklich eine Ewigkeit zurück.

Ach, die verrückten alten Zeiten, als wir als Kinder Tür an Tür gewohnt haben», seufzt Steve. «Und wissen Sie was? Mike hätte sich heute ehrlich mit mir gefreut.»

In einer Zeit, die die glücklichste seines Lebens hätte sein können, fühlte Steve sich deprimiert und allein. Kinder, die zu sehr geliebt wurden, zeigen das verbreitete Symptom, daß sie sich, egal wieviel sie erreichen, als Erwachsene nicht richtig freuen können. «Freudlosigkeit» ist in Wirklichkeit eine leichte Depression, eine nach innen gewendete Wut, die die erwachsen gewordenen Kinder immer wieder fragen läßt: Warum mögen die anderen mich nicht? Warum bin ich so unglücklich, obwohl ich doch alles habe?

Steves Depression verdeckte seine immer stärker werdende Wut und Empörung, die er jedoch nicht bewußt wahrnahm. Warum machte ihn der endlich erreichte Erfolg nicht glücklich? Warum gratulierte ihm niemand zu dem Erreichten und drängte sich nach seiner Gesellschaft? Ich bin doch höflich und freundlich, überlegte er, warum habe ich dann keine Freunde, wenn ich sie brauche? Warum macht mir mein Erfolg überhaupt keinen Spaß? Ich hab mir doch wahrhaftig ein wenig Spaß verdient. Ich habe doch ein Recht darauf.

Aus verwöhnt-vernachlässigten Kindern werden «bevorrechtigte» Erwachsene. Der Psychiater J. Murray verwandte diesen Ausdruck bei der Beschreibung von Menschen, die erwarten, daß ihnen alles zufliegt. Seither sind verschiedene Wissenschaftler den Ursprüngen dieser Anspruchshaltung nachgegangen, die in der unbewußten, nach außen projizierten Erwartung besteht, daß die Welt uns beachtet, uns rettet, uns würdigt, uns verzeiht und uns liebt. Diese Erwartung stammt größtenteils aus realen Erfahrungen mit unseren Eltern.

Steve fühlte sich zu vielem berechtigt. Er fühlte sich berechtigt, die Dienste, das Geld und die Beziehungen seines Vaters in Anspruch zu nehmen, um sich ein eigenes Geschäft aufzubauen. Er fühlte sich berechtigt, von dem Moment an, als klar wurde, daß der Laden lief, in eigener Regie weiterzumachen. Er fühlte sich berechtigt, kürzere Zeit und weniger angestrengt zu arbeiten als sein Partner Neal. Er fühlte sich berechtigt, seinen besten Freund ungestraft zu betrügen, indem er mit einem Mädchen schlief, das ihn kaum interessierte, in das sein Freund aber verliebt war. Und er fühlte sich berechtigt, bei der Eröffnung seines zweiten Restaurants viele Menschen um sich zu scharen und Freundschaft zu erfahren, die doch nur aus gegenseitiger Zuneigung und Achtung entstehen kann.

Wie kam Steve auf den Gedanken, all das stehe ihm zu? Steve ist ein überversorgtes Kind. Er zeigt die dafür typischen Einstellungen, Gefühle und Verhaltensweisen.

Bevorrechtigtsein heißt: andere kümmern sich um uns, versorgen uns, nehmen uns übermäßig wichtig und verwöhnen uns, bis wir diesen Grad an Zuwendung automatisch erwarten. Steves Mutter und Vater betrachteten es als ihre Pflicht, zur Lösung der Probleme ihrer Kinder alle ihnen zur Verfügung stehenden Mittel aufzubieten. Und bei Steves Problemen, ob es nun um das Zerlegen eines Truthahns oder die Eröffnung eines Restaurants ging, zeigten sie nicht nur eine Lösung auf, sondern waren *selbst* die Lösung.

Um die Befriedigung seiner Bedürfnisse in der Familie zu erreichen, spielte Steve meist die Rolle des Hilflosen. Es funktionierte immer. Beide Eltern gaben ihm unmißverständlich zu verstehen, er sei ein besonderes Kind, von dem man Großes erwarte. Aber daß man dazu ganz konkret etwas *tun* mußte, das sagte ihm niemand. Und packte Steve einmal wirklich selbst irgendwo an, dann kamen Vater oder Mutter und nahmen ihm die Sache schnell aus der Hand.

Die Eltern signalisierten Steve: «Du bist etwas Besonderes und mußt im Leben etwas Besonderes leisten.» Sie gaben ihm aber auch zu verstehen: «Um etwas richtig zu machen, brauchst du unsere Hilfe.» Die Koppelung dieser beiden widersprüchlichen Botschaften legte den Grundstein dafür, daß Steve glaubte, in seinem Leben hohe Ansprüche stellen zu können, ohne selbst viel tun zu müssen.

Steves Vorgehen, als er beschloß, sich an einem Restaurant zu beteiligen, illustriert auf geradezu klassische Art diesen Widerspruch: Steve bemühte sich sofort um den Beistand seines Vaters. Interessant ist, daß Steves Vater als geschickter Anwalt zwar Pachtverträge und in Juristensprache abgefaßte Vereinbarungen entziffern konnte, vom täglichen Betrieb in einem Restaurant aber genausowenig Ahnung hatte wie sein Sohn. Steve war jedoch so sehr daran gewöhnt, sich auf seinen Vater zu verlassen, daß er ihm auch die gastronomischen Entscheidungen zuschob – ungefähr so, wie ein Vorgesetzter lästige Routinearbeit an einen eifrigen Assistenten delegiert.

Da sein Vater, seine Mutter und sein Partner die geplante

Restauranteröffnung in allen Einzelheiten begeistert vorbereiteten, blieb Steve nichts mehr zu tun. Rings um ihn wogte eine Diskussion, in der es um seine Zukunft ging, während er in seinem Sessel einschlief. In seinem bisherigen Leben hatte er sich meist mit der Rolle des passiven Beobachters begnügt und alle verantwortlichen Entscheidungen den anderen Mitgliedern seiner Familie überlassen, die offenbar viel stärker waren als er selber. Nun ängstigte es ihn, etwas entscheiden zu müssen, und da war Schlafen ein guter Ausweg.

Warum stürzten sich Steves Eltern mit so viel Energie und Zeitaufwand auf Steves Angelegenheiten, daß sie in seinem Restaurant als Experten auftreten konnten? Eine auf der Hand liegende Antwort ist, daß sie ihren Sohn liebten und ihm bei seinem beruflichen Fortkommen helfen wollten. Weniger offensichtlich ist, daß sie die Abhängigkeit ihres Sohnes brauchten.

Bedenken wir: Als Steve nicht mehr auf die Hilfe seines Vaters angewiesen war, blieb dieser dem Restaurant nicht fern, sondern gab weiter gute Ratschläge, die seinen Sohn nun erbosten. Unbewußt «brauchte» Steves Vater einen Sohn, der mit seinen Schwierigkeiten zu ihm kam. Beide Eltern stürzten sich geradezu auf alle auftauchenden Probleme. Dieses Angezogensein von Problemen ist charakteristisch für Eltern, die zu sehr lieben, und von ihrer eigenen Kindheitsgeschichte her ist es auch vollkommen verständlich.

Niemand wird aus bloßem Zufall zu einem Vater oder einer Mutter, die beziehungsweise der zu sehr liebt. Im typischen Fall wuchsen Eltern wie die von Steve in Familien auf, wo ihre Bedürfnisse nach Zuwendung, Liebe und Angenommensein zurückgewiesen oder nur unzureichend befriedigt wurden. Ihre eigenen Eltern waren oft gleichgültig oder überfordernd, sie waren vielleicht Alkoholiker oder mißbrauchten ihre Kinder physisch oder emotional. Die Eltern überlebten, indem sie in ihrer Familie die besondere Rolle des Verantwortungsbewußten, des Problemlösers, des Friedensstifters übernahmen. Diese Rolle gab ihnen das Gefühl, die Situation unter Kontrolle zu bekommen und selbst etwas wert zu sein. Sie waren «hilfsbereit» und übernahmen eine Verantwortung, die weit über ihre Kräfte ging, um die dringend benötigte Liebe von Menschen zu bekommen, die sie ihnen nicht in ausreichendem Maß geben konnten.

Leider ebnete diese Überlebensstrategie den Weg für eine lebenslange Co-Abhängigkeit. Sie führte zu dem Zwang, es den geliebten Menschen in jeder Weise recht zu machen, und zwar durch übergroße Selbstlosigkeit, Liebe und Selbstbeherrschung. Als Erwachsene mit eigenen Kindern spielen diese Menschen dann weiter die vertraute Rolle des fürsorglichen Retters, in der sie Meister sind. Sie überversorgen unweigerlich ihre Kinder, da die Rolle des Helfers und Problemlösers ein Teil ihrer Identität geworden ist. Wenn es kein Problem zu lösen und niemanden zu unterstützen gibt, fühlen sie sich unsicher, ohnmächtig und nutzlos. Das Bedürfnis, gebraucht zu werden, beherrscht sie ganz. Eltern, die zu sehr lieben, können ihre Kinder nicht loslassen, wenn es Zeit ist.

Das Erlebnis, daß die Menschen, die wir lieben, alles liegen- und stehenlassen, um uns zu helfen und um uns jedes Unbehagen zu ersparen, hat weitreichende Konsequenzen. Bei allem, was Steve von seinen Eltern gegeben wurde, bekam er doch nie das, was er wirklich gebraucht hätte: den Anstoß, durch eigene Erfahrungen ein Gefühl von Kompetenz zu entwickeln und aus eigener Initiative etwas zu tun. Da er statt dessen sein Leben lang nur die Erfahrung gemacht hat, daß sich seine Eltern wie Besessene auf jedes noch so kleine Problem stürzten, hatte er ein Gefühl von Grandiosität entwickelt.

Meist nehmen wir Grandiosität bei anderen als Einbildung wahr. Von außen gesehen fühlt sich der grandiose Mensch anderen überlegen, und er scheint ganz von sich erfüllt. Doch darunter liegt reine Verzweiflung.

Alice Miller weist in ihrem Buch *Das Drama des begabten Kindes* darauf hin, daß Grandiosität oft eine durch Minderwertigkeitsgefühle entstandene Depression abwehren soll: «Der ‹grandiose› Mensch *wird überall bewundert*, und er braucht diese

Bewunderung, kann gar nicht ohne sie leben. Er *muß* alles, was er unternimmt, glänzend machen, und er kann es auch (etwas anderes unternimmt er eben nicht). Auch *er* bewundert sich – seiner Eigenschaften wegen: seiner Schönheit, Klugheit, Begabung, seiner Erfolge und Leistungen wegen. Wehe aber, wenn etwas davon aussetzt, die Katastrophe einer schweren Depression steht dann vor der Türe.»*

Das Gefühl, bevorrechtigt zu sein, ist eine Abwehr gegen Minderwertigkeitsgefühle und Scham. Um diese Gefühle zu vermeiden, flüchten wir uns in das Gegenteil. Wir blähen uns zu übermenschlicher Größe auf, um die anderen davon zu überzeugen, daß wir okay sind, und um all das Lob und die Bewunderung zu bekommen, die wir brauchen. Dann stülpen wir der gleichgültigen Umwelt eine Menge projizierter Erwartungen über. Steve glaubte, das Recht auf eine besonders gute Behandlung von anderen zu haben, ohne selber viel geben zu müssen. Aber schließlich merkte er doch, daß seine Erwartungen ihm nur Enttäuschungen und Depressionen einbrachten, wenn die Welt ihn nämlich nicht in den Mittelpunkt rückte, ihn so würdigte, ihm alles verzieh und ihn so liebte, wie seine Eltern es taten.

Als Erwachsene haben viele früher überversorgte Kinder ein Gefühl des Bevorrechtigtseins, so wie Steve. Vielleicht sind ihre Ansprüche nicht immer ganz so hoch, aber das bohrende Gefühl, es stehe ihnen mehr zu, als sie tatsächlich in ihrem Leben bekommen, stört ihre Freundschaften, ihre Liebesbeziehungen und ihr Arbeitsleben.

Menschen, die sich bevorrechtigt fühlen, tun viele der hier aufgezählten Dinge und gehen damit ihren Freunden, Liebespartnern und Kollegen auf die Nerven:
- Sie hören nur mit halbem Ohr zu, wenn die anderen von

---

* Miller, Alice: Das Drama des begabten Kindes und die Suche nach dem wahren Selbst. Suhrkamp Verlag, Frankfurt 1979. S. 68/9. Hervorhebungen nach dem Original.

ihren Problemen erzählen, und warten nur darauf, mit den eigenen Sorgen loszulegen.

● Sie haben genaue Vorstellungen davon, wie andere Leute sein und sich benehmen müssen, damit sie als Freunde oder Liebespartner in Frage kommen.

● Sie lassen eigene Vorhaben halbfertig oder in desolatem Zustand liegen und berufen sich darauf, daß andere dafür bezahlt werden, die Arbeiten zu Ende zu bringen.

● Sie stellen sich als arm hin, damit sie oder ihre Kinder Geschenke bekommen oder damit eine Rechnung für sie bezahlt wird.

● Sie beurteilen ihren Ausgeh- oder sogar Ehepartner danach, wieviel er verdient oder auszugeben bereit ist.

● Sie reißen im Restaurant schnell die Rechnung an sich – nicht um sie zu begleichen, sondern um auszurechnen, wieviel die anderen zu zahlen haben.

● Sie schützen Unfähigkeit oder Überbeschäftigtsein vor, um banale Verrichtungen wie das Säubern der Badewanne nach dem Baden, das Ausräumen der Spülmaschine oder das Nachfüllen neuen Toilettenpapiers nicht erledigen zu müssen.

● Sie übersehen einfach Staub auf dem Couchtisch, schmutziges Geschirr im Spülbecken und schimmelige Lebensmittelreste im Kühlschrank, weil dafür doch die lieben Mitmenschen zuständig sind.

● Sie erfinden vielerlei und oft plausible Entschuldigungen dafür, daß sie nicht länger arbeiten oder ein besonderes Projekt übernehmen können.

● Sie sind anderen böse, weil sie ihnen nicht jederzeit zu Hilfe kommen.

● Sie machen ein trauriges Gesicht, so daß alle sich nach dem werten Befinden erkundigen.

● Sie kommen dauernd zu spät und lassen andere auf sich warten.

● Sie rufen lautstark die anderen zu Hilfe, weil sie angeblich persönliche Dinge in Schubladen, Kommoden und Schränken nicht finden können, obwohl sie kaum gesucht haben.

- Sie belegen im Flugzeug oder im Theater stets den Außensitz, weil sie «lange Beine» oder Platzangst und damit das Recht auf den besten Platz haben.
- Sie setzen sich im Restaurant an einen Vierertisch, obwohl sie nur zu zweit sind.
- Sie leihen Dinge und vergessen, sie zurückzugeben.
- Sie zerbrechen oder ruinieren geliehene Gegenstände und nehmen es dann übel, wenn sie sie ersetzen müssen.
- Sie überlegen sich viele Gründe, warum sie eigentlich selbst auf jemanden wütend sein müßten, der sich über sie geärgert hat.
- Sie verlangen auf Fortbildungsveranstaltungen, Tagungen oder Geschäftsreisen immer ein Einzelzimmer, selbst wenn sie eine medizinische Begründung erfinden müssen, weil sie einfach nicht mit Fremden im selben Zimmer schlafen können.

Diese Liste ließe sich noch weiterführen. Kinder, die zu sehr geliebt wurden, sind außerordentlich selbstsicher, aber um reine Durchsetzungsfähigkeit geht es hier nicht. Entscheidend ist, daß diese Menschen unbewußt und ohne es überhaupt zu merken immer das Beste beanspruchen, aber sofort beleidigt sind, wenn andere sich dagegen wehren, ausgenutzt zu werden.

Vielleicht erkennen Sie sich als überversorgtes Kind wieder und sehen sich selbst in einigen der erwähnten Einstellungen und Verhaltensweisen. Vielleicht erkennen Sie Ihre eigene unbewußte Erwartung, daß die anderen doch nachdrücklicher, großzügiger und sensibler auf Ihre Bedürfnisse eingehen sollten. Vielleicht sind Sie enttäuscht, weil die anderen Sie so oft im Stich lassen. Sie sind möglicherweise immerzu auf der Suche nach der «richtigen» Beziehung, der perfekten Arbeitsstelle oder nach Freunden, die Sie wirklich verstehen. Möglicherweise fühlen Sie sich gar nicht besonders bevorrechtigt, sondern einsam, irgendwie enttäuscht von Ihrem jetzigen Leben und unfähig zu sagen, was Ihnen eigentlich fehlt.

Andere sagen Ihnen, daß Sie zuviel vom Leben erwarten

und zu hohe Ziele anpeilen. Aber Sie sind überzeugt, daß all Ihre Phantasien wahr werden, daß in Ihrem Leben immer alles glattgehen wird und Sie auf das Glück abonniert sind. Diese Überzeugung, die Sie aus Ihrem Elternhaus in Ihr weiteres Leben mit hinübergenommen haben, bringt Ihnen Enttäuschungen, wenn die Realität Ihren Erwartungen nicht entspricht.

Sie fragen sich vielleicht, woher Ihr Gefühl des Bevorrechtigtseins kommt, vor allem, wenn Sie aus einer Familie stammen, in der das Geld knapp war und Sie mit materiellen Dingen nicht verwöhnt wurden. Das Gefühl, ein «Vorrecht» auf besondere Aufmerksamkeit und Rücksichtnahme zu haben, ist nicht auf reiche oder verwöhnte Kinder beschränkt. Man braucht kein Geld, um «bevorrechtigte» Kinder großzuziehen. Wir werden in diese Richtung gedrängt, wenn unsere Eltern uns bedienen, immer für uns da sind, uns übermäßig behüten, kontrollieren und sich in unseren kleinsten Kummer einmischen.

Auch dies ist charakteristisch für das verwöhnt-vernachlässigte Kind, dem fast alle seine Wünsche, nicht aber seine Bedürfnisse erfüllt werden. Eltern, die zu sehr lieben, fürchten jede Kränkung ihres Kindes – könnte es doch lebenslang dadurch geschädigt werden. Also tun sie alles, um das zu verhindern. Ihr Kind soll es einmal leichter haben als sie selbst und, soweit es an ihnen liegt, weder Enttäuschung, Krankheit, Unglück noch Armut und Not kennenlernen. Vom Augenblick seiner Geburt an wird es zum Mittelpunkt ihres Lebens – «Seine Majestät das Kind», wie schon Freud sagte.

Vater und Mutter sagen ihrem Kind immer wieder, wie begabt, intelligent, schön und reizend es sei, Eigenschaften, die die Eltern aufgrund ihrer eigenen Bedürfnisse enorm überschätzen. Die Botschaft «Du bist etwas Besonderes» wird zu «Ich bin etwas Besonderes». Und «Du bist viel besser als die anderen» wird durch einen Vorgang, den die Psychologen «Internalisierung» nennen, zu «Ich bin viel besser». Die Gesamtbotschaft lautet: «Du bedeutest uns alles, und wir verhätscheln dich, weil du eine bessere Behandlung verdient hast.»

Sie wird durch ständige Wiederholung verinnerlicht und dann auf die übrige Welt projiziert.

Wir werden Erwachsene, die immer mehr wollen, als sie haben. Unsere Wünsche sollten uns eigentlich dazu bringen, mehr zu leisten oder uns stärker ins Zeug zu legen. Doch allzuoft regen wir uns nur über die anderen auf, die uns nicht genug schätzen und loben. Tatsächlich sabotieren wir damit selbst unseren Erfolg.

Wenn wir mit solchen Ansprüchen und Erwartungen aufwachsen, läuft ein sehr destruktiver Prozeß ab. Er beeinflußt auf lange Sicht unsere geistigen Fähigkeiten, unser Vermögen, Initimität zu erleben, und unsere Fähigkeit zu echter Freundschaft. Sehen wir uns diese Konsequenzen der Reihe nach an.

Viele überversorgte Erwachsene zögern, ihren Verstand und namentlich ihre analytischen Fähigkeiten anzuwenden. Bereits als Kind konnten sie sich darauf verlassen, daß ihre Eltern immer schon eine Lösung parat hatten, wenn sie anfingen, sich mit einer Schwierigkeit auseinanderzusetzen. Als Erwachsene wenden sich diese Menschen dann lieber an andere, anstatt selbst nachzudenken.

Eine Frau erkannte diese Tendenz bei sich, als sie ihre Vorgesetzte um eine Beförderung bat. Diese antwortete frei heraus, sie habe bisher noch keinerlei Fähigkeit zu leiten bei ihr entdekken können. «Ich war immer die erste, die sich um kreativere Aufgaben bemühte», erzählt die Klientin. «Aber wenn ich wirklich etwas Anspruchsvolles zu tun bekam und es darum ging, etwas Konkretes zu Papier zu bringen, verfiel ich regelmäßig in Panik. Ich schob große Teile des Projekts auf meine Kollegen ab und sagte ihnen, ich selbst sei mit wichtigeren Dingen beschäftigt. Zeitweise glaubte ich das sogar selbst, obwohl es reine Augenwischerei war. Ich stieß viele Kollegen vor den Kopf, weil ich mir Erfolge anrechnete, für die ich kaum einen Strich getan hatte. Ich dachte, da es anfänglich mein Projekt gewesen war, gebühre mir auch die Anerkennung.»

Da wir unser Leben lang etwas Besonderes waren, meinen wir, immer etwas «Besonderes» bis Perfektes leisten zu müssen. Dieser Glaube wirkt lähmend. Doch es sagt sich leichter: «Ich habe es nicht geschafft, aber ich hatte mich auch gar nicht darum bemüht» als «Ich habe getan, was ich konnte, aber ich habe es trotzdem nicht geschafft».

Unser Gefühl, bevorrechtigt zu sein, läßt uns immer wieder Gründe dafür finden, warum wir keine Verantwortung übernehmen. Verantwortung löst Versagensängste aus. Entsprechend tun viele Überversorgte nur das Allernötigste, und basta. Es ist ihnen ziemlich egal, ob die Arbeit, die sie ihrem Lehrer oder später ihrem Vorgesetzten übergeben, tadellos ist, solange sie nur damit durchkommen. Sie tun, was von ihnen verlangt wird beziehungsweise wofür sie «bezahlt» werden, und damit genug. Aufgaben, die ihre Denk- und analytischen Fähigkeiten herausfordern würden, gehen sie aus dem Weg.

Doch die Fähigkeit zu analytischem Denken verkümmert, wenn man sie nicht gebraucht. Den Erwachsenen, der als Kind überversorgt wurde, stürzen Steuerformulare, Hypotheken-abmachungen, Versicherungspolicen und oft schon einfache Wegbeschreibungen in Verwirrung. Formulare ausfüllen oder Berichte schreiben zu müssen wird als Quälerei empfunden und lieber aufgeschoben. Schriftstücke von ihnen spotten jeder Beschreibung. All dies ist symptomatisch für das Gefühl, ein Anrecht auf Rat und Hilfe von anderen zu haben.

Diese intellektuelle Abhängigkeit von anderen ist der Kern unseres Bevorrechtigtseins. In unserem Leben haben die Eltern die Entscheidungen getroffen und die Wegweiser gelesen. Sie haben sich um die täglichen Notwendigkeiten und um unsere Pflichten gekümmert und würden das auch heute noch tun, wenn wir sie darum bäten. Wenn wir entmutigt waren, weil wir eine Aufgabe zu schwer fanden, wandten wir uns an sie, und sie halfen uns. Viele Male haben sie uns eine Aufgabe aus der Hand genommen, sie für uns erledigt und uns dann gelobt, wie gut wir gearbeitet hätten. Was Wunder, daß wir nun als Erwachsene ein zerbrechliches Selbstwertgefühl haben und uns vor eigenen Entscheidungen fürchten, da sie doch unser Unvermögen enthüllen könnten.

Das heißt nicht, daß es uns an Intelligenz fehlte oder daß wir zu lebenslangen Versagern bestimmt wären. Wir haben ein Händchen dafür, Leute um uns zu scharen, die genau das haben, was uns fehlt. Ein höchst erfolgreicher Mann, der als Kind von einem dominierenden Vater überversorgt wurde, verriet das Geheimnis seines Erfolgs: «Ich habe kein Talent – außer dem, talentierte Menschen zu finden und sie dazu zu bringen, für mich zu arbeiten.» Das ging immer so lange gut, bis einer der Mitarbeiter selbst in den Vordergrund treten wollte oder einen größeren Anteil an dem gemeinsam Geschaffenen beanspruchte. In diesem Augenblick machte der Klient eine Kehrtwendung und verteidigte kämpferisch sein «Recht».

Die Überzeugung, daß die anderen auf uns zukommen und für uns denken sollten, untergräbt unser Selbstvertrauen und unsere Zuversicht. Wenn wir unsere geistigen Fähigkeiten nicht dazu nutzen, unser Leben selbst in die Hand zu nehmen, bleiben wir auf ewig in unserer Kindheit gefangen, wo Eltern, Lehrer und andere unsere geistige Unselbständigkeit ausglichen und für uns dachten.

Der Glaube, zu allem Möglichen berechtigt zu sein, behindert auch unsere Beziehungen. Im Lauf der Zeit können wir nicht mehr darüber hinwegsehen, daß unsere Liebesbeziehungen kurzlebig sind und die anfängliche Faszination der ersten Wochen kaum überdauern.

Valerie, eine attraktive, rothaarige Mittdreißigerin, liefert ein Beispiel dafür, wie das Gefühl, bevorrechtigt zu sein, eine Beziehung zerstören kann. Valerie verzagte, als eine Beziehung, von der sie sich eine feste Bindung erhofft hatte, zerbröckelte. «Wenn ich zurückschaue, sehe ich klar, daß Gary der Richtige war. Aber solange wir zusammen waren, sah ich bloß seine Fehler.»

Valerie gesteht, daß kein Mann sie je so gut behandelt hat wie Gary. «Er konnte manchmal so lieb sein. Er brachte mir immer Blumen mit, holte mich von der Arbeit ab, hörte sich geduldig meine Probleme an.»

Andere Eigenschaften Garys störten Valerie. So sah er zum Beispiel am Wochenende, wenn Valerie gern mit ihm Tennis gespielt hätte, lieber Fußball. Außerdem redete er viel von seiner Arbeit, das fand sie langweilig. Er war solide, verantwortungsbewußt, verläßlich; aber Valerie wollte lieber einen aufregenderen Mann.

«Ich hab mir immer einen Mann gewünscht, der mich überrascht, der romantische Picknicks organisiert oder mich zu einem besonderen Wochenende einlädt», bekennt sie.

Hat Valerie diese Wünsche Gary gegenüber je mit einem Wort erwähnt? «Also wenn ich einem Mann erst sagen muß, was romantisch ist, dann habe ich keinen Spaß mehr. Wenn ein Mann eine Frau wirklich liebt, dann weiß er auch, was sie glücklich macht. Außerdem wollte ich jemanden, der in der Beziehung den Ton angibt, jemanden, der mir neue Dinge zeigt, und nicht umgekehrt.»

Valeries Geburtstag brachte den Wendepunkt in ihrer Beziehung zu Gary. Es war ein Abend, an dem sie sich langweilte und schließlich nur noch vor sich hinschwieg und schmollte. «Eine Woche vorher hatte Gary mich gefragt, was ich an meinem Geburtstag machen wolle, und ich hatte gesagt: ‹Überrasch mich doch.› Da führte er mich in ein Thai-Restaurant. Ich wäre aber für mein Leben gern französisch essen gegangen, wissen Sie, so mit gedämpftem Licht und gutem Wein. Was er mir geschenkt hat? Einen Aktenkoffer, sicher ein sehr schönes, teures Stück, aber ein persönliches Geschenk kann man das ja beim besten Willen nicht nennen.»

Nach diesem Abend konnte Gary Valerie nichts mehr recht machen. Sie hatten häufig Streit. Immer war es Gary, der die Situation ausbügelte und sich entschuldigte, während Valerie tagelang nicht auf seine Anrufe antwortete.

An einem Wochenende brauchte Valerie ein Auto, um ihre Schwester in einer nahe gelegenen Stadt zu besuchen. Gary lieh ihr seinen Wagen. «Ich brachte ihm den Wagen Sonntag nacht zurück. Am nächsten Morgen rief er mich an, ganz außer sich. Ich hatte den Wagen mit leerem Benzintank zurückgebracht. Das war ein Versehen, weiter nichts. Aber Gary erzählte mir, er habe verschlafen, und weil er auf dem Weg zur Arbeit erst noch tanken mußte, sei er zu spät zu einer wichtigen Besprechung gekommen. Er sagte, ich dächte immer nur an mich. Er tat fast so, als ob ich ein Verbrechen begangen hätte. Ich entschuldigte mich, aber er hörte nicht auf zu schimpfen, bis ich schließlich einhängte.

Auf so alberne Art haben wir miteinander aufgehört. Ich habe ihn nicht mehr angerufen, weil ich dachte, er müßte sich erst dafür entschuldigen, wie er auf mich losgegangen war. Ich überlegte mir immer wieder, was mir alles nicht an ihm gefiel, daß er zum Beispiel ein bißchen zu klein war, schon einen Bauch kriegte, und daß seine Freunde nicht sehr aufregend sind.»

Valerie ist in einer Familie groß geworden, in der die Eltern ihr alles gaben. Sie und ihre Schwester waren der Mittelpunkt, um den sich alles drehte. «Meine Eltern haben Gary nie so recht gemocht. Als ich ihnen erzählte, daß wir Streit hatten, meinten sie, er sei unreif, weil er meine Entschuldigung nicht annahm. Ein so eigensinniger Mann, der über eine solche Kleinigkeit nicht hinwegkäme, würde auch keinen guten Ehemann abgeben, meinte meine Mutter.»

Das Schweigen zwischen Gary und Valerie dauerte zweieinhalb Wochen, bis Valerie schließlich unter dem Vorwand anrief, sie habe ein paar Sachen in Garys Wohnung vergessen und wolle sie zurückhaben. Als sie noch am gleichen Abend in Garys Wohnung kam, sagte er ihr, er habe jemand anders kennengelernt. «Er sagte, er könne es einfach nicht mehr verkraften, daß er mir nie etwas recht gemacht habe. Er habe alles versucht, um mich glücklich zu machen, aber mir sei ja nichts gut genug gewesen. Er wünschte mir noch, daß ich bald mit einem anderen glücklich würde, denn mit ihm und mir ginge es nicht.»

Valerie nahm die Trennung zunächst gelassen hin, weil sie glaubte, Gary sei wahrscheinlich doch nicht der Richtige für sie gewesen. Aber vier Wochen später, nach einer Reihe fehlgeschlagener Verabredungen mit anderen Männern, erkannte sie, daß sie Gary mehr vermißte, als sie es selbst für möglich gehalten hätte. Einsamkeit, Depressionen wegen des Verlusts von Gary und die Angst, nie den richtigen Mann zum Heiraten zu finden, brachten Valerie dazu, ihre Erwartungen in Beziehungen einmal genauer unter die Lupe zu nehmen.

Wie viele Menschen, die zu sehr geliebt wurden, brachte Valerie eine Reihe von «Vorrechten» in jede Beziehung mit. Sie fühlte sich berechtigt, in einer Liebesbeziehung umsorgt zu werden. Der Mann sollte immer für sie da sein, er sollte sie mit großem Aufwand ausführen, er sollte keine beruflichen oder sonstigen Probleme haben. Er sollte seinen Wunsch, Fußball anzuschauen, ihrer Lust auf Tennis unterordnen.

Da es Valerie schwerfiel, sich zu entschuldigen, glaubte sie, nach einer Entschuldigung Anspruch auf totale Verzeihung zu haben. Wenn ein Mann sie wirklich liebte, sollte er ihr ihre Ichbezogenheit nachsehen und niemals auf sie wütend werden. Sie meinte, alle Menschen, die sie mochten, müßten ihre Gedanken lesen können. Gary sollte intuitiv erraten, was sie sich wünschte, und es ihr schenken. Die Notwendigkeit, ihre Wünsche erst in Worten mitteilen zu müssen, hätte ihr Gefühl, bevorrechtigt zu sein, verletzt. Und zu alledem glaubte sie sich berechtigt, ihre eigene Verantwortung für die Probleme in der Beziehung nicht sehen zu müssen.

Valerie suchte verzweifelt nach Liebe. Mit ihrem Gefühl des Bevorrechtigtseins und ihrer rigiden Erwartungshaltung schlug sie aber jeden in die Flucht, der ihr zu nahe kam. Wie viele Kinder, die zu sehr geliebt werden, brauchte sie nie etwas zu tun, um sich die ständige, intensive Aufmerksamkeit ihrer Eltern zu erhalten. Nachträglich erkannte sie nun, daß ihr Vater ihr in ihrer Kindheit die meisten Wünsche von den Augen abgelesen hatte. Ihr Vater hatte sie verhätschelt, um ihr dadurch seine Liebe zu zeigen. Jetzt sehnte sie sich nach einem Mann, der ihre Wünsche genauso erraten und sie mit aufregenden Unternehmungen «überraschen» würde, um sie – wie ihr Vater – vor Langeweile zu bewahren. Da aber die meisten Männer keine

Gedankenleser sind, wurde sie ihrer jedesmal schnell überdrüssig.

Als Erwachsene, die früher überversorgt wurden, leben wir häufig in der Vorstellung, einen reichen Schatz an Liebe und Zuneigung in uns zu tragen, den wir gern mit jemand teilen würden, wenn wir eines Tages den einen, besonderen, «richtigen» Menschen fänden. Diesen inneren Schatz können wir aber nur dem Menschen zum Geschenk machen, der sich mit beständigem Eifer unseren Bedürfnissen widmet. Wie für Dornröschen wird auch für uns der schöne Prinz oder die Prinzessin kommen und unsere Leidenschaften wecken.

Nichts bewahrt uns sicherer vor der Intimität mit einem anderen Menschen als ein solcher Anspruch, da niemand die hohen Erwartungen erfüllen kann, die wir damit in unsere Beziehungen einbringen. Mit jeder neuen Beziehung hoffen wir, dies werde der (oder die) «Richtige» sein, doch bald achten wir nur noch auf die Fehler unseres Partners. Wieder haben wir es nicht mit einem Prinzen oder einer Prinzessin, sondern mit einem ganz normalen Menschen zu tun, der zu kritisch, zu schwach, zu arm, zu verklemmt oder zu bedürftig ist. Über den Fehlern sehen wir den Menschen nicht mehr.

Auch diese Haltung ist ein Überbleibsel aus unserer Kindheit. Durch das ständige Beachtet- und Umhegtwerden haben wir ein grandioses, sich für bevorrechtigt haltendes Selbst entwickelt. Wir glauben nun tatsächlich, daß unsere Bedürfnisse zuerst kommen und wichtiger sind als die der anderen.

Die Art, wie unsere Eltern uns in den Mittelpunkt gestellt und versucht haben, unsere Wünsche vorwegnehmend zu erfüllen, hat uns ein Gefühl der Macht gegeben. Wir begannen zu glauben, daß unsere Wünsche ganz selbstverständlich und ohne eigene Anstrengung in Erfüllung gehen würden. Aber solche Erwartungen rächen sich. Wunschdenken und die Erwartung, andere müßten unsere Gedanken lesen können, sind außerordentlich passive, realitätsferne Verhaltensweisen.

Das Empfinden, bevorrechtigt zu sein, überwuchert auch unsere Freundschaften. Jack, ein fünfundzwanzigjähriger Autoverkäufer, hat erfahren, welche Probleme hohe Erwartungen und eine zu kritische Einstellung gegenüber unseren Freunden mit sich bringen können.

Jack ist oft allein. «Meine Freunde aus dem College sind inzwischen alle verheiratet und gehen ihre eigenen Wege. Aber ich kann einfach nicht so tun, als gebe es nichts Interessanteres als Babies, Rasenmähen und Doppelgaragen.»

Jack fordert seine Arbeitskollegen nur selten zu Wochenendunternehmungen auf. Er findet, sie sollten ihn anrufen, was sie aber nur selten tun. Von Zeit zu Zeit gesteht Jack sich ein, daß er einsam ist. Er hat einen einzigen engeren Freund, Ryan, mit dem er gelegentlich am Samstagabend ausgeht, aber neuerdings hat er das Gefühl, daß es auch mit dieser Beziehung zu Ende geht. «Ryan ist ein ziemlicher Langweiler, wenn ich es mir mal genau überlege. Für ihn gibt es nur seine Musik und Frauen. Er hält sich für Eddie Van Halen, aber ich habe ihn mal spielen gehört, das war nicht berauschend. Wenn wir zusammen essen gehen und ich über irgendwas mit ihm reden will, schaut er die ganze Zeit nur nach den Frauen. Wie kann man sich mit so jemandem unterhalten?»

Jack fühlt sich als Opfer. Es will ihm nicht gelingen, Freunde zu finden, die seine Interessen teilen und ihm das geben, was er sich wünscht.

Was aber sagen die anderen über Jack? Viele, die ihn kennengelernt haben, halten ihn für arrogant. Er wehre ständig ab und zweifle alles an, was die anderen sagen. «Jack will immer recht haben», sagt ein junger Mann, der ihn gut kennt. «Er muß bei jeder Diskussion Sieger sein. Man hat nie das Gefühl, daß er einen hört. Ich glaube, es macht ihm Spaß, andere als doof hinzustellen. Und dauernd beklagt er sich über alles mögliche. Man soll ihm etwas bieten, immer nur da hingehen, wohin er will, und nur über die Themen reden, die ihn interessieren, über Autos zum Beispiel.»

Menschen wie Jack, die immer das letzte Wort haben müssen, tragen nur Pyrrhussiege davon. Ihr Verhalten hält die anderen auf Distanz. Freundschaft muß immer wechselseitig sein. Sie verlangt geduldiges Eingehen auf die anderen und das Akzeptieren ihrer Grenzen.

Jack war dazu nicht fähig. Er war in einer Familie aufgewachsen, in der ihn niemand ermutigte, Einfühlungsvermögen in andere zu entwickeln. Einfühlung läßt sich beschreiben als die Fähigkeit, uns in andere hineinzuversetzen und nachzuempfinden, wie sie denken und fühlen. Jack als einziger Sohn stand jedoch unverrückbar im Mittelpunkt der Aufmerksamkeit seiner Familie. Wichtig war, was er empfand, was er dachte und vor allem, was er brauchte.

In der Therapie bat ich Jack und die anderen Mitglieder der Gruppe, einmal genau aufzuzählen, was ihnen an ihren Freunden nicht paßte. Dabei kam einiges zusammen:

- Sie sind nie da, wenn ich sie brauche.
- Sie sind unsensibel.
- Sie benehmen sich albern.
- Immer soll alles nur nach ihrem Kopf gehen.
- Sie reden zuviel.
- Sie haben nie Lust, mal ein neues Lokal auszuprobieren.
- Sie geben mit ihrer Position an.
- Sie geben mit ihrer Beziehung an.
- Sie geben mit ihrem Geld an.
- Sie geben mit ihren Kindern an.
- Sie jammern, sie könnten keine Kinder bekommen.
- Sie glauben, sie wären allwissend.
- Sie finden keinen Anschluß.
- Ihre Parties sind langweilig.

Diese Liste ist noch lange nicht vollständig, aber an diesem Punkt war das allgemeine Gelächter schon viel zu heftig, um noch weiterzumachen. Woher um alles in der Welt hatten sie bloß alle so schreckliche Freunde?

Wenn wir so aufgewachsen sind wie Jack, haben wir einen Blick für die Fehler und Schwächen anderer Leute. Selbst bei unseren Freunden sehen wir Dinge wie finanzielle Schwierigkeiten, Arbeitslosigkeit, bestimmte Ausgehgewohnheiten, Krankheiten, Unfruchtbarkeit mit Mißbilligung. Vor allem aber stört uns ihre Art, uns zu behandeln. Unbewußt meinen wir einen Anspruch auf Freunde zu haben, die stärker, gebefreudiger und sensibler sind als wir und uns das geben können, was wir brauchen. Wir verlieren sehr rasch die Geduld und lassen unsere Freunde laufen, hoffend, daß wir aufregendere Freunde finden werden, die uns wirklich verstehen. Allerdings gehen wir nicht los und suchen sie, sondern warten ab, daß sie uns finden. In der Zwischenzeit leben wir praktisch ganz allein.

Gruppentherapeuten haben eine spezielle Technik für Leute, die sich in ihren Beziehungen bevorrechtigt fühlen. Der Betreffende wird vom Therapeuten für mehrere Wochen zum «König» oder zur «Königin» ernannt. Die anderen Gruppenmitglieder bringen ihm oder ihr zu Beginn jeder Sitzung kleine Geschenke, aber niemand darf direkt mit dem «König» oder der «Königin» auf ihrem Thron sprechen. Er oder sie muß abseits von den anderen sitzen und darf nicht am Gruppengeschehen teilnehmen. Während die anderen miteinander sprechen, müssen «König» und «Königin» ruhig dabeisitzen.

Zuerst finden die Betreffenden diese Sonderstellung sehr spaßig. Meist sitzen «König» und «Königin» hoheitsvoll lächelnd auf ihrem Thron. Doch nach einigen Sitzungen ändert sich das Bild. Der Throninhaber nimmt es übel, nicht an der Gruppe teilnehmen und mit den anderen sprechen zu dürfen. Die meisten Leute, die diese Übung ausprobiert haben, gestehen irgendwann, daß sie sich einsam fühlen. Sie bitten darum, aus ihrer Sonderstellung entlassen zu werden und wieder ganz normal in der Gruppe mitmachen zu dürfen.

Durch diese Übung spüren die Teilnehmer, was ihnen durch ihre Bevorrechtigung und ihre Distanz entgeht. Im wirklichen Leben wird ihnen das nicht immer so deutlich. Das Gefühl, besondere Vorrechte zu haben, distanziert uns in subtiler Weise von unseren Mitmenschen. Es isoliert uns so, wie «König» oder «Königin» in der Gruppe isoliert sind: Die anderen bringen ihnen Geschenke, gehen aber nie so mit ihnen um wie mit dem Rest der Gruppe. Die Vorrechtstellung schmälert unsere Liebesfähigkeit, denn Liebe verlangt, daß wir die Grenzen zwischen uns und dem anderen einreißen und als Gleichberechtigte miteinander umgehen.

Erst wenn wir verstehen, daß unsere «Besonderheit» und das Fehlen von engeren menschlichen Beziehungen miteinander zusammenhängen, können wir den Teufelskreis durchbrechen, der uns zu einem einsamen, freudlosen Leben verdammt. Vielleicht bringt uns eine Lebenskrise, der Verlust eines Menschen, bei dem wir erst zu spät gemerkt haben, daß wir ihn liebten, oder bloß ein weiterer vertaner Samstagabend dazu, unsere Erwartungen an andere zu überdenken – die Anfangsphase des Veränderungsprozesses wird auf jeden Fall schmerzhaft sein. Es ist schwer, die von unseren Eltern übernommene Abwehr aufzugeben, nach der alle Frustration in unserem Leben von der Unvollkommenheit unserer Mitmenschen herrührt.

Mit einem besonderen Anspruch zu leben ist eine Gewohnheit. Wenn Sie versuchen, sie sich einzugestehen, gehen Sie vielleicht gegen ein Verhaltensmuster an, mit dem Sie dreißig oder vierzig Jahre gelebt haben. Selbst wenn es Ihnen bewußt geworden ist, ist es vielleicht schwer zu durchbrechen, denn Einsicht allein heilt nicht. Wenn Sie aber den Anspruch, bevorrechtigt zu sein, aufgeben, ermöglichen Sie dadurch Intimität, gesündere und dauerhaftere Beziehungen und das Erlebnis, freudig zu geben.

Erinnern Sie sich noch an Steve, den Restaurantbesitzer, der sich auf der Höhe des Erfolgs deprimiert und einsam fühlte? Er lebt heute in einer festen Beziehung mit einer Frau, und alles deutet darauf hin, daß diese Beziehung für beide erfüllend und dauerhaft sein wird. Steve hat sich sehr verändert seit der Zeit, als er sich als einsamer Bevorrechtigter ganz auf sich selbst konzentrierte. Das Abenteuer, eine gesunde, intime Beziehung zu haben, bedeutet für ihn Anstrengung und Befriedigung zugleich.

Er gibt freimütig zu, daß es nicht leicht gewesen ist. «Als ich Kris kennenlernte, hatte ich mir schon ein paar kritische Gedanken darüber gemacht, welche Rolle ich eigentlich in meinen mißglückten Beziehungen gespielt habe. Mir wurde bewußt, daß einige der Frauen, die ich früher gekannt habe, wirklich wunderbar zu mir waren. Aber ich hab mir keinerlei Mühe gegeben und immer nur Ausschau gehalten, ob ich nicht jemand Besseres fände, anstatt zu genießen, was ich hatte.

Kris traf ich eines Abends im Restaurant. Sie war so schön und klug, daß ich mir fest vornahm, dieses Mal werde ich es mir nicht vermasseln!»

Nach einjähriger Therapie sah Steve klarer, in welcher Weise er sich bevorrechtigt fühlte und wie er sich Menschen, die ihm nahe kommen wollten, vom Leibe hielt. In der ersten Zeit mit Kris entdeckte er jedoch, daß es ihm trotz seiner Einsichten schwerfiel, ein lebenslanges Verhaltensmuster aufzugeben. Er mußte es jeden Tag neu probieren.

«Kris ist sehr warmherzig und großzügig, aber sie ist auch eine sehr selbstsichere Frau», sagt Steve. «Wo die anderen Frauen früher nachgegeben haben, kämpft sie für das, was sie will.

Ich habe viel aus unserer Beziehung gelernt. Oft kommt Kris nach Hause und will mir erzählen, was tagsüber passiert ist. Sie wird dabei immer sehr ausführlich. Ein paarmal hat sie mich erwischt, wie ich abdriftete und ihr nicht mehr zuhörte, obwohl ich mit dem Kopf nickte. Da ist sie ganz schön ausgeflippt.

Das ist das erste Mal, daß ich mir in so kleinen Dingen Mühe gebe. Wenn früher eine Frau auf mich wütend war, hab ich halt gedacht, die ist zu empfindlich. Jetzt wird mir klar, daß ich Kris zuhören muß, wenn ich will, daß sie auch mir zuhört. Das klingt vielleicht nicht besonders tiefgründig, aber ich habe lange gebraucht, bis ich das sehen konnte. Ich glaube, ich werde immer Mühe haben, mich für die banalen Kleinigkeiten im Leben anderer zu interessieren, selbst wenn es um einen Menschen geht, den ich liebe. Ich habe das als Kind nie gelernt, denn immer haben alle nur auf mich geschaut.

Bei Kris habe ich erfahren, wie befriedigend es sein kann, einem anderen Menschen etwas zu schenken. Ich bringe ihr öfter Überraschungsgeschenke mit – Kleinigkeiten bloß, aber das macht mir genausoviel Freude wie ihr. Bevor ich mit Kris zusammen war, hatte ich überhaupt keine Ahnung, daß man durch Geben ja auch etwas bekommt.

Natürlich ist Kris nicht vollkommen», erklärt Steve. «Sie kann wirklich wütend werden und dann nachtragend sein. Und in meinem Haus benimmt sie sich ganz schön schlampig. Aber statt bei einem Streit wegzurennen oder abzuwehren, wenn sie mir vorwirft, ich sei selbstsüchtig, höre ich heute zu und versuche, mich mit ihr zusammenzuraufen.

Die Erwartung, daß sich die anderen auf mich konzentrieren, sich nach mir richten und mich bedienen sollten, werde ich wahrscheinlich nie ganz verlieren. Es ist einfacher zu geben als zu nehmen, aber die Vorstellung, daß ich vor allem nehmen sollte, löst sich nicht einfach in Luft auf», gibt Steve ehrlich zu. «Ich muß mir die ganze Zeit auf die Finger sehen. Irgendwas drängt mich immer wieder auszuprobieren, ob ich Kris dazu kriegen kann, sich nach mir zu richten, so daß wir zum Beispiel in die Filme gehen, die ich sehen will, oder uns mit meinen anstatt mit ihren Freunden treffen. Ich trage es ihr aber heute nicht mehr nach, wenn ich klein beigeben muß. Wenn ich an unsere Beziehung als Ganzes denke, sehe ich klar, wieviel Kris mir gibt.»

Für Steve hat es sich gelohnt, Kompromisse zu schließen.

5. Kapitel
Star gesucht

«Du kannst doch was Besseres kriegen.»

«Ich stelle keine hohen Ansprüche. Aber intelligent sollte
sie schon sein. Unabhängig. Hübsch, schlank. Aufregend. Gut angezogen. Und wenn sie Geld hätte, wäre das
auch kein Schaden.»

Tom, 39 Jahre, Marketing-Berater

Um neun Uhr an einem Samstagmorgen im Dezember schlägt
Carole die Tür ihres Garderobenschranks zu und zupft ihr Tri-
kot zurecht. Mit einem Blick in den Spiegel rückt sie ihr Stirn-
band gerade und geht hinüber in den Trainingssaal, wo jetzt
ein Aerobic-Intensivkurs beginnt.

Der Fitness-Club ist der exklusivste der Stadt. Seine 400-
Meter-Bahn ist mit einem Spezialbelag ausgerüstet, der die
Verletzungsgefahr vermindert und ein Vermögen gekostet
hat. In den Räumen, wo die Bodytrainer stehen, glänzen teure
Nautilis-Geräte, und das Schwimmbecken mit den vier brei-
ten Bahnen hat Olympiamaße.

Der Club ist an diesem Morgen schon gut besucht. Durch
die Glaswände sieht man überall Männer und Frauen unbefan-
gen miteinander trainieren. Dies ist ein Ort, um zu sehen und
gesehen zu werden. Pummelchen gibt es hier nicht. Überall
nur getrimmte Muskeln, flache Bäuche und strahlende Gesundheit.

Carole hat monatelang Diät gehalten, bevor sie in den Club eintrat. Für die irrsinnigen monatlichen Mitgliedsbeiträge gibt sie viele Dinge auf, die sie sich eigentlich gern geleistet hätte. Aber es geht ihr gar nicht um eine perfekte Figur. Sie ist an diesem Morgen hierhergekommen, um etwas zu suchen, das zu finden sie schon fast die Hoffnung aufgegeben hat: eine dauerhafte Beziehung zu einem Mann. Da die meisten Männer am frühen Morgen zum Trainieren in den Club kommen, hat sich Carole, die noch nie gern früh aufgestanden ist, den Wecker auf sechs Uhr gestellt, um sich dann heroisch aus dem Bett zu wälzen und ihre Sportklamotten anzuziehen.

An diesem kalten Dezembermorgen deprimiert Carole noch zusätzlich die Aussicht, bald wieder einen Silvesterabend ohne festen Partner zu erleben. Carole ist gestern einunddreißig geworden. Beim Brunch im Clubrestaurant stochert sie in ihrem Salat und sinniert: «Über die Phase der glorreichen Junggesellenfreiheit bin ich schon lange hinaus. Ich kann allein leben, aber ich habe das nie als endgültig betrachtet. Es wäre pure Augenwischerei, wenn ich so täte, als machte es mir nichts aus, daß ich noch nicht verheiratet bin. Meine Freundinnen sagen mir: Mach dir keine Sorgen, das kommt schon noch!» Sie schüttelt den Kopf, und ihr langes, dunkles Haar fällt ihr locker auf die Schultern. «Aber ich werde älter. Ich möchte Kinder haben. Meine Freundinnen sind alle verheiratet, und ich kriege allmählich das Gefühl, daß ich den Richtigen nicht mehr finde. Die Typen, die ich kennenlerne, sind indiskutabel.»

Carole ist ausgeglichen, intelligent und willensstark. Sie meint, sie könne einem Mann viel bieten. Sie hat eine gute Ausbildung und sowohl den Bachelor als auch den Master gemacht. Ihren ersten Abschluß machte sie in Kunst, mit dem Schwerpunkt Malen. «Ich hatte überhaupt kein Ziel, als ich jünger war», sagt sie. «Noch im letzten High School–Jahr lief ich herum und fragte mich: ‹Was tue ich eigentlich hier? Was soll das?› Eines Tages habe ich dann einfach meine Eltern gefragt: ‹Was soll ich mit meinem Leben anfangen?› Ich wartete so dringend darauf, daß mir jemand sagte, was mir läge und womit ich glücklich würde, damit ich hingehen und es tun konnte.

Meine Eltern ermunterten mich, etwas Kreatives zu machen. Sie dachten nicht praktisch. Ihrer Ansicht nach heiratet eine Frau und hört schließlich doch auf zu arbeiten. Malen war meine Leidenschaft, also habe ich im College Malerei studiert und dann versucht, einen Beruf daraus zu machen.

Ich war gut, aber nicht herausragend. Ich glaube nicht, daß ich je mehr als sechstausend im Jahr verdient habe. Meine Eltern waren meine besten Kunden. Ihre Wände hängen heute noch voll mit meinen Bildern, die sie gekauft haben, um mich zu ermutigen.

Ich wäre nie auf den Gedanken gekommen, daß ich noch jahrelang allein bleiben könnte oder daß ich eine höhere Miete und Stromrechnungen bezahlen und mir sogar über meine Rente Gedanken machen müßte. Vor zehn Jahren war mir das alles noch schnurzegal, damals fand ich sechstausend Dollar im Jahr okay. Ich brauchte nicht zu hungern, ich hatte eine nette Wohnung, übrigens eine Eigentumswohnung, die meine Eltern sich als Geldanlage gekauft hatten.»

Carole grinst und erzählt weiter: «Rückblickend ist mir klar, daß sie mich unterhielten. Sie hätten ihr Geld günstiger investieren können als in ein Studio-Apartment am Stadtrand. Aber ich ließ sie machen. Sie warteten darauf, daß der richtige Mann käme und ihnen die Sorge für mich abnähme.»

Damals fand Carole das Heiraten nicht so wichtig. Sie genoß ihre Freiheit. Als Zweiundzwanzigjährige fand sie ihre Lebensweise sehr erwachsen, ja sogar emanzipiert. «Ich dachte, Emanzipation hieße, ein paar Jahre lang eigenes Geld zu verdienen, eine eigene Wohnung zu haben und mit verschiedenen Männern zu schlafen – ein Abenteuer, auf das man dann später als gesetzte Ehefrau zurückblicken könnte. Das waren so meine Anschauungen. Ich hatte keinen Ehrgeiz, die unabhängige Karrierefrau des Jahres zu werden.»

An einem Sommerwochenende, als Carole ihre Bilder auf

einem Kunst-Festival ausstellte, lernte sie Mike kennen. Er war Assistent in der Werbeabteilung eines Radiosenders, der eine Live-Übertragung vom Messegelände brachte. Mike war während einer Pause herübergeschlendert, um sich Caroles Bilder anzusehen, und hatte sich dann mit ihr unterhalten.

Auf den ersten Blick fand Carole Mike unglaublich sexy: groß, breite Schultern, langes, wikingerblondes, in der Sonne fast weiß leuchtendes Haar.

Zwischen den beiden funkte es sofort. Carole fand Mike witzig und das Zusammensein mit ihm aufregend. Bei seinen komödiantischen Improvisationen mußte sie so herzhaft lachen, daß sie ihn bat aufzuhören, damit sie wieder Atem schöpfen könnte. Mike war sehr romantisch und liebevoll. Oft brachte er ihr ohne besonderen Grund Blumen mit. Sie nahmen zusammen Schaumbäder bei Kerzenlicht, tranken Wein und ließen ein Spielzeugsegelboot, «Liebesboot» getauft, in der Wanne schwimmen. Sie führten stundenlange Gespräche und waren vollkommen glücklich, zusammen zu sein. Caroles Freundinnen meinten, Carole sei verliebt. Was hätte sie sich noch mehr wünschen können? Doch zwei Jahre, nachdem Carole Mike kennengelernt hatte, brach sie die Beziehung abrupt ab.

Das Problem für Carole bestand darin, daß Mike nicht «ehetauglich» war. «Er wußte überhaupt nicht, was er wollte», erklärt sie. «Ich hatte es zuerst nicht bemerkt, aber bei Mike gab es nur große Worte und nichts dahinter. Er wechselte von Sender zu Sender, wollte ursprünglich Diskjockey werden, begnügte sich dann aber damit, den Laufburschen für einen der Bosse zu spielen. Er meinte, wenn er genug Leute kennenlernte, würde ihm eines Tages einer eine Chance geben.

Ich wollte einen Mann heiraten, der schon etabliert war und nicht erst noch seinen Platz im Leben suchte. Ich hatte mir immer vorgestellt, daß mein Mann einen guten Beruf haben, solide und erfolgreich sein sollte.»

Diese Idee hatte Carole von ihren Eltern übernommen. Immer wenn sie mit Mike zu ihren Eltern fuhr, erschienen ihr seine Fehler noch einmal so kraß. «Sie waren immer nett zu ihm, aber meine Mutter sagte öfter: ‹Du meinst es doch noch nicht ernst mit diesem Burschen, oder? Du kannst doch ganz was anderes kriegen.› Ich log, ich sagte ihnen, wir seien bloß gute Freunde. Aber sie versäumten es trotzdem nie, ihn runterzumachen.

Ich war schon ein bißchen traurig. Mike gab sich so viel Mühe, meinen Eltern zu gefallen. Ihm ging nie auf, was für ein Niemand er in ihren Augen war – Gott sei Dank, sonst hätte es ihn schwer gekränkt.»

Während der zwei Jahre, die Mike mit Carole zusammen war, legten ihre Eltern ihr immer wieder nahe, Mike zu verlassen. Warum sie sich so lang mit ihm treffe, wenn sie es doch nicht ernst meine? «Was hätte ich darauf sagen sollen? Wir treffen uns immer noch, weil der Sex mit ihm so toll ist? Das wäre die wahrheitsgemäße Auskunft gewesen. Meine Eltern bearbeiteten mich Tag und Nacht. Ich würde ja auch älter, mahnte meine Mutter mich in diesem entschuldigenden Ton – Aber ich will doch nur dein Bestes! –, den sie drauf hat. Ich könne nicht mehr so leicht neue Männer kennenlernen. Wenn alle wüßten, daß ich mit Mike zusammen sei, werde mich keiner mehr einladen.

Ich sagte ihr, ich sei nicht mehr in der High School. Es wisse nicht jeder, mit wem ich ausginge, und selbst wenn, sei es ihnen wahrscheinlich egal. Manchmal wurde es mir zuviel, und ich sagte, sie solle endlich den Mund halten. Aber zu Hause dachte ich über ihre Worte nach. Ich konnte gar nicht anders, und meine Mutter wußte das. Ich wußte, daß sie es gut meinte, und daß sie so wenig von Mike hielt, verleidete mir die ganze Beziehung.»

Carole und Mike begannen, ständig zu streiten. Auf einmal irritierte sie alles an Mike. Sie versuchte, ihn zu ändern. Sie fand, daß er sich nicht genug bemühte, beruflich voranzukommen, und sagte ihm das. Mike konterte, daß sie mit dem Verkauf ihrer Bilder auf Kunstmessen viel weniger verdiene als er, aber das beeindruckte Carole nicht.

Carole erkannte, daß Mike sich nie ändern würde. Er war einfach zu stur, um ihren Rat anzunehmen. Über den Vorschlag, sich einen «richtigen Beruf» zu suchen, hatte er nur gelacht. Was zähle das Geld, wenn er sich jeden Morgen beim Aufstehen schon darauf freue, zur Arbeit zu gehen? Er arbeite hart. Eines Tages werde er seine Chance bekommen, dessen sei er sicher. Sie solle Geduld haben und ihm vertrauen.

Carole sah ihn nur angewidert an. Er war ein Träumer. Alles konnte nur schlimmer werden. Es war Zeit für sie, endlich nach vorn zu schauen. Sie brauchte mehr als nur einen Spielkameraden. Sie würde aufhören zu malen und ihren Master in einem Fach – in irgendeinem Fach – machen, mit dem sie Geld verdienen und neue Leute kennenlernen konnte, die etwas auf dem Kasten hatten. Sie beschloß, sich aus der Beziehung zu Mike zu lösen und sich noch am selben Tag für ein Graduiertenstudium in Journalistik anzumelden.

Ihr etwas überraschter Vater willigte ein, die Kosten zu übernehmen, als Carole an einer der örtlichen Universitäten zum Graduiertenstudium zugelassen wurde. Seine Tochter brauche bestimmt keinen zweiten Titel, wenn sie doch jetzt bald heiraten, Kinder bekommen und zu Hause bleiben würde, wandte er ein. Aber wenn sie unbedingt Journalistin werden wolle, sei er bereit, sie zu unterstützen.

Auch Caroles Mutter machte sich Sorgen. Daß Carole als Zwanzigjährige ein paar Jahre arbeiten, eine eigene Wohnung haben und dann erst heiraten wollte, hatte ihr gefallen, denn sie hatte es als junges Mädchen ganz genauso gemacht. Aber warum hatte Carole denn noch nicht geheiratet? Sie war doch ein wunderschönes Mädchen. Es war wirklich Zeit.

Mike zeigte sich weniger kooperativ, als Carole ihm von ihren Plänen erzählte. «Was das Tollste war, er meinte, ich solle die Uni vergessen und ihn heiraten! Ich fragte ihn: ‹Ja, aber wovon sollen wir leben, wenn du nur jeden zweiten Abend beim Radio arbeitest und einen Hungerlohn bekommst?›

‹Wir haben unsere Liebe›, antwortete er, ‹oder ist die dir nichts wert?›

Carole ließ sich nicht umstimmen. Die beiden kämpften die ganze Nacht. Mike schrie, Carole habe völlig falsche Prioritäten. Carole brüllte zurück, wenigstens habe sie überhaupt ein Ziel. «Es war schlimm. Er warf mir furchtbare Sachen an den Kopf. Mike sagte, wenn ich spräche, habe er das Gefühl, meine Eltern zu hören. Wenn ich eines Tages anfinge, selbst zu denken, werde es mir leid tun. Dann fing er an zu weinen. Mir drehte sich der Magen um. Am liebsten hätte ich ihn angeschrien: ‹Sei ein Mann, verdammt nochmal!› Ich wartete nur noch darauf, daß er endlich ging.»

Carole gibt zu, daß sie Mike nach dem Bruch vermißte, sehr sogar. Aber das neue Studium zwang sie, an andere Dinge zu denken. «Meine Eltern haben mich damals gerettet. Ich vermietete mein Studio-Apartment und zog wieder nach Hause. Die Idee hatten meine Eltern gehabt. Sie meinten, ich hätte mit dem Studium und den Vorlesungen zuviel zu tun, um zu kochen und mich selber zu versorgen. Ich konnte kommen und gehen, wie es mir gefiel. Ich glaube, meinen Eltern hat es richtig Spaß gemacht, mich wieder dazuhaben. Wir standen uns näher als je zuvor.

Mike hatte gefunden, meine Beziehung zu meinen Eltern sei infantil, weil ich sie jeden Tag anrief, ihnen alles erzählte und nie etwas entschied, ohne sie zu fragen. Er hatte keinen Schimmer, was es heißt, eine gute Beziehung zu den eigenen Eltern zu haben. Sein Vater war meiner Meinung nach ein sehr egoistischer Mann. Er war schwerreich, aber er gab seinem Sohn noch nicht mal ein bißchen Geld, damit er eine bessere Wohnung mieten oder sich ein paar Sachen zum Anziehen kaufen konnte. So etwas hätten meine Eltern nie getan. Sie sagten immer: ‹Keiner liebt dich so wie deine Eltern.› Das glaube ich auch. Eine Familie sollte zusammenhalten. Warum sollte ich mich nicht auf sie verlassen?»

Fünfzehn Monate später machte Carole ihren Abschluß. Der Partner ihres Vaters vermittelte ihr eine Stelle in einer Public-Relations-Firma. «Ich hatte gedacht, das würde interessant, aber ich saß die ganze Zeit nur am Telefon und diente

Reportern meine Stories an. Und mein Gehalt war auch nicht gerade aufregend.»

Von ihrer Tätigkeit enttäuscht, konzentrierte sich Carole nun um so mehr auf ihr geselliges Leben. Sie ging in den Fitness-Club, nahm Tanzstunden und besuchte Single-Parties. «In den darauffolgenden fünf Jahren wechselte ich von einem Mann zum nächsten. Es war furchtbar. Es wollte einfach nicht hinhauen. Ich hatte ein paar Beziehungen. Die eine dauerte ungefähr fünf Wochen, und ich dachte schon, ich sei verliebt. Aber dann wurde mir klar, daß es nie funktionieren würde. Okay, der Typ war erfolgreich, aber er war trotzdem nur ein selbstsüchtiger, unreifer kleiner Junge.»

Carole war mittlerweile einunddreißig. Sie spürte die wachsende Enttäuschung ihrer Eltern. «Sehen Sie, meine Eltern haben so viel Geld in mich investiert, ohne daß sie irgend etwas dafür vorweisen könnten. Ich habe meinen Master und einen Job, aber was sie wollen, sind Fotos von Enkelkindern für die Brieftasche. Das wäre etwas zum Vorzeigen.»

Carole würde ihren Eltern ja gern Enkelkinder schenken. Deshalb verbringt sie ihre Zeit im Fitness-Club, auf Parties und bei Wohltätigkeitsveranstaltungen und – hält Ausschau.

Neulich war Carole mit einer Freundin in einem Restaurant, und da sah sie plötzlich ihren früheren Freund Mike an der Bar stehen. Er hatte den Arm um seine schwangere Frau gelegt.

Carole ging hin, um guten Tag zu sagen, und Mike und seine Frau begrüßten sie herzlich. Carole erfuhr, daß Mike jetzt Leiter der Werbeabteilung eines großen Radiosenders und sehr erfolgreich war. Sie plauderten miteinander über die alten Zeiten und alte Freunde.

«Es täte mir ja gut, sagen zu können, daß seine Frau häßlich oder biestig ist», gibt Carole zu. «Aber sie wirkte tatsächlich sehr lieb. Sie sah Mike immer wieder an, als ob er der wunderbarste Mann auf der Welt sei.»

Und Mike? «Er sah glücklich aus», sagt Carole nachdenklich. «Er sah wirklich richtig gut aus.»

Im nachhinein sieht jeder gut aus. Das sagte sich Carole, wenn sie an Mike und seine Frau dachte, die offensichtlich miteinander glücklich waren und jetzt eine Familie gründeten. Er war früher nicht der richtige Partner für sie gewesen, und daß er jetzt eine andere Frau getroffen und geheiratet hatte, machte ihn nicht nachträglich dazu.

Dennoch tat ihr irgend etwas an der ganzen Geschichte weh. Wie es aussah, traf sie immer nur die falschen Männer. Zu dick. Zu klein. Zu arrogant. Zu empfindsam. Zu langweilig. Zu unverschämt. Verkorkst. Ein bißchen daneben. Mit einem Rad ab. Immer nur auf eines aus.

Mike, lebendig, romantisch und liebevoll, war fast so gewesen, wie sie es wollte. Aber im Hinblick auf seinen Beruf und seinen Verdienst hatte er nicht alle Erwartungen erfüllt, die sie an einen Mann zum Heiraten stellte. So gern sie ihn gehabt hatte, ein hungerleidender Möchtegern-Diskjockey paßte einfach nicht ins Bild.

Carole ärgerte sich über die Unterstellung, sie sei zu pingelig und anspruchsvoll, um einen Liebespartner zu finden und dann auch mit ihm zusammenzubleiben. Ihre Erwartungen waren hoch, okay, aber warum auch nicht? Was sollte sie tun? Sich mit jemand X-Beliebigem zufriedengeben? Es war schon frustrierend, aber sie würde weitersuchen, bis sie den Richtigen fände, selbst wenn es ewig dauern würde.

In ihrem Buch *Perfekte Frauen* schildert Colette Dowling eine solche Suche, die sie die «Jagd nach dem Star» nennt. «Der Wunsch nach einem perfekten Liebespartner entsteht aus einem tiefen Minderwertigkeitsgefühl und aus dem Bedürfnis, dieses Minderwertigkeitsgefühl zu kompensieren», schreibt Dowling. Für die Menschen, die nach einem Star suchen, seien immer die Fehler des Partners schuld, wenn aus einer Beziehung nichts werde. In Wirklichkeit seien es aber ihre eigenen Schwächen, die sie dazu brächten, den Partner rasch als «nicht gut genug» abzuqualifizieren. In ihrem Partner suchten sie immer einen Menschen, der sie ergänze.

«‹Was kann er für mich tun?› ist die geheime Leitfrage der

Frau, die sich minderwertig vorkommt», schreibt Dowling. «Hat sie das Gefühl, der Mann habe genügend Vorzüge, um ihre Schwächen auszugleichen, dann kann ‹Liebe› entstehen.»

Auch Männer können Star-Sucher sein, die ständig nach der «perfekten Frau» Ausschau halten: Die Frau soll ihre Selbstachtung heben und ihnen ein vollkommeneres Bild ihrer selbst «zurückspiegeln».

Überversorgte Kinder werden als Erwachsene später eifrige Star-Sucher. Aus gutem Grund: Sie hatten in ihrem Leben kaum Gelegenheit, ein starkes Selbst- und Kompetenzgefühl aufzubauen, so daß das Bedürfnis nach einem anderen Menschen als Ergänzung übermächtig wird.

Kehren wir noch einmal zu Carole zurück. Wie die meisten Menschen, die als Kind zu sehr geliebt wurden, hatte man auch sie auf subtile Art ermuntert, von ihren Eltern abhängig zu bleiben. Die Eltern belohnten sie dafür, daß sie nicht selbständig wurde. Carole hörte ständig, sie solle nicht ihrem eigenen Urteil, sondern dem der Eltern vertrauen.

Caroles Eltern hegten große Erwartungen für ihre Tochter, vor allem im Hinblick auf den Lebensstil, den ihr zukünftiger Ehemann ihr ermöglichen sollte. Caroles Eltern ermunterten sie, nach einem Partner zu suchen, der ihre elterlichen Erwartungen erfüllen, Carole materiell verwöhnen, die Verantwortung für ihr Leben übernehmen würde und mehr. Sie sagten ihr: «Du bist etwas Besonderes... Du hast so viel zu bieten... Du kannst doch einen Besseren finden... Nimm nicht den Erstbesten!», bis fast niemand mehr als Partner für sie in Frage kam. Das waren die Erwartungen, mit denen Carole Mike konfrontierte. Sie legte einen Maßstab an, vor dem nicht viele Sterbliche bestehen konnten.

Man könnte einwenden, daß Caroles Eltern nur aus elterlicher Liebe und aus dem Wunsch heraus handelten, Carole stets das Beste zu geben. Das stimmt, aber da war noch ein anderes, tieferes Gefühl als Liebe: Angst.

Hinter der Eigentumswohnung, der Ablehnung von Caroles Graduiertenstudium und der ständigen Kritik an Mike stand die unbewußte Angst, daß Carole ihr Leben allein nicht bestehen könnte. Mike, der Diskjockey werden wollte, der ein unregelmäßiges Einkommen und unmögliche Arbeitszeiten hatte, stellte plötzlich alles in Frage, was Caroles Eltern sich für ihre Tochter erhofften.

Alles, was das Glück ihres Kindes bedroht, wird für Eltern, die zu sehr lieben, zu einer Obsession. Caroles Eltern hatten die größte Angst davor, daß ihre Tochter je Not leiden müßte. Dieser Gedanke war ihnen unerträglich. Familien wie die von Carole sind so eng ineinander verstrickt, daß das Kind keinen Kummer haben oder in irgendeiner Gefahr sein kann, ohne daß die Eltern ebenfalls Kummer haben und sich gefährdet fühlen. Die Familienmitglieder können ihre Gefühle nicht auseinanderhalten.

Um Carole (und sich selbst) zu retten, schaltete sich ihre Mutter ein. Durch eine Kombination aus direkten und indirekten kritischen Hinweisen brachte sie ihre Tochter dazu, ihre Beziehung zu Mike zu überdenken.

Carole hatte die Ängste ihrer Eltern verinnerlicht. Sie glaubte inzwischen selbst, daß sie es allein zu nichts bringen könnte. Eine selbständige, von ihren Eltern getrennte Zukunft jagte ihr Angst ein. Es war deshalb eine Überlebensfrage für sie, den «Richtigen» zu finden, der so stark, so reich, so solide wäre, daß er die Lücken in ihrem Selbst ausfüllen und ihre Angst zerstreuen könnte.

Liebe und Ehe hatten in Caroles Augen wenig mit gleichberechtigter Partnerschaft und der Möglichkeit gemeinsamen Wachsens zu tun. Sie fragte nie, ob sie wohl die Wünsche ihres Partners erfüllen könnte, sondern für sie ging es immer nur darum, ob er ihr alles geben würde. Sie suchte in erster Linie einen Ernährer: jemanden, bei dem sie sich darauf verlassen konnte, daß er sie so umfassend und liebevoll umsorgen würde wie bisher ihre Eltern.

Vor diesem Hintergrund ist es kein Wunder, daß Mike nicht bestand. Als er aber Jahre später seine beruflichen Ziele überprüfte, fand er eine Position bei einem Sender, in der er seine

Fähigkeiten besser zur Geltung bringen konnte. Mike tat, was die meisten Menschen im Lauf ihrer Entwicklung tun: Er prüfte sich selbst und begann, das Mögliche vom Unerreichbaren zu trennen. Als er soweit war, war es zu spät für Carole. In ihren Erwartungen an ihren zukünftigen Mann war ein solcher Auswahlprozeß nicht vorgesehen und auch nicht vorstellbar. So blieb ihr nur sehr wenig Spielraum. Sie hatte Mike nicht zugetraut, daß er sein Leben je in befriedigendere und realistischere Bahnen lenken würde. Sie hatte nicht erkannt, daß er fest entschlossen war, sich in seinem geliebten Beruf durchzusetzen, sondern ihn als einen Träumer abgeschrieben.

Das heißt nicht, daß Carole überhaupt nicht nach Geld hätte fragen sollen, als Mike die Frage einer Heirat aufs Tapet brachte. Geld ist eine Realität, die man nicht völlig außer acht lassen sollte, wenn zwei Menschen sich fürs Leben zusammentun. Aber hätte Carole einen wohlhabenderen Mike geheiratet?

Carole traute keinem der Männer, die sie nach Mike kennenlernte, obwohl mehrere ziemlich reich waren. Sie fand an jedem etwas auszusetzen. Bei Mike mochte sie die finanzielle Unsicherheit geschreckt haben, doch tatsächlich war ihr niemand gut genug. Keiner der Männer, mit denen sie zusammengewesen war, hatte ihre Zukunftsängste beruhigen können.

Unser Leben lang haben wir Erwartungen und Ängste in uns aufgenommen, die mehr mit den Phantasien unserer Eltern als mit unserer Realität zu tun haben. Diese Berieselung hat tiefgreifende Auswirkungen auf unsere Beziehungen zu anderen. Die Erwartungen unserer Eltern werden zu unseren Erwartungen. Wir tragen die Normen und Werturteile unserer Eltern mit uns herum und stülpen sie allen unseren Freunden und Liebespartnern über. Egal, ob unsere Eltern uns unterschwellig oder ganz unverblümt beeinflußt haben, wir haben ihre Erwartungen an unseren zukünftigen Partner großenteils übernommen – meist sogar ungeprüft.

Wir lernen jemanden kennen, und schon stellen wir mit dem Blick eines Pferdehändlers, der dem anderen nicht die kleinste

Schwäche nachsieht, eine Kostenanalyse auf. Die Person, die wir heiraten, soll uns mehr als nur vielversprechende Möglichkeiten bieten. Wir wollen Sicherheit. Wir wollen einen Partner, der stärker ist als wir, auf den wir uns verlassen können. Daß uns jemand aufrichtig liebt, genügt nicht. Sicher fühlen wir uns nur, wenn der andere genauso ist, wie wir es uns vorgestellt haben.

Mit einer solchen Erwartungshaltung bringen wir es leicht fertig, praktisch an jedem, den wir kennenlernen, einen Fehler zu finden. Ein sechsunddreißigjähriger Mann erzählte mir von einem Ausstreichverfahren, das er erfunden hatte, um die richtige Frau zu finden. «Raucht sie, ist das der erste Ausschlußgrund. Ist sie dick, Nummer zwei. Erwartet sie, daß ich sie jeden Tag anrufe, Nummer drei – und sie ist draußen.» Er hatte eine lange Liste von Ausschlußgründen. Das Problem war nur, daß kaum eine Frau je in die engere Wahl kam.

Eine dreißigjährige Frau erklärte mir: «Ich habe schon immer einen älteren Mann gewollt, der finanziell abgesichert und reif ist. Ich habe auch ein paar solcher Männer getroffen, aber irgendwie reichte das doch nicht. Sie waren verläßlich, solide, aber es fehlte der Reiz, das gewisse Etwas. Ich brauche auch ein bißchen Kreativität. Einen Unternehmer, der sich selbst hochgearbeitet hat und nebenher romantische Lieder oder Gedichte schreibt. Oder einen ernsthaften Künstler, der als Hobby abenteuerlich lukrative Immobiliengeschäfte tätigt. Warum finde ich bloß nie so einen Mann?»

Manchmal suchen wir in den Heiratsanzeigen. Eine Frau inserierte: «Schöne, erfolgreiche, kultivierte, aber nicht überhebliche Frau in den Dreißigern, sucht nur sehr erfolgreichen, einzigartigen Mann, 26–45, Lebensstil Jet Set bei traditioneller Werteinstellung. Partnerbezogen, kreativ, wohlhabend, warmherzig. Gutaussehend ohne Arroganz. Fähig, romantische Leidenschaft mit Top-Erfolg zu verbinden.»

Zwei Männer antworteten auf diese Anzeige. «Beides Schnorrer», seufzte die Klientin.

Manchmal finden wir jemanden, der die richtige Person für

uns sein könnte, doch infolge unserer unverändert hohen Erwartungen nimmt die Sache einen traurigen Verlauf. Die früher überversorgten Partner reiben sich auf bei dem Versuch, die geliebte Person nach ihren Vorstellungen umzumodeln. Sie schimpfen, nörgeln, manipulieren, drohen, bitten, entziehen sich und versuchen auf jede nur mögliche Art, den anderen unter Kontrolle zu bekommen. Das Ganze endet dann meist in bitterer Enttäuschung.

Bevor wir uns trauen, jemanden zu lieben, muß der oder die andere hunderterlei Prüfungen bestehen. Der Star-Sucher hat das bewußte Ziel, jemanden zu finden, der alle Prüfungen besteht, und sich dann erst in ihn zu verlieben. Unbewußt sind wir darauf aus, einen «Spiegel» zu finden – jemanden, der uns definiert und uns sagt, wer wir sind. Warum brauchen wir einen solchen Spiegel? Weil wir uns über unsere eigene Identität nicht klar sind. Das Kind braucht die Eltern als «Spiegel», um sich selbst als ein ganzes, von anderen getrenntes Wesen erfahren zu können. Unsere Eltern haben uns oft nicht angemessen «gespiegelt», weil sie uns als Verlängerung ihrer eigenen Wünsche und Bedürfnisse ansahen. Entsprechend konnten wir nur ein lückenhaftes Empfinden unserer eigenen Getrenntheit aufbauen. Wir fühlen uns für uns allein nicht vollständig. Ganz fühlen wir uns nur, wenn wir uns mit jemand Stärkerem zusammentun.

Der Grad, bis zu dem wir als Kind «ungespiegelt» blieben, bestimmt, wie viele «Star-Qualitäten» wir beim anderen finden müssen, um uns vollständig genug zu fühlen, um ihn zu lieben. Manchmal scheint es, als gebe es niemanden, der attraktiv, intelligent oder reich genug ist, um uns ein Gefühl von Selbstwert zurückzuspiegeln und uns ganz zu machen.

Unsere Selbstliebe bestimmt, wieviel Liebe wir anderen geben können. Trotz all ihren Geschenken konnten unsere Eltern uns vielleicht nicht lehren, uns selbst zu lieben. Haben wir in der Vergangenheit nur unerfüllbare Erwartungen, erstickendes Überbehüten und Ablehnung unseres wahren Selbst erlebt, dann erwarten wir von der Liebe nichts anderes. Sie flößt uns Angst, Mißtrauen und Feindseligkeit ein. Wir fühlen uns später zwar berechtigt zu lieben, aber nicht wirklich wert, geliebt zu werden. Wir sind nicht offen, Liebe zu empfangen.

Erst wenn wir uns entscheiden, alles zu tun, um unsere Selbstachtung aufzubauen, und es zu unserem obersten Ziel machen, uns selbst lieben zu lernen, können wir aufhören, endlos nach dem Gefühl der Ganzheit zu suchen, das uns kein anderer geben kann.

6. Kapitel
Die Angst vor Intimität

«Nie wieder wird dich einer
so lieben wie wir.»

> «Als mir aufging, daß meine jetzige Freundin auf eine
> feste Beziehung zusteuerte, wäre ich am liebsten mit dem
> nächsten Flugzeug aus der Stadt abgehauen.
> Das ist mir auch früher schon passiert. Sehr oft sogar.
> Wenn ich meine Freundinnen zu nah herankommen lasse
> und sie anfangen, mit mir zu rechnen, meine ich zu er-
> sticken.
> In dem Moment, in dem eine Frau anfängt, von ‹Bezie-
> hungen› und ‹Bedürfnissen› zu reden, gebe ich sie auf.
> Ich brauche meine Freiheit.»
>
> Jim, 37 Jahre, Börsenmakler

Es gibt eine alte Geschichte über eine Frau, die unbedingt mit
John Lennon schlafen wollte. Sie dachte die ganze Zeit an ihn.
Sie glaubte fest, er sei der einzige Mann, der sie glücklich ma-
chen könnte.

Eines Abends traf sie einen Sänger in einer Bar, der John ein
bißchen ähnlich sah. Die Frau fand ihn toll und verbrachte die
Nacht mit ihm. Als sie ihn am nächsten Morgen zum Abschied
küßte, dachte sie: «Er war großartig, aber kein John Lennon.»

Die Frau traf noch viele andere Männer, die sie an John
erinnerten. Sie erlebte eine Reihe romantischer, immer kurzle-
biger, immer enttäuschender Abenteuer, in denen sie von
einem Mann zum nächsten wechselte. Immer war es die Frau,

die Schluß machte, und ihre Freundinnen fragten jedesmal: «Warum hat es diesmal nicht geklappt?» Die Frau seufzte immer nur und sagte: «Er war toll, aber er war kein John Lennon.»

Eines Abends in New York traf sie einen Freund von John Lennon. Nachdem sie eine wunderbare Woche mit ihm verbracht hatte, sagte sie ihm, es sei aus. Er sei wirklich großartig gewesen, aber eben doch kein John Lennon.

Der Mann stellte sie John vor. Sie verstand sich mit John, und es wurde der irrste Abend ihres Lebens. Endlich allein mit John Lennon.

Am nächsten Morgen flog sie ohne Bedauern allein nach Hause. «Er war großartig», sagte sie, «aber kein John Lennon.»

Wir alle haben es mindestens einmal erlebt. Der oder die «Richtige» trat, gesegnet mit allen von uns ersehnten Eigenschaften, in unser Leben. Aber nach ein, zwei Monaten sah Herr oder Frau Unvergleichlich in unseren Augen gar nicht mehr so toll aus. Wir wollten einen hellen Kopf, doch jetzt sehnen wir uns nach ein wenig Schönheit. Wir wollten Jugendfrische, doch jetzt sehnen wir uns nach Reife. Wir wollten Solidität, doch jetzt hätten wir den anderen gern ein bißchen unkonventioneller.

Wenn wir Parties en masse besuchen, uns bei einer Heiratsvermittlung einschreiben, eine Kontaktanzeige aufgeben oder unsere Freunde bitten, uns mit jemandem zusammenzubringen, denken wir zuallerletzt daran, daß wir Angst vor Intimität haben könnten. Tatsächlich ist eine Beziehung doch das, was wir am meisten wollen!

Angst vor Intimität ist unter Menschen, die als Kind überversorgt wurden, weit verbreitet. Sie erklärt die ungezählten Anläufe zu Liebesbeziehungen, die nie zu wirklicher Intimität und einer festen Bindung führen.

Hinter den hohen, unerfüllbaren Erwartungen stehen die Ängste eines Kindes, das zu sehr geliebt wurde und jetzt nur eines will – das Gleiche nicht noch einmal erleben.

Wovor haben wir Angst? Vereinnahmt zu werden. Verlassen zu werden. Ungeschützt dazustehen. All das riskieren wir, wenn wir uns auf Intimität einlassen. Erinnern wir uns an unseren bisherigen Lebensweg, dann ist es kein Wunder, daß wir so große Angst vor Intimität haben.

Sehen wir uns nun jede dieser Ängste einzeln an.

Die Angst, vereinnahmt zu werden

Überversorgte Kinder wachsen oft zu Erwachsenen heran, die unbewußt Angst haben, wenn sie sich lieben ließen, würde die andere Person sie mit ihren Bedürfnissen ganz vereinnahmen. Sie haben Angst, dabei ihre Freiheit, ihre Selbständigkeit und ihre Individualität einzubüßen.

Ron litt unter dieser Angst in seiner Beziehung zu Chrissie, die hübsch und gescheit war und kaum Forderungen an ihn stellte. «Wir hatten eine schöne Zeit zusammen, aber ich hatte nie das Gefühl, richtig verliebt zu sein, wenn Sie verstehen, was ich meine. Ich wollte ihr nie die Gewißheit geben, daß wir uns immer am Samstagabend oder zu einem anderen festen Termin sähen. Ich wollte keine Beziehung, bei der ich nicht auch mal mit jemand anderem ausgehen konnte.»

Chrissie hatte eine eigene Druckerei, stellte Schilder her und erledigte andere Graphikarbeiten für kleine Firmen. «Wenn das Geschäft nicht gut lief, was der Normalzustand war, hatte sie nichts zu beißen. Ich hatte mir überlegt, wenn ich sie heiraten würde, wäre das für sie ein Aufstieg und für mich ein Abstieg. Aber sie törnte mich trotzdem auf vielerlei Weise an.»

In dem Jahr, in dem die beiden miteinander ausgingen, tat Ron sein Möglichstes, Chrissie auf Abstand zu halten. «Ich spürte, daß sie dabei war, sich in mich zu verlieben, aber das war mir überhaupt nicht recht. Sie schickte mir dauernd Karten. Sie erwärmte sich für alles, was ich mochte. Sie war ein Chamäleon.

So ungefähr nach vier Wochen ging ich nirgends mehr mit

ihr hin», bekennt Ron. «Wir saßen bloß in ihrer Wohnung und sahen fern oder lagen im Bett.»

Chrissie schien nichts dagegen zu haben, sich ganz an Ron anzupassen. Ron erzählt: «Was mich immer noch an ihr interessierte, war ihre Bereitschaft, im Bett alles zu machen, was ich wollte. Sie sagte, ich solle ihr alle meine sexuellen Phantasien erzählen. Je schwärzer sie waren, desto mehr Genuß hatte sie. Und dann führte sie sie aus.

Eines Nachts bat sie mich, eine Phantasie von ihr auszuagieren. Ich sagte, okay, aber so etwa nach einer Minute hatte ich genug. Sie hatte sich an mich geklammert, und das hielt ich nicht aus. Ich stand auf und drehte den Fernseher an. Fünf Minuten später war ich angezogen und ging. Ich sagte ihr, ich sei müde.»

Manchmal rief Ron Chrissie zwei Wochen oder länger nicht an. «Sie sagte aber nie etwas, und wenn ich dann aus Langeweile oder was weiß ich irgendwann wieder bei ihr auftauchte, tat sie so, als sei nichts gewesen.»

Drei- oder viermal brach Ron die Beziehung ab. «Einmal war ich überzeugt, es sei für immer und ich würde mich nicht mehr in die ganze Sache hineinziehen lassen. Aber einen Monat später war ich wirklich scharf. Ich ging spät abends noch zu ihr in die Wohnung. Man könnte sagen, ich habe sie verführt. Erst versuchte sie, mich wegzustoßen, aber dann ließ sie mich machen.»

Als er spät nachts wegging, gestand Ron sich ein, daß er sich nicht wirklich schuldig fühlte. «Ehrlich gestanden, behielt ich von dieser Sache nur ein Machtgefühl zurück, als ob ich alles kriegen könnte, was ich wollte. Sie hatte mir erzählt, daß ihr letzter Freund sie mißhandelte. Sie sagte, er sei brutal gewesen und habe bloß Sex von ihr gewollt, aber sie sei trotzdem bei ihm geblieben, weil es immer noch besser gewesen sei als gar nichts. Sie vertraute mir dies alles an, als ob sie dachte, ich würde sie verstehen und so behandeln. Aber das verstärkte höchstens mein Gefühl, daß sie eben nichts Besonderes war, nicht gut genug für mich. Statt Mitgefühl zu empfinden, zog ich daraus den Schluß, daß ich ihr eigentlich auch nichts zu geben brauchte. Sie war mit Brosamen zufrieden.

Klingt das nach einem richtigen Mistkerl? Ich war auch einer, ich geb's zu. Das war der Hammer bei der Sache. Ich habe immer gedacht, ich sei sensibel und würde nie jemandem bewußt weh tun. Ich hielt mich für einen ehrlichen Menschen, der auf die Gefühle anderer Rücksicht nimmt. Es ist schon erstaunlich, wie ich das mit meinem Umgang mit Chrissie vereinbaren konnte – als ob es nicht meinem Selbstbild total widersprochen hätte.»

Im Laufe der Zeit konnte Ron nicht mehr darüber hinwegsehen, daß Chrissie sich in ihn verliebt hatte. Seine Distanz verletzte sie, obwohl sie nie darüber sprach. Das war für Ron ein rotes Tuch. Die Vorstellung, daß Chrissie verletzt war und schweigend litt, brachte Ron in Rage. «Es erinnerte mich an meine Mutter, die Märtyrerin.»

Rons Mutter, eine Mutter, die zu sehr liebt, kauft ihrem achtunddreißigjährigen Sohn immer noch die Socken und die Unterwäsche. «Ich besuche meine Eltern und gehe aus dem Zimmer zur Toilette. Meine Mutter ruft hinter mir her: ‹Sei vorsichtig!› Was in drei Teufels Namen soll mir auf dem Weg ins Bad wohl passieren?

Sie schneit alle naslang bei mir herein. Sie geht durch die Wohnung, liest meine Sachen auf und fragt: ‹Wo hast du das her? Wieviel hast du dafür bezahlt?› Noch nie war etwas so billig, wie sie es für mich besorgt hätte, wenn ich sie nur darum gebeten hätte. Einmal habe ich sie erwischt, wie sie in meinem Wäschekorb herumschnüffelte. In ihren Augen gibt es bei mir nichts, was sie nichts anginge.»

Seit seiner Kinderzeit hat sich Ron gegen die erstickende Überbehütung durch seine Mutter gewehrt. Manchmal beschwichtigte er sie, aber die meiste Zeit ging er ihr einfach aus dem Weg. Doch daß er ihr nichts von sich erzählte, brachte sie gerade in Fahrt. «Nach allem, was ich für dich getan habe, könntest du doch wenigstens ab und zu mit mir sprechen und mir ein bißchen Freude bereiten!» forderte sie immer wieder.

Ron zog sich dann immer in sein Zimmer zurück. Er fand, daß er seiner Mutter eigentlich geben müßte, was sie brauchte, doch er brachte es nicht über sich. Wenn er ihr sorgenvolles Gesicht sah, hatte er das Gefühl, keine Luft mehr zu bekommen. Nichts verursachte ihm solche Schuldgefühle wie der Anblick seiner ewig leidenden Mutter.

Rons Beziehung zu seiner Mutter hat sich im Lauf der Jahre kaum verändert. «Sie behandelt mich immer noch wie einen Zehnjährigen», klagt er. «Sie ruft an und fragt mich, wie es mir geht. Wenn ich dann aus Versehen sage, daß ich Kopfschmerzen oder was weiß ich was habe, kommt sie mit einer Million Fragen. Nehme ich Aspirin? In welcher Form? Ob ich auch wisse, daß Aspirin meinem Magen nicht bekomme? Ich solle zum Arzt gehen. Ich solle zu ihrem Arzt gehen. Vielleicht hätte ich einen Gehirntumor. Sie habe eine Freundin, deren Mann einen sechspfündigen Gehirntumor hatte, und das einzige Symptom waren Kopfschmerzen. Wenn ich auf sie hören und mich mehr entspannen würde, hätte ich keine Kopfschmerzen.

Ich weiß ja, daß sie so redet, weil sie mich liebt. Das braucht mir keiner zu erklären. Aber sie hört einfach nicht auf.»

Es ist eine Ironie des Schicksals, daß gerade Kopfschmerzen und ständige Anspannung Ron in die Therapie gebracht haben. «Als mir meine Therapeutin zum erstenmal sagte, daß ich Probleme mit Frauen hätte, ist das gar nicht bis zu mir durchgedrungen. Ich hatte ihr von meiner Beziehung zu Chrissie erzählt und gedacht, sie als Frau versuche einfach, mich fertigzumachen.»

Die Therapeutin hatte Ron gebeten, auf einem Blatt Papier alle Adjektive aufzuschreiben, die ihm zur Beschreibung von Frauen einfielen. Nach einiger Überlegung beschloß er, aufrichtig zu sein. Er listete folgende Eigenschaften auf: «Manipulativ und beherrschend. Zerbrechlich und emotional. Erstickend. Abhängig. Sehr bedürftig.»

Diese Liste gab nach Rons Meinung akkurat wieder, wie Frauen seien. Sie machte deutlich, warum Ron um sein Leben rannte, sobald sich eine festere Beziehung anbahnte.

In verkürzter Form enthüllt Rons Aufzählung, wie er seine Mutter wahrnahm. Seine Schwierigkeiten mit ihr rührten aus ihrem Unvermögen, seine Grenzen zu respektieren. Unter «Grenzen» verstehen wir hier die Regeln, die festlegen, wo die anderen aufhören und wo wir beginnen, in körperlicher wie in emotionaler Hinsicht.

Als wir noch Kinder waren, gab es keine Grenzen zwischen uns und unserer Mutter. Unsere Beziehung war symbiotisch, und wir glaubten: «Mutter ist ich.» Unsere Entwicklung stellt uns unter anderem die Aufgabe, uns von unseren Eltern abzulösen und ein Empfinden für unser eigenes Selbst und für unsere persönliche Sphäre aufzubauen. Das Ziel ist, eine Grenze zwischen den anderen und uns zu errichten, die durchlässig genug ist, um die anderen einzulassen, ohne daß wir Angst haben müßten, uns zu verlieren. Wenn wir uns auf gesunde Art abgrenzen können, können wir von anderen etwas annehmen, ohne zu befürchten, daß sie uns gleich vereinnahmen wollen. Wir können lieben und geben ohne die Angst, daß die anderen so abhängig von uns werden könnten, daß wir keine Luft mehr kriegen.

Wenn unsere Eltern unsere persönliche Sphäre respektieren und uns den Rücken stärken, ohne uns mit ihrem Bedürfnis nach zuviel Nähe zu erdrücken, wachsen wir auf ohne die Angst, daß die anderen uns in eine Falle locken, uns vereinnahmen oder in unseren persönlichen Bereich einbrechen wollen.

In der Beziehung zwischen Ron und seiner Mutter gab es keine Klarheit über die Grenze zwischen beiden. Rons Mutter hatte kein Empfinden dafür, wo sie aufhörte und wo er begann. Sie behütete ihren Sohn übermäßig, brach in seine persönliche Sphäre ein und leistete sich solche Übergriffe, daß Ron sich vergewaltigt vorkam. Sie hatte es nicht geschafft, sich zurückzuziehen und ihm damit zu ermöglichen, sich auf gesunde Art von ihr zu lösen, denn ihre eigenen Bedürfnisse zwangen sie, die symbiotische Nähe zu ihrem Sohn aufrechtzuerhalten.

Als Kind hatte Ron noch nicht aufstehen und einwenden

können: «Genug ist genug! Gib mir ein wenig Raum, damit ich die Dinge auf meine Art tun kann!» Er hatte seine Mutter noch nicht anders auf Distanz halten können als mit indirekten Mitteln. Er ging ihr aus dem Weg und trug aus Angst, zuviel von sich zu zeigen, eine Maske demonstrativer Gleichgültigkeit zur Schau. Zeitweise war er kalt, gefühllos, ja sogar unverschämt zu ihr. Er glaubte, er müsse kühl und distanziert sein, um ein wenig Herrschaft über sich zurückzugewinnen. Das war seine Waffe, um seine Mutter dazu zu bringen, seine Grenzen zu respektieren.

Es ist sehr schwer, gesunde Ich-Grenzen zu entwickeln, wenn unsere Eltern nicht mitspielen. Sie müssen bereit sein, uns gehenzulassen, obwohl sie uns gleichzeitig immer noch ernähren und schützen müssen. Da es Ron nie gelungen war, eine akzeptable Distanz zwischen sich und seiner Mutter herzustellen, projizierte er seine Erfahrungen mit ihr auf alle Frauen. Um sich zu schützen, grenzte er sich rigoros ab. Seine Erfahrung, in der Primärbeziehung zu seiner Mutter völlig überfahren worden zu sein, führte zu defensiver Überkompensation und dem Bedürfnis, sich alle Frauen vom Leib zu halten. Rons Freundin Chrissie war keineswegs übermäßig bedürftig, aber Ron, für den alle Frauen zuviel brauchten, zu zerbrechlich und abhängig waren, projizierte dieses Bild auch auf sie. Er war sicher, wenn er ihr zu nahe kam, würde sie ihn mit ihren Wünschen und Bedürfnissen überfallen und mit Haut und Haaren verschlingen. Deshalb rief er sie, als er fand, sie fühle sich zu sehr zu ihm hingezogen, zwei Wochen lang nicht an. Zeigte sie ihm Wärme und Liebe, nutzte er sie aus, indem er seine Lust an ihr stillte oder kalt und egoistisch mit ihr umging.

Wie Ron fürchten viele Menschen, die als Kind zu sehr geliebt wurden, die Verletzlichkeit anderer Menschen. Sie fühlen sich von einem Partner, der emotionale Bedürfnisse zeigt, bedroht, weil sie selbst sehr viele emotionale Bedürfnisse haben. Wenn wir von unseren Eltern ständig überbeschützt und übermäßig beschenkt worden sind, erwarten wir auch als Erwachsene noch, umsorgt zu werden. Werden unsere Bedürfnisse wohl noch befriedigt, wenn wir uns die Zeit nehmen, auf einen anderen Menschen einzugehen? Vielleicht ist uns der Gedanke, auch einmal etwas zu geben, ganz fremd, wie eine Sprache, die wir nie gelernt haben.

Manchmal sorgen wir selbst dafür, daß die anderen uns vereinnahmen wollen. Wenn wir spüren, daß jemand von uns angezogen und damit verletzlich ist, gehen wir aus unseren unbewußten Ängsten heraus auf Distanz. Unsere plötzliche Kälte bringt unser Gegenüber aus dem Konzept und schafft Verunsicherung. Er oder sie versucht, die Barriere zu durchbrechen, und fragt: «Was ist los? Habe ich etwas falsch gemacht?» Wir bekommen plötzlich Schuldgefühle, und da uns das unangenehm ist, reagieren wir gereizt und ärgerlich. Wir zucken gleichgültig mit den Schultern und sagen: «Nichts ist los. Warum fragst du mich denn dauernd?» Der oder die andere fragt weiter, und wir weichen weiter aus und vergrößern damit die Distanz.

Auf diese Weise arbeiten wir den Vereinnahmern in die Hand. Würden wir offen und ehrlich sagen: «Ich fange an, mich dir nahe zu fühlen, aber ich bin noch nicht sicher, ob ich schon dazu bereit bin und ob es mir angenehm ist», dann würden die anderen wahrscheinlich verstehen, was los ist. Weil wir uns nicht immer klarmachen, daß Nähe zu anderen unterschwellige Ängste vor Vereinnahmung aktualisiert, greifen wir statt dessen zu unseren alten Abwehrmechanismen, um die anderen auf Abstand zu halten. Wir verhalten uns ausweichend, legen uns nie fest und enthalten ihnen Informationen und Gefühle vor, um sie abzuwehren. Dies führt geradewegs zu der Vereinnahmung, vor der wir Angst haben, denn nun machen unsere Liebespartner sich Sorgen und werden dadurch noch aufdringlicher. Und wir laufen weg und suchen uns jemand «Stärkeren».

Niemand kann Beziehungen eingehen, ohne verletzlich zu werden. Zugleich müssen wir einen Teil unserer Freiheit aufgeben. Für Erwachsene, die sich in der Primärbeziehung zu ihren Eltern nie adäquat abgrenzen durften, kann dies erschreckend sein.

In einer Ehe würde sich sicher dieselbe Situation wiederholen, aus der wir uns mit solchem Kraftaufwand freigekämpft haben. Ein Mann erklärte, warum er nie heiraten wolle: «Ich bin schon so festgefahren. Was mache ich, wenn meine Partnerin nicht gern Ski läuft? Wenn sie Jazz haßt? Würde mir denn noch Zeit für mich selbst bleiben?» Für ihn hieß Ehe vor allem verlorene Freiheit und unausweichliche Kompromisse. Er betrachtete eine Ehe als Einengung seiner Freiheit, nicht als Gelegenheit, gemeinsam zu wachsen und sich zu entwikkeln.

Am meisten fühlen wir uns zu Menschen hingezogen, bei denen wir keine Angst zu haben brauchen, vereinnahmt zu werden. Eine Frau, die als Kind einen aufdringlichen, dominierenden Vater ertragen mußte, bekennt, ihre engsten Beziehungen habe sie immer zu Männern, die in anderen Städten oder sogar Ländern wohnten. Ihre neueste Liebe, eine Urlaubsbekanntschaft, wohnt in Paris. Sie findet die Beziehung befriedigend, obwohl sie den Mann nur einmal im Jahr sieht. «Ich hoffe, daß Peter irgendwann wieder in die Staaten zurückkommt, aber wenn nicht, ist es mir auch recht. Ich liebe ihn. Heutzutage haben viele Leute die wunderbarsten Beziehungen, obwohl sie in verschiedenen Städten leben.»

Diese Frau hat recht. Die Leute haben Beziehungen. Aber was sie nicht haben, ist Intimität, und zwar aus dem einen Grund: Sie haben Angst davor.

Beziehungen zu unerreichbaren Menschen verringern die Angst, vereinnahmt zu werden. Manche von uns nähren Phantasien von einem oder einer Geliebten, die wir in der Vergangenheit hatten. Er oder sie war das einzig Wahre. Bis heute kann niemand dieser Schattengestalt das Wasser reichen. Wir waren zu unreif, zu egoistisch, zu tumb, um damals zu merken, daß wir ihn oder sie liebten, deshalb ging es auseinander. Wie das Leben so spielt, hören wir gelegentlich von den Geliebten, was unseren Traum, eines Tages wieder zusammenzukommen, am Leben erhält. Das Problem ist nur, er oder sie ist verheiratet und hat drei Kinder oder lebt dreitausend Kilometer weit weg. Oder der geliebte Partner wohnt eine Etage tiefer und hat uns schon auf zwanzig verschiedene Arten zu verstehen gegeben, daß die Chance zu einer Beziehung gleich Null ist. Wir wühlen trotzdem weiter in der Asche. Dies ist der einzige Mensch, der uns hätte glücklich machen können. Seinetwegen weisen wir alle anderen ab. Wir lassen in unserem Leben einen Platz für ihn frei, für den Fall, daß er vielleicht zurückkommt und ihn in Anspruch nimmt.

Eine solche Beziehung ist reizvoll, denn sie bietet uns Liebe ohne Bindung und damit auch ohne die Gefahr, vereinnahmt zu werden. Solange wir sie haben, brauchen wir uns unsere Angst vor Intimität nicht einzugestehen. Wir sind ja schließlich verliebt, oder nicht?

Wenn wir Angst vor Vereinnahmung haben, fühlen wir uns am stärksten zu Menschen hingezogen, die einschüchternd, distanziert, unerreichbar oder völlig selbstbezogen sind. Mit ihnen erlauben wir uns noch am ehesten eine gewisse Intimität. Sie haben am Anfang für uns etwas ungeheuer Attraktives. Da wir Verletzlichkeit für Schwäche halten, mißverstehen wir Gleichgültigkeit und ausschließliches Kreisen um sich selber als Stärke. Da wir es bei solchen Menschen wagen, Nähe zu riskieren, werden wir verletzt, wenn sie uns auf Distanz halten. Wir fühlen uns bei ihnen sicher, doch in Wirklichkeit haben sie selber große Probleme mit der Intimität. Für sie und für uns ist die Beziehung selten befriedigend.

Die Angst, verlassen zu werden

Die Angst, verlassen zu werden, ist die Angst, einen geliebten Menschen zu verlieren. Manchmal ist in dieser Angst ein abergläubisches Moment enthalten: «Jedesmal, wenn ich einen anderen wirklich liebe, verläßt er mich.» Manche Leute stellen sich vor, daß durch ihre Liebe so etwas wie eine negative

Kraft im Universum freigesetzt wird, die bewirkt, daß sie die geliebte Person verlieren.

Um dem Verlassenwerden zuvorzukommen, hängen sich manche von uns an andere, geben zu schnell zuviel oder versuchen, sich den anderen unentbehrlich zu machen. «Ich verliebte mich immer beim zweiten Treffen», sagt ein Dreiundzwanzigjähriger. «Ich war völlig unfähig, meine Verliebtheit für mich zu behalten. Ich rief das Mädchen Tag und Nacht an, kaufte ihr kleine Geschenke, schickte ihr Karten, lief zu ihr in die Wohnung, zog im Bett eine Mordsschau ab. Ich hatte richtig Angst, mehr als einen Tag nichts von mir hören zu lassen. Ich dachte, wenn ich nicht bei ihr wäre, würde sie mich sofort vergessen.

Natürlich wurde das den meisten Frauen zuviel», bekennt der junge Mann. «Ich verschreckte alle, bis auf die Allerbedürftigsten. Aber ich konnte einfach nicht anders. Jedesmal, wenn wieder eine Frau mit mir Schluß gemacht hatte, kamen meine Eltern und sagten: ‹Die hätte dich doch sowieso nicht glücklich gemacht.› Ich dachte im Ernst, außer meinen Eltern würden mich alle verlassen. Aber meine Eltern wären immer für mich da, egal was auch passiert.»

Die Angst dieses Mannes vor dem Verlassenwerden wurde zur selbsterfüllenden Prophezeiung. Unbewußt richtete er es so ein, daß seine Angst sich wieder und wieder verwirklichte, indem er sich zu sehr an seine Partnerin klammerte. Häufig suchte er sich Frauen, die ihrerseits Angst hatten, vereinnahmt zu werden, und aktivierte alle ihre Abwehrmechanismen.

Die Angst vor dem Verlassenwerden kann uns den Seelenfrieden rauben. Wir denken nur noch daran, ob wir uns wirklich auf den anderen verlassen können. Können wir wirklich sicher sein, daß die andere Person uns liebt? Wenn die Angst, zurückgestoßen, sitzengelassen, weggeschmissen zu werden, in unserem Unbewußten nistet, glauben wir das nie. Wir wagen es noch nicht einmal zu hoffen. Eine vierzigjährige Frau bekennt: «Wenn ich mit meinem Freund streite, bin ich im einen Moment wütend, und im nächsten habe ich alles schon wieder vergessen. Aber er kann nicht so schnell über alles hinweggehen. Er sagt, er brauche Zeit, um sich zu beruhigen und wieder Liebe und Zuneigung empfinden zu können. Ihn verärgert zu sehen ist aber mehr, als ich ertragen kann. Er sagt, ich mache ihn verrückt, weil ich einfach nicht lockerlasse und ihm keinen Freiraum gebe. Aber ich bringe es nicht fertig, ihn weggehen zu lassen, solange er noch auf mich wütend ist. Bis ich weiß, daß alles wieder eingerenkt ist, fühle ich mich so schrecklich, als ob ich ein großes Loch im Bauch hätte.»

Diese Frau hat nie gelernt, daß Menschen aufeinander wütend sein können, ohne daß der eine den anderen sofort fallenläßt. In ihrer Familie hatte niemand seinen Ärger zeigen dürfen. Das große Loch, das sie bei einem Streit heute noch in ihrem Bauch spürt, kommt von der Angst, verlassen zu werden. Es ist das Gefühl, ohne einen anderen oder die Zustimmung eines anderen unvollständig zu sein. Die Leere in ihrem Bauch füllt sich nur, wenn sie sich in einer engen Beziehung geborgen weiß.

Das Gefühl, «ungebunden» kein ganzer, vollständiger Mensch zu sein, hängt mit unseren früheren (und heutigen) Schwierigkeiten zusammen, die allzu engen Bande zu unseren Eltern zu durchtrennen. Aus ihrer eigenen Bedürftigkeit heraus halten unsere Eltern uns vielleicht heute noch fest an sich gekettet und sabotieren unsere Bemühungen, uns von ihnen zu lösen und selbständige Menschen zu werden. Als wir noch Kinder waren, reagierten sie auf unsere Ablösungsversuche mit Besorgnis und Angst: «Geh nicht zu nah ans Wasser, im Schwimmbecken sind immer viele Bakterien! Bleib schön an meiner Hand, sonst verirrst du dich!»

Wenn wir auf Entdeckungsreisen gingen, gaben sie uns nicht die einfühlende Unterstützung, die uns hätte helfen können, unsere Abhängigkeit zu verringern. Sie hielten uns körperlich und seelisch zurück. Auf diese Weise fühlten wir uns äußerlich sicher, hatten aber nicht die Sicherheit, uns emotional frei entfalten zu können. Wir verinnerlichten die Angst unserer Eltern, die sie uns, meist nonverbal, ständig mitteilten.

Auf Unabhängigkeitsbestrebungen und Zeichen von Durchsetzungsvermögen reagieren unsere Eltern auch heute noch mit Ablehnung oder Depression, so daß wir uns emotional allein gelassen fühlen. Zeigen wir uns hilflos, schenken sie uns Aufmerksamkeit. Richten wir uns ganz nach ihren Wünschen, geben sie uns «Liebe». Oft fügen wir uns freiwillig, ohne zu murren. Dieser Weg erscheint uns sicherer.

Wenn das lange so geht, ist uns am Ende die Verantwortung für unser eigenes Wohlergehen zuviel. Der Gedanke, jemals ganz allein dazustehen, macht uns Angst. Wir möchten mit einem anderen verschmelzen und fühlen uns nur in einer engen Beziehung richtig lebendig. Nur die Bestätigung durch einen anderen gibt uns ein Gefühl von Stärke und Sicherheit. Wir sind übermäßig abhängig und fordernd. In Beziehungen klammern wir uns an, aus Angst, verlassen zu werden, wenn wir uns behaupteten.

Manchmal zeigte sich die allzu große Liebe unserer Eltern nicht in Überbehütung, sondern in zu strenger Kontrolle. Auch das kann Verlassenheitsängste erzeugen. Unsere Eltern sind zwar nicht die alleinige Quelle unseres heutigen Selbstbildes, unser Identitätsempfinden jedoch formt sich größtenteils durch den Kontakt zu den Bezugspersonen unserer frühen Kindheit. Sie spiegelten uns unsere frühesten Vorstellungen dessen, was wir sind, zurück. Waren unsere Eltern übermäßig bestimmend und unwillig, uns anders als durch die Brille ihrer eigenen Wünsche zu sehen, dann vermittelten sie uns ein fehlerhaftes Bild unserer selbst. Stellten wir für sie nur ein Anhängsel oder ein Mittel zur Befriedigung eigener Wünsche dar, dann gaben sie uns wahrscheinlich kaum eine Möglichkeit, unsere unverwechselbare Individualität zu verwirklichen.

Solche Eltern können ihr Kind emotional im Stich lassen, indem sie sich in Kühle oder Depression flüchten, wenn das Kind nicht so sein kann oder will, wie sie es wünschen. Sie können das Kind in materieller Hinsicht außerordentlich gut versorgen, ihm aber zugleich elementare Bestätigung und wirkliche Anteilnahme an seinem Leben vorenthalten. Das kann sich verheerend auswirken. Ein solches Kind ist später unfähig, seine eigenen Stärken zu erkennen, denn ohne einen anderen, der es beherrscht – dem es gefallen möchte –, fehlt ihm die Orientierung. Das Resultat ist ein labiles Identitätsempfinden, das in einer engen Beziehung eher Orientierungshilfe denn echte Stabilisierung sucht.

Daher fühlen wir uns möglicherweise ohne eine enge Beziehung allein und verlassen. Wir brauchen andere Menschen, die uns stellvertretend für unsere Eltern ein Identitätsgefühl vermitteln. Wenn wir jemanden lieben, haben wir Angst, von ihm oder ihr verlassen zu werden – weil wir dadurch auch das Ichbewußtsein, das wir scheinbar aus der Beziehung gewonnen haben, verlieren würden.

Leider kommen wir in eine sehr prekäre Lage, wenn wir uns an einen anderen klammern, weil wir seinen Beifall als Selbstachtungsspritze brauchen. Wenn unsere innere Sicherheit davon abhängt, was andere über uns denken, müssen wir uns auf ein Leben voller Enttäuschungen gefaßt machen. Das Sagen in unserem Leben haben dann andere Leute, und das werden wir ihnen irgendwann sehr übelnehmen. Sicherheit, die auf den Launen anderer – selbst uns liebender – Menschen beruht, ist nie stabil und dauerhaft. Das ist sie nur, wenn sie aus uns selbst kommt.

Sich an andere zu klammern ist ein verbreitetes Mittel, um die Angst vor dem Verlassenwerden zu betäuben, doch nicht das einzige. Mancher hält sich ganz aus Beziehungen heraus, weil er Angst hat, sich zu engagieren und dann verlassen oder abgelehnt zu werden. Um diese Gefahr abzuwehren, gibt er sich vielleicht distanziert und arrogant und beschwört damit unbewußt selbst das Verlassenwerden herauf. Oder er schraubt vielleicht zum Selbstschutz seine Anforderungen an eine Beziehung so hoch, daß niemand seinen Ansprüchen genügt.

Sehen wir uns an, was Janet über ihre Beziehung zu Hal berichtet. Sie lernte ihn im November kennen und ging praktisch jedes Wochenende mit ihm aus. An einem Samstagabend im

Dezember glaubte Janet, sie sei wie jede Woche mit Hal verabredet. Sie rief ihn an, um zu fragen, wann er sie abholen würde, aber er war nicht zu Hause. Janet fuhr zu Hals Haus, klingelte und sah, daß nirgendwo Licht brannte. Unruhig blieb sie den ganzen Abend in ihrem vor Hals Haus geparkten Wagen sitzen.

Einige Zeit nach Mitternacht fuhr Hal in einem Wagen mit einer anderen Frau vor. Janet rauschte zornentbrannt ab. Am nächsten Tag überfiel sie Hal und hielt ihm vor, sie versetzt zu haben.

Hal starrte sie entgeistert an. «Wir hatten für Samstagabend nichts ausgemacht», stammelte er irritiert.

«Aber ich hatte angenommen...» begann Janet und verstummte mitten im Satz. Hals Gesichtsausdruck gab ihr zu verstehen, daß sie sich idiotisch benahm. Schlimmer noch, er wollte ihr nicht sagen, mit wem er ausgegangen war. Das gehe sie überhaupt nichts an.

Danach war Hal kühl zu Janet. Beim nächsten Treffen gab sie sich Mühe, ihn nicht spüren zu lassen, daß sie gekränkt war, aber es wollte ihr nicht gelingen. Der Abend war bleiern, und als Hal Janet absetzte, sagte er, er sei müde, als sie ihn noch hereinbat.

In der folgenden Nacht schlief Janet kaum. Am nächsten Morgen sah sie alles klarer. Sie würde sich Hals Launen nicht unterwerfen. Sie würde einmal ernsthaft mit ihm über ihre Beziehung reden.

Janet schickte Hal einen Strauß herzförmiger Helium-Ballons, die an einer Weinflasche festgebunden waren. Sie war sicher, daß er sie einladen würde, die Flasche mit ihm zusammen zu leeren. Hal rief sie an, um sich bei ihr zu bedanken, klang aber nicht besonders erfreut. Er sagte Janet, er habe zehntausend Dinge zu tun, doch wenn sie nach acht herüberkommen wolle, werde er sie erwarten.

An diesem Abend stellte Janet Hal zur Rede. «Ich fragte ihn, was eigentlich mit unserer Beziehung los sei. Er tat, als wisse er nicht, wovon ich redete. Er sagte, er erlebe eine schöne Zeit mit mir, und er hoffe, es mache mir auch Spaß. Mehr sei im Augenblick noch nicht. Was ich sonst noch wolle? Warum könne ich mir nicht Zeit lassen und in Ruhe abwarten, wie die Dinge sich entwickelten?»

Janet war zornig. «Eins weiß ich: Ich habe in meinem Alter nicht die Zeit, zu warten, bis ein Mann sich endlich entschließt, ob er eine Beziehung will oder nicht. Du kannst doch nicht jahrelang mit einem Kerl gehen, bis du dann eines Tages merkst, daß die Beziehung gar nicht stattfindet.»

Alles in allem mußte Janet zugeben, daß sie erst seit sechs Wochen mit Hal zusammen war – genauer gesagt, fünf Verabredungen lang. Dennoch fand sie: «Eineinhalb Monate sind eine lange Zeit. Ich bin doch keine Therapeutin! Ich will nicht erst ein, zwei Jahre damit zubringen, einen Mann von seinen Bindungsängsten zu befreien. Ich glaube, Hal hat mich bloß hingehalten. Jetzt hab ich Schluß gemacht, obwohl es mir leid tat.»

Das Bedürfnis, in einer Beziehung alle Fäden in der Hand zu halten, so daß der andere sich nach unserem Plan richten muß, verdeckt oft die Angst, verlassen zu werden. Janet hatte nicht wie Hal die Geduld, erst einige Zeit abzuwarten, wie die Dinge zwischen ihnen sich entwickeln würden. Die Vorstellung, ihm noch mehr Zeit zu lassen, als sie bis dahin schon investiert hatte, machte sie nervös.

Janet wollte unbedingt, daß der Mann sich nach ihrem Zeitplan für die Beziehung richte. Sie versuchte sich damit selbst zu schützen. Eineinhalb Monate können für Menschen wie Janet, die zu sehr geliebt wurden, wie eine Ewigkeit sein. Oft haben sie das Bedürfnis, ihre Beziehungen zu anderen zu beschleunigen. Die Hast entspringt jedoch nicht drängender Leidenschaft, sondern der unbewußten Angst, verlassen zu werden. Wir wollen, daß der andere sich seiner Sache sicher ist, bevor wir uns in die Beziehung einbringen. Im Zweifelsfall können wir dann als erste den Rückzug antreten.

Die Angst, sich bloßzustellen

Die Angst, daß die anderen uns niemals lieben könnten, wenn sie uns so sähen, wie wir wirklich sind, hält viele von uns ständig auf Trab. Für Denise und Alan, die verlobt waren und in einem Monat heiraten wollten, hätte diese Vorstellung fast zum Abbruch ihrer Beziehung geführt.

Denise entdeckte durch Zufall die Wahrheit über Alan. «Ich stand in der Warteschlange in der Bank, als ich zwei Plätze vor mir eine Frau sah, die mir entfernt bekannt vorkam», erzählt sie. «Ich konnte sie nicht gleich unterbringen, aber dann fiel es mir wieder ein. Sie war die Frau eines Kollegen von Alan.»

Am Ausgang holte Denise die Frau ein und stellte sich vor. Sie plauderten ein paar Minuten über Denises und Alans Heiratspläne. Als sie sich verabschiedet hatten, drehte die andere Frau sich noch einmal um und fragte: «Übrigens, hat Alan schon wieder was gefunden?»

Denise starrte sie an. «Ich dachte, ich ticke nicht richtig. ‹Was gefunden?› fragte ich.»

Die Frau sah Denise merkwürdig an und erklärte: «Ich möchte nicht aufdringlich sein. Ich habe nur überlegt, für wen Alan jetzt wohl arbeitet.»

Denise hatte auf einmal das Gefühl, unbedingt ins Freie zu müssen. Sie murmelte etwas, das wie «Alles bestens... War schön, Sie zu treffen» klang und entfloh durch die Drehtür. Was in aller Welt meinte diese Frau? In großer Aufregung rannte Denise die acht Blocks nach Hause.

Am Abend kam Alan wie gewöhnlich um sieben, um Denise abzuholen. Sie erwartete ihn schon an der Tür und erzählte ihm von der seltsamen Unterhaltung. Alan wurde weiß. Er konnte ihr nicht in die Augen sehen, als er ihr die Wahrheit erzählte. Er sei vor über drei Wochen entlassen worden. Er habe sich nicht getraut, es ihr zu sagen. Er habe sich nicht getraut, es überhaupt jemandem zu sagen. Also war er, genau wie die beiden Jahre davor, jeden Tag um sieben im Anzug und mit Aktenköfferchen aus dem Haus gegangen.

In der Rückschau fiel Denise einiges ein, das sie hätte stutzig machen können, wenn sie nicht so ausschließlich mit den Hochzeitsvorbereitungen beschäftigt gewesen wäre. Zum Beispiel, daß Alan sie gebeten hatte, ihn nicht in der Firma anzurufen – was sie ohnehin selten tat –, weil er an einem Projekt arbeitete, das viele Besprechungen nötig mache, so daß er nur schwer erreichbar sei. Oder die nachmittäglichen Anrufe von Freunden, die immer merkwürdig abrupt endeten, wenn sie die Anrufer aufforderte, Alan doch im Büro anzurufen. Oder die Abende, an denen er ausweichend reagierte, wenn sie ihn fragte, wie sein Tag im Büro verlaufen sei.

Denise ärgert sich nicht darüber, daß Alan seine Stelle verloren hat. Sie hält ihn für so tüchtig, daß er rasch eine neue, vielleicht sogar bessere Arbeitsstelle finden kann. Was sie erschüttert, ist, daß Alan ihr eine Neuigkeit solchen Kalibers vorenthielt. «Wenn er mich wirklich liebt, wie kann er mir dann nicht so weit vertrauen, daß er mir das erzählt?» fragt sie sich. «Warum hat er alles für sich behalten, so daß ich es ausgerechnet von der Frau eines seiner Kollegen erfahren mußte? Ich hätte vor Verlegenheit in den Boden versinken können. Aber das ist nicht das Ausschlaggebende. Wichtiger ist, daß ich Alan jetzt nicht mehr vertrauen kann. Er war noch nie sehr offen zu mir, und jetzt mißtraue ich ihm nur noch. Wann hat er mich noch angelogen?»

Leider sehr oft. Alan war nie Assistent des Firmendirektors, sondern einer von zwei Assistenten des Assistenten. Der Chef, von dem er Denise so viel vorgeschwärmt hatte, machte jeden Tag deutlich, daß er von Alan und seinen Fähigkeiten nicht viel hielt. Obwohl Alan von Kopf bis Fuß wie der perfekte Manager daherkam, war er seiner selbst und seiner Zukunft nie so sicher, wie er Denise glauben gemacht hatte.

Warum hat Alan gelogen? Er zuckt die Schultern und erklärt: «Ich wollte heiraten. Meine zukünftigen Schwiegereltern erwarteten von mir, daß ich ihre Tochter ernähre. Alle warteten nur darauf, daß ich Leistung bringe. Ich glaubte, ihre Blicke nicht aushalten zu können, wenn ich ihnen die Wahrheit gesagt hätte. Ich hoffte, schnell eine neue Stelle zu finden, so daß niemand etwas von der Sache erfahren würde.»

Manchmal finden wir die Wahrheit so schrecklich, daß wir glauben, sie nicht aussprechen zu können. Durch unsere Angst vor Entdeckung können aus einer kleinen Lüge viele große werden.

Daß Alan Denise belog, ist kein Zeichen eines schlechten oder gestörten Charakters, sondern einer tiefsitzenden Angst, sich bloßzustellen.

Kinder, die zu sehr geliebt wurden, gehen besonders leicht der Versuchung nach, ihre vermeintlichen Schwächen und Fehler zu verstecken oder es, wie Alan, mit der Wahrheit nicht so genau zu nehmen. Dahinter steht die Angst, die Wahrheit – das wahre Selbst – sei so schrecklich und unzumutbar, daß die anderen einen auslachen oder sogar ganz ablehnen würden, wenn man es unverstellt zeigte. Tief im Herzen ist uns einfach nichts von dem, was wir je geleistet und erreicht haben, gut genug. Jedes «Versagen» erscheint uns riesengroß.

Der Zwang, die Wahrheit zu verbergen, kann im Extremfall dazu führen, daß jemand sein ganzes Leben auf einer Lüge aufbaut. So zum Beispiel eine junge Frau, die von einer Universität abgelehnt wurde, an der ihre beiden besten Freundinnen angenommen worden waren. Die junge Frau tauchte in der dritten Septemberwoche auf dem Campus auf und erklärte ihren Freundinnen, sie habe eine Sonderzulassung und ein volles Stipendium bekommen. Sie bezog ein Zimmer im Studentenheim, kaufte sich Lehrbücher und ging jeden Tag in die Vorlesung. Den Freundinnen kam es etwas komisch vor, wie die junge Frau auf einmal an diese Ehre gekommen sein sollte, und sie erkundigten sich im Sekretariat. Tatsächlich war die junge Frau nicht eingeschrieben und wurde in keiner Liste als Studentin geführt.

Ein junger Mann hatte eine ältere Schwester, die unter schweren Depressionen litt und nach einer Reihe von Klinikaufenthalten in einer Tagesklinik versorgt wurde. Für den jungen Mann war dies eine gewaltige Leiche im Keller. Er sprach nie mit einer Menschenseele darüber. Wenn er seine Schwester je erwähnte, sagte er, sie lebe in Europa. Wurde es ernst mit einer Beziehung zu einer Frau, brach der junge Mann sie ab. Vor sich selbst rechtfertigte er das damit, er sei noch nicht bereit zu heiraten. «Mein Leben lang habe ich befürchtet, jemand könnte mit dem Finger auf mich zeigen und sagen, wir hätten eine Geisteskrankheit in der Familie», erklärte er. «Und wenn das stimmte? Am meisten Angst machte mir die Vorstellung, ich könnte eine Frau schwängern und diese Gene, oder was das genau ist, an mein Kind weitergeben. Ich war sicher, daß die Wahrheit eines Tages ans Licht kommen würde. Deshalb habe ich mich nie näher mit einer Frau eingelassen und mir gesagt, ich brauchte keine Beziehung.»

Dies sind Extremfälle. Doch der Erwachsene, der als Kind zu sehr geliebt wurde, sucht tatsächlich oft Sicherheit in einem stärkeren Selbstbild. Das wahre Selbst, zu dem auch menschliche Fehler und Schwächen gehören, erscheint ihm nicht gut genug.

Manchmal fühlt sich ein solcher Mensch von einer anderen Person angezogen und möchte ihr ein aufregenderes, attraktiveres Bild von sich vermitteln. Überbehütet von Eltern, die zu viel Angst um sein Wohlergehen hatten, um ihm irgendwelche Abenteuer oder Wagnisse zu erlauben, stellt der Betreffende sich deshalb als eindrucksvoller und unternehmungslustiger dar, indem er es mit der Wahrheit nicht so genau nimmt. Eine Klientin erzählt eine solche Geschichte von ihrem Freund, mit dem sie zwei Jahre zusammen war. Als sie einmal ein Bild von einem Vollblutpferd in seinem Notizbuch entdeckte, hatte sie gefragt: «Wem gehört dieses Pferd?» Ihr Freund hatte gesagt: «Meiner Familie. Wir haben seit meiner Kindheit immer Rennpferde gehabt.» Sechs Monate später gingen beide zusammen zur Rennbahn, wo sie unerwartet die Eltern des jungen Mannes trafen. «Welches Pferd hier ist denn Ihres?» fragte die junge Frau arglos den Vater ihres Freundes. «Wir besitzen keine Pferde», antwortete der und sah sie verständnislos an. «Das ist viel zu teuer.» Ihr Freund zögerte keine Sekunde. «Wie kommst du bloß darauf, daß wir Pferde haben könnten? Ich hätte das gesagt? Das muß ein Mißverständnis sein.»

Nicht immer führt die Angst, sich bloßzustellen, zu solchen hanebüchenen Lügen. Öfter bringt sie uns dazu, Distanz zu halten, indem wir die anderen nicht an unserem Gefühlsleben teilnehmen lassen. Was wäre, wenn wir uns den anderen unverstellt zeigten und sie merkten, daß wir unsicher sind? Oder depressiv? Oder kein Intelligenzwunder? Oder fürchterlich unordentlich? Wir fühlen uns viel sicherer, wenn wir unsere Stärken herausstellen und unsere Schwächen verbergen.

Wir halten mit unseren vermeintlichen Unzulänglichkeiten zurück, als wären es schändliche Geheimnisse. Sehen wir uns aber diese Unzulänglichkeiten oder die Vorfälle in unserem Leben, die wir vor anderen verborgen halten, genauer an, dann sehen wir, daß nicht der Vorfall oder das Gefühl als solches so schrecklich ist, sondern die Bedeutung, die wir ihm beimessen. Diese Bewertung aber haben wir von unseren Eltern übernommen.

Wenn Eltern zu sehr lieben, sehen sie oft nur noch, wie ihr Kind im Vergleich mit anderen Kindern abschneidet. Daß das Kind bei den Gleichaltrigen, den Nachbarn, Lehrern und Verwandten «ankommt», ist ihnen lebenswichtig. Die Eltern haben detaillierte Vorstellungen davon, wie das Kind werden, mit wem es sich befreunden und wie seine Zukunft aussehen sollte. Da das Kind den Eltern gefallen möchte, um sich dadurch ihre Liebe zu sichern, paßt es sich an, indem es lernt, sich entsprechend «darzubieten». Es hofft vielleicht gar nicht mehr, wirklich akzeptiert und verstanden zu werden, sondern verleugnet sein wahres Selbst und sucht Anerkennung nur durch seine Leistungen. Das Kind wird hypersensibel dafür, keine Risse in seinem Erscheinungsbild sehen zu lassen.

Kinder, die zu sehr geliebt worden sind, werden Erwachsene, die glauben, Liebe und Achtung anderer nur zu gewinnen, wenn sie «gut dastehen» und ihre vermeintlichen Unzulänglichkeiten maskieren. Bei ihren Eltern ging das. Die Abwehrmechanismen, die wir uns als Kind zugelegt haben, um unser wahres Selbst vor unseren Eltern zu verbergen, wenden wir später als Erwachsene weiter an.

Daß die Angst vor Bloßstellung und die Angst vor dem Verlassenwerden miteinander zusammenhängen, liegt auf der Hand. Wir glauben: «Wenn ich dir zeige, wer ich in Wirklichkeit bin, läßt du mich stehen.» Erwachsene, die als Kind überversorgt wurden, wissen ihre Verletzlichkeit gut zu verbergen. Doch sie haben ständig Angst, daß andere ihnen zu nahe kommen und ihr wahres Gesicht sehen. Wir sind alle Menschen und wie alle anderen auch in manchen Bereichen inkompetent. Um diese Einsicht abzuwehren, setzen wir eine Maske auf, werden oberflächlich, vorsichtig, kühl.

Wenn wir unser wahres Selbst verstecken, halten wir damit die anderen auf Distanz. Die Angst, uns bloßzustellen, hindert uns daran, unsere Gefühle mit anderen zu teilen, und ist fast eine Garantie dafür, daß unsere Beziehungen oberflächlich bleiben. Die anderen spüren, daß wir sie nicht sehen lassen, wie wir wirklich sind. Oder sie halten uns für unverletzlich und damit für unerreichbar. Wir mögen die Wahrheit verfälschen oder verbergen, weil wir nicht abgelehnt werden wollen, im tiefsten Herzen jedoch haben wir vielleicht panische Angst vor der Nähe, die entstehen könnte, wenn wir nicht abgelehnt würden. Auch hier entsteht die Angst, sich bloßzustellen, wieder aus der Angst vor Intimität. Zeigen wir den anderen unsere «geheimen» Eigenschaften, kommen sie uns gefährlich nahe. Zeigen wir uns nicht, werden wir uns nie ganz und als die Person geliebt fühlen, die wir wirklich sind.

Der Glaube, daß Intimität unweigerlich Verlassen-, Vereinnahmt- und Bloßgestelltwerden nach sich zieht, kann uns dazu bringen, andere abzuwehren. Oft wissen wir gar nicht, daß wir das tun. Die subtile Kunst, andere aus unserem Leben fernzuhalten, manifestiert sich in den folgenden Verhaltensweisen.

Zuviel reden: Das Bedürfnis, andere an jedem unserer Gedankensplitter und Einfälle teilnehmen zu lassen, beruht auf der falschen Vorstellung, auf diese Weise erreichten wir Intimität. Wir glauben, wenn wir einmal den Mund hielten, tue sich nichts in unserer Beziehung.

In der Familie wurde oft von uns verlangt, über alles, was wir dachten und taten, Rechenschaft abzulegen. Unsere Eltern beklagten sich bitter darüber, daß wir ihnen nicht genug erzählten. Also redeten wir, und ein begieriges Publikum hörte uns zu. Selten nur vertrauten unsere Eltern uns etwas über sich an. Es ging immer um uns.

Nicht mehr im Mittelpunkt zu stehen, kann sehr schwer sein, nachdem wir unsere Kindheit im Rampenlicht vor einem immer interessierten Publikum verbracht haben. Aber Intimität bedeutet teilen. Wenn Sie die ganze Zeit reden, können Sie nicht zuhören. Intimität kann nur entstehen, wenn zwei Menschen ihre Gedanken und Gefühle austauschen. Das ist unmöglich, wenn einer von ihnen so viel redet, daß das Gespräch zur Einbahnstraße wird. Der Gesprächspartner, der ständig zum Zuhören gezwungen wird, fühlt sich uns nicht nahe, sondern überrannt.

Menschen, die früher überversorgt wurden, reden noch aus anderen Gründen zuviel. Manche läßt Angst niemals schweigen. Schweigen empfinden sie als Leere, oder sie fühlen sich darin ungeschützt.

Manchmal wollen wir durch unseren unablässigen Redestrom die Beziehung beherrschen, indem wir das Thema bestimmen. Vielleicht haben wir Angst davor, die Gedanken und Gefühle unseres Partners kennenzulernen. Das Gespräch zu monopolisieren bedeutet, daß wir niemals Dinge hören müssen, die wir nicht hören wollen.

Manchmal reden wir zuviel, um uns «aufzupusten» und wichtigzumachen. Allzu vieles Reden kann auch eine Form von Aggression sein. Der andere ist frustriert. Er leidet stumm, während er darauf wartet, auch einmal ein Wort einwerfen zu können, bis er sich dann aus Höflichkeit mit der

Rolle des Zuhörers zufriedengibt. Frustration wird zu Ärger und läßt den anderen wünschen, der Quelle seines Ärgers zu entkommen. Wer zuviel redet, hält seine Umgebung unweigerlich auf Distanz. Wehren wir uns damit – wenn auch unbewußt – gegen Vereinnahmung durch andere, ohne ihnen direkt zu sagen, warum wir vereinnahmt zu werden fürchten, wird das ewige Geplapper seine Wirkung tun.

Beziehungen rein intellektuell angehen: Gefühle auf Logik zurückzuführen und das eigene Empfinden des langen und breiten zu analysieren, ist ebenfalls ein Mittel, um die eigene Verletzlichkeit zu verbergen. Allzuviel Intellektualisieren hält uns die anderen vom Leib.

Louise, eine sechsundzwanzigjährige Systemanalytikerin, berichtet, wie ihr Verlobter ihr zum erstenmal sagte, daß er sie liebe. «Also, ich war schon überrascht, als er mich an sich zog und sagte: ‹Louise, ich liebe dich.› Wie nicht anders zu erwarten, lagen wir im Bett. Er hatte sich die meiste Zeit so reserviert gegeben, daß ich fast gefürchtet hatte, mit uns würde es nie etwas.

Aber ich war sehr in ihn verliebt. Deshalb fragte ich ihn das nächste Mal, als er mir einen Gute-Nacht-Kuß gab: ‹Weißt du noch, neulich nachts? Weißt du noch, was du gesagt hast? Was hast du damit gemeint?›

Er überlegte einen Augenblick und antwortete dann: ‹Siehst du, ich habe mir genau überlegt, was Liebe für mich bedeutet. Ich glaube, Liebe heißt, alles in den eigenen Kräften Stehende tun, damit die Geliebte sich spirituell entwickelt. Das empfinde ich für dich. Mir liegt daran, daß du dich spirituell entwickelst.›

Ich starrte ihn entgeistert an. ‹Mich spirituell entwickeln? Was soll das heißen?›

‹Warum regst du dich denn auf?› fragte er ganz ruhig. ‹Spiritualität ist sehr wichtig. Ich habe meine Ich-Grenzen geöffnet, verstehst du? Liebe heißt, sein ganzes Wesen mit dem anderen zu teilen, so wie ich jetzt mit dir.›»

Wäre Louise nicht so viel an dem jungen Mann gelegen, hätte sie diese philosophische Analyse seiner Liebe fast spaßig gefunden.

Man kann Liebe sicher spirituell verstehen oder auch eine fortgeschrittene Philosophie der romantischen Liebe verkünden. Louises Freund artikulierte sein Empfinden allerdings mit so wenig echtem Gefühl, als ob er einen ökonomischen Vortrag hielte. Die zweideutige Botschaft – ich liebe dich, aber ich empfinde nichts – hielt Louise auf Distanz und verunsicherte sie. Es dauerte noch Monate, bis ihr Freund die Wahrheit sagte und seine Gefühle für sie mit all der Emotionalität äußerte, die er bisher unter intellektuellen Spitzfindigkeiten verborgen hatte. Dieser Mann intellektualisierte seine Beziehungen, um lieben zu können, ohne verletzlich zu werden.

Viele Menschen, die als Kind überversorgt wurden, finden es schwierig, «Ich liebe dich» zu sagen. Die Worte erscheinen ihnen ungeheuer befrachtet. Da bietet sich Intellektualisierung als Abwehr an, um die eigenen Gefühle und die eigene Verletzlichkeit zu verstecken.

Gefühle sind aber das Fundament der Intimität. Halten wir unsere Gefühle zurück, werden unsere Beziehungen seicht und unbefriedigend – sicher, aber leblos. Indem wir intellektuell und kopflastig mit unseren Gefühlen umgehen, vermeiden wir es, sie wahrzunehmen. Oft läuft das genauso ab, wie wir unser wahres Selbst vor unseren Eltern versteckt haben.

Sarkastisch oder arrogant sein: Im Sarkasmus äußern wir unseren Ärger indirekt oder verkleiden unsere Feindseligkeit als Humor. Die kleinen, harmlos scheinenden Späßchen auf Kosten anderer können zur Gewohnheit werden. Oft wissen wir gar nicht, daß wir damit andere Leute auf Abstand halten.

Arroganz ist oft der Versuch, Schüchternheit zu bemänteln, eine Abwehr, um unsere Unsicherheit nicht zu zeigen. Wir wollen uns keine Blöße geben. Statt dessen tun wir reserviert und hoffen, den anderen durch demonstrativ zur Schau getragene Stärke zu imponieren.

Sarkasmus und Arroganz sind passive Formen von Aggression. Überversorgte Kinder durften ihre Aggressionen selten direkt zeigen. Also entwickelten sie passiv-aggressive Strategien, um ihren Ärger – zum Beispiel als Sarkasmus – zu äußern. Das schien ihnen sicherer. Sarkastische Bemerkungen treffen den Empfänger oft ohne Vorwarnung, so daß er den Schlag nicht heimzahlen kann.

Sarkasmus und Arroganz unterbinden Intimität – Sarkasmus wird von anderen als Angriff empfunden, Arroganz als Aggression. Sie wehren sich dagegen, indem sie sich zurückziehen oder zurückschlagen.

Lebensmittel-, Alkohol- und Drogenmißbrauch: Übermäßiges Essen und Übergewicht können ein unbewußtes Mittel sein, weniger begehrenswert zu erscheinen, so daß das andere Geschlecht sich nicht von uns angezogen fühlt. Das gleiche gilt für den Alkohol- und den Drogenrausch.

Eine Sucht, egal ob nach Eßwaren, Alkohol oder Drogen, schafft eine eigene Welt. Sie entwickelt eine eigene Dynamik und hindert uns daran, Kontakt mit anderen aufzunehmen und uns auf sie einzulassen. Wir fühlen uns an einen «Stoff», nicht an eine andere Person gebunden. Das High durch Zucker-, Alkohol- oder Drogengenuß mag uns Trost und eine gewisse oberflächliche Selbstachtung einbringen, doch Intimität bietet es uns nicht. Tatsächlich hilft es uns, vor menschlicher Nähe zu fliehen.

Schmollen oder «zumachen», um andere nicht an uns herankommen zu lassen: Schmollen und eine beleidigte, traurige Miene gehörten zu unseren wirkungsvollsten Waffen, um von unseren Eltern zu bekommen, was wir wollten. In neunzig Prozent aller Fälle kamen unsere Eltern dann schnell angelaufen, um unser jeweiliges Problem für uns zu lösen.

Als Erwachsene merken wir, wenn wir dieselben alten Waffen anwenden, daß sie stumpf sind. «Wenn ich schmolle und zu Craig sage: ‹Du liebst mich eben nicht!›, wird er ganz wild», erklärte eine Klientin. «Wir kriegen den größten Streit, nur weil ich möchte, daß er mir sagt, daß er mich liebt.»

Diese Frau möchte eine Rückversicherung hören. Sie hat jedoch nie gelernt, direkt darum zu bitten, und käme sich komisch vor, wenn sie sagen würde: «Craig, ich muß wieder einmal hören, daß du mich liebst.» Schlimmer noch, sie hat das Gefühl, eine Liebeserklärung, um die sie bitten muß, sei nicht soviel wert wie eine, die ungefragt gemacht wird.

Aber ist es wirklich besser, den anderen durch Jammern, Schmollen und «Zumachen» zu manipulieren, damit er uns das Gewünschte gibt? Ist das wirklich befriedigender, als direkt darum zu bitten und es dann auch wirklich zu bekommen?

Schmollen ist ein sicheres Mittel, um andere zu vergraulen, und zwar aus einem einfachen Grund: Viele Menschen verleugnen den bedürftigen Teil ihrer Persönlichkeit – den Teil, der wie ein forderndes Kind ist, der nach Liebe, Aufmerksamkeit und Zuneigung giert und nie genug kriegen kann. Er existiert in jedem von uns, bedroht unser Selbstbild als erwachsene Person und aktiviert alle unsere Abwehrmechanismen. Spüren wir, daß unser Gegenüber ebenfalls bedürftig ist, zukken wir zurück: «Huch! Verschwinde! Du bist ja genau wie der Teil von mir, den ich wirklich verabscheue!»

Das heißt nicht, daß es nicht Menschen gäbe, die sich zu bedürftigen, hilflosen Partnern hingezogen fühlen. Manche tun das mit großer Freude. Im allgemeinen jedoch finden wir bedürftige Menschen nicht so begehrenswert, da wir Angst haben, daß unsere eigenen Bedürfnisse unbefriedigt bleiben, wenn wir uns ganz auf den anderen konzentrieren müssen.

Schmollen und andere ausschließen bedeutet oft, daß wir auf passiv-aggressive Weise Wut äußern und versuchen, in der Beziehung die Oberhand zu gewinnen, weil wir uns ohnmächtig vorkommen. Dieses Verhalten entsteht aus der Angst, verlassen zu werden. Aber in Wirklichkeit ist es doch so, daß die anderen uns geben, was sie uns geben wollen. Noch so angestrengtes, raffiniertes Manipulieren kann sie nicht dazu bringen, uns zu lieben – uns wirklich zu lieben und nicht nur grummelnd auf unsere Forderungen einzugehen –, wenn sie das nicht selbst wollen. Gelingt es uns nicht, ohne Schmollen oder andere Spielchen das zu bekommen, was wir brauchen, leidet am Ende unsere Selbstachtung.

Gleichgültig oder feindselig reagieren, wenn andere uns nahekommen wollen: Vergessen, Telefonanrufe zu erwidern, zu beschäftigt sein, um an den anderen zu denken, das Thema wechseln, wenn er uns persönliche Dinge anvertraut, oder liebevolle Menschen «schwach» oder «bedürftig» finden, hat immer den Effekt, Menschen abzuschrecken, die offen sind für menschliche Beziehungen.

Wurden wir als Kind zu sehr gehätschelt, kann es uns sehr schwerfallen, Einfühlung in andere aufzubringen. Manche von uns langweilen sich sehr rasch, wenn die Unterhaltung nicht um unsere eigene Person kreist, auch wenn wir uns bemühen, unser Desinteresse zu verbergen. Dies ist nicht so sehr Selbstsucht als mangelnde Erfahrung darin, sich auf die Bedürfnisse anderer einzustellen. Wir haben das einfach nie nötig gehabt.

Gleichgültig zu erscheinen, ist ein indirektes Mittel, Aggression zu äußern, ohne sich dazu zu bekennen. Andere nehmen diese Haltung als Feindseligkeit wahr. Die Botschaft «Ich bin besser als du und mache mir nicht viel aus dir» dringt zum anderen durch und macht ihn oder sie wütend. Sie kann auch Unzulänglichkeitsgefühle unserer Partner verstärken.

Wahre Intimität führt dazu, daß wir wechselseitig unsere Stärken betonen und jeder dem anderen ein gutes Gefühl vermittelt. Es ist nur natürlich, sich von Menschen fernzuhalten, in deren Gegenwart wir uns unbehaglich fühlen.

Immer recht haben müssen: Manche von uns können es einfach nicht lassen, jedesmal «Ja, aber...» einzuwerfen, wenn andere ihnen gegenüber eine Meinung äußern. Immer recht behalten müssen, das letzte Wort haben, Unstimmigkeiten in den Äußerungen des anderen aufzeigen ist ein Mittel, um in unseren Beziehungen zu herrschen. Es stößt die anderen ab und macht, daß sie sich angegriffen und hilflos fühlen.

Manche dieser Besserwisser rechtfertigen ihr Verhalten rational damit, es mache Spaß und sei notwendig, immer den Advocatus Diaboli zu spielen. Der oder die Betreffende glaubt: Ich bin ja nur ehrlich. Doch es ist ein Unterschied, ob wir ehrlich unsere Meinung sagen, wenn uns jemand danach fragt, oder immer dann dazwischenfahren, wenn wir dem anderen einen Fehler nachweisen können.

Für manche von uns gilt: Je enger wir mit unserem Partner verbunden sind, desto bereitwilliger korrigieren wir ihn, helfen ihm auf die Sprünge und geben ihm Weisungen, wenn er etwas Falsches sagt. Dieses Verhalten geht meist auf unser erstes Liebeserlebnis zurück – die Liebe unserer Eltern, die durchsetzt war mit Urteilen und Botschaften wie: «Wenn ich dich nicht liebte, würde ich dir nicht so direkt die Wahrheit sagen.» Die Frage ist nur: wessen Wahrheit?

Wer in einer solchen Umgebung aufgewachsen ist, glaubt, wenn er andere kritisiert und sie auf die Irrtümer in ihrem Denken und in ihren Argumenten hinweist, hieße das, daß ihm besonders viel an ihnen läge. Aber die anderen immer zu korrigieren – immer recht haben zu müssen –, führt dazu, daß wir uns die so Beglückten zu Feinden machen. Unsere Beziehungen werden zu einer Art verbalem Volleyball, bei dem wir um Punkte spielen, den Wettkampf gewinnen und zugleich die Beziehung verlieren.

Hinter der Fassade des ewigen Besserwissers lauern heftige Unzulänglichkeitsgefühle. Ein solcher Mensch fürchtet das flexible Wechselspiel zwischen zwei Menschen in einer Beziehung. Leider werden viele Personen, die gern lieben und teilen würden, von der rigiden Art des Besserwissers abgeschreckt, der so wenig Raum läßt für die Einfälle und Gedanken der anderen. Anderen Leuten zuzugestehen, sie könnten auch einmal recht haben, erscheint ihm als ein Vereinnahmtwerden, das er aktiv abwehren muß, obwohl er sich damit gegen andere abschließt und Intimität unmöglich macht.

Depressiv werden: Niemand beschließt bewußt, depressiv zu werden. Depression kann eine ernste Erkrankung sein, deren Überwindung eine Spezialbehandlung und große Anstrengungen von seiten des Betroffenen erfordert.

Depression hat viele psychische und physiologische Ursachen, kann aber auch eine Abwehr gegen Intimität sein. Sie kann ein unbewußtes Mittel sein, Mitleid und Aufmerksamkeit einzufordern, wenn wir einfach nicht wissen, wie wir direkt darum bitten sollten. Depression kappt die Kommunikation mit anderen; sie ist ein Gehäuse, in dem wir einsam und hilflos gefangen sind. Es ist diese Hilflosigkeit, die unsere Mitmenschen irgendwann wütend macht. Der Depressive muß gewöhnlich erleben, daß ihm niemand mehr liebevoll beisteht, wenn seine Depression nicht mehr Tage, sondern Wochen und Monate dauert. Die Interaktion in den Beziehungen zu anderen Menschen, die ihm am meisten helfen würde, wird mit zunehmender Depression oft unmöglich. Die anderen haben das Gefühl, daß sie den Depressiven nicht mehr erreichen, daß all ihre Liebe und Fürsorge nichts nützt, und ziehen sich zurück.

Die verschiedenen Kniffe, mit denen wir andere Menschen aus unserem Leben fernhalten, sind uns nur selten bewußt. Haben wir jedoch Angst vor Intimität, weil sie dazu führen könnte, daß wir bloßgestellt, vereinnahmt oder verlassen werden, werden wir uns immer gegen sie wehren.

Wir sind jetzt vielleicht in Versuchung, unseren Eltern, die uns so sehr geliebt haben, unser Versagen in unseren Beziehungen zu anderen Menschen vorzuwerfen. Aber heute sind wir selbst erwachsen. Unsere Beziehungen sind unsere Sache, ganz gleich, wie weit unsere Eltern zu unserer Sehweise beigetragen haben. Ihnen jetzt die Schuld an fehlgeschlagenen Beziehungen zuzuschieben, wäre ein Armutszeugnis.

«Meine Mutter war zwanzig Jahre alt, als sie mich bekam», sagte ein Mann, als er sich seine Kindheit und ihren Einfluß auf sein heutiges Leben vergegenwärtigte. «Als ich zwanzig war, hatte ich von nichts eine Ahnung, hing in Kneipen rum, trieb mich überhaupt nur herum und hatte alle möglichen Schwierigkeiten. Aber ich rege mich auf, daß meine Mutter es als Zwanzigjährige, mit Mann und zwei Kindern, nicht besser wußte und keine perfekte Mutter war.

Wenn ich heute an meine Mutter denke, ist mir klar, daß sie – bei allen ihren Fehlern – enorme Verantwortung trug. Ich ärgere mich immer darüber, wie sie mich mit ihrer Liebe erstickt und verrückt gemacht hat, aber wahrscheinlich hat sie ihre Sache besser gemacht, als ich es unter den gleichen Umständen gekonnt hätte. Ich vergesse manchmal, daß es die Mutter, an die ich mich erinnere, heute nicht mehr gibt. Sie hat sich auch weiterentwickelt. Ich habe vielleicht die Folgen ihrer Fehler zu tragen, aber sie hat damals bestimmt ihr Bestes getan. Wenn sie alles noch einmal tun könnte, würde sie es wahrscheinlich anders machen. Aber leider bin ich inzwischen fünfunddreißig Jahre alt, und da bekommt sie diese Chance nicht mehr.»

Als Erwachsene sind wir nicht mehr machtlos. Wir werden heute nicht mehr durch unsere Eltern definiert, egal was sie einmal in uns gesehen haben mögen. Wir können uns selbst definieren. Wir können uns weiterentwickeln und ändern. Wir verbringen viel mehr Jahre außerhalb unseres Elternhauses und in einem selbstgeschaffenen Zuhause. Wie auch immer unsere frühe Kindheit sich ausgewirkt hat, wir können heute die Person sein, die wir sein müssen. Wir brauchen uns nicht mehr nach unseren Eltern zu richten. Wir können sie nicht mehr als Ausrede dafür gebrauchen, daß wir Verhaltensweisen, durch die wir Schwierigkeiten bekommen, nicht ändern. Wenn Intimität uns Angst macht, können wir daran arbeiten, das zu ändern. Ein geschärftes Bewußtsein für diese Angst und für die Art, wie sie unsere Beziehungen stört, kann uns dabei leiten.

7. Kapitel
Die Hochzeit der Königskinder

«Wir verlieren keine Tochter,
wir gewinnen einen Sohn.»

«Wen suche ich in der Frau, die ich heirate?
Julia Roberts.»

Bob, 34 Jahre, Designer

Auf einer Party am Vorabend der Hochzeit bringt der Vater des Bräutigams einen Toast auf die junge Frau aus, die bald seine Schwiegertochter sein wird: «Du hast eine glückliche Hand gehabt bei der Wahl deines Mannes. Er hat uns immer nur Freude gemacht. Er ist unser geliebter Goldjunge – und morgen bekommst du ihn.»

Bei diesen Worten stoßen die Eltern der Braut – Eltern, die zu sehr lieben – einander unter dem Tisch heimlich an. Der Mann hat vielleicht Nerven! Zu behaupten, ihre Tochter habe das große Los gezogen mit diesem «Goldjungen». Was glaubt er wohl, was der Bräutigam bekommt?

Rasch springt der Vater der Braut auf, mustert seinen zukünftigen Schwiegersohn und erklärt: «Meine Tochter bekommt einen Goldjungen. Aber du, junger Mann, bekommst etwas noch viel Wertvolleres. Mein kleines Mädchen ist ein echter Diamant!»

So beginnt die Hochzeit der Königskinder. Trotz Angst vor Intimität, überhöhten Erwartungen und Lebensängsten heiraten die meisten Menschen, die zu sehr geliebt wurden, oder sie gehen eine langfristige, eheähnliche Beziehung ein.

Heiraten bedeutet, sich von den Eltern zu trennen. Niemand tut das mit gemischteren Gefühlen als Menschen, die in der Familie in wechselseitige Abhängigkeit verstrickt waren. Eltern, die zu sehr lieben, lassen uns nur unter großen Bedenken gehen und abseits ihrer wachsamen Blicke und liebevollen Kontrolle ein neues Leben mit einem anderen Menschen anfangen. Manchmal möchten sie uns nicht gehen lassen. Und manchmal möchten wir sie nicht loslassen.

Wie können überversorgte Kinder die Bande abhängiger Verstrickung weit genug lockern, um wirklich loyale Ehepartner zu werden? Was wird aus der Beziehung zu ihren Eltern, wenn sie ihre Eltern zwingen, sie loszulassen? Was wird aus ihrer Ehe, wenn sie sich nicht von ihren Eltern lösen?

Nancy, eine attraktive einundvierzigjährige Frau, schlug sich nach ihrer Heirat mit diesen Fragen herum. «Wir heirateten im Wohnzimmer meiner Eltern, vielleicht war das ein Omen», erklärt sie. «Wir hatten in unserer Familie immer ein sehr enges Verhältnis zueinander. Wir nahmen wirklich sehr aneinander Anteil. Da wurde Rob zum Eindringling.»

Dabei sah es so aus, als ob Nancys Eltern Rob voll und ganz akzeptiert hätten. Oberflächlich gesehen taten sie das, vor allem am Anfang. Aber Nancy machte sich nichts vor. Rob war in den Augen ihrer Eltern nicht die beste Partie, die sie hätte machen können. «Sie akzeptierten das Unvermeidliche, weil ihnen nichts anderes übrigblieb. Sie vergaßen zum Beispiel nie seinen Geburtstag und waren immer nett zu ihm. Vor allem meine Mutter versuchte, auf ihn zuzugehen. Dennoch vertrauten Mom und Dad ihm nicht richtig. Sie nahmen ihn nie ernst. Jahre später hat mir mein Bruder erzählt, daß mein Vater Rob hinter meinem Rücken immer nur ‹das Jüngelchen› nannte. Das ärgerte mich, aber ich war eigentlich nicht überrascht.»

Vom Tag ihrer Hochzeit an hatte Nancy das Gefühl, ihren Mann ständig ihren Eltern erklären zu müssen. Vergebens versuchte sie, ihre Eltern von Rob zu überzeugen, und brachte sie deshalb so oft wie möglich zusammen.

«Sie sollten ihn mögen. So einfach war das. Aber mein Fehler war, daß ich mit ihnen über Robs Probleme bei der Arbeit sprach. Rob ist in einer Werbefirma, da geht es zeitweise halsabschneiderisch zu. In unserem ersten Ehejahr wurde er zweimal bei einer Beförderung übergangen. Er machte sich deswegen keine Sorgen, aber für mich war das die Schrift an der Wand.»

Das war kein Thema, über das Nancy mit ihren Freundinnen hätte reden mögen. Ihnen wollte sie nicht sagen, daß Rob in Schwierigkeiten steckte, sondern erzählte ihnen in den höchsten Tönen von seinem Erfolg. Aber beunruhigt, wie sie war, erzählte sie eines Abends, als Rob auswärts war, ihren Eltern die ganze Geschichte.

«Der Rat meiner Eltern ist mir wichtiger als der jedes anderen, das geb ich zu. Sie haben keinen Grund, mich irrezuführen, weil sie mich wirklich lieben und mich glücklich sehen wollen. Ich habe immer mit ihnen über meine Probleme gesprochen, deshalb fand ich es nur natürlich, ihnen zu sagen, wie Rob dastand. Mit ihnen zu reden, war für mich in vieler Hinsicht eine Erleichterung. Aber selbstverständlich sollte Rob nicht erfahren, daß ich über ihn und seine Arbeit gesprochen hatte. Das wäre furchtbar gewesen.»

Nancys Vater hatte Robs Problem schnell geortet: Rob verhalte sich wie ein Alleswisser. Er solle nicht versuchen, anderen Leuten seine Ideen aufzudrängen. Rob solle aufhören, über all die Dinge zu jammern, die in seiner Agentur angeblich nicht in Ordnung seien, und sich wie ein loyaler Mitarbeiter benehmen. Nancys Vater wollte sich gern mit Rob zusammensetzen und ein paar Worte mit ihm sprechen, aber Nancy flehte ihn an, das nicht zu tun.

Kurze Zeit darauf hatten Nancy und ihre Mutter ein Gespräch von Frau zu Frau, auch wieder über Rob. Ihre Mutter fand, Rob sei nicht stark genug. «Er ist so labil», behauptete sie. «Denk doch nur, wie er die ganze Zeit mit seinen Freunden in die Kneipe geht. Es ist ja vielleicht nicht meine Sache, aber das scheint mir kein sehr reifes Verhalten. Warum kann er nicht zu Hause mit dir zusammen das Footballspiel ansehen?»

All das war Stoff zum Nachdenken, und Nancy, die es gewohnt war, auf ihre Eltern zu hören, nahm es begierig auf. Das war ein Fehler.

«Da meine Eltern jetzt wußten, daß Rob in Schwierigkeiten war, sprachen sie über nichts anderes mehr. Sie machten Rob gegenüber Anspielungen, was er tun solle, versuchten aber, es nicht zu offensichtlich werden zu lassen. Sie wollten ihm ja nur helfen, aber Rob nahm besonders die Ratschläge meines Vaters übel und schnitt ihm einfach das Wort ab, sobald er wieder mit diesem Thema anfing. Einmal war Rob so grob zu Vater, daß ich tagelang nicht mehr mit ihm sprach.»

Nancy gewöhnte sich an, ihren Eltern wöchentlich einmal heimlich darüber Bericht zu erstatten, wie es um Rob, seine Karriere und um ihre Ehe stand. Ihre Eltern kritisierten Rob und machten Nancy eine Menge Vorschläge, wie sie ihn «nehmen» solle.

Nach ein paar Monaten begann Nancy jedes Wort, das ihre Eltern sagten, auf die Nerven zu gehen. «Es war, als ob alle die vertraulichen Gespräche mit meinen Eltern plötzlich umgekippt wären. Meine Eltern verwandelten sich in zwei Amateurpsychologen und analysierten Robs Beweggründe für alles, was er tat. Sie sagten lächerliche Sachen wie: ‹Rob sollte nicht so viel fernsehen. Er versucht, seinen Problemen zu entfliehen.› Also, das war wirklich stark. Der Mann arbeitet in der Werbung, da muß er schließlich fernsehen.

Der Punkt war, ich hatte meinen Eltern gegenüber eine kleine Schwierigkeit erwähnt, aber sie blähten sie auf und lagen mir dauernd mit der Litanei in den Ohren: ‹Dein Mann sollte dies tun, dein Mann sollte das tun.›»

Nancy ist sich darüber klar, daß das Ganze nicht endlos so weitergegangen wäre, wenn sie ihre Eltern nicht weiter informiert hätte. «Eines Tages hatte ich es satt und schrie: ‹Wir haben jetzt lange genug von dieser Sache geredet, können wir jetzt vielleicht mal das Thema wechseln?› Aber am nächsten Tag hatte sich etwas Neues ergeben, und das erzählte ich ihnen wieder, obwohl ich mir gleichzeitig am liebsten die Zunge abgebissen hätte. Ich stand unter einem richtigen Redezwang.

Am Ende haßte ich mich und haßte ihr Gerede über Rob, aber ich konnte nicht aufhören. Es war wie ein Sog, der mich immer wieder dazu brachte, mein Leben vor ihnen auszubreiten und nichts für mich zu behalten.»

Eines Abends berichtete Rob Nancy, daß das Budget, mit dem er arbeite, überprüft werde. Nancy verlor die Nerven, und das Gespräch endete in großem Gebrüll. Alles, was ihre Eltern je an Rob auszusetzen hatten, strömte ihr über die Lippen. Für Nancy waren die Argumente ihrer Eltern eine Rückenstärkung, eine Bestätigung. Sie waren auch Munition.

Rob war außer sich. «Ich habe solchen Mist ja von deinen Eltern erwartet, aber nicht von dir. Was haben sie überhaupt mit meinem Beruf zu tun? Und warum hältst du mich für so einen Nichtskönner, daß ich nicht eine andere Stelle finden könnte, wenn es nötig wäre?»

Verlegen schaute Nancy weg, aber sie spürte, daß Rob sie lange und unverwandt ansah. Schließlich sagte er: «Du kannst deinen Eltern folgendes ausrichten: Ich bin in der Agentur nicht der Kronprinz, weil ich noch ein Privatleben habe. Wenigstens dachte ich, ich hätte eins. Sag ihnen, ich wollte nicht regelmäßig bis um acht im Büro bleiben und irgendeinem Boss mein tierisches Interesse an seinem Pizzageschäft beweisen, weil ich mich mehr für *dich* interessiere. Ich wollte nach Hause kommen und mit *dir* zusammensein. Wäre ich bis zum Gehtnichtmehr im Büro geblieben, hätten deine Eltern gesagt, ich vernachlässige dich. Ich kann es ihnen auf keine Weise recht machen, oder?»

Rob und Nancy brüteten in verärgertem Schweigen wochenlang vor sich hin. Schließlich beschlossen sie, zu einem Eheberater zu gehen.

In der Therapie entdeckte Nancy etwas Wichtiges: Auf gefühlsmäßiger Ebene war sie gar nicht richtig mit Rob verheiratet. «Ich habe ihm nie vertraut und mich immer zuerst an meine Eltern gewandt. Wirklich loyal war ich nur ihnen gegenüber.»

Die Spannung zwischen Nancy und Rob war die Folge von Nancys Unfähigkeit, sich emotional an Rob und ihre Ehe zu binden. Sie konnte sich nicht für ihre Ehe engagieren, weil sie sich nie ganz von ihren Eltern gelöst hatte. Mit Loslösung meinen wir den Aufbau eines von unseren Eltern getrennten Identitätsempfindens. Er erfordert, daß wir die Gefühlsbindungen durchtrennen, welche uns an Anschauungen unserer Eltern festhalten lassen, die nichts mit unserer gegenwärtigen Realität zu tun haben.

Nancys Angst davor, sich aus der Abhängigkeit von ihren Eltern zu lösen, führte dazu, daß bei ihrer Heirat ein Dreieck entstand: Nancy, Rob und Nancys Eltern. Rob befand sich stets am niedrigsten Punkt des Dreiecks.

Robs berufliches Stagnieren kittete das Dreieck zusammen. Nancy begann, unsicher in die Zukunft zu sehen, aber anstatt mit Rob offen über ihre Ängste zu sprechen, konnte sie nicht anders, als ihre Eltern als Ballast mit in ihre Ehe einzubeziehen.

Nancy hatte sich noch nicht von ihren Eltern gelöst. Das deutlichste Symptom dafür war, daß sie ihren Eltern laufend Intimitäten aus ihrer Ehe anvertraute, obwohl das für sie weder hilfreich noch befriedigend war. Ihre schuldbewußten Beichten schmiedeten das Dreieck zusammen. Innerlich stand sie der Aussicht, die Abhängigkeit von ihren Eltern aufzugeben und Rob zu vertrauen, sehr ambivalent gegenüber. Die vertraulichen Gespräche hinter Robs Rücken zeugten eher von einem kindlichen Bedürfnis nach elterlicher Zustimmung und Kontrolle, als daß es echte Hilferufe gewesen wären.

Warum fiel es Nancy so schwer, auf die elterliche Rückendeckung zu verzichten? In der Therapie erinnerte sie sich, daß sie sich als Kind immer wieder schuldig gefühlt und selbst kritisiert hatte, weil sie die Erwartungen ihrer Eltern an sie nicht zu erfüllen vermochte. Selbst mit ihrer Heirat hatte sie es nicht geschafft, ihren Eltern zu gefallen und sie zufriedenzustellen.

Nancys Eltern erwarteten Großes von dem Ehemann ihrer Tochter, wozu vor allem beruflicher Erfolg gehörte. Unter diesem Vorzeichen bedeutete Robs ausgebliebene Beförderung für Nancy eine verheerende Niederlage. Rob hatte es nicht geschafft, befördert und von ihren Eltern anerkannt zu werden.

Nancy erzählte Rob nichts von ihren Ängsten, weil sie befürchtete, er werde sie nicht verstehen. Er hatte seine eigenen Wert- und Zielvorstellungen und war mit seinem beruflichen Werdegang zufrieden. Aber Nancy war es unbehaglich, wenn sie und Rob anders dachten als ihre Eltern.

Im weiteren Verlauf der Therapie fing Nancy an, die Beziehung zu ihren Eltern unter dem glänzenden Lack von Liebe und Nähe genauer unter die Lupe zu nehmen. Sie konnte sich nicht erinnern, daß ihre Eltern sie in einundvierzig Jahren auch nur einmal barsch angefahren hätten. Selbst als Nancy ihre Eltern herausgefordert und Entscheidungen getroffen hatte, von denen sie wußte, daß sie ihnen mißfallen würden – als sie zum Beispiel mit siebzehn die High School abgebrochen hatte, um arbeiten zu gehen –, schienen die Eltern das zu verstehen und sogar zu unterstützen. Sie hielten ihr zwar immer wieder Vorträge darüber, wie viele Gaben sie habe und was sie erreichen könne, wenn sie nur wolle, schluckten aber meist ihre Enttäuschung hinunter. Wenn Nancy sich verantwortungslos benahm, Fehler machte oder falsche Entscheidungen traf, fanden ihre Eltern immer noch einen Dreh, die Situation zu retten oder Nancy zu entschuldigen, so daß ihr Bild von der «perfekten» Tochter intakt blieb. Die Eltern brauchten dieses Bild, weil es sie bestätigte. Wie für viele Eltern, die zu sehr lieben, galt auch für sie: Die Schwächen des Kindes zu akzeptieren heißt, mögliches eigenes Versagen als Eltern einzugestehen. Entsprechend unterdrückten sie jeden Ärger und jede Kritik an ihrer Tochter.

Als Nancy heiratete, ließen ihre Eltern ihre Frustration an Rob aus. In einer solchen Familie kann der Schwiegersohn oder die Schwiegertochter als Außenseiter zum idealen Sündenbock für allen Ärger werden, den die Eltern ihrem Kind nicht direkt zeigen können. Die Enttäuschung der Eltern über ihre Söhne und Töchter, die die elterlichen Erwartungen nie ganz erfüllt haben, wird nun auf die Schwiegerkinder übertragen. Das ist viel sicherer und setzt die «Liebe», die die Familie zusammenhält, nicht aufs Spiel. Nun stehen nicht mehr die Probleme der Kinder, sondern die Fehler ihrer Partner im Scheinwerferlicht: «Wenn er (sie) nur reicher, verantwortungsbewußter, intelligenter oder sonstwas wäre, hätte meine Tochter (mein Sohn) keine Probleme.»

Nancys Eltern hatten Robs Fehler schnell heraus. Rob war nicht etwa wegen mangelnder Fähigkeiten oder fehlender Motivation nicht befördert worden, sondern weil er sich entschieden hatte, seinem Familienleben Priorität zu geben; für Nancys Eltern jedoch waren automatisch Robs Unzulänglichkeiten schuld, über die sie sich von Anfang an Sorgen gemacht hatten. Was sie als Fehler und Schwächen ansahen, waren aber in Wirklichkeit andersartige Wertvorstellungen. Eltern, die zu sehr lieben, fühlen sich auch von solchen Unterschieden bedroht. Unterschiede zwischen Menschen einzugestehen, heißt einsehen, daß wir alle voneinander getrennt sind. Unbewußt drängten Nancys Eltern darauf, daß Nancy Robs andersartige Wertvorstellungen ebenfalls als schwerwiegende Fehler ansah, denn sonst hätte sie sich womöglich auf Robs Seite stellen und emotional von ihnen lösen können.

In der Therapie entdeckte Nancy auch, daß es einen Teil ihrer Person gab, der die Angriffe ihrer Eltern auf Rob genoß; sie fühlte sich dadurch bestätigt. In der Phantasie hatte Nancy sich immer ausgemalt, daß ihr Ehemann alle ihre Wünsche erraten und erfüllen würde. Sie wußte zwar, daß das nur eine Phantasie von der Ehe war, ein Traum von einer vollkommenen Welt, der nichts mit der Realität zu tun hatte. Unbewußt war sie aber genauso enttäuscht wie ihre Eltern, daß Rob diese Phantasien nicht erfüllte. Wenn Nancys Eltern Rob kritisierten, drückten sie damit nur die geheimen Wünsche ihrer Tochter aus, ohne daß diese die Verantwortung dafür übernehmen und sich illoyal vorkommen mußte.

Viele Menschen, die überversorgt wurden, heißen unbewußt die Kritik ihrer Eltern an ihren Partnern gut. Diese Kritik nährt das behagliche Gefühl, eng mit den Eltern verbunden zu sein, denn es versetzt die Eltern in die Rolle der Beschützer ihrer erwachsenen Kinder. Die Eltern kämpfen dafür, daß ihre Kinder nur das Beste bekommen. Gibt es einen besseren Beweis ihrer Liebe oder einen triftigeren Grund, in gegenseitiger Abhängigkeit zu verharren? Wie Nancy später erklärte: «Meine Eltern meinten, Rob müßte mich anbeten, mich bedienen, mir alles geben und mein Glück zu seinem Lebensziel machen. Das war das gleiche unrealistische Bild der Ehe, das ich insgeheim auch hatte. Aber durch ihr Verhalten brauchte ich mich nie mit meinen unmöglichen Erwartungen auseinanderzusetzen. An ihnen gemessen hatte kein Mann eine Chance. Um mich mit Rob zu verbünden, hätte er – meine Eltern sein müssen.»

Viele von uns wissen, daß unsere Eltern in unserer Ehe unübersehbar und ständig präsent sind. Das ist ein Zeichen dafür, daß wir immer noch in einer Weise an unsere Eltern gebunden sind, die unsere Ehe zerrütten kann.

Manchmal scheint es, als fiele es nur den Eltern schwer, uns loszulassen. Sie erteilen uns unerwünschte Ratschläge, retten uns aus jeder Klemme, versorgen uns mit Geld und richten uns notfalls auch eine Wohnung ein, ermuntern uns, ihnen Intimitäten über unseren Partner mitzuteilen, und fordern uns auf vielerlei Art unbewußt dazu auf, weiter von ihnen abhängig zu bleiben.

Trotzdem liegt ein großer Teil der Verantwortung bei uns selbst. In einem solchen Dreiecksverhältnis gibt es immer ein erwachsenes Kind, das zu sehr geliebt wurde und jetzt nicht weiß, ob es wirklich von seinen Eltern unabhängig sein möchte. Wir beklagen uns zwar darüber, daß unsere Eltern sich in unser Leben einmischen, tatsächlich aber bitten wir sie oft herein, indem wir sie ständig um Rat fragen und ihre Zustimmung suchen. Unsere Eltern fünfmal am Tag anrufen, sie bei jeder Entscheidung um Rat bitten, sich darauf verlassen, daß sie uns Geld zustecken, uns viel mehr darauf konzentrieren, ihnen zu gefallen als unserem Partner – all das kann ein Signal dafür sein, daß wir zwar dem Gesetz, aber nicht unserem Gefühl nach verheiratet sind.

Da wir echter Selbständigkeit ambivalent gegenüberstehen, machen wir es unseren Eltern nur zu leicht, uns immer wieder in den warmen Dunstkreis ihrer Liebe und Beherrschung zu ziehen. Um uns sicherer zu fühlen, versuchen wir unbewußt vielleicht, den Fuß in zwei Türen zu stellen – in die unserer Eltern und in unsere eigene. Die Schlüssel zur Wohnung unserer Eltern hängen an unserem Schlüsselring und erlauben uns, so ungeniert bei ihnen ein- und auszugehen, als wohnten wir immer noch bei ihnen.

Es wäre klug, wenn wir ihnen ihre Schlüssel zurückgeben und klingeln würden wie jeder andere auch. Nicht weil wir nicht länger ihre Söhne und Töchter sein wollen, sondern weil wir von ihnen getrennt und unabhängig sind.

Die schwierigste Aufgabe, die wir alle in unserem Leben lösen müssen, ist die, ein getrenntes Selbst zu werden. Wir alle werden hin und her gerissen zwischen der Geborgenheit des abhängigen Kindes und der Herausforderung, ein unabhängiger Erwachsener zu sein. Wenn wir liebevolle Eltern haben, die uns die Hand entgegenstrecken und bereit sind, uns zu bedienen, uns zu beschenken und unsere Probleme für uns zu lösen, dann ist der Sog noch stärker. Uns auf unsere Eltern zu verlassen, gibt uns große Sicherheit. Sosehr wir danach streben, uns von ihnen zu lösen und unser eigenes Leben zu leben, so stark ist immer auch der Drang, mit jemandem zu verschmelzen, der stärker, verantwortungsbewußter, verläßlicher ist als wir. Bei wem könnten wir uns geborgener fühlen als bei unseren Eltern, die uns so sehr lieben? Sicher nicht bei unserem Partner, der darauf besteht, daß das Geben und Nehmen zwischen uns wechselseitig sein muß.

Unvollständige Individuation und nur mangelhafte Ablösung von Eltern, die uns zu sehr lieben, unterminieren viele Ehen. Wenn die Mitglieder einer Familie ineinander verstrickt sind und einer möglichen Trennung ambivalent gegenüberstehen, dann wird der Ehepartner des Kindes vielleicht freundlich aufgenommen, unbewußt aber abgelehnt. Während die Loslösung des Kindes durch Heirat in gesunden Familien als normaler Entwicklungsschritt begrüßt wird, flößt sie Eltern, die zu sehr lieben, Angst ein. Sie verstehen die Ablösung des Kindes als Auseinanderbrechen der Familienstruktur und Verlust der elterlichen Kontrolle. Was Wunder, daß unsere Partner nicht immer mit offenen Armen aufgenommen werden.

Wenn wir zulassen, daß unsere Eltern mit unserem Partner um unsere Anhänglichkeit und Treue konkurrieren, dann werden wir uns statt in einer Ehe in einem Dreiecksverhältnis wiederfinden. Es geht nicht darum, unsere Eltern bei unserer Heirat aus unserem Leben zu verbannen, sondern eine erwachsene Beziehung zu ihnen aufzubauen. Um eine echte und intime Bindung an einen anderen Menschen einzugehen, müssen wir Schluß machen mit der Eltern-Kind-Beziehung aus der Zeit, als wir noch real von unseren Eltern abhängig waren. In der Ehe sind wir in erster Linie unserem Partner verpflichtet. Eine solche Bindung verlangt Loyalität. Wenn wir dem Menschen, mit dem wir uns fürs Leben zusammengetan haben, keine Zuneigung und kein Vertrauen entgegenbringen können, wenn unsere Eltern unsere Überzeugung, den richtigen Partner gewählt zu haben, erschüttern können, dann sind wir noch nicht reif für eine Ehe. Statt dessen sind alle Voraussetzungen gegeben, daß unsere Ehe schiefgeht. Wenn jedesmal, wenn wir auf unseren Partner böse sind, zwei Leute nur darauf warten, die Dinge aus unserer Sicht zu betrachten, unseren Zorn nachzufühlen und unseren Kummer zu lindern, dann werden wir natürlich dort hingehen, wo wir zwar keine echten Lösungen, aber Trost finden.

Nach unserer Hochzeit weiter in der engen Verstrickung mit unseren Eltern zu verharren, hat Vorteile. Die Illusion von Geborgenheit, Befreiung von Verantwortung und Schuldgefühlen und finanzielle Sicherheit verführen uns immer wieder dazu, in die alte kindliche Abhängigkeit zurückzufallen.

Größeren Gewinn bringt uns Unabhängigkeit. Wir fühlen

uns kompetent, wir steuern unser Leben selbst. Wir haben die Chance, eine echte, befriedigende Ehe zu führen und wirkliche Intimität zu erreichen.

Wie kommen wir ohne die erstickende Liebe unserer Eltern und ohne die Abhängigkeit zurecht? Was geschieht, wenn wir uns lösen und auch unsere Eltern dazu bringen, uns gehen zu lassen?

Unser Klient David hat sich vorgenommen, es zu versuchen. Der Zwiespalt zwischen seiner Liebesbeziehung und der fortdauernden Abhängigkeit von der Zustimmung seiner Eltern brachte ihn an einen Wendepunkt.

David verliebte sich in eine Frau, bei der er von vornherein wußte, daß seine Eltern sie nie akzeptieren würden. Tatsächlich erzählte er ihnen erst nach der Verlobung, daß er eine feste Beziehung habe. Die Sache war für ihn ganz klar: «Kennen Sie den Film *Love Story*? Erinnern Sie sich an den Gesichtsausdruck des Vaters, als Ryan O'Neal ihm sagt, daß er Ali McGraw heiraten wird? Da lief es mir kalt den Rücken runter, so sehr erinnerte es mich an meine eigene Familie. Mein Vater reagierte genauso: ‹Tu, was ich für richtig halte, oder ich kenne dich nicht mehr.›»

Davids Eltern waren von Anfang an gegen seine Ehe mit Pam gewesen. «Sie war nicht jüdisch, und meine Eltern wollten nicht, daß ich außerhalb unseres Glaubens heiratete. Dabei war mein Vater seit seiner Kindheit in keiner Synagoge mehr, und wir befolgten auch keinen der Feiertage. Wir gaben sogar ein großes Weihnachtsessen. Aber sie wollten partout, daß ich ein jüdisches Mädchen heiratete. Ich verliebte mich, und mit einem Schlag waren sie tief religiös.

Als Pam und ich heirateten, kamen meine Eltern beide nicht zur Hochzeit. Jeder wußte, warum sie fehlten. Ich akzeptierte ihre Gefühle, aber weh tat es mir doch.

Zuerst versuchte ich, es hart auf hart gehen zu lassen. Ich dachte, ich käme auch ohne meine Eltern klar, wenn sie es so wollten. Aber irgendwie schien es mir nicht richtig, sie nie anzurufen und überhaupt keinen Kontakt mehr zu ihnen zu haben. Pam sagte, ich solle ihnen Zeit lassen. Das riet mir jeder. Aber ich konnte nicht. Ich ging immer wieder hin und versuchte, mit ihnen zu reden. Ich bettelte. Aber mein Vater war wie eine Betonwand.

Dabei waren wir immer so vertraut miteinander gewesen! Ich hatte sonst immer alles gemacht, was sie von mir erwartet hatten – das Studium als Erster meines Jahrgangs abgeschlossen, dann Jura studiert, ihnen jeden Grund gegeben, stolz auf mich zu sein. Ich konnte es nicht fassen, daß sie mir das antaten. Ich war ihr ältester Sohn und hatte bisher immer auf sie gehört. Bis jetzt jedenfalls.

Meine Mutter vergab mir nach der Hochzeit so weit, daß sie mich wieder zu den Holiday Dinners der Familie einlud, so daß mein Vater mitziehen mußte. Sie konnten ihren einzigen Sohn nicht völlig aus ihrem Leben ausschließen, egal was für Schändlichkeiten er begangen hatte. Ich war naiv! Ich nahm Pam mit – im Glauben, wenn meine Eltern sie erst kennenlernten, würden sie sie auch lieben, so wie es mir selber mit ihr ergangen war.

Aber meine Eltern wurden nicht warm mit Pam. Pam existierte für sie nicht, selbst wenn sie ihnen am Tisch gegenübersaß. Meine Eltern ignorierten sie völlig. Es war klar, was sie dachten: Diese Frau ist an allem schuld. Sie hat mich so behext, daß ich mich gegen meine Eltern wandte. Meine Eltern konnten nicht einsehen, daß ich selbst mich für Pam entschieden hatte.

Also, wenn ich zurückblicke, muß ich zugeben, mit einem Teil von mir habe ich gedacht: Laß sie mich doch ruhig für das arme Opfer halten. Ich bin ja auch nur ein Mensch, und so ließ ich Pam halt eine Weile im Regen stehen. Ich dachte, meine Eltern könnten sie eigentlich nicht verwunden – aber mich machte die Sache ganz krank.

Pam und ich hielten ungefähr ein halbes Jahr durch, bis sie eines Tages kam und sagte, sie verlasse mich. ‹Du mußt dich entscheiden. Wenn wir wirklich miteinander verheiratet sein wollen, müssen deine Eltern mich wenigstens höflich behandeln. Ich kann nicht weiter hingehen, wenn sie mich einfach stehenlassen und du keinen Finger rührst. Ich kann deine Schuldgefühle nicht mehr ertragen. Ich kann nicht mehr abwarten, bis deine Eltern dir eines Tages vielleicht vergeben. Entweder ich bin deine Frau oder ich gehe.›» David war zerrissen. Er versuchte Pam zu beweisen, daß sie ungerecht sei. Seine Eltern seien im Grunde nette Leute. Wenn er ihnen Zeit ließe, würden sie irgendwann ganz gewiß zur Vernunft kommen.

Aber Pam nahm ihm das nicht ab. Sie beharrte auf ihrem Standpunkt. David war ratlos. Die Vorstellung, sich gegen seine Eltern zu stellen und zu fordern, daß sie Pam akzeptierten, machte ihm Angst. Außerdem ärgerte er sich darüber, daß Pam ihn zwang, sich zwischen ihr und seinen Eltern zu entscheiden. Eine echte, gefühlsmäßige Trennung von seinen Eltern war für ihn immer noch etwas Unvorstellbares. Das hätte ja bedeutet, daß er sich hingestellt und gesagt hätte: «Ich stehe zu meinen Entscheidungen und pfeife auf eure Zustimmung. Ich verlange, daß ihr meine Entscheidungen ebenso respektiert wie ich eure.»

Aber schließlich entschied sich David doch für Pam. Er sagte seinem Vater: «Ich verstehe die Hintergründe deiner Einstellung zu Pam, aber sie ist meine Frau. Ich kann nicht hinnehmen, daß einer von euch unhöflich zu ihr ist. Ich liebe sie, und ich brauche sie, um glücklich zu sein. Dich liebe ich auch, aber wenn du mich vor die Wahl stellst, entscheide ich mich für Pam. Wenn du Pam nicht respektvoll behandeln kannst, werden wir euch nicht mehr besuchen.»

Davids Geschichte endete nicht wie im Bilderbuch, indem seine Eltern Pam auf einmal akzeptiert und alle bis ans Ende ihrer Tage in voller Harmonie miteinander gelebt hätten. Doch nachdem David mit seinen Eltern gesprochen hatte, waren sie höflicher zu Pam. Wenn David und Pam seine Eltern besuchten, ignorierten sie Pam nicht mehr und kritisierten sie nicht mehr in seiner Gegenwart.

Tatsächlich herrschte auch jetzt noch keineswegs vollendete Eintracht, aber man kam miteinander aus. Über seine Beziehung zu seinen Eltern sagt David heute: «Sie unterstützen mich jetzt nicht mehr so vorbehaltlos wie früher. Sie geben mir nicht mehr ständig die Bestätigung, daß alles, was ich tue, richtig ist. Wir haben jetzt eine Distanz zueinander, die ein Außenstehender vielleicht kaum wahrnähme, so unerkennbar sie ist. Wenn Pam und ich Probleme haben, wie vor einer Weile die Geldsorgen, als ich in eine andere Kanzlei überwechselte, stehen meine Eltern nicht mehr sofort in den Startlöchern, um uns auszuhelfen. Vor meiner Heirat hätten sie keine Sekunde gezögert. Vielleicht ist das ihre Art, es mir heimzuzahlen.»

Ab und zu beobachtet David die Beziehung seiner Schwester und ihres Mannes zu seinen Eltern, wenn sie im Urlaub alle zusammentreffen. «Meine Schwester und ihr Mann haben ein so enges Verhältnis zu meinen Eltern, wie Pam und ich es nie haben werden. Meine Schwester unterhält sich immer noch fünfmal am Tag mit meiner Mutter. Mein Schwager läßt sich von meiner Schwester und meinen Eltern um den Finger wickeln und hat mich als Star der Familie ausgestochen; alle überbieten sich in Nettigkeit ihm gegenüber. Manchmal bin ich eifersüchtig. Manchmal überkommt mich ein unwiderstehlicher Drang, meine Eltern um Rat zu fragen und dann brav alles zu tun, was sie wollen, damit sie mich wieder an ihre Brust drücken. Natürlich weiß ich, daß sie mich immer noch mögen, aber es ist nicht mehr so wie früher, und das schmerzt mich.

Das Ganze bedrückt mich schon sehr. Aber ich schaue auf Pam und nehme unseren Sohn auf den Arm, und dann weiß ich wieder, wo meine Zukunft liegt. Vielleicht bin ich endlich erwachsen geworden, denn ich weiß jetzt, daß es für mich nichts Wichtigeres gibt. Liebe belohnt sich selbst.»

Nichts rückt familiäre Abhängigkeit und Verstrickung stärker in den Vordergrund als unsere Liebesbeziehungen. Da haben wir bisher sicher und geborgen im Kokon unserer Familie gelebt, ab und zu vielleicht ein bißchen grollend, aber sehr behaglich. Dann verlieben wir uns, und auf einmal bricht alles zusammen.

Die Trennung von den Eltern war für David nicht leicht. Das ist sie nie bei Menschen, die als Kind zu sehr geliebt wurden. Aber ohne innere Trennung von unseren Eltern wird es uns schwer, wenn nicht gar unmöglich, zu lieben und eine unbelastete Ehe zu führen.

Sich innerlich von unseren Eltern zu trennen bedeutet, sie nicht mehr ändern zu wollen. Wir bringen für ihre Gedanken und Gefühle ebensoviel Nachsicht auf, wie wir umgekehrt von ihnen erwarten. Wir akzeptieren, daß es Unterschiede zwischen uns gibt und daß das vollkommen in Ordnung ist. Wir erfahren, daß wir mit der Mißbilligung unserer Eltern leben können. Wir konzentrieren uns auf unser eigenes Leben, ohne Beifall oder Führung von unseren Eltern zu erwarten, und lassen ihnen damit die Freiheit, sich auf ihr Leben zu konzentrieren.

Es ist möglich, unsere Eltern zu lieben und von ihnen wiedergeliebt zu werden, ohne daß wir uns gegenseitig in unser Leben einmischen. Abhängige Anhänglichkeit an unsere Eltern ist nicht Liebe. Auch wenn wir zulassen, daß unsere Eltern uns oder unseren Partner beherrschen, uns Vorschriften machen oder uns bedienen, ist das nicht Liebe. All das müssen wir aufgeben, wenn wir uns weiterentwickeln wollen.

Einen anderen Menschen zu lieben und mit ihm zusammenzuleben, ist eine große Herausforderung. Nichts stellt unsere Reife mehr auf die Probe – und nichts kann befriedigender sein. Haben wir die erste Hürde der Trennung von unseren Eltern übersprungen, werden weitere folgen. Wurden wir als Kind erstickend geliebt und trotz großer Verwöhnung unselbständig gehalten, dann müssen wir ständig aufpassen, daß wir uns in der Ehe nicht selbst ein Bein stellen.

Wenn Sie in einer Ehe oder festen Partnerschaft leben, dann merken Sie vielleicht, daß manche Ihrer Verhaltensweisen immer wieder Spannungen und Konflikte verursachen. Solche

Verhaltensweisen werden im folgenden beschrieben. Denken Sie daran: Bewußtheit ist der erste Schritt, um Ihr Verhalten zu ändern.

Wir suchen Papa und Mama in unserer Ehe

Es ist nur natürlich, daß wir Situationen, in denen wir uns wohl fühlen, wiedererleben wollen. Oft suchen wir uns deshalb einen Partner, der die Vergangenheit für uns wieder aufleben läßt.

Unter Fachleuten ist bekannt, daß mißhandelte und mißbrauchte Kinder sich später unbewußt Partner suchen, die sie ebenfalls in irgendeiner Form schlecht behandeln. Das Kind eines Alkoholikers heiratet wieder einen Alkoholiker. Das geschlagene Mädchen verliebt sich in einen Mann, der es psychisch und physisch bedroht. Das Kind kalter, gleichgültiger Eltern heiratet einen Partner, der ebenfalls emotional nicht anwesend ist. Keines der mißhandelten Kinder ist später fähig, sich einen Partner zu suchen, der ihm Liebe und Verständnis entgegenbringen kann. Bei den schlecht behandelten Kindern erwecken diese Gefühle eher Argwohn und Angst, denn sie sind ihnen so wenig vertraut. Für das Kind, das kaum etwas anderes kennt, ist schlecht behandelt zu werden «normal».

Erstickende, beherrschende, abhängige Liebe kann uns noch viel enger fesseln. Mag sie auch zeitweise auf die Nerven gegangen sein, so war sie doch die meiste Zeit überaus angenehm. Vielleicht fühlten wir uns manchmal wie unter einem Mikroskop, doch zumindest achtete jemand auf uns. Jemand kümmerte sich um uns.

Unbewußt sorgen wir dafür, daß sich die guten und schlechten Erlebnisse unserer Kindheit in unserem späteren Leben wiederholen. Freud sprach vom Wiederholungszwang. Irgend etwas drängt uns, das Vergangene noch einmal zu erleben, selbst wenn wir uns noch so fest vornehmen, das nicht zu tun.

Daß wir Gutes gern wiederholen wollen, ist naheliegend.

Doch wir wollen auch schmerzliche, unbefriedigende, unangenehme Erfahrungen noch einmal durchleben. Das kann unser Versuch sein, den Kampf aus unserer Vergangenheit mit neuen, stärkeren, zumindest länger erprobten Waffen fortzusetzen. Dieses Mal werden wir bestimmt gewinnen. Indem wir unsere Vergangenheit noch einmal inszenieren und umschreiben, hoffen wir, als Sieger aus ihr hervorzugehen.

Nirgends versuchen wir so eifrig, unsere Vergangenheit wiedererstehen zu lassen, wie in unserer Ehe. Kinder, die zu sehr geliebt wurden, tun sich selten mit anderen zusammen, die auch zu sehr geliebt wurden. Tatsächlich heiraten sie meist eine Person, die in ihrer Kindheit in irgendeiner Form schlecht behandelt wurde, sei es durch Alkoholismus, Mißbrauch oder Mißhandlung, Verlassenwerden oder «nur» durch elterliche Gleichgültigkeit. Warum? Weil Kindesmißhandlung, egal in welcher Form, die Beteiligten stets zu Opfern macht. Viele mißhandelte Kinder werden später gebefreudige Helfer und sorgen sich so eifrig um die Probleme anderer, daß sie sich nicht mehr um sich selber kümmern können. Mit anderen Worten, sie werden Menschen, die zu sehr lieben.

Der Erwachsene, der als Kind zu sehr geliebt wurde, fühlt sich wohl in der Gegenwart eines Partners, der Liebe entbehren mußte. Ein solcher Partner zieht ihn magisch an. Eine Person, die eine lieblose Kindheit erlebt hat, wirkt stark und überlegen. Außerdem läuft sie sich die Hacken wund, um die Bedürfnisse des Partners zu befriedigen, ihn zu umsorgen, zu beherrschen und zu leiten. Oft entsteht daraus eine Ehe zwischen Helfer und Hilflosem, Bewunderer und Bewundertem. Oft sind beide einander leidenschaftlich verbunden, da jeder der Partner unbewußt darum kämpft, das bewältigte Kindheitsgeschehen zu überwinden.

Mit einem gebefreudigen, selbstlosen Partner versuchen wir wiederzufinden, was in unserer Kindheit so schön war: daß jemand uns versorgte, sich um uns kümmerte, auf uns aufpaßte und uns beschützte. Unbewußt wollen wir die Abhängigkeit von unseren Eltern auf unseren Partner übertragen.

Aber das geht nur selten reibungslos. Wir fragen unseren Partner: «Mache ich das auch richtig? Was würdest du an meiner Stelle tun? Wie gefallen dir meine Kleider? Wie findest du meine Frisur? Was hältst du von dem? Wie findest du jenes?» Aber meist befriedigen uns die Antworten unserer Partner nicht so wie die unserer Eltern. Wenn wir die vertraute Gefühlsatmosphäre aus unserer Kindheit nicht wiederbeleben können, fühlen wir uns frustriert.

Rhonda, eine fünfundzwanzigjährige Buchhalterin, heiratete Mark, der in seiner Kindheit von übereifrigen Eltern überbehütet worden war. «Mark will die ganze Zeit bedient werden», erzählt sie. «Ich komme von der Arbeit und bin genauso müde wie er, aber er hilft mir nicht bei der Hausarbeit, solange ich nicht großen Krach schlage. Er tut so hilflos, daß ich die Wände hochgehen könnte. Ich mache gerade irgendwas und hab die Hände voll, da schreit er, er könne das Aspirin oder seinen Rasierapparat oder seine Wagenschlüssel nicht finden. In Wirklichkeit schaut er überhaupt nicht nach, weil er weiß, daß ich für ihn suche. Mark hat noch nie die Gebrauchsanleitung für irgendein Gerät durchgelesen. Er probiert herum, zerbricht es, und dann sieht er mich groß an und sagt: ‹Ich komme mit diesem Ding nicht klar.› Ich kann dann die Scherben aufkehren.»

Aber das ist für Rhonda nicht das Wichtigste. Was sie viel mehr belastet, ist das Gefühl, betrogen zu werden. Sie findet, daß sie weit mehr als ihren Anteil leisten muß, um die Beziehung aufrechtzuerhalten. «Mark kann es nicht leiden, wenn ich mich ihm nicht mit hundertprozentiger Aufmerksamkeit widme. Aber er selber tut das mir gegenüber nie. Er hat mir schon stundenlang von seinen Schwierigkeiten erzählt, aber mir hört er nicht zu. Alles muß immer nach seinem Kopf gehen. Wenn ich mal was dagegen sage, ist er beleidigt und meint, ich verurteilte ihn. Aus irgendeinem Grund geht es bei unseren Aussprachen am Ende immer darum, wie *ich* mich ändern müsse.»

Mark hatte gehofft, in seiner Ehe die häusliche Atmosphäre

wiederzufinden, an die er als Kind gewöhnt war. Rhonda sollte seine Bedürfnisse intuitiv erspüren. Seine Mutter und seine Großmutter hatten immer ganz genau gewußt, was er brauchte, oft noch bevor er sich selbst darüber klar war. In der Therapie erklärte Mark, er glaube nicht, daß er zuviel von Rhonda verlange. Er meinte, ihr fehle etwas, weil sie ihm nie das Gefühl gegeben habe, daß er geliebt werde.

Wenn wir versuchen, die Beziehungsmuster unserer Kindheit in unserer Ehe zu wiederholen, werden wir ständig enttäuscht. Wir fühlen uns mißverstanden und ungeliebt. Nach einer Weile kommen wir zu dem Schluß: «Niemand wird mich je wieder so lieben wie meine Eltern.» Finden wir aber tatsächlich einen Partner, der ebenso gebefreudig ist wie unsere Eltern, sind wir dennoch frustriert, denn es wiederholen sich auch dieselben Einschränkungen und Ressentiments, die aus einer zu liebevollen Beziehung erwachsen. Am Ende nehmen wir es unserem Partner übel, daß wir wieder die Rolle des Abhängigen, Passiven und Unfähigen spielen.

Der Wiederholungszwang bringt es auch mit sich, daß wir in der Ehe oder Dauerbeziehung nach der anderen, dunkleren Seite unserer Eltern suchen: der Seite, mit der sie uns ständig kontrollierten, zuviel erwarteten und zuviel verlangten. Eines Morgens wachen wir auf und finden unsere «Eltern» bei uns im Bett: eine Frau, die erwartet, daß wir noch vor unserem dreißigsten Jahr ein Vermögen verdienen; einen Mann, der bestimmt, was wir anziehen, was wir kaufen und wohin wir gehen; eine Geliebte, die sich entzieht und depressiv wird, wenn wir klagen, daß sie uns mit ihrer Liebe erstickt. Wir hatten gedacht, wir hätten einen Partner gewählt, der das Gegenteil unserer Eltern ist. Aber eine unerklärliche Schicksalswendung hat es so gefügt, daß wir statt unseres Partners auf einmal unseren Vater oder unsere Mutter vorfinden.

Mit diesen «Elternfiguren» inszenieren wir die altbekannten Kämpfe. Roni, eine siebenunddreißigjährige Frau, bekennt: «Ich habe mein Leben lang geglaubt, meine Mutter würde mich nur lieben, wenn ich dünn wäre. Aber Michael schien mein Gewicht so oder so nicht zu interessieren. Nachdem wir geheiratet hatten, ließ ich mich wirklich gehen. Jetzt schaute mich meine Mutter ja nicht mehr böse an, wenn ich etwas aß.

Ohne selbst zu verstehen, warum, erzählte ich Michael dauernd, was ich alles aß. Ich fragte ihn immer wieder: ‹Dieses Kleid sitzt etwas eng, nicht? Ich hätte dieses Stück Kuchen nicht mehr essen sollen, was?› Aber Michael sah mich nur verständnislos an und antwortete: ‹Ich weiß nicht, was meinst du denn? Was willst du?›

Irgendwie trieb ich ihn in die Enge. ‹Wie würdest du es finden, wenn ich nie mehr abnähme?› Er sagte: ‹Was soll ich dazu sagen? Ich will keine fette Tonne als Frau, das weißt du doch. Aber in meinen Augen siehst du okay aus. Wenn du meinst, daß du abnehmen solltest, warum tust du es dann nicht?›»

Michaels Einstellung brachte Roni in große Verlegenheit. Setzte er denn gar keine Grenzen? Wo blieb die Kritik, der Rat, die Kontrolle? Liebe hatte für Roni immer bedeutet, daß ihr ein anderer sagte, was sie tun und lassen sollte. Roni fand, Michael liebe sie nicht genug, weil er bei ihr nicht den Polizisten spielen wollte, eine Rolle, nach der sich Ronis Mutter bis zu ihrer Heirat stets gedrängt hatte.

Im zweiten Jahr ihrer Ehe nahm Roni fünfzig Pfund zu. Wie vorauszusehen, war das Michael nicht recht. Er versuchte erst, Roni zu stützen, aber dann machte ihn seine Hilflosigkeit ärgerlich und fordernd. Roni verübelte ihm seine Ratschläge und seine Kontrolle und aß noch mehr. Damit war eine ausweglose Situation entstanden; sie roch nach den vergangenen Kämpfen, die Roni mit ihrer Mutter ausgetragen hatte.

Roni stand unter einem inneren Zwang, diese Situation aus ihrer Vergangenheit wiederherzustellen, indem sie Michael in ihre Mutter verwandelte. Haben wir uns früher auf die Beratung und Überwachung durch unsere Eltern verlassen, selbst wenn wir uns darüber ärgerten, dann versuchen wir in der Ehe oft, diese Situation wiederherzustellen – weil sie uns so vertraut ist, vor allem aber, weil wir wollen, daß der Kampf diesmal anders ausgeht. Ein glückliches Ende würde alte Verletzungen heilen. Würde Michael beweisen, daß er Roni auch als dicke Frau liebte, dann hätte sie nachträglich gewonnen.

Uns von unseren Eltern trennen heißt, den alten Kampf ums Rechthaben abzubrechen. Ein solcher Kampf ist ein ebenso deutliches Zeichen wechselseitiger Verstrickung wie ein Leben ganz nach den Wünschen und Träumen unserer Eltern. Wenn wir in unserer Ehe die alten, aussichtslosen Kämpfe mit unseren Eltern wieder aufnehmen – egal, ob es dabei um unser Gewicht, unsere Leistungen, unsere Einstellungen oder Wertmaßstäbe geht –, weil wir hoffen, jetzt den endgültigen Sieg davonzutragen, dann jagen wir einem unmöglichen Erfolg nach, vor allem wenn wir immer noch mit denselben abgenutzten alten Waffen fechten. Es gibt kaum einen Ehepartner, der sich nicht dazu provozieren ließe, sich wie unsere Eltern zu verhalten.

Der Wiederholungszwang bringt uns dazu, unbewußt alte Situationen heraufzubeschwören, in denen keiner gewinnen kann. Wenn wir uns dieses Verhaltensmuster bewußtmachen, können wir es auf gesunde Art als ein Mittel zur seelischen Weiterentwicklung einsetzen. Wir können dann unser Verhalten gegenüber unserem Partner ändern.

Unsere Klientin Lisa klagte, sie habe geglaubt, sich durch ihre Heirat dem beherrschenden Vater zu entziehen – bis sie merkte, daß ihr perfektionistischer Ehemann noch rigidere Verhaltensmaßstäbe für sie aufstellte.

Lisa hatte sich vom ersten Moment an zu ihrem späteren Mann hingezogen gefühlt. Er wirkte so selbstsicher, so intelligent, so bereit, sie zu lenken und zu unterstützen. Es war verlockend. Weil der junge Mann sie nicht genauso kritisch betrachtete wie ihr Vater, sah sie keine Ähnlichkeit mit der Situation zu Hause, der sie entfliehen wollte.

Doch bald ärgerte sich Lisa über die «Hilfe» ihres Mannes; diese war in Wirklichkeit – nicht anders als bei ihrem Vater – ein verkapptes Beherrschen. Lisa hatte sich früher durch passive Aggression gegen ihren Vater gewehrt, indem sie seine Aufforderungen und Wünsche einfach vergaß, sich zurückzog und möglichst das Gegenteil von dem tat, was ihr Vater wollte. Gegen ihren Mann stritt sie nun mit den gleichen Waffen und kam zum gleichen traurigen Ergebnis.

Nach ein paar Jahren nahm Lisa an einem Kurs für Selbstbehauptungstraining an einem örtlichen College teil. Dem leitenden Therapeuten schüttete sie eines Abends nach der Sitzung ihr Herz aus. Er riet ihr, an einer Therapiegruppe für Frauen mit ähnlichen Problemen teilzunehmen.

Nicht lange nach ihrem Eintritt in die Gruppe stellten die anderen Frauen Lisa wegen ihres Verhaltens zur Rede. Sie machten ihr klar, daß sie immer verstumme oder sich zurückziehe, wenn die anderen Frauen ihr etwas sagten, was sich auch nur entfernt nach einem Rat anhöre. Lisa rächte sich, indem sie zu den beiden nächsten Sitzungen nicht erschien. Niedergedrückt kam sie dann in der darauffolgenden Woche wieder, bereit, an sich zu arbeiten.

Lisa bemühte sich nun, ihre Gefühle offen auszudrücken. Sie lernte, wenn sie sich bedrängt oder manipuliert fühlte, den Mund aufzumachen und auf ihrem Recht zu bestehen, ihre eigenen Entscheidungen zu treffen. Wenn ihr jemand Ratschläge gab, flüchtete sie nicht mehr in eine Überreaktion, indem sie das Gegenteil davon tat. Sie lernte, Ratschläge als eine Art persönlicher Meinungsäußerung zu verstehen, die ihr immer die Freiheit ließen, sich danach zu richten oder auch nicht.

Lisa trug ihre neugewonnenen Fähigkeiten auch in ihre Ehe. Anstatt sich gekränkt zurückzuziehen, wenn ihr Ehemann sie zu beherrschen versuchte, sagte sie jetzt: «Ich muß selbst entscheiden, was ich tun will. Ich weiß, daß du mich liebst und mir helfen willst, aber ich muß die Dinge auf meine eigene Art tun.» Sie erzählte ihrem Mann von ihrer Kindheit, so daß er nachfühlen konnte, warum sie so rigoros darauf bestand, selbst zu entscheiden. Es war nicht so, daß er nun nicht mehr versucht hätte, sie zu beherrschen. Doch Lisa hatte gelernt, nicht mehr so bereitwillig auf seine Äußerungen einzugehen. Sie hatte gelernt, ihre Gefühle direkter auszudrücken und das Gewicht ihrer eigenen Persönlichkeit in die Waag-schale zu werfen.

Als Lisa begann, sich ihren Konflikt bewußtzumachen und ihn in ihrer Ehe direkt anzugehen, veränderte sich die Situation. Lisa erfuhr, daß sie ihre Probleme mit ihrem Mann besprechen konnte, ohne damit zugleich ihr eigenes Leben aus der Hand zu geben. Und das Wichtigste: sie lernte, ihr Gefühl, gefesselt und eingesperrt zu werden, in Worten zu äußern und sich ihrem Partner mitzuteilen, anstatt auf passiv-aggressive Weise gegen ihn zu rebellieren.

Der Wiederholungszwang braucht uns nicht in emotionale Sackgassen zu führen. Wenn wir die alten Konflikte aus unserer Kindheit wirklich durcharbeiten und nicht einfach nur ausweglose Situationen wiederholen wollen, kann er produktiv werden. Wir können lernen, daß Konflikte nicht zerstörerisch zu sein brauchen. Sie können uns zu größerem gegenseitigem Verständnis und Vertrauen führen.

Wir nehmen von unseren Eltern Dinge an, um die wir unseren Partner nicht zu bitten wagen

Wir alle sind ungeduldig und warten nicht gern. Also wenden wir uns mit unseren Wünschen an die Menschen, die uns so sehr lieben, daß sie uns verwöhnen. Wenn wir es zulassen, geben unsere Eltern uns vielleicht nur allzugern die Dinge, um die wir unseren Partner nicht zu bitten wagen. Das kann Zuneigung, Verständnis oder auch Geld für ein paar luxuriöse Kleinigkeiten außer der Reihe sein. In Beths Fall war es sogar der Ehering.

Seit sie als kleines Mädchen zum erstenmal davon geträumt hatte, zu heiraten und Kinder zu haben, wünschte sich Beth einen Ring mit einem großen Diamanten. Aber es war klar, daß sich ihr Verlobter Gary von seinem Gehalt als Polizeibeamter keinen großen Diamanten leisten konnte.

Beth und ihre Mutter steckten die Köpfe zusammen und dachten sich etwas aus. Beths Mutter erbot sich, mit ihrer Tochter Ringe ansehen zu gehen. Sie nahm ihren künftigen Schwiegersohn beiseite und sagte, sie könne gut verstehen, wie aufreibend all die Hochzeitsvorbereitungen für ihn seien, weshalb sie ihm wenigstens einen Gang abnehmen wolle. Gary, dem beim Gedanken an die vielen Entscheidungen über den zukünftigen Hausstand ganz schwummrig wurde, fand, das sei eine gute Idee. Er sagte Beths Mutter, er könne fünfhundert Dollar für den Ring aufbringen – oder auch sechshundert, wenn es sein müßte.

Beth kam mit einem prachtvollen Ring nach Hause, eineinhalb Karat in einer schönen Fassung. Gary, der nichts von Karat, Echtheitsmerkmalen und Preisen verstand, fand ihn wunderbar.

Aber drei Jahre nach der Hochzeit verlor Beth bei einem erbitterten Streit um Geld die Beherrschung und schrie: «Du hast es ja noch nicht einmal fertiggebracht, mir zur Hochzeit einen anständigen Ring zu kaufen! Weißt du, wie ich diesen hier bekommen habe? Meine Eltern haben mehr als die Hälfte davon bezahlt!»

Nichts schmiedet das Dreieck zwischen uns, unserem Partner und unseren Eltern fester zusammen, als wenn wir von unseren Eltern Dinge bekommen, um die wir den Partner nicht bitten wollen. Beth war schon immer der Meinung gewesen, man solle keine Frage stellen, von der man wisse, daß sie eine negative Antwort nach sich zöge, die man nicht hören will. Sie hatte angenommen, Gary könne ihren Wunsch nach einem Diamantring nicht erfüllen, also hatte sie ihn gar nicht erst gefragt. Gary war entsetzt, nicht nur über den Betrug seiner Schwiegermutter, sondern vor allem darüber, daß Beth ihm nie gesagt hatte, daß ein großer Diamant für sie so wichtig sei. Wenn er das gewußt hätte, behauptete er, hätte er es schon irgendwie möglich gemacht, ihr einen zu schenken. Oder sie hätte eben ein bißchen warten müssen. Auf jeden Fall wäre alles andere besser gewesen als dies. Daß Gary sich selbst zum

Komplizen gemacht hatte, indem er seiner Schwiegermutter ein wichtiges Heiratsritual überlassen hatte, überging er geflissentlich. Monatelang war er böse auf Beth.

Wahre Intimität kann unmöglich entstehen, wenn wir unserem Partner gegenüber mit unseren echten Bedürfnissen und Wünschen zurückhalten und statt dessen weiter zu unseren Eltern laufen. Viele von uns klagen bitter darüber, daß sie Dinge, die sie sich seit Jahren wünschen, von ihrem Partner nicht bekommen haben. «Er müßte doch wissen, daß ich ab und zu gern Blumen haben möchte.» – «Es müßte ihr doch eigenlich klar sein, daß ich öfter ein ruhiges Gespräch brauche, bei dem sie mir zuhört.» – «Er müßte wissen, daß ich es brauche, daß er mir sagt: ‹Ich liebe dich›.»

Aber haben wir den anderen auch nur ein einziges Mal darum gebeten?

Ohne zu fragen, bekommen wir nicht, was wir wollen, also wünschen wir es uns weiter. In der Kindheit wurden uns die Wünsche oft von den Augen abgelesen, doch jetzt sind wir in einer anderen Lebensphase, in der niemand mehr ständig darauf achtet, was wir uns wünschen.

Anstatt mit unseren Wünschen zu unseren Eltern zu laufen, sollten wir uns lieber ein paar Fragen stellen: Wie sehr brauche ich das? Wenn ich es wirklich brauche, warum warte ich dann, bis ein anderer es mir verschafft? Kann ich es mir nicht selbst verschaffen? Bin ich ungeduldig, weil ich es gewohnt bin, daß man mir jeden Wunsch auf eine Weise erfüllt, die nicht immer gut für mich war? Oder bin ich ungeduldig, weil ich mir das Gewünschte wirklich verdient habe und nicht bekomme?

Vielleicht haben wir einen Partner, der unsere Bedürfnisse tatsächlich nicht erfüllen kann. Wenn wir das feststellen, müssen wir mit ihm oder ihr darüber sprechen und uns darüber klarwerden, ob wir eine solche Beziehung weiterführen wollen. Gleichzeitig sollten wir jeden unserer Wünsche daraufhin prüfen, ob er kindlicher Ungeduld entspringt oder unserer Neigung, Dinge von anderen zu verlangen, die eigentlich für uns selbst erreichbar wären.

Wir können weiter zu den Menschen laufen, die uns am meisten geben – meist sind das unsere Eltern –, und auf diese Weise weiterhin abhängig bleiben. Oder wir können uns für den gesünderen Weg entscheiden, unseren Partner um das zu bitten, was wir brauchen. Wenn wir uns bemühen, wird es uns gelingen, eine gesunde Balance zwischen Unabhängigkeit und enger gegenseitiger Bindung zu halten.

Wir suchen in der Ehe
die Glücksvorstellung unserer Eltern

Viele unserer Einstellungen und Überzeugungen spiegeln Ansichten unserer Eltern, die wir unbewußt, ohne eigenes Nachdenken übernommen haben. Deshalb gleichen unsere Erwartungen an die Ehe so oft denen unserer Eltern.

Auch wenn wir uns in einer Liebesbeziehung fest binden, heißt das nicht, daß sie unsere hohen Erwartungen an Liebe und Ehe tatsächlich erfüllte oder daß wir diese ganz fallenließen. Viele entdecken erst in der Ehe ihre hochgesteckten Erwartungen, daß der andere sie spiegeln, ergänzen, bedingungslos lieben und alle Gefühle der Leere vertreiben solle. Im schlimmsten Fall erwarten wir so viel, daß unser Partner uns nie zufriedenstellen kann. Im Grunde suchen wir auch während unserer Ehe unbefriedigt weiter nach dem idealen Partner.

Das bedeutet nicht, daß wir die Person, an die wir uns gebunden haben, nicht liebten. Doch zeitweise überfällt uns ein vages Gefühl der Unzufriedenheit, ohne daß wir genau sagen könnten, was eigentlich in unserer Beziehung nicht in Ordnung ist. Manche meinen, immer nur Kompromisse machen zu müssen, ohne daß ihnen der Partner je genug gäbe. Bei vielen von uns hängt dieses leise Unbefriedigtsein mit der fehlenden finanziellen Sicherheit in unserer Ehe zusammen. Es ist nicht leicht, den Kindheitstraum aufzugeben, daß wir einmal einen reichen Mann heiraten und dann aller Sorgen ledig sind.

Genauso schwierig ist es, sich von der Vorstellung zu lösen, daß jemand alle unsere Wünsche erfüllen wird.

In der Kindheit bekommen wir ständig Hinweise darauf, was für einen Partner wir einmal heiraten sollten. Unweigerlich heiraten wir dann aber doch jemand anders. Und irgendwann kommt der Moment, in dem wir, enttäuscht und wütend über unseren Partner, den Schluß ziehen: «Meine Eltern hatten doch recht.»

Sam erzählt, wie er Karen heiratete: «Mein Vater hat mich gewarnt. Er sagte, sie sei nicht reif genug, mir eine gute Frau zu sein. Er fand sie egoistisch und nicht annähernd gut genug für mich.

Er versuchte, mir die Heirat mit Karen auszureden. Ich sei doch noch viel zu jung für wirkliche Liebe. ‹Schlaf mit ihr, wenn du willst›, riet er mir. ‹Aber glaub nicht, daß du sie deswegen gleich heiraten mußt.›

Ich fand diesen weisen Ratschlag ziemlich himmelschreiend. Im Grunde war es zum Lachen. Endlich redete mein Vater mal mit mir über Sex, aber was Besseres fiel ihm nicht ein.»

Sam und Karen heirateten. Fünf Jahre später sagt Sam: «Allmählich glaube ich, daß mein Vater doch recht hatte. Karen ist egoistisch. Sie gibt ihr ganzes Geld für Kleider aus, obwohl wir doch ihr Gehalt für die Zukunft sparen müßten. Sie nörgelt die ganze Zeit, wir sollten mehr ausgehen. Das kann sie aber in den Wind schreiben. Wenn ich in diesem Haus kein Geld auf die Seite lege, wer dann?

Karen war diejenige, die Kinder wollte. Aber als sie da waren, wollte sie sofort wieder arbeiten gehen. Sie meint allen Ernstes, ich sollte bei den Kindern zu Hause bleiben, wenn sie krank sind, damit sie ihre Stelle nicht verliert.

Manchmal sehe ich Karen an und kann nicht glauben, daß das die Frau ist, die ich vor fünf Jahren geheiratet habe. Sicher, Karen ist warmherzig und sensibel, aber ich hätte doch gern jemanden, bei dem es ein bißchen mehr knistert. Ich muß Karen förmlich ins Bett locken. Sie sagt, sie brauche mehr Romantik. Und außerdem würde ich ihr emotional nicht genug geben. Ja, aber wo bleibe ich? Ich möchte eine Frau, die mich unterstützt.«

Was Sam von seiner Frau erwartete, war ungefähr das, was seine Mutter für seinen Vater getan hatte und was beide Eltern ihn als selbstverständlich anzusehen gelehrt hatten. Wir betrachten unseren Partner oft mit kritischem Blick, wenn er unsere Erwartungen nicht erfüllt oder sich nicht so verhält, wie wir es von unseren Eltern gewohnt sind.

Wenn wir ein enges Verhältnis zu unseren Eltern haben, nehmen wir es unserem Partner oft übel, wenn er nicht gleichzieht und sehr weit auf unsere Eltern zugeht, so daß wir eine große, glückliche Familie bilden. Wir fühlen uns zerrissen, wenn der andere nicht jeden Sonntag zum Essen zu unseren Eltern mitkommen will. Wir nehmen es übel, wenn wir ihm den Telefonhörer reichen und er mit Mama und Papa nicht viel zu reden weiß.

Haben wir eigentlich schon einmal darüber nachgedacht, woher unsere Erwartungen kommen? So oft sind wir enttäuscht, weil der andere nicht das tut, was wir uns vorstellen – aber haben wir wirklich einmal überlegt, wie es wäre, wenn er es täte? Wären wir dann tatsächlich glücklicher? Ist das, was wir von unserem Partner verlangen, wirklich unentbehrlich für unser Glück? Wer entscheidet darüber, was wir brauchen? Lassen wir uns dabei von unseren eigenen Gedanken und Gefühlen oder von den Erwartungen unserer Eltern leiten?

Oft macht es uns sehr zu schaffen, wenn wir unsere Ehe nicht entsprechend den Wünschen unserer Eltern führen. Nicht alles, was sie uns von der Ehe zu erwarten gelehrt haben, ist falsch – aber es ist auch nicht alles richtig. Die Lebensentscheidungen, mit denen unsere Eltern glücklich wurden, sind vielleicht für uns nicht die beste Lösung. Dies zu erkennen, steht am Anfang wahrer Trennung und Individuation. Wir müssen unsere Erwartungen und Werturteile daraufhin prüfen, ob sie wirklich unsere eigenen sind. Suchen wir uns unseren Partner nach den Glückserwartungen unserer Eltern, dann leben wir mit jemandem, der vielleicht unsere Eltern glücklich machen kann – uns aber unbefriedigt läßt.

Wir verstecken uns in der Ehe

Wayne glaubte, endlich den richtigen Dreh im Umgang mit seinen überbehütenden, sich immer wieder in sein Leben einmischenden Eltern gefunden zu haben, die ihn seiner Ansicht nach immer noch als Baby behandeln. Er heiratete mit achtzehn und zog mit seiner Frau nach St. Croix, wo beide als Grundschullehrer arbeiten. Seine Eltern können es sich nicht erlauben, ihn auf den Jungfern-Inseln häufig zu besuchen. Einmal im Monat telefoniert er mit ihnen.

Wayne achtete darauf, seinen Eltern nicht zuviel über sein neues Leben mitzuteilen, damit sie ihn nicht mit Briefen voller Ratschläge überhäuften. Heute stellen sie ihm kaum noch Fragen, und er bekommt nur wenige Briefe von ihnen.

Ein Happy-End? Nicht ganz. Wayne hat manchmal enorme Schuldgefühle, vor allem jetzt, da seine Eltern älter werden. Er betrachtet die Vergangenheit immer noch mit Bitterkeit und Zorn, doch tatsächlich vermißt er seine Eltern. Schlimmer noch: manchmal ertappt er sich dabei, daß er im stillen immer noch Kämpfe mit seinem Vater austrägt, vor allem, wenn er etwas Wichtiges entscheiden muß. Den größten Teil seines Lebens, das erkennt er nun, hat er nicht nach seinen eigenen Wünschen und Bedürfnissen gelebt, sondern er hat versucht, seinen ihn tyrannisch liebenden Eltern, die ihm keine eigene Meinung zugestehen wollten, etwas zu beweisen.

Viele im Übermaß geliebte Kinder versuchen, ihre Konflikte mit ihren Eltern durch die Ehe zu lösen. Heiraten erscheint ihnen als Rettung, der einzige Weg, um die eigene Unabhängigkeit zu beweisen. Manche ziehen sogar mit ihrem Partner fünftausend Kilometer weit weg auf eine Insel, um sich der Realität ihrer Beziehung zu ihren Eltern zu entziehen.

Wer von uns in enger Nachbarschaft zu den eigenen Eltern lebt, versucht vielleicht, das Problem auf andere Weise zu lösen. Manche von uns versuchen, sich bei jedem Kontakt mit den Eltern durch ein ganzes Arsenal von Abwehrmechanismen zu schützen. Wir beantworten ihre Fragen nur einsilbig. Wir sagen kein Wort zuviel.

«Ich passe höllisch auf, daß ich meiner Mutter nichts von mir erzähle», sagt ein Klient. «Meine Eltern beklagen sich über meine Verschlossenheit, aber ich bin mir nicht sicher, ob nicht alles, was ich ihnen erzähle, gleich bei der ganzen Verwandtschaft und bei allen Verwandten die Runde macht. Was ich als Kind auch angestellt habe, alle meine Helden- und Schandtaten wurden sofort überall hinausposaunt.»

Dieser Mann kam vor kurzem ins Krankenhaus, um sich einen Bruch operieren zu lassen. Er nahm seiner Frau ein Schweigeversprechen ab und sagte seinen Eltern, er gehe auf eine Geschäftsreise. «Ich wollte meine Eltern nicht jammernd an meinem Bett stehen haben. Wenn man Eltern hat, die bei jedem Kopfweh den Arzt rufen, muß man seine Vorsichtsmaßnahmen treffen.»

Wir belügen unsere Eltern, wenn es uns nötig scheint. Wir heiraten früh, ziehen weg, schwören uns, ihnen nichts von unserem Leben zu erzählen. Aber ein solches Ausweichen löst unsere Verstrickung nicht. Das kindische Katz-und-Maus-Spiel mit unseren Eltern zeigt nur, daß wir noch immer reagieren, statt selbst aktiv zu werden. So sehr wir uns auch in unserer Ehe verstecken, uns selbst und dem Schmerz ungelöster Konflikte mit unseren Eltern entkommen wir nicht.

Die Nachwirkungen problematischer Beziehungen werden wir so leicht nicht los. Bob mußte dies erfahren, als er eine Frau heiratete, die seine Eltern nicht mochten. Er selbst hatte das Gefühl, durch die Heirat mit Lynn einen Riesenschritt in Richtung Selbständigkeit zu tun. Nach einem besonders unerfreulichen Streit zwischen Lynn und seiner Mutter brach Bob den Kontakt zu seinen Eltern ganz ab. Aber irgendwie irritierte ihn danach alles, was Lynn tat, und die beiden stritten nur noch.

«In Wirklichkeit konnte ich mir selbst nicht zugestehen, mit Lynn glücklich zu sein. Ich meckerte an allem herum, was sie tat. Es war fast so, als wartete ich bloß darauf, daß sie mich unglücklich machen würde. Verstehen Sie, erst habe ich quasi meine Unabhängigkeit erklärt, aber dann hielt ich meine Schuldgefühle fast nicht aus. Ich konnte mir erlauben, zu rebellieren und Lynn zu heiraten, aber nicht, nun auch mit ihr glücklich zu sein. Das wäre für meine Eltern ein zu schlimmer Schlag gewesen – schlimmer noch, als daß ich Lynn überhaupt geheiratet hatte.»

Bob liebte Lynn, doch seine Taktik, sich vor seinen Eltern in eine Ehe zu flüchten, rächte sich; unbewußt sabotierte er damit seine Ehe.

Der Fehler war nicht, daß Bob gekränkt, enttäuscht und wütend war, weil seine Eltern Lynn nicht akzeptieren konnten. Solche Gefühle sind natürlich. Das Problem war, daß Bob nicht offen auf die elterliche Ablehnung reagieren und sich innerlich wirklich an Lynn binden konnte, weil die Mißbilligung seiner Eltern wie ein Damoklesschwert über seinem Kopf hing.

Einem solchen Dilemma entkommt man nicht durch Ausweichen, sondern nur, indem man mitten hindurchgeht. Dazu ist es nötig, offen mit den Eltern zu sprechen. Es ist nötig, die eigenen Ansichten auszusprechen und auch Meinungsverschiedenheiten zu riskieren. Wir müssen lernen, mit Konflikten zu leben, und erkennen, daß uns nichts Schlimmes passiert, wenn wir unsere Gefühle äußern. Wir müssen unseren Partner um Hilfe bitten, anstatt ihn zum Komplizen unserer Winkelzüge zu machen.

Um unseren Fluchtreflex zu überwinden, müssen wir uns klarmachen, daß physische Entfernung keinen Einfluß auf unsere Verstrickung mit unseren Eltern hat. Manche Erwachsenen, deren Eltern schon lange tot sind, stehen immer noch unter dem Zwang, es ihnen in jeder Hinsicht recht zu machen.

Wir müssen erkennen, daß die Art, wie wir mit unseren Eltern umgehen, Auswirkungen auf unsere sonstigen Beziehungen hat. Wann immer uns jemand mit Liebe erstickt oder zu beherrschen versucht, würden wir am liebsten wegrennen. Aber eines Tages drängt uns vielleicht jemand in eine Ecke, aus der es kein Entkommen gibt.

Wenn Sie Ihre Konflikte mit Ihren Eltern wirklich durcharbeiten wollen, müssen Sie offen und ehrlich mit ihnen über Ihre Bedürfnisse sprechen. Sie müssen versuchen, sich Ihren Groll, Ihre Enttäuschung und Ihre Ohnmachtsgefühle ins Bewußtsein zu rufen. Schließlich werden Sie diese Gefühle auch mitteilen müssen. Dazu müssen Sie vielleicht zuerst mit einem verständnisvollen Freund, einem Therapeuten oder sonst jemandem sprechen, der gefühlsmäßig nicht beteiligt ist.

Wenn wir die Abhängigkeit von unseren Eltern nicht lösen, werden wir nie frei, zu sein, wer wir sind. Nicht unsere Eltern gilt es zu ändern, sondern unsere eigenen Ansichten, Einstellungen und Beziehungsmuster. Mit ihnen verändern wir zugleich in entscheidender Weise die Dynamik unserer Beziehungen. Wir können andere Menschen nicht ändern, wohl aber die Spielregeln in der Beziehung und damit auch die Art, wie die anderen sich uns gegenüber verhalten.

Wir lassen es zu, daß Großeltern zu sehr lieben

Für Eltern, die uns zu sehr geliebt haben, kann ein Enkelkind das allergrößte Geschenk sein – eine Art Entschädigung.

Im günstigsten Fall hilft uns unsere neue Elternrolle, unsere Eltern besser zu verstehen. Im schlimmsten Fall wird die Erziehung des Enkelkindes zu einem Schlachtfeld und Auffangbecken für alle unsere Konflikte mit den Eltern. Wir beklagen uns, daß sie unser Kind mit Essen vollstopfen. Sie verziehen es. Sie geben uns das Gefühl, als Erzieher zu versagen. Irgendwann wissen wir nicht mehr: Wer hat hier eigentlich das Ruder in der Hand? Wessen Kind ist es eigentlich? Unsere Eltern meinen, sie müßten in Erziehungsdingen das letzte Wort sprechen, weil sie so viel erfahrener sind als wir. Sie, die Alternden, sehen unser Kind als eine Chance, sich noch einmal in einer Kunst zu betätigen, die sie ihr Leben lang geübt haben. Können wir ihnen nach allem, was sie für uns getan haben, nicht wenigstens diese letzte Gelegenheit gönnen?

So können unsere Kinder zum Auslöser für wechselseitige Ressentiments werden. Wir hätten gern die beste aller Welten: Unsere Eltern sollten für uns Babysitter spielen, wenn wir sie brauchen, sich ansonsten aber rar machen. Oft geben wir, ohne es zu wissen, gemischte Signale: Hilf mir – aber bitte zu meinen Bedingungen!

Wenn wir Kinder haben, sind wir vielleicht wirklich auf unsere Eltern angewiesen. Sie haben wertvolle Erfahrungen. Die Welt wird immer unsicherer; da scheint es das sicherste, unsere Kinder unseren Eltern anzuvertrauen. Wir möchten nicht, daß sie sich allzusehr in die Erziehung unserer Sprößlinge einmischen, aber sie sollen doch für uns und unsere Kinder dasein.

Für dieses Problem gibt es keine einfache Lösung. Der Versuch, sich mit unseren Eltern in bezug auf unsere Kinder auf praktikable Beschränkungen und Grenzen zu einigen, kann ein Anfang sein. Erklären Sie Ihren Eltern Ihre Ansichten: Wenn jeder das Kind etwas anderes lehrt, wird es darunter leiden. Es fängt vielleicht an, die Erwachsenen zu manipulieren. Es wird verunsichert, wenn die Menschen, die es lieben, ihm nicht einig gegenübertreten.

Erwarten Sie vor allem keine übermenschliche Größe von Ihren Eltern! Wenn Sie sich ständig auf sie verlassen, Ihr Kind die ganze Zeit bei ihnen deponieren und sie alle Augenblicke um Rat fragen, dann müssen Sie damit rechnen, daß Ihre Eltern sich auch gehörig in die Erziehung Ihrer Kinder einmischen. Wenn Sie Ihre Eltern praktisch bitten, die Elternrolle gegenüber Ihrem Kind einzunehmen, brauchen Sie sich nicht zu wundern, wenn Ihre Eltern das auch tun. Wollen Sie aber Ihr Kind selbst erziehen, dann tun Sie das – und übernehmen Sie alle Verantwortung, die damit verbunden ist.

Wir können auch nach unserer Heirat in der kindlichen Rolle verharren, die wir zuvor unseren Eltern gegenüber innehatten. Wir können immer zu unseren Eltern laufen statt zu unserem Partner, so daß wir gar nicht wirklich verheiratet sind. Wir können weiterhin den alten familiären Beziehungsmustern folgen. Oder wir können uns klarmachen, daß für uns als Erwachsene jetzt die Ehe höchste Priorität hat. Sie gibt uns die Möglichkeit, ein neues familiäres Beziehungsmuster aufzubauen, das unsere Eltern nicht unbedingt ausschließt, uns aber Unabhängigkeit erlaubt.

Sich wirklich von Eltern zu trennen, die uns zu sehr lieben, erfordert Mut. Wir sollten dabei nicht auf dem Alles-oder-nichts-Prinzip bestehen, denn tatsächlich löst sich niemand je vollständig von seinen Eltern, seinen Kindheitsfrustrationen und -enttäuschungen. Der Befreiungsprozeß besteht darin, daß wir uns jeden Tag wieder ein kleines Stück weiter vorkämpfen und mehr Zutrauen zu uns selbst entwickeln. Es geht darum, uns unserer Konflikte bewußt zu werden, unsere Fluchttendenzen zu überwinden und den Mut aufzubringen, unsere Probleme direkt anzugehen.

8. Kapitel
Der innere Kritiker

«Wir wissen, daß du uns nie enttäuschen wirst.»

«Als ich auf der High School war, mußte ich mir immer
anhören: ‹Warum bekommst du keine glatten Einser wie
dein Cousin Sheldon? Du bist doch viel klüger als er.›

Ich bewarb mich bei verschiedenen Colleges, und die
Reaktion war: ‹Warum kommst du nicht ans Yale College? Dein Cousin ist doch auch dort angenommen worden, und er mußte sich nicht halb so sehr darum bemühen
wie du.›

Schließlich machte ich meinen Abschluß und bekam
meine erste Stelle. ‹Warum hast du dich mit einem so
niedrigen Gehalt zufriedengegeben?› fragte mein Vater.
‹Dein Cousin verdient im Jahr zehntausend mehr.›

Aus alledem habe ich eine große Lehre gezogen: Ich
hasse meinen Cousin Sheldon zutiefst.»

Dale, 30 Jahre, Ingenieur

«Ich komme mir so dumm vor; wenn ich doch nur so klug
wäre wie...»

«Ich hasse meinen Körper; wenn ich doch nur aussehen
würde wie...»

«Mein Leben ist langweilig; warum kann es nicht so sein
wie das von...»

«Ich bin nie gut genug; wenn ich doch nur sein könnte
wie...»

Klingt das vertraut? Für viele von uns sind die Stimmen, die
uns verurteilen und ständig kritisieren, schon fast zu einer täg-

lichen Selbstverständlichkeit geworden. Ein «innerer Kritiker» lauert in uns und untergräbt unsere Energie mit ständigen Gedanken, wie zum Beispiel, wir seien nicht gescheit, attraktiv oder gut genug.

Warum haben wir als Erwachsene so viele Selbstzweifel? Wie konnten wir bei soviel Liebe, Lob und Zuwendung in unserer Kindheit in die Falle der ständigen Selbstkritik geraten? Die lebenslange Selbstkritik des Kindes, das zu sehr geliebt wurde, hat sich weniger an der Kritik seiner Eltern entzündet als vielmehr an den hohen Erwartungen, die diese an es richteten – Erwartungen, die ein Gefühl des Versagens hervorrufen. Hören Sie einmal zu, was einige Erwachsene über ihre Erinnerungen an früher zu sagen haben:

Brian: «Mein Vater ist wirklich ein großartiger professioneller Klavierspieler. Als ich sechs Jahre alt war, begann er mir Unterricht zu geben. Was als Vergnügen begann, wurde allmählich zu einem richtigen Alptraum. Ich übte immer im Wohnzimmer, und alle paar Minuten brüllte er aus dem Schlafzimmer zu mir rüber: ‹Nein! Das ist Fis, nicht F!› Oder: ‹Das b, nicht das H!› Oder auch: ‹Achte auf dein Tempo, du wirst zu schnell!› Nach einer Weile hatte ich Angst, die Tasten auch nur zu berühren. Immer, wenn meine Eltern eine Party gaben, war mir den ganzen Tag lang schlecht, weil ich wußte, daß ich ihren Freunden auf dem Klavier etwas vorspielen mußte. Ich kann nur sagen, Beethoven muß sich im Grabe umgedreht haben, denn aus seiner ‹Pathétique› wurde unter meinen Händen eine Kakophonie. Jedesmal, wenn ich heute in die Nähe eines Klaviers komme, habe ich das Gefühl, daß mein Vater im Flügel lauert und nur darauf wartet, mich zurechtzuweisen.»

Alison: «Ich wurde niemals versohlt, angebrüllt oder heruntergemacht. Aber all das wäre mir sehr viel lieber gewesen, als wenn meine Mutter sich an mich wandte und sagte: ‹Ich bin sehr enttäuscht von dir.› Ich bin dann fast gestorben. Nicht etwa daß sie von etwas enttäuscht gewesen wäre, was ich *getan* hatte, sondern sie war von *mir* enttäuscht.»

Andy: «Jedes Jahr zu Weihnachten hatten wir das Haus voller Leute, und mein Bruder und ich wurden ‹vorgezeigt›. Und ganz gleich, wie gut wir waren, wenn die Party vorbei war, wurden wir zurechtgestaucht – und das manchmal aus den lächerlichsten Gründen. ‹Du warst zu still›, ‹Du hast deiner Großmutter keinen Kuß gegeben›, ‹Du hast vergessen, Tante Judy deine Siegermedaille vom Schwimmwettbewerb zu zeigen›, ‹Weißt du nicht, wie man eine Gabel hält?› Was wir auch taten, es war nie genug.»

Billie: «Meine Schwester und ich kamen ebensogut miteinander aus wie die meisten Geschwister, und sogar noch besser als manche anderen, aber meine Mutter erwartete von uns, daß wir die besten Freundinnen sein, uns niemals streiten und immer zusammenhalten sollten. Sie konnte nicht akzeptieren, daß wir sehr verschiedene Menschen waren. Es gab Zeiten, da konnten wir uns nicht ausstehen. Dann war meine Mutter sehr deprimiert, weil wir nicht in ihr Bild von der perfekten Familie paßten. Vielleicht hätten wir sogar ein engeres Verhältnis gehabt, wenn sie uns einfach in Ruhe gelassen hätte. Aber sie mischte sich dauernd ein und versuchte uns dazu zu zwingen, ständig zusammenzusein. Heute fühle ich mich schon unwohl, wenn sich meine Schwester nur im selben Raum aufhält wie ich.»

Christine: «Ich war im Mathekurs für Fortgeschrittene und kam vom ersten Tag an nicht mit. Ich sagte: ‹Mutti, ich muß den Kurs aufgeben und etwas anderes belegen.› Sie sagte: ‹Nein, das kannst du nicht machen. Streng dich mehr an.› Ich bestand keinen Test. Es war einfach zu schwer für mich. Selbst der Lehrer versuchte, mit meiner Mutter zu sprechen, aber das brachte auch nichts. Sie erzählte mir, ihr sei es lieber, ich bekäme im Fortgeschrittenenkurs eine Vier, als daß ich den normalen besuchte, und daß ich mich einfach nicht genug bemühte.»

Evan: «Von Papa kam für mich ständig die Botschaft rüber, der Beste sein zu müssen. Es ging nicht darum, mein Bestes zu *tun*, sondern der Beste zu *sein*. Ob es nun um Sport, Schule oder selbst meine Freunde ging, seine Erwartungen saßen mir ständig im Nacken. Ihm geht es nicht darum, wie du das Spiel spielst, sondern ob du gewinnst oder verlierst.»

Erwartungen. Es scheint, als gäbe es nichts, was wir nicht erreichen oder sein können, wenn wir uns nur genügend Mühe geben. Das jedenfalls erzählen uns unsere Eltern.

Auch wenn nichts verkehrt daran ist, daß Eltern an ihre Kinder glauben und ihnen Erfolg wünschen, sind Kinder, die zu sehr geliebt werden, doch oft Opfer unrealistisch hoher Erwartungen in bezug auf das, was sie tun oder lassen sollen. Mit unrealistischen Erwartungen meinen wir unflexible Erwartungen, die uns über unsere Grenzen auf die perfektionistischen Ziele unserer Eltern zudrängen. Sie legen mehr Wert darauf, daß wir «gut aussehen» und bei anderen Menschen ankommen, als auf die Entwicklung innerer Qualitäten, und sind eher durch das Bedürfnis motiviert, uns zu kontrollieren und zu beschützen, als uns zu lieben.

Der einfache Satz «Das kannst du besser» kann verheerend sein, wenn das «besser» unsere Grenzen überschreitet und nichts, was wir tun, jemals gut genug ist. Mit solch unrealistisch hohen Erwartungen werden die Weichen für das gestellt, was die Psychologin Karen Horney als «die Tyrannei des ‹Du sollst›» bezeichnet:

«Er sollte von äußerster Ehrlichkeit, Großzügigkeit, Umsicht, Gerechtigkeit, Würde, Mut und Selbstlosigkeit sein. Er sollte der perfekte Liebhaber, Ehemann und Lehrer sein. Er sollte imstande sein, alles zu ertragen, jeden Menschen zu mögen, sollte seine Eltern, seine Frau und sein Land lieben: Oder er sollte nicht an irgend etwas oder irgend jemanden gebunden sein, nichts sollte ihm etwas ausmachen, er sollte sich niemals verletzt fühlen und immer heiter und gelassen sein. Er sollte das Leben immer genießen; oder er sollte über Spaß und Vergnügen erhaben sein. Er sollte spontan sein; er sollte seine Gefühle immer unter Kontrolle haben. Er sollte alles wissen, verstehen und voraussehen. Er sollte imstande sein, sowohl sämtliche eigenen Probleme als auch die anderer sofort zu lösen. Er sollte fähig sein, jede Schwierigkeit in dem Augenblick zu überwinden, in dem er sie erkennt. Er sollte niemals müde sein oder krank werden. Er sollte immer imstande sein, eine Arbeit zu finden. Er sollte Dinge in einer Stunde erledigen können, für die man eigentlich zwei oder drei Stunden braucht.»

Viele von uns können sich mit der Tyrannei des «Du sollst» identifizieren. Weil wir unsere Eltern zu sehr lieben, haben wir das Gefühl zu versagen, wenn wir ihre Erwartungen nicht erfüllen. Der innere Kritiker ist geboren und fährt fort, uns mit verbalen und nonverbalen Botschaften von unseren Eltern und anderen Menschen, die uns wichtig sind, zu füttern. Je höher diese Erwartungen sind, desto schneller fühlen wir uns am Boden vernichtet, wenn wir sie nicht erfüllen, und desto selbstkritischer werden wir.

Denken wir einmal an die Kritik, die Brian, der junge Mann in einer der oben zitierten Selbstdarstellungen, von seinem Vater erfuhr. Brians Klavierstunden waren aufgrund der hohen Erwartungen seines Vaters ein Fiasko. Der Vater hatte die Absicht, seinem Sohn zu helfen, doch seine perfektionistischen Maßstäbe machten Brian das Leben schwer. Immer, wenn er auf dem Klavier einen Ton anschlug, schaltete das Radarsystem seines Vaters sich ein. Brians Vater konzentrierte sich nicht auf das, was Brian richtig machte, sondern auf das, was er falsch machte. Das Streben nach Perfektion war dem Vater eindeutig wichtiger als der Spaß am Klavierspiel.

Sein ständiges kritisches Bewerten von Brians Spiel führte zu einem schweren Fall von Leistungsangst. Mit der Zeit assoziierte Brian das Klavier mit Stress statt mit Spaß. Eltern, die an ihre Kinder unrealistisch hohe Erwartungen stellen, bringen diesen indirekt bei, Leistung mit Druck zu assoziieren. Je höher diese Erwartungen sind, desto wahrscheinlicher wird es, daß das Kind «durchfällt».

Als Erwachsene sind wir sehr gut darin, die kritischen Botschaften, die wir als Kinder erhielten, noch fortzuspinnen: «Du kannst das besser» wird zu «Ich bin nicht gut genug». «Das kannst du nicht, laß mich das für dich tun» wird zu «Ich werde versagen, wenn ich es selbst tue»; und «Fang keinen Streit mit mir an» wird übersetzt in «Ich soll nicht eigenständig denken». «Sei immer nett zu anderen Menschen» verwandelt sich in «Ich sollte niemals jemanden wissen lassen, daß ich ärgerlich bin»; und «Wir lieben dich, wenn du gut bist» wird zu «Ich werde nur geliebt, wenn ich erfolgreich bin. Ich muß in allem, was ich tue, perfekt sein oder wirken, sonst bin ich ein Versager».

Auch wenn wir diese Botschaften von früher nicht bewußt wahrnehmen, beeinträchtigen sie unser Denken und Tun. Jeff, ein vierunddreißigjähriger Sänger, beschreibt seinen ständigen Kampf mit seinem inneren Kritiker folgender Selbstcharakterisierung: «Wenn die Leute sagen, ich sei ein guter Sänger, denke ich immer, das ist ja doch nur Geschwätz. Vielleicht bin ich neurotisch, aber ich kann einfach nicht aufhören, mich ständig mit all den großen Sängern wie Stevie Wonder und Ray Charles zu vergleichen. Ganz gleich, wieviel Unterricht ich nehme und wie sehr ich übe, meine Stimme klingt einfach nie gut genug.

Ende der siebziger Jahre, während ich mich durchs College schlug, gründete ich diese Band mit ein paar Kumpels. Wir schmissen ein paar Beatles- und Stones-Melodien zusammen und landeten einen regelmäßigen Auftritt samstags abends in einer Kneipe, die ‹Hairy Banana› hieß. Vierzig Dollar pro Mann und Getränke frei.

Die Leute, die da hinkamen, waren vollkommen unkonzentriert, die meisten betranken sich sinnlos. Niemand hörte überhaupt zu, wenn ich sang, aber das machte nichts. Ich schaute immer ins Publikum. Wenn ich Leute an der Bar Witze reißen und lachen sah, dachte ich: Sie lachen über mich. Sie denken, daß ich gräßlich klinge. Wenn ich ein Lied zu Ende gebracht hatte, war ich sicher, daß alle dachten: Was für ein Trottel. Er kann nicht singen!

Die Leute klatschten, und ich konnte nicht verstehen, warum. Es haute mich völlig um, wenn Leute zu mir hochkamen und mir sagten, was für eine tolle Stimme ich hätte. Das paßte einfach nicht in mein Bild.

Ich habe jetzt mit Unterbrechungen fast zwanzig Jahre lang Musik gemacht. Seit ‹Hairy Banana› bin ich einen langen Weg gegangen. Und trotzdem nimmt meine Befangenheit nicht ab. Menschen sagen mir, ich ginge zu hart mit mir um. Weiß ich nicht. Mich wurmt es einfach, daß ich nicht singe wie Stevie Wonder.»

Ein drängender innerer Kritiker, gespeist von negativem Konkurrenzdenken, untergräbt die Selbstachtung. Er ist freudig erregt, wenn er uns dabei erwischt, wie wir uns voller Selbstzweifel mit anderen Menschen vergleichen. Er frohlockt, wenn wir anfällig werden für die Kritik von Menschen, denen wir das Recht geben, uns zu beurteilen. Wir beginnen, unsere inneren Urteile auf andere zu projizieren, und fühlen uns auch dann noch kritisiert, wenn das gar nicht der Fall ist. Die ständige Kritik wird zu etwas Altvertrautem, dem wir nur schwer widerstehen können.

Jeffs Geschichte macht die subtilen täuschenden «Tricks» des inneren Kritikers deutlich: Vergleichsdenken, Projektion, Abwerten von Komplimenten, Übertreiben von Problemen und Schwarzweißdenken. Wenn wir ebenso selbstkritisch sind wie Jeff, bemerken wir diese Verzerrungen unseres Denkens vielleicht nicht einmal, bis sie anfangen, uns zu lähmen.

Lassen Sie uns diese Täuschungsmanöver unseres inneren Kritikers der Reihe nach betrachten.

Vergleichsdenken

Unsere Gesellschaft legt enorm viel Wert auf Leistung. Wie wir aussehen, wieviel Geld wir verdienen, wo wir wohnen und wen wir kennen – all das wird ausschlaggebend für unser Selbstgefühl. Gefangen im Strudel des Konkurrenzdenkens, haben wir nur selten das Gefühl, gut genug zu sein. Neidisch auf das neue Auto unseres Nachbarn, das Geld unseres besten Freundes und die Doktorarbeit unserer Kollegin, kritisieren wir uns dafür, nicht so «gut» zu sein wie die anderen. Wären wir doch nur ebenso erfolgreich wie diese Leute, die wir beneiden, dann – so glauben wir – wären wir glücklich.

Diese Konzentration auf den Konkurrenzkampf mit anderen wird noch verstärkt, wenn wir in einer Familie aufwachsen, in der die Eltern zu sehr lieben. Wir hören Botschaften wie: «Warum kannst du nicht so gut sein wie dein Bruder?» – «Billy Smiths Mutter hat mir erzählt, daß Billy nur Einser bekommt. Sie sind so stolz auf ihn.» – «Mary ist in Stanford angenommen worden; ist das nicht wunderbar?» Die Vergleichsspiele finden kein Ende.

Wenn Eltern so viel von uns wollen, sind die Lebensziele hoch gesteckt. Unsere Selbstachtung hängt davon ab, was wir erreichen. Wir beurteilen uns danach, was wir tun – nicht danach, wer wir sind.

Wir haben das Gefühl, dann am meisten geliebt zu werden, wenn wir erfolgreich sind. Unsere Eltern scheinen zu strahlen, wenn wir ganz oben landen. Und auch wenn nichts daran verkehrt ist, daß unsere Eltern stolz auf uns sind und uns ermutigen, fragen wir uns doch, ob sie uns ebensosehr lieben würden, wenn wir versagten. Wir möchten ihnen so gern gefallen.

Wenn wir gut dastehen, stehen auch sie gut da. Aber wenn wir nicht so gut abschneiden, was manchmal unvermeidlich ist, haben wir das Gefühl, sie im Stich gelassen zu haben.

Die Botschaften, die wir als Kinder empfangen, werden zum Kern unseres Glaubenssystems als Erwachsene. Das Leben wird zu einem endlosen Wettkampf zwischen uns und anderen, und unser innerer Kritiker spielt dabei den Schiedsrichter. Wir können uns niemals entspannen.

Jerome, ein vierundvierzigjähriger Autoverkäufer, erinnert sich daran, wie das Vergleichsdenken ihm seinen Winterurlaub verdarb, auf den er sich schon monatelang gefreut hatte. «St. Thomas war wunderschön, das Wetter war vollkommen, und alles war wunderbar, bis ich beschloß, mich für ein Pingpongturnier einzutragen. Ich sollte gegen den kahlköpfigen Kerl aus New Jersey spielen. Schon nach den ersten zehn Sekunden unseres Spiels konnte ich sehen, daß es ums Ganze ging. Er war verdammt gut. Wir schlugen uns die Bälle zu, als ginge es um Leben und Tod. Nach zwei Runden hatte dieser Blödmann mit zwei Punkten Vorsprung gewonnen.

Hier bin ich nun im Urlaub und versuche abzuschalten. Mir ist klar, daß ich diesen Kerl nie wiedersehen werde, aber ich bin völlig fertig, weil ich dieses blöde Turnier verloren habe. Den Rest des Tages habe ich damit verbracht, jeden Satz durchzugehen und mir jeden meiner Schläge noch einmal vor Augen zu führen. Ich bin zu kribbelig, um am Strand zu liegen, also blase ich in meinem Zimmer Trübsal. Der Tag ist hin. Meine Frau, die nicht verstehen kann, was denn nun das große Problem ist, versucht, mich aufzumuntern, aber das nützt nichts. Jetzt noch zucke ich zusammen, wenn ich an das Pingpongspiel denke und wie ich es um zwei Punkte verloren habe.»

Jeromes Geschichte illustriert, welchen Preis ein strenger innerer Kritiker fordern kann. Er verlockt uns zu Konkurrenz- und Vergleichsspielen, aber diese Spiele sind niemals fair. Unser innerer Kritiker ist niemals objektiv. Er ist viel mehr mit unserem Verlieren als mit unserem Gewinnen beschäftigt. Was bedeutete es für Jerome, daß er dieses Pingpongspiel verloren hatte? Hieß es, daß sein Leben ein Mißerfolg war, ohne jeden Sinn, ohne Wert? Solche Gedanken scheinen lächerlich zu sein, aber ein strenger innerer Kritiker ist immer Meister darin, uns ein Gefühl tiefen Unbehagens zu vermitteln, wenn wir im Vergleich mit anderen nicht gut genug abschneiden – und das selbst bei Anlässen, die uns eigentlich relativ unwichtig sind.

Projektionen

Ähnlich wie ein Projektor, der Bilder auf eine Leinwand wirft, projiziert unser innerer Kritiker seine negativen Gedanken auf die Menschen unserer Umgebung. Im folgenden ein paar Beispiele für Projektionen im täglichen Leben:

«Wenn ich einen Raum voller Menschen betrete, kommt es mir so vor, als ob alle über mich redeten.»

«Männer wollen alles unter Kontrolle haben und sind selbstherrlich, wie mein Vater.»

«Mein Chef ist immer nett zu mir, aber ich weiß, daß er wie ein Geier darauf lauert, daß ich einen großen Fehler mache.»

Wir alle neigen bis zu einem gewissen Grad zu Projektionen. Das ist an sich kein Problem. Wenn es jedoch dahin führt, daß wir ständig ängstlich sind, Menschen und Gelegenheiten aus dem Weg gehen und uns durch die Urteile anderer Menschen wie gelähmt fühlen, dann hat der innere Kritiker zuviel Macht.

Um Ihre Art des Projizierens besser verstehen zu können, fertigen Sie eine Liste der Botschaften an, die Sie sich selbst über Ihre eigene Person vermitteln. Vergleichen Sie diese Liste damit, wie Sie glauben, von anderen gesehen zu werden. Wo weisen diese Listen Ähnlichkeiten auf? Wie oft waren Sie von Komplimenten überrascht, weil Sie gedacht haben, man würde Sie gleich kritisieren? Beginnen Sie, Ihre Annahmen zu überprüfen. Lernen Sie, Ihre Projektionen erkennen. Auf diese Weise werden Sie sich allmählich von den Verzerrungen Ihres eigenen Denkens befreien können.

Komplimente abwerten

Manchmal wird in unseren Familien statt ständiger Kritik eher übertriebenes Lob verteilt: «Cindy ist das hübscheste Mädchen in ihrer Klasse.» – «Marcie ist einfach genial.» – «Tommy kann alles, wenn er es nur versucht.» Die Komplimente kommen angeflogen wie Konfetti zu Silvester.

Es ist schwer zu glauben, daß Lob auf Kinder negative Auswirkungen haben und verursachen soll, daß sie selbstkritisch werden. Wenn diese Art der Ermutigung aber übertrieben wird, kann sie manchmal eher schädlich als hilfreich sein. Wenn wir von Kindesbeinen an ständig hören, wie wunderbar, schön und klug wir sind, müssen wir vielleicht feststellen, daß uns eine Brise harter Realität erwartet, wenn wir die Sicherheit unseres Zuhauses verlassen.

In der Schule sind wir oft verblüfft, wenn wir erfahren, daß wir nicht bei allen so beliebt sind: «Susie White hat mich ein Ekel genannt... Frau Frank hat gesagt, ich sei faul und verdorben... Joey Lee ist erster Fänger beim Baseball geworden, nicht ich, und das ist einfach ungerecht.»

Wir fangen an, mißtrauisch und unsicher zu werden. Wir fragen uns: Kann es sein, daß meine Eltern gelogen haben? Wo stehe ich wirklich? Wenn ich meinen Eltern nicht vertrauen kann, wem dann?

In dem Versuch, uns zu schützen, hören wir auf, Komplimenten zu glauben. Das ist sicherer. Wir lächeln scheinbar zufrieden, wenn uns jemand sagt, wie wunderbar wir seien, aber in Wirklichkeit kaufen wir es ihm nicht ab.

Kinder, die man zu häufig lobt, werden abhängig von der Anerkennung anderer Menschen. Umgekehrt lernen sie nie, ihre Leistungen selbst zu erkennen und zu schätzen. Die Folge ist, daß die Selbstachtung großen Schwankungen unterliegt, während das Individuum fortwährend anderen in die Augen schaut, um herauszufinden, ob mit ihm alles in Ordnung ist oder nicht. Ein solcher Mensch wird ein Schmeichler, der bereit ist, fast alles zu tun, nur um gelobt zu werden.

Eine weitere Auswirkung von zuviel Lob besteht darin, daß unsere Selbstachtung immer mehr von dem abhängig wird, was wir erreichen. Der Sieg beim Schwimmwettbewerb bringt großes Lob vom Vater ein, der es für sein eigenes Wohlgefühl braucht, daß sein Sohn viel leistet. Doch wenn dies die einzige Situation ist, in der das Kind Lob erhält, lernt es zu glauben, daß es versagt, wenn es die Erwartungen anderer Menschen nicht erfüllt. Ein solcher Mensch wird zum Opfer eines strengen inneren Kritikers, der Leistungen von ihm verlangt und sein Selbstwertgefühl bei jedem flüchtigen Vergehen in Frage stellt.

Unsere Selbstachtung wird abhängig von Lob, unser Ziel wird, anderen auf jede nur mögliche Weise Lob zu entlocken. Wir werden zu Erwachsenen, die nicht immer wissen, daß wir für unsere eigene Entwicklung lernen und etwas leisten – und nicht, um anderen Menschen zu gefallen. Die Folge ist, daß wir selten Freude am Lernen haben oder erfahren, was uns wirklich glücklich und zufrieden macht. Wir mühen uns eher für Lob ab als für unsere eigene innere Erfüllung.

Zuviel Lob läßt uns außerdem anderen gegenüber mißtrauisch werden. Wenn Kinder für fast alles, was sie tun, Lob erhalten, werden sie argwöhnisch, ob das wohl die Wahrheit sei. Kinder, die zu sehr geliebt werden, lobt man übertrieben für ihr falsches Singen, ihre holprigen Tanzschritte, für die Mißtöne, die sie Instrumenten entlocken und die kaum etwas mit Musik zu tun haben.

Nichts ist daran verkehrt, Kinder für ihr Bemühen zu loben, wenn deutlich wird, daß es auch wirklich das ist, was gelobt wird. Werden wir jedoch übertrieben gelobt, sind die Botschaften, die wir außerhalb unseres Elternhauses erhalten, nur selten ebenso positiv wie die unserer Eltern. Unser Musiklehrer wird uns sagen, wir sollten nicht den Rhythmus verlieren. Die Gesangslehrerin wird uns anweisen, den Ton zu halten. Wem glauben wir dann?

Was sind unsere wirklichen Fähigkeiten? Da sind wir nicht sicher. Es gibt keinen objektiven Weg, unsere Kompetenz, die von unseren Eltern so oft überschätzt wurde, realistisch zu beurteilen. «Du kannst alles» wird zu «Du kannst nichts», weil wir kein sicheres Gespür dafür haben, was wir können und was nicht.

Eine ständige Überschätzung unserer Stärken kann zur Basis unserer Selbstkritik werden. Menschen, die uns sehr geliebt haben, haben uns erzählt, wir seien die Stärksten, Schönsten und Besten. Die Welt aber hat uns gezeigt, daß wir fehlbare menschliche Wesen sind, die manchmal wunderbare Dinge zustande bringen, manchmal aber auch nicht. Wir haben den Erwartungen nicht entsprochen. Solche Gefühle können uns unser ganzes Leben lang verfolgen und uns glauben machen, daß nichts, was wir tun, jemals gut genug ist.

Probleme aufbauschen

Eltern, die zu sehr lieben, leben bei nichts so sehr auf wie bei Aktivitäten, mit denen sie die Probleme ihrer Kinder lösen wollen. Angefeuert von ihrem eigenen inneren Kritiker, haben Eltern, die zu sehr lieben, unglaubliche Radarantennen für Probleme. Sie sind intuitiv. Sie sind scharfsichtig. Sie sind nicht aufzuhalten, wenn es um ihre Kleinen geht, und unersättlich in ihrem Wunsch, sie zu beschützen.

Das eigene Kind zu *beschützen*, ist natürlich und gesund. Das Kind aber *übertrieben* vor allem zu schützen, ist zerstörerisch. Wenn Eltern ein Scheinwerferlicht auf jedes kleine Mißgeschick richten, das ihrem Kind widerfährt, schaffen sie unweigerlich eine Atmosphäre, in der Probleme im Vordergrund stehen.

Das gilt auch für Jills Familie. Sie bekennt: «Meine Eltern machen ein Aufhebens von mir, das viele Leute wahrscheinlich krankhaft finden. Als ich in der öffentlichen Schule Schwierigkeiten hatte, nahmen sie mich heraus und schickten mich auf eine Privatschule. Als ich siebzehn war und mein Freund sich von mir trennte, schickte meine Familie mich zu einem Skiwochende nach Aspen, damit ich nicht mehr daran denken mußte. Wenn meine Eltern fragen: ‹Wie geht es dir?›, weiß ich, daß sie damit in Wirklichkeit sagen: ‹Erzähle uns, was dich bedrückt. Sag uns, wie wir dir helfen können, damit es dir besser geht.›»

In manchen Familien sind Gespräche über Probleme die einzige Form von Austausch, die zwischen Eltern und Kindern stattfindet. Wie eine Frau es ausdrückt: «Ich kann mir nicht vorstellen, worüber wir reden sollten, wenn ich mit meiner Mutter nicht über meine Diät sprechen würde und darüber, wie schwer mir der Versuch fällt, ein paar Pfund abzunehmen, oder wenn ich nie erwähnen würde, wie sehr ich meine Arbeit hasse.»

Aber unsere Eltern sehen unsere Welt nicht immer korrekt oder objektiv. Sie neigen dazu, Probleme zu vergrößern. Ängste verzerren die Wahrnehmung, und unsere Beziehung zu unseren Eltern kann ausschließlich eine zwischen «Helfer» und «Hilflosem» sein.

Manchmal haben wir das Gefühl, daß unsere Eltern uns am meisten lieben, wenn wir in Schwierigkeiten sind. Die Folge ist, daß viele von uns lernen, zu manipulieren und Probleme zu schaffen, um die Liebe der Eltern zu gewinnen. Wenn wir unsere Probleme dramatisch aufbauschen, können wir unsere Eltern dahin bringen, so die Hände über uns zu ringen, daß wir getröstet sind. Wer sonst in unserem Leben nimmt soviel Anteil an uns? Also machen wir einige unserer Probleme sehr viel größer, als sie sind, und haben dabei keine weiteren Schuldgefühle. Tatsächlich glauben wir, unsere Eltern zu beschäftigen und ihnen einen Lebensinhalt zu geben.

Wir neigen dazu, diese Verhaltensmuster aus unserer Kindheit auch in unseren Beziehungen als Erwachsene durchzuspielen. Mancher von uns versucht, andere Menschen genauso zu manipulieren, wie er es mit seinen Eltern getan hat, indem er nämlich seine Probleme auspackt und sie übertreibt. Leider sind andere nicht so geneigt, auf unser Spiel einzugehen.

Wenn wir unser Leben nach der Sicht unseres inneren

Kritikers ausrichten, entwickeln wir viele sinnlose Verhaltensmuster: Wir brauchen Anerkennung, um das Gefühl haben zu können, daß wir in Ordnung sind. Wir fangen an, Menschen und Gelegenheiten zu meiden, weil wir zuviel Angst vor Ablehnung haben. Wir zögern Dinge hinaus, weil es so viel Kraft kostet, sie perfekt zu tun. Wir haben Schwierigkeiten, anderen unsere Gefühle mitzuteilen, weil wir Angst haben, daß unsere Schwächen zutage treten. Unsere Lernfähigkeit nimmt in dem Maße ab, wie unser «innerer Kritiker» uns jedesmal zusammenstaucht, wenn wir einen Fehler machen. Und das Schlimmste ist, daß ein übertrieben selbstkritisches Wesen Beziehungen zu anderen Menschen im Wege stehen kann. Wenn wir mit uns selbst streng umgehen, sind wir leicht auch mit anderen streng. Damit vertreiben wir Menschen, an denen uns etwas liegt.

Das selbstkritische Denken fordert einen gewaltigen emotionalen Preis: geringe Selbstachtung, die Unfähigkeit, Entscheidungen zu treffen, Freudlosigkeit, Angst vor Erfolg, Schuld und Scham, defensives Verhalten in der Beziehung und mangelnde Kreativität. Schauen wir uns diese Punkte genauer an.

Geringe Selbstachtung

Selbstachtung ist ein Barometer, das anzeigt, welche Gefühle wir uns selbst entgegenbringen, und mit dessen Hilfe wir laufend selbst einschätzen können, inwieweit wir unseren eigenen Erwartungen entsprechen. Kindern, die von ihren Eltern überversorgt wurden, fällt eine solche Selbsteinschätzung oft sehr schwer.

Unser Selbstbild entwickelt sich in der frühen Kindheit. Wir erfahren durch eine Vielzahl von verbalen und nonverbalen Botschaften, wer wir sind. Als Kinder sind wir nicht in der Lage, Wahrheit von Fiktion zu unterscheiden. Weil wir Meinungen und Tatsachen miteinander verwechseln, übernehmen wir die Erwartungen anderer und verinnerlichen sie zu eigenen

Erwartungen an uns. Und die Erwartungen, die unsere Eltern an uns stellen, sind uns wichtiger als die sämtlicher anderer Menschen.

Die Folge dieses Verinnerlichungsprozesses ist, daß wir konkret zwei verschiedene Selbstbilder entwickeln. Das erste entspricht einer Reihe von Regeln, die besagen, wie wir sein *sollten*. Das zweite beruht auf unserer Selbstbeobachtung, also darauf, wie wir *sind*. Wenn unsere Eltern unrealistisch hohe Erwartungen an uns stellten, klafft, wenn wir erwachsen geworden sind, zwischen diesen beiden Sehweisen meistens ein großer Unterschied.

Marsha suchte eine Therapie auf, weil sie eine so geringe Meinung von sich hatte, daß sie sich bei ihrer Arbeit unsicher fühlte und ihrem Vorgesetzten ständig Fragen stellte; deshalb wurde sie bei Beförderungen nicht berücksichtigt und von wichtigen Projekten ausgeschlossen, bei denen sie die Chance gehabt hätte, sich zu beweisen.

Marsha wurde gebeten, in zwei getrennten Listen einmal aufzuschreiben, wie sie sich sah und wie sie glaubte, sein zu müssen.

Marshas Listen sahen wie folgt aus:

Ich bin	*Ich sollte sein*
1,56 m	1,60 m
ein wenig rundlich	schlank und gut in Form
unscheinbar	strahlend
schüchtern	kontaktfreudig und lustig
alleinstehend und einsam	mit einem Arzt verheiratet
depressiv	immer glücklich

Deutlich wird, daß Marsha in jeder Kategorie «durchfällt». Wenn man sich diese Listen anschaut, ist es nicht schwer zu verstehen, warum Marsha niemals das Gefühl hatte, gut genug zu sein.

Aber eine weitere Frage bleibt offen: Wessen Erwartungen sind das in Wirklichkeit? Im Verlauf der Beratung sah Marsha, daß sie nach den Werten und Erwartungen ihrer Eltern und der Gesellschaft statt nach ihren eigenen Vorstellungen lebte. Sie erinnert sich an ihre Kindheit und sagt: «Meine Eltern liebten mich sehr, aber sie erzählten mir ständig, wie ich noch mehr tun könne. Selbst ihre Komplimente sahen so aus, daß sie sagten: ‹Das ist wirklich großartig, und ich weiß, wenn du dich mehr anstrengst, wirst du nächstes Mal noch besser sein.›»

Warum haben die Komplimente über ihre Talente Marsha nicht motiviert und ihr Selbstgefühl gestärkt? Nach einigem Nachdenken kam Marsha zu dem Schluß: «Ganz gleich, wie gut ich etwas machte, es war nie so gut, wie ich es hätte machen können. Ich hörte ständig, daß ich großartige Anlagen habe. Für mich ist ein Gespräch über meine Begabungen nicht mit Anerkennung verbunden, sondern ich muß dabei an den Unterschied zwischen Versprechungen und tatsächlichen Ergebnissen denken. Für mich ist es keine Anerkennung, wenn mir jemand sagt, ich habe großartige Anlagen, sondern ein zweideutiges Kompliment. Damit wird heruntergemacht, wie ich heute tatsächlich dastehe.»

Wenn unsere Eltern die großartigsten Vorstellungen haben, wozu wir in der Lage sein sollten, kann das zu unrealistischen eigenen Erwartungen an uns führen. Als Marsha lernte, sich realistische Ziele zu setzen und sich so zu akzeptieren, wie sie ist, hörte sie auf, durch das Leben zu wandern und von anderen Direktiven zu erwarten. Sie kritisierte sich selbst viel weniger.

Doch wir müssen uns nicht nur realistische Ziele setzen. Unsere Selbstachtung hängt auch direkt davon ab, wie wir Aufgaben bewältigen und welches Kompetenzgefühl daraus resultiert. Kompetenz ist die Erfahrung, fähig zu sein, eine gewählte Aufgabe zu erledigen. Eltern, die zu sehr lieben, sabotieren mit ihrem Versuch, ihren Kindern das Leben leichter zu machen, unweigerlich die Gelegenheiten, bei denen die Kinder ein solches Kompetenzgefühl entwickeln könnten. Wenn sie ihre Kinder «retten», indem sie die Kontrolle übernehmen, berauben sie sie der notwendigen Mittel und Erfahrungen, mit deren Hilfe sie das Gefühl entwickeln könnten, kompetent zu sein und ihre Welt zu beherrschen.

Kinder, die übermäßig beschützt werden, lernen nur selten, sich auf sich selbst zu verlassen. Ihnen werden Erfahrungen vorenthalten, bei denen sie ihren Instinkten oder besonderen Begabungen vertrauen lernen können; und so lernen sie, sich auf die Fähigkeiten anderer zu verlassen. Die Folge ist, daß sie ein Gefühl von Unzulänglichkeit entwickeln.

Unsere Selbstachtung beeinflußt alles, was wir tun: die Qualität unserer Arbeit und unserer Beziehungen, wieviel Liebe wir geben und welche Intensität an Lebenserfahrungen wir uns zubilligen. Wir reagieren auf Menschen und Ereignisse auf der Grundlage unserer Selbstwahrnehmung. Haben wir eine schlechte Meinung von uns, reagieren wir auf Situationen wahrscheinlich mit Vorsicht und Abwehr. Aus Angst vor Kritik und Bloßstellung meiden wir vielleicht Gelegenheiten. Oder wir gehen in die Offensive, wenn wir meinen, daß andere uns Schaden zufügen wollen.

Geringe Selbstachtung ist ein generationsübergreifendes Problem. Wir können unseren Kindern nicht geben, was wir selbst nicht haben. Wenn unsere Eltern einen strengen inneren Kritiker hatten, der all ihre Erfolge immer abgewertet hat, wird das bei uns selbst ähnlich sein. Um diesen Kreislauf zu durchbrechen, müssen wir lernen, wach für unsere Bedürfnisse zu sein, und uns darauf konzentrieren, unsere inneren Stärken und unser Kompetenzgefühl zu entwickeln.

Die Schwierigkeit, Entscheidungen zu treffen

Eltern, die zu sehr lieben, kümmern sich so intensiv um uns, daß sie bei den ersten Anzeichen von Schwierigkeiten den Zwang verspüren, uns zu Hilfe zu eilen. Ob es dabei um Hilfe bei den Hausaufgaben geht, wenn wir neun Jahre alt sind, oder um das Ausfüllen unserer Steuererklärung im Alter von neun-unddreißig, unsere Eltern sind immer die ersten, die mit Rat und Tat einspringen. Es ist ihnen zur zweiten Natur geworden, alles in die Hand zu nehmen.

Als wir klein waren, war ihr Rat ein Anstoß für uns, eigene Gedanken und Vorstellungen zu entwickeln. Aber bei Heranwachsenden führt zuviel elterlicher Beistand dazu, daß sie hilflos und abhängig bleiben. Eine Frau erläutert: «Meine Mutter kommt mir immer mit meiner Schwester, deren Leben ein totales Durcheinander ist, wenn sie mich dazu überreden möchte, ihren Rat anzunehmen oder etwas auf ihre Weise zu tun. ‹Siehst du, deine Schwester hat nie auf mich gehört. Und schau dir an, wozu das geführt hat.› Nun, meine Schwester mag zwar ihr Leben verpatzt haben, doch zumindest führt sie ihr eigenes Leben. Ich bitte meine Mutter immer noch, Kleider für mich auszusuchen. Wie alt ich bin? Dreiunddreißig.»

Unsere Eltern übernehmen die Führung, weil sie dadurch das Gefühl bekommen, nützlich zu sein, und weil sie es nicht sehen können, daß es uns nicht gutgeht. Mit der Zeit lernen wir, instinktiv in ihren Augen nach Antworten zu suchen. Wir sind von ihnen abhängig, weil wir niemals wirklich gelernt haben, uns auf uns selbst zu verlassen. Infolgedessen ist es uns fast unmöglich, selbst für uns zu entscheiden.

Mark, ein Computerhändler, erinnert sich daran, daß er wie gelähmt war, als er bei der Eröffnung seines eigenen Geschäfts wichtige Entscheidungen zu treffen hatte. «Nachdem ich das mindestens ein Jahr hinausgeschoben hatte, beschloß ich schließlich, mir Visitenkarten und Briefpapier für mein neues Büro zu bestellen. Ich nehme an, es gibt Menschen, die in einen Laden gehen und innerhalb von fünf Minuten entscheiden, was sie wollen. Für mich war das eine langwierige Prozedur. Ich rief eine Graphikerin an, und sie kam mit Mustern ins Büro. Meine schlimmsten Befürchtungen wurden wahr, als sie drei Mappen voll mit Firmenemblemen hervorzog, achtzehn Farben zur Auswahl für Briefpapier mit Dutzenden von verschiedenen Schrifttypen und mindestens zehn Papiersorten.

Sie begann die Muster durchzublättern, und mir gingen die Augen über. Das mußte jemand anderes entscheiden. Ich saß da und versuchte, gefaßt und beherrscht auszusehen. Schließlich ging es hier nur um Briefpapier. Aber ich spürte, daß ich richtig schwitzte.»

Wie hat Mark schließlich seine Entscheidung getroffen? «Ganz einfach. Ich bat sie, mir die Mappen dazulassen, damit ich sie mir zu Hause ansehen könnte. Ich gab sie meiner Frau, die sie durchsah und mir in fünf Minuten sagte, was ich nehmen sollte.»

Marks Situation ist nicht ungewöhnlich. Wenn wir als Kinder unseren Eltern passiv die Kontrolle überlassen, lernen wir niemals, unsere eigenen Fähigkeiten auf die Probe zu stellen und ihnen zu vertrauen. Unser innerer Kritiker erinnert uns in jeder Entscheidungssituation daran, daß wir nicht klug genug sind, um die richtige Wahl zu treffen. So manipulieren wir andere geschickt dahin, das Risiko für uns zu übernehmen. Wir verhalten uns kühl und gleichgültig. Doch unser Mangel an Kompetenz verstärkt unsere geringe Selbstachtung. Vielleicht können wir andere zum Narren halten, aber uns selbst können wir nichts vormachen.

Freudlosigkeit

Wir beklagen uns darüber, daß das Leben nicht viel Spaß macht. Andere Menschen werfen uns manchmal vor, wir seien apathisch, gelangweilt und gleichgültig.

Warum fühlen wir uns so? Weil wir in einer Welt voller Erwartungen, Sorgen und Frustrationen leben. Unser innerer Kritiker sorgt dafür, daß wir vor allem auf unsere Mängel und Unzulänglichkeiten starren. Er erzählt uns, daß es immer noch mehr sein muß. Wir sind nicht imstande, unsere Erfolge zu genießen, weil wir tief innen niemals das Gefühl haben, gut genug zu sein.

Wenn wir mit uns so streng umgehen, sind wir leicht auch

mit anderen streng, sind unzufrieden mit unserem eigenen Leben und mit allen, die uns nahestehen. Diese ständige Unzufriedenheit mit anderen ist die Hauptursache für unsere Freudlosigkeit.

Carole, eine kürzlich geschiedene Mutter von zwei Kindern, erkannte dieses Problem, als ihr ältester Sohn Jim ihr sagte, er wolle lieber bei seinem Vater leben. «Eines Abends explodierte er einfach und schrie mich an, er könne mir einfach nie etwas recht machen. Er sei glücklich so wie er sei. Warum ich ihn denn nicht akzeptieren könne?»

Carole bekennt: «Ich gehöre zu den Menschen, die das Glas immer als halb leer statt als halb voll betrachten. Jim ist schüchtern und still. Ich nörgelte ständig an ihm herum, daß er mehr ausgehen und Freundschaften schließen solle. Ich konnte es nicht mit ansehen, wie er sämtlichen Freizeitveranstaltungen an der High School auswich und lieber in seinem Zimmer saß und Musik hörte. Statt glücklich mit dem zu sein, was an Jim in Ordnung ist, wie seine guten Noten an der Schule und seine musikalische Begabung, konnte ich immer nur das sehen, was für mich nicht stimmte.»

Bei der Beratung konnte Carole allmählich erkennen, daß das Problem nicht so sehr ihre ständige Kritik an ihrem Sohn war, sondern ihr strenges Urteil über sich selbst. Ihr wurde deutlich, daß einige der Botschaften, die sie als kleines Kind erhalten hatte, sie auch heute noch verfolgen. «Meine Eltern waren keine Menschen, die Komplimente verteilten, zumindest nicht an uns Kinder», gesteht sie ein. «Wenn ich ein gutes Zeugnis nach Hause brachte, sagten sie mir nie etwas Nettes dazu. Sie verhielten sich, als hätten sie nichts anderes erwartet. Und ganz gleich, wie gut ich in der Schule war, mein Vater hatte immer eine Menge Vorschläge bereit, wie ich noch besser werden konnte. Er stellte Listen auf und befestigte sie am Kühlschrank. Dabei sprach er von Zielen, aber im Grunde war das alles nur Kritik.»

Carole erhielt von ihrem Vater die Botschaft, daß nichts, was sie tat, jemals gut genug sein würde. Weil sie ihn liebte und seine Anerkennung brauchte, machte sie sich auf die endlose Suche nach Perfektion. Damit bereitete sie sich «perfekt» auf ein Versagen vor. Jahre später mußte sie entsetzt feststellen, daß sie ihrem Sohn die gleichen kritischen Worte sagte, bei denen sie als Kind zusammengezuckt war.

Der Schmerz, der mit der Erkenntnis einherging, daß sie mit ihrem Kritizismus die Beziehung zu ihrem Sohn zerstörte, war für Carole eine gute Lektion. Sie erkannte Seiten an sich, die sie verurteilte, wie zum Beispiel ihren Mangel an engen Freundschaften seit ihrer Scheidung. Sie hatte sich immer unwohl dabei gefühlt, neue Freundschaften zu schließen, und hatte in jüngster Zeit viele Kontaktmöglichkeiten mit neuen Menschen gemieden, weil sie sich in ihrer neuen Rolle als «Single» unwohl fühlte. Da sie diese Züge bei sich selbst nicht akzeptierte, reagierte sie negativ darauf, als sie sie an ihrem Sohn erkannte.

Als sie erst einmal begann, solche «inakzeptablen» Züge an sich zu akzeptieren, kritisierte sie ihren Sohn sehr viel weniger. Carole setzte sich intensiv mit ihrer Neigung auseinander, sich eher auf das Negative als auf das Positive zu konzentrieren, und wurde allmählich geduldiger mit sich.

Viele von uns sind ebenso selbstkritisch wie Carole. Wir wissen, daß kritisches Be- und Verurteilen Verlustspiele sind, die einen hohen Preis fordern, und trotzdem lassen wir zu, daß unser innerer Kritiker uns vom Glücklichsein abhält. Warum? Wahrscheinlich weil wir dem Irrtum aufsitzen, daß unsere Selbstkritik sich andererseits auch auszahlt. Wenn uns früh im Leben beigebracht wird, daß wir in dem Maße «perfekter» werden, wie wir uns anstrengen, werden wir streng mit uns. Wir werten uns selbst ab in der Hoffnung, dafür Zuneigung, Freundschaft oder Unterstützung zu bekommen.

Manchmal scheint das zu funktionieren. Wenn wir die Rolle des «Opfers» übernehmen und anderen erzählen, wie schrecklich und wie deprimiert wir sind, wie traurig das Leben ist, ködern wir sie für die Gegenrolle, die des «Helfers». Sie versuchen, uns ein positives Selbstgefühl zu vermitteln, indem sie uns ermutigen. Aber das Lob, das wir durch diese Manöver erhalten, gibt unserer Selbstachtung nur selten Auftrieb und ändert nicht viel an unserem Grundgefühl von Freudlosigkeit. Wenn wir uns ständig selbst herabsetzen, werden Menschen, die uns mögen, frustriert, und wir riskieren, daß sie sich von uns abwenden und uns zu meiden beginnen.

Angst vor Erfolg

Kinder, die zu sehr geliebt wurden, sind oft gescheite und begabte Menschen, die aber nicht in der Lage zu sein scheinen, ihre Träume zu realisieren. Manche werfen sich selbst vor, faul zu sein. Andere führen als Grund an, sie seien wirklich nicht klug oder begabt genug. Wieder andere sagen, Erfolg sei ihnen einfach nicht wichtig. Auch wenn alle diese Faktoren eine Rolle spielen mögen, sind sie im wesentlichen doch eine Abwehr, hinter der sich die Angst vor Erfolg verbirgt.

Max zum Beispiel hat sich im Verlauf der letzten zehn Jahre von einem sinnlosen Job in den anderen gestürzt. Obwohl er ein sehr kreativer Mensch ist, scheint er seine Ideen niemals konkret in Angriff nehmen zu können. In der Therapie beginnt Max, seine Vergangenheit zu erforschen.

«Mir scheint, je höher du aufsteigst, desto tiefer mußt du fallen. Ich glaube, das ist es, was mir am Erfolg angst macht – diese unglaubliche Last an Verantwortung, die damit einhergeht. Wenn du einmal Erfolg hast, erwarten die Leute das ständig von dir, und das ist ein ganz schöner Druck.»

Als Max heranwuchs, war sein Vater Direktor der Stadtplanungsbehörde in ihrem Ort. Aktiv in der Stadtpolitik, in lokalen Zeitungen abgebildet und zitiert, war Max' Vater für die ganze Stadt die reinste Verkörperung von Erfolg.

In der achten Klasse bewarb Max sich um den Vorsitz der Schülervertretung. «Ich war erst seit drei Jahren in der Schülervertretung, und ich glaube nicht, daß ich wirklich Sprecher werden wollte, aber mein Vater hatte seit der sechsten Klasse darauf herumgeritten, daß ich doch ‹ganz meines Vaters Sohn› sei, und wie stolz es ihn machen würde, wenn ich Schülersprecher würde.

Die Vorstellung, vor der ganzen Schule eine Rede halten zu müssen, war furchtbar. Mein Vater sagte mir, ich solle mich nicht blöde anstellen, und hielt mir Vorträge darüber, ‹wie der Hase läuft›. Schließlich engagierte er sich so für die Wahlkampagne, daß er meine ganze Rede schrieb. Sie klang überhaupt nicht nach mir. Es ging um die Jugend Amerikas, wie sie vorwärtsmarschiert, um die Welt zu verändern. Ganz schön hochgestochen für einen Haufen Kinder, aber er versicherte mir, diese Rede sei super.

Ich werde niemals vergessen, wieviel Angst ich hatte, diese Rede zu halten, zumal es in allen anderen Reden um mehr Tanzveranstaltungen und mehr Freiheiten an der Schule ging. Ich muß über jedes zweite Wort gestolpert sein. Es war der peinlichste Tag in meinem ganzen Leben.

Zwei Tage später war die Wahl. Ich fiel total durch. Über zwei Stunden lief ich durch die Straßen, weil ich den Gedanken, nach Hause zu gehen, einfach nicht ertragen konnte. Als ich schließlich dort ankam, wartete Vati auf der Eingangstreppe auf mich, ein breites Lächeln auf dem Gesicht. Als ich ihm erzählte, daß ich verloren hätte, war er drauf und dran, in die Schule zu gehen und Neuwahlen zu fordern, und wenn meine Mutter ihn nicht aufgehalten hätte, wäre er auch hingegangen. Wenn ich einen Augenblick in meinem Leben nennen sollte, in dem ich meine ganze Theorie vom Erfolg entwickelt habe, dann war es dieser.»

Viele erwachsene Kinder fühlen sich wie Max durch die Last elterlicher Hoffnungen und Träume wie gelähmt. Je größer ihr Erfolg ist, desto mehr erwarten die Eltern von ihnen. Leichter ist es dann schon, mit dem Aufstieg erst gar nicht anzufangen. Indem diese Kinder aber den Erfolg meiden, verurteilen sie sich zu lebenslanger Mittelmäßigkeit.

Ein weiterer Grund für die Erfolgsangst von Erwachsenen, die übertriebene elterliche Fürsorge erlebt haben, hat mit der

Angst zu tun, wir könnten unser emotionales Sicherheitsnetz verlieren, wenn wir unabhängig und kompetent werden. Henry zum Beispiel ist siebenundzwanzig und lebt mit seiner alternden Mutter im Haus seiner Kindheit. Er hat einen Teilzeitjob in einem Lebensmittelladen, eine Arbeit, die er nicht mag. «Aber mir fällt nichts anderes ein, was ich wirklich gern tun möchte. Ich weiß nicht, ich glaube, ich stecke einfach fest. Wahrscheinlich sollte ich ausziehen, aber wer würde sich dann um Mutti kümmern? Seit Vati gestorben ist, ist sie so ungern allein. Sie übernimmt also jetzt die Miete, und ich helfe ihr im Haus.»

Henry hat einen Bruder, Frank, damals stellvertretender Bankdirektor; er verlor vor Monaten seine Stellung, als seine Firma einer Geschäftsübernahme zum Opfer fiel. «Meine Mutter würde Frank jetzt keine zwei Cents geben. Sie sagt, Frank könne auf sich selbst aufpassen. Die ganzen Jahre über war er der Spitzentyp, er kam nur einmal im Monat vorbei, und sie trägt ihm das immer noch nach. Mir tut der Junge jetzt leid.»

Für Henry hieß Erfolg haben und ein Leben unabhängig von den Eltern führen, ein emotionales Sicherheitsnetz verlieren. Für ihn war das ganz einfach. Sein Bruder war erfolgreich gewesen, hatte die Sicherheit des mütterlichen Schutzes verloren und dann versagt. Jetzt stand er draußen im Regen.

Aber es gab noch viele andere unterschwellige Gründe dafür, daß Henrys Mutter Frank zurückgewiesen hatte, Gründe, die nichts mit seinem Erfolg zu tun hatten. Der eine, so räumt Henry ein, war, daß Frank niemals zuließ, daß seine Mutter ihn am Gängelband hielt. Ein weiterer war, daß seine Mutter nach dem Tod seines Vaters wollte, daß Frank das Familiengeschäft übernahm; doch Frank war zu sehr mit seiner Karriere beschäftigt und zu glücklich in seinem Beruf, um ihn aufzugeben. Nicht sein Erfolg war die Ursache dafür, daß er sein Sicherheitsnetz verlor. Er verlor es, weil er es nicht mehr brauchte.

Es ist möglich, erfolgreich zu sein und trotzdem eine fürsorgliche, enge Beziehung zu unseren Eltern zu haben. Menschen wie Henry werden für ihr Versagen oft in Schutz genommen. Das kann ein mächtiger Anreiz für Erfolglosigkeit sein. Aber Henry brachte das ein unerfülltes Leben ein. Das war kein guter Handel.

Kinder, die wie Henry abhängig bleiben, liefern den Eltern einen Lebensinhalt, und auch wenn diese nicht gerade begeistert vom Versagen ihrer Kinder sind, übernehmen sie doch aus Liebe und dem Wunsch heraus, sie glücklich zu sehen, deren Verantwortlichkeiten. Lebenslange Fürsorge wird nicht so leicht eingestellt. Beide Seiten sind mit ihrer Rolle nur allzu vertraut. Vielleicht ärgern uns diese Rollen, doch wir sind nicht in der Lage, die Vorteile, die sie mit sich bringen, im Austausch gegen unsere Unabhängigkeit aufzugeben. Wir möchten das Boot nicht wirklich zum Schaukeln bringen – wir könnten über Bord fallen und ertrinken. Wenn wir uns also unbewußt dafür entscheiden, hilflos und abhängig zu bleiben, schützen wir uns vor unseren Versagensängsten und nehmen unseren Eltern ihre Angst, uns zu verlieren.

Der Schuldtrip

Erwachsene Kinder, die zu sehr geliebt wurden, werden häufig zu Opfern von Schuldgefühlen. Was bedeutet dieses Gefühl eigentlich? Warum haben Schuldgefühle unser Leben so stark im Griff? Warum sind Kinder, die übermäßig verwöhnt und beschützt wurden, so leicht diesen selbstzerstörerischen Gefühlen ausgesetzt?

Kinder, die zu sehr geliebt wurden, quälen sich permanent mit einem neurotischen Ausmaß an Schuldgefühlen. Die Psychoanalytikerin Selma Fraiberg vergleicht das neurotische Bewußtsein mit einer Gestapo-Zentrale, deren Funktion darin besteht, «gefährliche oder potentiell gefährliche Ideen und alles, was ihnen nur im entferntesten nahekommt, gnadenlos zur Strecke zu bringen, in Form einer endlosen Inquisition anzuklagen, zu drohen, zu foltern, um Schuldgefühle zu erzeugen für triviale Verstöße oder Vergehen, die im Traum begangen wurden».

Schuldgefühle sind eine komplexe Erscheinung. In Wirklichkeit ist sie eine Tarnung für zwei zugrunde liegende weitere Gefühle: Ärger und Angst. Ein typischer Fall dafür ist George, ein sechsunddreißigjähriger Autor; er beschreibt seine wöchentlichen Besuche im Hause seiner Eltern wie folgt:

«Jeden Sonnabend laden Marcia und ich die Kinder ins Auto und fahren zu Besuch zu meiner Mutter und meinem Vater. Während ich die vierzig Meilen aus der Stadt hinausfahre, Marcia sich auf dem ganzen Weg nur beklagt und die Kinder sich hinten auf dem Rücksitz streiten, frage ich mich, warum mache ich das eigentlich?

Wir kommen an, und Mutter ist deprimiert. Heute abend ist ihr Thema meine Schwester, die schon zwei Wochen nicht aufgekreuzt ist. Wenn meine Schwester kommt, beklagt sich Mutter über mich. Sie führt Buch darüber, wie oft wir beide sie im Monat besuchen.

Meine Kinder fragen so oft, wann wir endlich nach Hause fahren, daß ich sie schließlich mit einem Fünfer besteche, damit sie den Mund halten. Jetzt ist Marcia wirklich böse auf mich.

Wir fahren schweigend in die Stadt zurück. Ich bin jetzt bis an den Rand voll mit Schuldgefühlen. Schuldgefühle wegen meiner Mutter, meines Vaters, meiner Frau.

Fast vierzig Jahre bin ich alt. Zehn Jahre lang habe ich meine Familie mitgezerrt, meine Eltern zu besuchen. Das macht hundertzwanzig Samstagabende und ebenso viele Magentabletten. Und wofür das alles? Nur damit ich mich meiner Angst davor nicht stellen muß, Mutter zu sagen, daß wir nicht mehr kommen, und sie sich daraufhin umbringt.»

George beschreibt mit seinen Worten sehr treffend, wie er seine Schuldgefühle empfindet. Aber die unterschwelligen, «nicht akzeptablen» Gefühle von Angst und Ärger nimmt er weniger deutlich wahr.

George unterdrückt seinen Ärger über seine Mutter aus Angst davor, daß sie am Boden zerstört wäre, wenn er ihn offen äußern würde. In dem Versuch, sie beide zu schützen, kehrt er diesen Ärger in Form von Selbstbestrafung gegen sich selbst. Auch seiner Frau gegenüber hält er seinen Ärger und seine Frustration zurück aus Angst, sie könnte ihn ablehnen, verlassen oder sich revanchieren. Und wieder wendet er den Ärger gegen sich und empfindet sich als Versager.

Und auch seinen Ärger über das Verhalten seiner Kinder schluckt er herunter, weil sie ja nur laut aussprechen, was auch er fühlt und nicht äußern darf. Er frißt seine Wut darüber, in der Falle zu sitzen, in sich hinein und greift zu einer weiteren Tablette.

Festsitzend zwischen seinem Pflichtgefühl und seiner Frustration über die familiären Beziehungen, ist er wie gelähmt und wird von Schuldgefühlen geplagt.

George wuchs in einer Familie auf, in der das Geben an Bedingungen geknüpft war. Als Gegenleistung wurde von ihm verlangt, «ein guter Sohn» zu sein. Für viele Eltern, die zu sehr lieben, heißt ein gutes Kind sein, die Eltern um jeden Preis lieben, achten und ihnen gehorchen. Stellt das Kind ihre Regeln in Frage, ist es «schlecht». Hätten wir ähnliche Erfahrungen gemacht wie George, würde jede kleinste Ungehorsamkeit gegenüber unseren Eltern Schuldgefühle in uns auslösen. Um diese abzuwehren, machen wir uns zum Opfer, und die Folge davon wiederum ist, daß wir uns statt liebenswert wertlos fühlen und uns Vorwürfe machen. Diese Anfälligkeit für Schuldgefühle wird noch verstärkt, wenn wir mit Eltern aufwachsen, die die Märtyrerrolle spielen. Märtyrereltern manipulieren das Verhalten ihres Kindes, indem sie diesem vorsätzlich Schuldgefühle verursachen. Lassen Sie einmal folgende Szene auf sich wirken:

Mutter: Kommst du Samstag zum zweiten Frühstück?
  James: Tut mir leid, Mutti, ich kann nicht. Ich habe zuviel zu tun.
  Mutter: Oh, verstehe. Alle meine Kinder haben wohl zuviel zu tun, um für mich noch Zeit zu haben.

James: Nein, so ist es gar nicht! Ich würde sehr gern Mittwoch abend kommen, wenn ich mehr Zeit habe.

Mutter: Ich weiß noch, wie du ein Baby warst. Ich hatte so viel mit euch dreien zu tun, aber nie so viel, daß ich nicht für euch da war, wenn ihr mich brauchtet.

Märtyrereltern sind Meister im Manipulieren. Mit ihrem Arsenal an verbalen und nonverbalen schuldeinflößenden Botschaften manövrieren sie ihre Kinder in eine unterwürfige Position. Kinder, die zu sehr geliebt wurden, haben wenig Möglichkeiten, diese Schuldgefühle von sich fernzuhalten und objektiv zu bleiben. Also unterdrücken sie ihre Emotionen und laufen wie auf Eierschalen um ihre Märtyrereltern herum.

Wenn wir jedoch mit unseren Gefühlen nicht ehrlich umgehen, sind wir wie eine Zeitbombe, die nur darauf wartet, zu explodieren; denn wir können Gefühle nur für eine gewisse Zeit zurückhalten. Diese «Explosion» kann in Form eines unangemessenen Krachs, eines emotionalen oder körperlichen Zusammenbruchs oder gar als Selbstmordversuch stattfinden. Anfällig für eine ganze Reihe von psychosomatischen Symptomen von Kopfschmerzen und Magengeschwüren bis zu hohem Blutdruck, sind wir wie ein erhitzter Dampfdrucktopf, auf dem der Deckel festsitzt.

Wir können uns mit Schuldgefühlen auch selbst bestrafen. Um unsere «Sünden» zu büßen, suhlen wir uns in Gedanken voller Selbstverachtung. Je mehr wir leiden, desto eher wird uns vergeben – so unser irrationales Gefühl. Leider funktioniert das so nicht. Wenn wir das Opfer spielen oder leiden, halten wir uns lediglich davon ab, bessere Lösungen zu finden.

Wir benutzen Schuldgefühle auch, um andere zu manipulieren. Kinder, die zu sehr geliebt wurden, wissen, daß ihre Eltern es nicht aushalten können, wenn es ihnen nicht gutgeht. Manche nutzen diese Position bewußt aus, um ihre Eltern zu manipulieren, indem sie ihren Schmerz übertreiben. Je schlechter es ihnen zu gehen scheint, desto eher können sie den Helfer aus den Eltern hervorlocken. Auf diese Weise brauchen wir in unserem Leben keine Verantwortung zu übernehmen

229

und müssen nicht selbständig handeln. Wir müssen uns nicht zu unserem Ärger oder unserer Angst bekennen. Wir bleiben Kinder.

Schuld lähmt und verhindert, daß wir positiv handeln. Statt uns auf die Gegenwart zu konzentrieren, in der wir etwas bewirken können, bleiben wir fixiert auf die Vergangenheit, die wir nicht ändern können. Unter unseren Schuldgefühlen verbirgt sich oft noch ein heimtückischeres und selbstzerstörerischeres Gefühl: Scham.

Auch wenn beide Gefühle generell einhergehen mit Selbstvorwürfen und Gefühlen wie Reue oder Wertlosigkeit, gibt es doch einen deutlichen und wichtigen Unterschied zwischen beiden. Bei Schuld erkennen wir, daß wir etwas falsch gemacht haben. Schämen wir uns hingegen, haben wir das Gefühl, daß mit *uns* etwas falsch ist.

In folgenden Gedanken äußern sich zugrunde liegende Schamgefühle:

Wenn du mich wirklich kennen würdest, würdest du mich nicht mögen.
Ich habe ständig das Gefühl, alle zu enttäuschen.
Ich weiß, daß ich der Zweitbeste in der Klasse bin, aber innerlich fühle ich mich wie ein Versager.
Warum soll ich's überhaupt versuchen? Ich kann ja offenbar doch nichts richtig machen.

Scham ist in vieler Hinsicht ein noch selbstzerstörerisches Gefühl als Schuld, da sie tiefer geht. Nicht unser Verhalten ist falsch, sondern wir meinen, selbst falsch zu sein. Scham bildet den Kern von Selbstzweifeln und Selbstablehnung.

Ironischerweise kann zuviel Liebe zu Scham führen. Als verhätschelte Kinder wissen wir, daß unsere Eltern fast alles für uns tun würden. Das Problem ist, daß wir enorm viele Schuldgefühle anhäufen, wenn wir in unserem Leben immer wieder zulassen, daß sie für uns einspringen, uns anleiten und verwöhnen. Mit der Zeit wird uns dieses Ungleichgewicht unbehaglich. Hin und wieder machen wir ihnen ein Gegengeschenk, vielleicht an Geburtstagen oder zur Ferienzeit, aber das verringert unser Verpflichtungsgefühl kaum. Unsere Bemühungen wirken so mickrig, als wollten wir die Staatsschulden mit Zahlungen von unserem Girokonto begleichen.

Unsere Eltern jedoch wollen von uns weder Geld noch Geschenke, sondern möchten, daß wir uns einverstanden zeigen mit ihren Wünschen an unser Tun und Sein. Um uns also vor den Angriffen unseres inneren Kritikers zu schützen, halten wir Freunde auf Distanz, die von unseren Eltern abgelehnt werden, verbergen unsere Verletztheit und unseren Ärger, um ihre Anschauungen nicht in Zweifel zu ziehen, wählen Berufe, die unsere Eltern stolz auf uns machen. Mit anderen Worten, oft verkaufen wir uns auf Kosten unseres wahren Selbst.

Wenn Sie feststellen, daß Sie ständig unter Schuld- und Schamgefühlen leiden, fragen Sie sich als erstes: «Wessen Erwartungen versuche ich mit meinem Leben zu erfüllen? Habe ich etwas getan, das meines Erachtens wirklich falsch ist? Oder hat jemand anderes diese Beurteilung für mich gefällt?» Führen Sie sich vor Augen, daß Sie den Menschen, der Sie wirklich sind, möglicherweise verkaufen, wenn Sie Ihr Leben lang versuchen, der Augapfel Ihrer Eltern zu sein.

Stellen Sie eine Liste mit den «Ich sollte»-Sätzen auf, die Ihr Leben regieren: «Ich sollte niemals Geld für mich ausgeben. Ich sollte niemals ärgerlich auf meine Kinder werden. Ich sollte meine Eltern jede Woche zweimal anrufen. Ich sollte nie nein sagen, wenn mich jemand um einen Gefallen bittet.»

Welche von diesen Forderungen möchten Sie wirklich einhalten? Wenn Sie versuchen, den Anforderungen anderer Menschen zu entsprechen, ist das der beste Nährboden für Schuld und Scham. Wer hat Ihnen erzählt, daß Sie diese Dinge tun müssen? Überlegen Sie, woher diese Ansprüche kommen. Entwickeln Sie Ihren eigenen Stil. Betonen Sie Ihre Einzigartigkeit. Finden Sie heraus, wer Sie sind.

Defensives Beziehungsverhalten

Wenn wir ständig selbstkritisch denken, nehmen wir an, daß andere uns ebenso streng verurteilen, wie wir selbst es tun. Feedback von anderen fühlt sich dann an wie Kritik, und Kritik heißt, wir haben versagt. Um uns vor Angriffen zu schützen, verbergen wir unser wahres Selbst hinter einem Verteidigungswall:

Lehrer: Jimmy, du mußt mehr an deiner Rechtschreibung arbeiten.
Jimmy: Das ist nicht meine Schuld. Mein Bruder hat mir mein Wörterbuch weggenommen. Außerdem war es wirklich eine schwere Woche, und ich habe mich krank gefühlt.

Frau: Schatz, könntest du bitte dein Werkzeug in die Werkzeugkiste zurücktun?
Mann: Hör doch auf, an mir herumzunörgeln! Du läßt doch ständig Teller im Spülbecken stehen und Klamotten im Flur herumliegen.

Es wird uns zur Gewohnheit, Verteidigungs- und Entschuldigungsreden für unser Verhalten auf andere abzufeuern, wo ein einfaches «Ja, gut», «Es tut mir leid» oder «Wahrscheinlich hast du recht» genug wäre. Abwehr ist ein angelerntes Denk- und Verhaltensmuster mit der Absicht, uns vor realen oder eingebildeten Schmerzen zu bewahren. In der Kindheit stellte sie eine Anpassungsreaktion auf eine bedrohliche Situation dar. Im Erwachsenenalter heißt Abwehr oft, daß wir alte Ängste und Erwartungen aus der Kindheit neu durchspielen.

Das Abwehrverhalten von Menschen ist so unterschiedlich wie ihre Fingerabdrücke, kann jedoch in bestimmte Kategorien eingeteilt werden. Kinder, die zu sehr geliebt wurden, benutzen als Abwehrstrategien oft Vermeidung, Rationalisierung und das Bemühen, nach außen immer «gut auszusehen».

Wenn wir Menschen oder Erfahrungen meiden, von denen wir befürchten, daß sie uns überfordern, stellt das eine primitive Form von Selbstschutz dar, die verhindert, daß wir unsere Angst vor Ablehnung oder Kritik tatsächlich erleben. Wir glauben, nicht verletzt werden zu können, wenn wir uns verstecken. Kein Risiko, kein Schmerz. Unglücklicherweise sorgen wir durch diese Abwehr aber auch dafür, daß wir in einer isolierten Welt voll verpaßter Möglichkeiten leben.

«In meiner Geschichtsklasse ist ein wirklich süßes Mädchen», erzählte ein junger Mann seinem Freund. «Blaue Augen, lange Haare und ein wunderschönes Lächeln. Ich würde alles dafür geben, sie mal zu treffen. Aber allein der Gedanke daran, mit ihr zu sprechen, macht mir höllische Angst, also lasse ich es.» Indem dieser Mann dem Mädchen aus dem Weg geht, das ihn anzieht, vermeidet er zwar, abgelehnt zu werden, verpaßt aber auch die Möglichkeit, angenommen zu werden.

Abwehren durch Vermeiden kann auch darin bestehen, daß wir unseren Lebenslauf nicht abschicken, Bewerbungsbögen nachlässig oder unvollständig ausfüllen, verschlafen, tagträumen, während andere sprechen, Telefonanrufe nicht beantworten und niemals Blickkontakt aufnehmen.

Eng verwandt mit dem Vermeiden ist das Rationalisieren. Rationalisieren heißt Beweismaterial zusammentragen, das – wie fadenscheinig es auch sein mag – unsere Position begründet und uns glauben macht, daß wir recht haben. Wir rechtfertigen unsere Haltung und beschuldigen andere, wenn wir gute Gründe dafür finden, daß wir uns Menschen gegenüber wie verrückt gebärden, die sich uns gegenüber ausfallend verhalten. Betrachten Sie einmal folgendes Beispiel:

Laura: Weißt du, wer die Delle in mein Auto gefahren hat?
Mike: Ich glaube, das war ich. Aber ich wollte es reparieren lassen.
Laura: Ich kann nicht glauben, daß du mir das noch nicht einmal gesagt hast!
Mike: Das mußt du gerade sagen! Weißt du noch, wie du meine Reisetasche verloren hast! Ganz so vollkommen bist du auch nicht. Und warum machst du soviel Wind um ein blödes Auto? Bin ich dir wichtiger oder das Auto?

Und wieder wäre ein einfaches «Es tut mir leid» genug, doch Menschen, die rationalisieren, verspüren den Zwang, ihre Position um jeden Preis zu rechtfertigen. Fehler eingestehen heißt für sie, daß sie «schlecht» sind, also schützen sie sich.

«Gut aussehen» ist eine weitere Abwehrstrategie, mit der wir unsere wahren Gefühle maskieren. Das sieht so aus, daß

wir, statt mitzuteilen, wer wir wirklich sind, eine «Front» aufbauen, die andere beeindrucken soll. Wer sich so verhält, entwickelt sich zum leistungsorientierten Menschen, der seine
Emotionen unterdrückt, während er ständig befürchtet, daß
andere ihm vorwerfen, er sei ein Hochstapler.

Bis zu einem gewissen Grad benutzt jeder von uns Abwehrstrategien. In den ersten Lebensjahren helfen sie uns, unser
Überleben sicherzustellen. Ähnlich wie ein Krieger eine Rüstung braucht, um sich vor körperlichen Attacken zu schützen, baut ein kleines Kind Abwehrstrategien auf, um sich vor
psychischen Angriffen zu schützen.

Das Hauptproblem mit Abwehrstrategien ist, daß sie keine
wirkliche Lösung für Probleme bieten. Tatsächlich vermehren
sie die Schwierigkeiten noch, zu deren Lösung sie beitragen
sollten. Wenn wir jedes Problem rationalisieren, keine Verantwortung übernehmen und uns unangreifbar machen, besteht
die Gefahr, daß wir uns den Menschen um uns herum entfrem-
den, uns unsere Kollegen zu Feinden machen und uns als unglückliche Opfer fühlen.

Kinder, die übertriebene elterliche Fürsorge erfuhren, zeigen eine stärkere Tendenz zu Abwehrverhalten, und zwar aufgrund der folgenden Persönlichkeitsmerkmale:

Anmaßung: Wenn wir nur selten ermutigt werden, die Verantwortung für unsere Fehler zu übernehmen, und man uns ständig beisteht und mit Zuwendung überschüttet, fangen wir an
zu glauben, daß wir immer recht haben. Wir scheinen ganz
selbstverständlich erwarten zu können, daß andere uns ebenso
bedienen, wie unsere Eltern es taten, und sind empört, wenn
sie das nicht tun. Wir verstärken unsere Abwehr, um unsere
Position zu bestätigen.

Unterschwellige Scham: Unter ihrer wohlgepflegten Verpak-
kung fühlen viele von uns sich verletzlich. Ein Mensch, der die
Erwartungen seiner Eltern niemals ganz erfüllen konnte, hat
ständig das Gefühl, nicht gut genug zu sein. Ein defensives

Beziehungsverhalten vermittelt die Illusion, vor diesem Gefühl sicher zu sein.

Angst vor Vereinnahmung, Verlassenwerden und Bloßstellung: Eine Kombination aus übermäßiger Zuwendung, bedingter Liebe, Manipulation und hohen Erwartungen führt zur Entwicklung dieser grundlegenden Ängste. Das überversorgte Kind ist gezwungen, Verteidigungsstrategien einzusetzen, um den emotionalen Schmerz zu vermeiden, der – so glaubt es – aus intimen Beziehungen zu anderen Menschen folgt. Paradoxerweise steigt die Wahrscheinlichkeit, daß wir von anderen verlassen, vereinnahmt oder bloßgestellt werden, in dem Maße, wie wir ihnen mit Abwehr begegnen.

Es ist wichtig, sich daran zu erinnern, daß Abwehrstrategien wie blinde Flecken in unserem Sehvermögen sind. Wir erkennen nicht, wo wir uns defensiv verhalten, deswegen ist es so schwierig, unser Abwehrverhalten zu durchbrechen. Wir müssen die Verantwortung für unseren Anteil an Problemen übernehmen und uns klarmachen, daß es in Ordnung ist, nicht perfekt zu sein. Wo fangen wir damit an? Indem wir unser eigenes Abwehrverhalten wahrnehmen und bewußt entscheiden, ob wir damit fortfahren wollen oder nicht. Freundinnen und Freunde können uns ebenso helfen, unsere Abwehr zu erkennen, wie ein guter Therapeut. Ist das Verhaltensmuster erst einmal erkannt, besteht die nächste Aufgabe darin, einmal am Tag ein Risiko einzugehen. Sagen Sie: «Es tut mir leid» oder «Du hast wahrscheinlich recht», wenn Sie den Zwang verspüren, sich verteidigen zu müssen, und beobachten Sie, was geschieht und wie Sie sich dabei fühlen. Je wohler Sie sich so mit sich fühlen, wie Sie wirklich sind, desto geringer wird der Drang sein, sich verteidigen zu müssen.

Mangelnde Kreativität

Kreativität heißt Forschen und Entdecken. Das beste an Kreativität ist, daß sie uns neue Möglichkeiten des Ausdrucks erschließt. Eine grundlegende Form von Kreativität finden wir zum Beispiel bei einem Kind, das seine erste Sandburg baut. Kreativität definiert sich nicht durch Komplexität, sondern durch den kreativen Akt selbst.

Kreativität entfaltet sich in jedem von uns. Während durch Untersuchungen nachgewiesen wurde, daß bei der Entwicklung unserer Persönlichkeit genetische Faktoren eine Rolle spielen, wird unsere kreative Haltung primär durch frühe Umgebungseinflüsse gefördert oder gehemmt.

Ein Vater oder eine Mutter, die zu sehr lieben, können die Kreativität ihres Kindes abwürgen, indem sie genau das Gegenteil versuchen. Auch wenn solche Eltern für endlos viele Ausdrucksmöglichkeiten sorgen, wie zum Beispiel Privatunterricht, überwachen sie die Fortschritte ihres Kindes manchmal dermaßen besorgt, daß das Kind sich in dem Bemühen, den Eltern zu gefallen, zurücknimmt.

«Als Kind war mein Lieblingsfach der Kunstunterricht», erinnert sich eine Frau. «Mein Lehrer ließ uns mit Wasserfarben, Papiermaché und Kleister herumspielen. Ich weiß noch, wie ich gewaltig herumschmierte und mich wunderbar amüsierte.

Viele meiner ‹Werke› brachte ich mit nach Hause, um sie Mutti zu zeigen. ‹Was soll das denn sein?› fragte sie. Ich sagte dann: ‹Ein Tintenfisch, der Pizza ißt.›

Sie wurde total sauer und sagte mir, ich nähme den Kunstunterricht nicht ernst. Sie erzählte mir, ich solle reale Gegenstände zeichnen. Sie ist eine Frau, die keinen van Gogh von einem Picasso unterscheiden kann, aber glaubt, sich als Kunstkritikerin betätigen zu können.

Trotzdem war meine Mutter von mir überzeugt, das muß ich zugeben. Wenn ich an Kunst Interesse hatte, dann sorgte sie dafür, daß ich alles bekam, was ich brauchte, um dieses Interesse zu entwickeln. Ich bekam eine Staffelei, Wasserfarben und Pinsel. Aber es machte keinen Spaß mehr. Ich konnte nicht so zeichnen, wie meine Mutter es von mir wollte, und das freut mich immer noch. Die Botschaft lautete: ‹Sei eine Künstlerin, aber auf meine Weise.› Also gab ich's auf.»

Kreativität wird unterdrückt, wenn jemand uns zwingen will, seine Maßstäbe zu erfüllen. Der kreative Prozeß beinhaltet die Fähigkeit, Risiken einzugehen. Erwachsenen Kindern, die zu sehr geliebt wurden, hat man selten erlaubt, etwas zu wagen. Sie wurden zwar ermutigt, etwas zu schaffen und zu erreichen, aber immer auf dem sichersten und bewährtesten Wege.

Kreatives Forschen ihrer Kinder ruft bei Eltern, die zu sehr lieben, oft Besorgnis hervor. Das kreativ tätige Kind kann nicht kontrolliert werden. Kreativität ermutigt uns, Regeln zu durchbrechen und neue Möglichkeiten des Ausdrucks zu finden. Sie verlangt die Bereitschaft, Fehler zu machen. Eltern, die zu sehr lieben, sind so unsicher mit ihren Kindern, daß sie ihnen nicht die Freiheit lassen können, die für Kreativität erforderlich ist. Und Kreativität ist so gut wie unmöglich, wenn jemand Ihnen im Nacken sitzt, begierig auf Ihren Erfolg und bereit, Ihnen bei Mißgeschicken sofort beizustehen.

Eine kreative Haltung einnehmen heißt, mit Ihrem eigenen, einzigartigen Selbst Kontakt aufnehmen. «Gut aussehen» ist das Gegenteil von Kreativität. Das Bedürfnis, sich anzupassen, anderen zu gefallen, der Mensch zu sein, als den andere uns haben wollen, steht Kreativität massiv im Weg. Keine zwei Menschen sind gleich. Jeder von uns hat eine andere Art, das Leben wahrzunehmen und zu interpretieren. Und genau diese einzigartige Sehweise ist es, die es jedem von uns ermöglicht, kreativ zu sein.

Warum an einer Einstellung festhalten, die einen so hohen Preis von uns fordert? Sollten Sie nach der altbekannten Leier tanzen: «Ich bin nicht gut genug... Ich sehe schrecklich aus...

Ich brauche Anerkennung, um das Gefühl zu haben, in Ordnung zu sein», bedenken Sie einmal folgendes: Der innere Faktor kann entwaffnet werden. Sie können aus der Falle ständiger Selbstkritik herauswinden und sich befreien. Glücklicherweise gibt es mehrere Wege, um Ihren inneren Kritiker zu bekämpfen und seiner Kontrolle über Ihr Leben ein Ende zu setzen.

● Das bewußte Wahrnehmen ist der erste Schritt. Stellen Sie eine Liste mit den kritischen Botschaften zusammen, die Sie von Ihrem Vater und von Ihrer Mutter empfangen haben. Im folgenden ein Beispiel dafür.

Mutter	Vater
Du bist zu dick.	Sei nicht so schüchtern.
Ich bin enttäuscht von dir.	Sorg dafür, daß ich stolz auf dich sein kann.
Du bist faul.	Nimm ab!
Du solltest bessere Noten schreiben.	Ich bin enttäuscht von dir.
Du solltest niemals ärgerlich sein.	Du könntest noch so viel besser sein.
Nur Babies weinen.	Mach mir bloß keine Schande.

Ausgehend von diesen frühen Botschaften können wir zu vielen negativen Schlußfolgerungen über uns gelangen. Einige lauten: «Ich bin nicht liebenswert», «Ich bin nicht gut genug», «Ich sollte meine Gefühle nicht zeigen», «Ich bin faul», «Ich enttäusche meine Eltern» und «Ich bin ein Versager».

Auch wenn diese Äußerungen vielleicht oft Überreaktionen auf unsere Umgebung darstellen, geben sie doch eine Selbstwahrnehmung wieder, die wir erst einmal erkennen müssen, bevor wir gegen sie angehen können. Prüfen Sie Ihre Liste. Vergleichen Sie sie mit der Liste von kritischen Botschaften, die Sie sich selbst vermitteln. Möchten Sie diese Botschaften ständig wieder aufwärmen? Treffen sie wirklich genau zu? Was glauben Sie tatsächlich?

● Lernen Sie Ihren inneren Kritiker kennen. Versuchen Sie ihn oder sie zu visualisieren. Wie sieht Ihr Kritiker aus? Ein Ausbildungsoffizier? Ein perfektionsbesessener Lehrer? Ein Vater oder eine Mutter? Unterhalten Sie sich mit diesem Kritiker in Ihnen. Warum macht er Sie herunter? Was braucht er von Ihnen? Wie könnten Sie, statt Gegner zu sein, als Team zusammenarbeiten?

● Seien Sie aufmerksam für Verhaltensweisen, die aus Ihrer ständigen Selbstkritik entstehen. Achten Sie in den nächsten Tagen einmal darauf, wie Sie gewissen Menschen in Ihrem Leben die Macht überlassen. Fühlen Sie sich in bestimmten Beziehungen eingeschüchtert und «stillgelegt»? Vieles davon hat seine Wurzeln in unbewältigten Themen mit unseren Eltern und anderen wichtigen Bezugspersonen, und wir «übertragen» es auf Menschen in unserem Leben, die ihnen ähnlich sind. Oft sind das Autoritätsfiguren. Sollte das für Sie ein Problem darstellen, dann denken Sie daran, daß niemand Sie «stillegen» kann, wenn Sie ihm nicht die Macht dazu einräumen. Am Ende sind immer wir verantwortlich dafür, daß wir uns schlecht fühlen.

Wenn wir erst einmal erkennen, daß wir auf unseren Vorgesetzten oder Mitarbeiter genauso reagieren wie auf einen Vater oder eine Mutter, die uns zu sehr liebten, können wir unsere Erwartungen ändern und uns so verhalten, daß andere Menschen keine Macht mehr über unsere Gefühle haben.

● Üben Sie sich darin, sich besser zu akzeptieren. Welche Seiten von sich verurteilen Sie? Haben Sie Angst vor Ärger, Eifersucht oder Verletzlichkeit? Wenn Sie glauben, diese Gefühle seien an Ihnen nicht akzeptabel, wird zweierlei geschehen: Sie werden Angst haben, daß andere Menschen Sie «bloßstellen», und werden sich infolgedessen in Ihren Beziehungen sehr vorsichtig und abwehrend verhalten; oder Sie reagieren negativ, wenn Sie diese Gefühle bei anderen sehen. Wenn Ihnen diese Gefühle erst einmal bewußt werden, können Sie die Kritik an sich und anderen abbauen und anfangen, diese «unannehmbaren» Seiten zu akzeptieren. Es ist ganz wesentlich, daß Sie lernen, sich so, wie Sie sind, zu akzeptieren, sich selbst zu vertrauen und sich zu bejahen.

● Fangen Sie an, die Kritik von anderen als Feedback zu betrachten. Sie müssen die Urteile anderer Menschen nicht als Tatsache hinnehmen. Ihr Selbstwert ist nicht davon abhängig, was andere Menschen über Sie sagen oder denken. Kritik von anderen Menschen tut nur deswegen weh, weil wir aus ihr ableiten, wir seien «rundherum schlecht», statt sie als das zu nehmen, was sie ist: die Meinung, die ein anderer Mensch von uns hat. Bringen Sie Ihrem Kritiker Sympathie entgegen. Denken Sie daran, daß viele Menschen deswegen ständig an anderen etwas auszusetzen haben, weil sie selbst unsicher sind.

● Denken Sie daran, es verlangt Mut, die Gewohnheit des Kritisierens abzustellen. Vielleicht verstoßen Sie damit gegen alles, was man Ihnen als Kind einst beigebracht hat. Machen Sie es sich leichter, indem Sie sich für das, was Sie erreichen, belohnen. Selbst kleine Erfolge sollten Sie täglich anerkennen. Schrauben Sie Ihre Erwartungen an sich herab. Setzen Sie sich erreichbare Ziele.

● Wenn Ihr innerer Kritiker sich zu einem umständlichen, lästigen Kerl entwickelt, übertönen Sie ihn. Ersetzen Sie ständig wiederkehrende negative Gedanken durch positive Äußerungen. Wiederholen Sie mehrmals am Tag: «Ich akzeptiere mich mit all meinen Mängeln und Fehlern.»

Erfinden Sie Ihre eigenen positiven Botschaften. Schreiben Sie sie auf. Hängen Sie sie irgendwo auf, wo sie Sie jeden Tag wieder daran erinnern, daß Sie die Stärke haben, die Botschaften der Vergangenheit in Frage zu stellen und sich ganz als den Menschen zu akzeptieren, der Sie heute sind.

9. Kapitel
Hungrig nach Liebe

«In China verhungern Menschen!»

> «Meine Mutter hatte für alles – ob für ein blaues Auge,
> schlechte Noten, Streitereien mit Freundinnen, geplatzte
> Verlobungen – stets die eine Antwort bereit: ‹Mach dir
> nichts draus, Schatz. Nimm einen Keks.›»
> Marci, 22 Jahre, Managerin

Manche von uns haben eine intime Beziehung, die ihnen Trost
gibt, ohne daß sie sich verletzlich zeigen müssen – in der sie
nehmen, ohne zu geben, und Nähe genießen, ohne das Risiko
eingehen zu müssen, verlassen zu werden. Gemeint ist die Beziehung zum Essen.

Welcher Zusammenhang besteht zwischen dem Aufwachsen in einem Zuhause voll übermäßiger Liebe, Zuwendung,
Schutz und hohen elterlichen Erwartungen und dem Besessensein von Essen, Gewichtskontrolle und Diät? Es gilt allgemein
als Tatsache, daß abnormen Essensgewohnheiten bestimmte
Probleme zugrunde liegen. Wurden körperliche Ursachen erst
einmal ausgeschlossen, sind die Eßstörungen ein Zeichen dafür, daß unsere psychischen Bedürfnisse nicht erfüllt werden.
Essen wird dazu benutzt, unsere emotionalen Bedürfnisse zu
befriedigen und zu erreichen, was wir auf gesünderem, direktem Wege nicht erreichen können.

Essen kann dem Kind, das zu sehr geliebt wurde und dessen

Kindheitserfahrungen zu zahlreichen inneren, bislang ungelösten Konflikten führten, als Allheilmittel vorkommen. Ein solches Kind kann über das Eßverhalten folgendes erreichen wollen:

- Gefühle zu vermeiden,
- Konflikte zu vermeiden,
- sich von Ängsten zu befreien, die durch die hohen Erwartungen der Eltern verursacht wurden,
- kontrollierenden Eltern die Kontrolle zu entreißen, wenn aktiver Widerstand zu bedrohlich ist,
- im Mittelpunkt familiärer Aufmerksamkeit zu stehen,
- sich selbst Zuwendung zu geben,
- Nähe abzuwehren,
- sich als Reaktion auf Schuldgefühle selbst zu bestrafen,
- eine ruhelose Unzufriedenheit abzustellen,
- gegen den Zwang zu rebellieren, «gut dazustehen»,
- nicht erwachsen zu werden.

Aber warum wenden wir uns dem Essen zu? Warum nicht Alkohol oder Drogen oder anderen Suchtmitteln, die für diesen Zweck ebenso «geeignet» sind? Dafür gibt es einen guten Grund. Essen und die exzessive Beschäftigung mit Essen sind bis zu einem gewissen Maße gesellschaftlich akzeptiert. Die westliche Welt scheint heutzutage mit nichts anderem als Abnehmen und Gewichtsproblemen beschäftigt zu sein.

Kinder, die übermäßige elterliche Zuwendung erfuhren und dazu erzogen wurden, «gut auszusehen», beobachten ganz genau, was für andere akzeptabel ist. Mit ihrer Besessenheit von körperlichen Problemen, Abnehmen, Zunehmen und dem Abwiegen der persönlichen Sicherheit in Kilogramm sind sie in bester Gesellschaft.

Unglücklicherweise kann die Tendenz, Essen zur Befriedigung emotionaler Bedürfnisse zu benutzen, zur Entwicklung schwerer Eßstörungen wie Bulimie (Eßsucht) und Anorexia nervosa (Magersucht) führen.

Bulimie ist eine Eßstörung, bei der in Form von «Freßanfällen» Unmengen von Nahrungsmitteln schnell verschlungen werden. Während eines solchen Freßanfalls hat die betroffene Person oft Angst, mit dem Essen willentlich nicht mehr aufhören zu können. Meistens folgen auf einen solchen Anfall selbstkritische Gedanken und depressive Verstimmungen. Weil diese Art von zwanghaftem Essen meistens zur Gewichtszunahme führt, versucht die betroffene Person manchmal, das Zunehmen zu verhindern, indem sie sich anschließend erbricht oder Abführmittel und harntreibende Mittel mißbraucht.

Anorexia nervosa ist eine weniger verbreitete Eßstörung, die sich in Form von selbstauferlegtem Hungern äußert. Man schätzt, daß 90 bis 95 Prozent der darunter leidenden Menschen Frauen sind. Die davon betroffene Person kontrolliert ihr Gewicht, indem sie die Kalorienzufuhr drastisch einschränkt und manchmal auch exzessiv Gymnastik betreibt. Die Symptome dieser Störung gleichen bisweilen den Symptomen der Bulimie, da die darunter Leidenden ebenfalls in vielen Fällen versuchen, Zunehmen durch selbst eingeleitetes Erbrechen oder durch den Mißbrauch von Abführmitteln und harntreibenden Mitteln zu verhindern. Voller Angst, dick zu werden, betrachtet der unter Anorexie leidende Mensch sich als fett, ganz gleich, wieviel er tatsächlich wiegt.

Zwanghaftes Essen plagt viele Kinder, die zu sehr geliebt wurden, auch wenn medizinische Experten bei ihnen keine Eßstörung diagnostizieren. Der zwanghafte Esser ist besessen von Gedanken an Essen, Abnehmen und Dickwerden. Es kann sein, daß er ständig ißt und die Nahrungsmittel so schnell verzehrt – fast «inhaliert» –, daß das Resultat oft Fettleibigkeit ist. Das Leben ist eine Achterbahnfahrt, die vom zwanghaften Essen über den Schwur, Diät zu halten, zu ängstlicher Benachteiligung, Launenhaftigkeit und dem Gefühl persönlicher Benachteiligung und schließlich dazu führt, die Diät «in den Wind zu schießen». Dann beginnt der Kreislauf von neuem, wobei der zwanghafte Esser Schuld empfindet und das Gefühl hat, hoffnungslos die Kontrolle verloren zu haben.

Eßstörungen sind Familienkrankheiten. Unsere Familie ist der Schauplatz, auf dem wir ein eigenständiges Ich entwickeln. Wenn ein Familienmitglied eine Eßstörung bekommt, ist das ein Hinweis darauf, daß nicht nur mit dem betroffenen Individuum, sondern in der Familie insgesamt etwas falsch läuft. Die familiären Regeln, Traditionen, der Lebensstil und die Gewohnheiten erfüllen die Bedürfnisse der einzelnen Mitglieder nicht, auch wenn die Person, die die Eßstörung entwickelt, vielleicht die einzige ist, die die Belastung nach außen hin sichtbar werden läßt.

Bei Familien, für die besessene Liebe, Nähe und Schutz typisch sind, ist das besonders schwer zu erkennen. Solchen Eltern ist es wichtig, daß die Familie dem Rest der Welt ein einheitliches, harmonisches Bild bietet. Konflikte, Entfremdung zwischen den Familienmitgliedern und andere Probleme werden verleugnet und unter den Teppich gekehrt. Nach außen hin sieht alles wunderbar aus, bis auf die Tatsache, daß ein Kind einen Eßzwang entwickelt hat, der sein Leben beherrscht.

Nicht jeder Mensch, der versucht, über das Essen unbefriedigte Bedürfnisse zu erfüllen, wird «süchtig» oder entwickelt Bulimie oder Anorexie. Sollten wir uns jedoch immer wieder dem Essen zuwenden, wenn wir Trost, Liebe oder eine Pause von unseren Sorgen brauchen, bereiten wir den Boden für eine ungesunde Abhängigkeit, die zu einer schweren Eßstörung werden kann. Essen wirkt. Es tröstet uns – wenn auch nur für kurze Zeit. Finden wir jedoch keine gesünderen Möglichkeiten, unseren Bedürfnissen nachzukommen, wird es uns sehr schwerfallen, das Essen aufzugeben und von dieser Krankheit zu genesen. Lassen Sie uns der Reihe nach im einzelnen betrachten, wie Essen zur Befriedigung emotionaler Bedürfnisse eingesetzt werden kann.

Essen, um Gefühle zu vermeiden

Das Besessensein von Essen, Abnehmen und Gewichtsproblemen ist eine gute Möglichkeit, unser Denken beschäftigt zu halten und uns vor der Auseinandersetzung mit unseren Gefühlen zu drücken. Jamie zum Beispiel, eine fünfundzwanzigjährige Verwaltungsassistentin, entwickelte, als die Leere in ihrer Ehe unerträglich wurde, den totalen Zwang zum Essen und Abnehmen.

Jamie wuchs in einer Familie auf, in der Privatgespräche belauscht, Fragen, die an andere Familienmitglieder gerichtet waren, vorwitzig beantwortet wurden und wo man ohne anzuklopfen frech ins Zimmer hereinplatzte. «Selbst im Badezimmer konntest du nicht damit rechnen, für dich zu bleiben», bekennt sie. «Leute schlenderten herein, wenn du unter der Dusche standest oder sogar, wenn du auf der Toilette warst. Auch meine Gefühle selbst gehörten nie mir allein. Ich war die Jüngste, und wenn ich eine Meinung hatte, nahmen vier Leute sie gleich auseinander und analysierten sie und erzählten mir, warum ich anders fühlen sollte. Es war besser, überhaupt nichts zu sagen.»

Nachdem sie sich während ihrer ganzen Jugendzeit von der ständigen Überdosis an Aufmerksamkeit und Rat wie erdrückt gefühlt hatte, entkam Jamie der elterlichen Aufsicht, als sie mit neunzehn Jahren Bill heiratete. «Mein ganzes Leben lang hatte mir jemand über die Schulter geblickt und mir gesagt, was ich tun und wie ich mich verhalten sollte. Daß Bill mir nicht ständig an den Lippen hing oder versuchte, mein Leben zu ordnen, war das, was mich anfangs so sehr zu ihm hinzog. Er war zehn Jahre älter als ich, was auch einen ziemlichen Reiz für mich darstellte. Meine anderen Freunde sahen im Vergleich zu ihm wie Kleinkinder aus.»

Bill war ein erfolgreicher Grundstücksmakler. Auch wenn Jamie bereits vor der Heirat wußte, daß er viele Stunden arbeitete und häufig reiste, war sie nach der Eheschließung doch überrascht zu sehen, wie oft seine beruflichen Pflichten ihn wegführten. Bill war fast nie zu Hause, und wenn, dann fiel er früh am Abend erschöpft ins Bett, und Jamie blieb allein zurück.

«Ich wußte nicht, was ich tun sollte. Ich war es nicht gewohnt, von jemandem ignoriert zu werden, der doch vorgab, mich zu lieben. Ich hatte keinerlei Vorstellung, wie ich auf jemanden zugehen und ihn um mehr Aufmerksamkeit oder zumindest darum bitten konnte, mir und meinen Aktivitäten etwas mehr Interesse entgegenzubringen. Die meiste Zeit meines Lebens hatte ich Menschen abgewehrt, die zu sehr an mir interessiert und zudringlich waren. Also schmollte ich herum, sah verletzt und abgewiesen aus und hoffte, daß Bill die Botschaft erreichte. Aber es fiel ihm nicht im geringsten auf.»

Jamie verbrachte viele Abende grübelnd und allein vor dem Fernseher mit einer Schale Butterpopcorn und einem halben Liter Weizenbier als Gesellschaft. «Ich hatte immer etwas Übergewicht gehabt, aber nach der Heirat begann ich wirklich zuzunehmen. Ich hatte gehört, daß viele Frauen im ersten Jahr ihrer Ehe zehn Pfund zunähmen, also lachte ich darüber und erzählte meinen Freundinnen, das sei ein Zeichen von Zufriedenheit.»

Jamie kann sich lebhaft an ihren ersten richtigen Freßanfall erinnern. Eines Morgens in ihrem Büro dachte sie über Bill nach und beschloß, ihn in seinem Büro anzurufen. Seine Sekretärin brauchte zehn Minuten, um ihn zu finden, und als er schließlich ans Telefon kam, klang er gehetzt und aufgebracht. Jamie stotterte schnell etwas von Plänen, die sie sich für das Wochenende mit ihm ausgedacht habe, entschuldigte sich bei ihm für die Störung und legte auf.

«Danach saß ich lange an meinem Schreibtisch und malte mir aus, ihn mittags zu überraschen, indem ich mir ein Taxi zu seinem Büro nähme», erinnert Jamie sich. «Ich stellte mir vor, hineinzugehen und seine Sekretärin zu bitten, ihn aus einer wichtigen Besprechung herauszuholen. Er würde lächelnd herauskommen und seinen Arm um mich legen. Ich malte mir aus, wie er mich jedem der Anwesenden stolz vorstellte und mich dann in ein romantisches Restaurant führte, wo wir beim Mittagessen miteinander reden und lachen würden. Als ich daran dachte, fing ich direkt da an meinem Schreibtisch an zu weinen. Sie müssen wissen, daß Bill all das niemals tun würde. Er wäre wahrscheinlich total wütend, wenn ich jemals mitten am Tag in seinem Büro auftauchen würde.»

Jamie riß sich zusammen und brachte sich mit Arbeit durch den Tag. Da sie sich wegen ihrer Tränen kindisch vorkam, hielt sie sich vor, sie habe einen guten Mann und ein großartiges Leben. Was konnte ein Mensch noch mehr erwarten? An jenem Abend, allein in einer Wohnung, die ihr nur allzu leer vorkam, stand Jamie in der Küche und verspürte plötzlich richtigen Heißhunger. «Ich aß einen ganzen Kuchen, den ich gekauft hatte, um ihn am nächsten Tag zu meiner Mutter mitzunehmen. Ich grub meine Gabel einfach in das eine Ende und aß mich bis zum anderen Ende durch. Anschließend setzte ich mit einem halben Pfund Eis nach. Ich konnte nicht aufhören zu essen. Mein Magen war voll, aber mein Mund fühlte sich an, als könnte er nie genug kriegen.

Rückblickend kann ich sehen, daß die Szene mit Bill die Ursache dafür war, daß ich mich so verrückt verhielt. Aber zu der Zeit sah ich da keinerlei Zusammenhang. Ich wußte nur, daß ich mich nach dem Essen besser fühlte als den ganzen Tag über.»

Jamie hatte mit Bill niemals darüber gesprochen, wie sie ihre Ehe empfand. Es tat zu weh, und Jamie hatte gelernt, ihren Schmerz zu verleugnen. Sie fuhr fort, zwanghaft zu essen, und nahm infolgedessen schnell zu. «Mein ganzes Denken kreiste nur ums Essen. Ich war besessen davon. Ich versuchte, unter Kontrolle zu bekommen, was ich aß, aber es gelang mir nicht. Jeden Montag begann ich mit einer Diät und gab sie spätestens mittwochs wieder auf.»

Jamies absoluter Tiefpunkt kam Monate später, als Bill ihr mitteilte, daß er sie nicht mehr liebte und daß ihre Ehe ein Fehler gewesen sei. «Er sagte, er könne keinen Menschen lieben, der sich selbst nicht genug liebe, um besser auf sich zu achten. Zu der Zeit wog ich fast 90 Kilo. Ich stritt mich nicht mit ihm um die Scheidung. Tatsächlich saß ich an dem Abend am Telefon, heulte meiner Mutter etwas vor und schaufelte dabei eine Riesenportion Cornedbeef und Kartoffelsalat in mich hinein. Ich kann schwören, daß ein Teil von mir leise sagte: ‹Nun, jetzt ist er weg, und ich brauche mich nicht mehr anzustrengen, um abzunehmen.› Erst Jahre später lernte ich, mich mit meinen Gefühlen direkt auseinanderzusetzen, statt sie mit Essen wegzustopfen.»

Wenn wir ständig von Essen, unserem Gewicht, unserer Diät und unserem plötzlichen Kontrollverlust in Anspruch genommen sind, stellen wir uns keine Fragen wie: Bin ich glücklich mit meinem Leben? Ist es das, was ich wirklich will? Liebe ich meinen Mann noch? Liebt er mich? Ist es ihm immer noch wichtig, was ich fühle? Hört er zu, wenn ich mitteile, was ich fühle?

Wir denken über diese Dinge lieber nicht nach, weil das Gefühle wecken könnte, die wir nicht haben wollen. Statt dessen essen wir. Mit Problemen zum Thema Essen, Abnehmen und Zunehmen können wir leichter umgehen als mit unseren Gefühlen hinsichtlich unserer Ehe, unseres Berufes, unserer Freundschaften und anderer Aspekte unseres Lebens.

Wenn uns wie Jamie in der Kindheit beigebracht wird, daß unsere Gefühle weniger berechtigt sind als die anderer Menschen, suchen wir nach Wegen, wegzustopfen, was wir fühlen, es zu betäuben oder abzustellen. Jamies Gefühle waren ständig der Prüfung durch die anderen Familienmitglieder ausgesetzt. Ihre Meinungen wurden heruntergespielt und manchmal sogar verlacht. Es wurde wichtig für sie, ihre wahren Gefühle dick zu verpacken.

Es gibt keinen besseren Weg, sich selbst zu frustrieren, als den eigenen Emotionen Grenzen zu setzen. Zwanghaft zu essen ist eine Möglichkeit, unseren Gefühlen auszuweichen. Das gleiche gilt für zwanghaftes Abnehmen. Beides kommt einer ständigen Beschäftigung mit Essen gleich und ist eine passive Form, Verletztheit, Ärger, Schuld, Besorgnis und andere Gefühle auszudrücken, die uns vielleicht noch nicht einmal bewußt sind.

Als Kinder werden wir von den unbewußten Bedürfnissen unserer Eltern stark beeinflußt. Auch heute noch haben wir die Tendenz, uns mit unserem Verhalten danach auszurichten, was sie unbewußt von uns wollten.

Sehr häufig haben unsere Eltern uns in den Jahren unseres Heranwachsens erzählt, was wir zu fühlen hatten, und zwar mit Sätzen wie:

«Was soll das heißen, du hast keinen Hunger? Du mußt hungrig sein. Iß!»

«Beruhige dich doch! Sei nicht so aufgeregt!»

«Es ist doch dumm, daß du dich schuldig fühlst, wenn es gar nicht dein Fehler war.»

«Wie kannst du sagen, daß du nicht müde bist? Geh und leg dich hin, du bist doch ganz erschöpft.»

«Schau doch nicht so verletzt aus. Das ist wirklich keine große Sache.»

«Schrei mich nicht so an. Gut erzogene Kinder verlieren die Beherrschung nicht.»

Vielleicht war es völlig richtig zu zeigen, daß wir verletzt, frustriert oder deprimiert waren, doch wenn wir unseren Ärger hinausließen, geriet das ganze Familiensystem in Aufruhr. Oder vielleicht behielten unsere Eltern die Fassung, wenn wir aus vollem Halse brüllten, gerieten aber völlig außer sich, wenn wir weinten oder unsere Verletztlichkeit in anderer Form zeigten. Auch wenn sie kein Schild vor sich hertrugen, auf dem stand: DIESE GEFÜHLE SIND IN ORDNUNG, JENE HINGEGEN NICHT, erreichte uns die Botschaft doch. Wir liebten unsere Eltern und lebten in der ständigen Furcht, von ihnen nicht geliebt und anerkannt zu werden. Wir wurden sehr anfällig für ihre Kritik und lernten, unsere Gefühle zu verbergen, um uns zu schützen.

Auch wenn wir keine Kinder mehr sind, beeinträchtigen unsere Kindheitserfahrungen uns weiterhin. Wir können die Stimmen unserer Eltern nicht einfach abstellen. Irgendwie scheinen unsere Gefühle verdächtig, angreifbar oder einfach nicht akzeptabel zu sein.

Gefühle kann man nicht wegwünschen oder aus dem Denken vertreiben. Wir haben nur die Wahl, sie auszudrücken oder zurückzuhalten. Die besessene Beschäftigung mit Essen, Abnehmen und Zunehmen ist ein indirekter Weg, Verletztheit, Ärger, Schuld, Besorgnis und andere Gefühle in einer Form zum Ausdruck zu bringen, die wir für akzeptabler halten.

Die direkte Auseinandersetzung mit unseren Gefühlen kann schmerzlich sein. Es ist viel leichter, sie zu vermeiden. Wir wachsen in Familien auf, in denen Vermeidung das Vorbild ist. Wir werden aufgefordert, uns so zu verpacken, daß wir sozial akzeptabel und für unsere Eltern eine Quelle des Stolzes sind. Wir leben unser Leben voller Unbehagen, weil wir glauben, anderen mit unserem Ärger oder unserer Bedürftigkeit zu nahezutreten. Eines unserer emotionalen Ventile ist unser Appetit. Essen bewirkt, daß wir uns für den Augenblick wohl fühlen, aber niemals längerfristig. Das einzige, was hilft, uns auf lange Sicht besser zu fühlen, ist die indirekte Auseinandersetzung mit dem, was in uns vorgeht.

Essen, um Konflikte zu vermeiden

Ein Mann erinnert sich daran, daß seine Mutter sich bei jedem Streit, den sie hatten, vor die Brust schlug und ihm vorwarf, schuld daran zu sein, wenn sie einen Herzanfall bekäme. «Sie lief dunkelrot an und rannte aus dem Haus zu ihrem Auto, und mein Vater sagte dann: ‹Geh und hole deine Mutter! Sie ist imstande und fährt einen Abhang hinunter oder ähnliches.› Ich rannte dann zur Garage, schluckte meine Wut hinunter und entschuldigte mich wie verrückt. Ich wußte, daß sie wahrscheinlich eine Show abzog. Was aber, wenn das nicht stimmte? Ich wußte nie, wie weit sie gehen würde.»

Die Geschichte dieses Mannes ist ein extremes Beispiel dafür, wie manche Familien auf Konflikte reagieren. Doch viele von uns können sich daran erinnern, daß unsere Eltern zu uns auf Distanz gingen, wenn wir einen Streit anfingen.

Sollten Sie sich jemals gefragt haben, warum sie so heftig reagierten, bedenken Sie folgendes: Das Kind, das zu sehr geliebt wurde, ist mitverantwortlich dafür, das Familienbanner mit der Aufschrift WIR SIND DIE PERFEKTE FAMILIE hochzuhalten, das für die Selbstachtung seiner Eltern so wichtig ist. Wenn es bei Ihnen zu Hause Konflikte gab, haben Ihre Mutter oder Ihr Vater vielleicht geglaubt, das hieße, sie wären keine guten Eltern und hätten Sie nicht richtig erzogen. Vielleicht waren sie der Überzeugung, daß es zwischen Menschen, die sich wirklich lieben, keine Konflikte geben sollte. Ausbrüche von Ärger und Streitigkeiten bedrohten diese Fassade der «perfekten Eltern», die «perfekte Kinder» großziehen.

Wenn wir uns daran erinnern, wie unsere Eltern mit ihren eigenen Konflikten umgingen, finden wir vielleicht weitere Erklärungen dafür, warum sie uns so oft daran zu hindern suchten, unsere auszutragen. Oft können wir uns kaum daran erinnern, daß unser Vater jemals seine wahren Gefühle zeigte. Vielleicht sind wir aufgewachsen mit der Beobachtung, daß unsere Mutter ihren Ärger und ihre Frustrationen zurückhielt, um den Frieden um jeden Preis zu wahren. Wir haben eine Form des Umgangs mit Konflikten und Meinungsverschiedenheiten übernommen, für die unsere Eltern uns das Vorbild lieferten.

Eltern, die zu sehr lieben, ziehen kaum Grenzen zwischen ihren Gefühlen und denen ihrer Kinder. Deren Konflikt ist immer auch ihr Konflikt. Aus diesem Grunde waren unsere Eltern offensichtlich entschlossen, uns, wenn wir ärgerlich oder aufgeregt waren, von unseren Gefühlen mit den verschiedensten Verlockungen abzulenken, wie etwa: «Laß uns spazierenfahren, Liebes, dann vergißt du das alles.» Oft haben sie uns auf unser Zimmer geschickt, damit wir uns beruhigten, oder uns auf andere Art und Weise ausgeschlossen. So haben sie uns ihre eigene Überzeugung vermittelt – daß nämlich aus dem Durcharbeiten dieser Gefühle nichts Gutes entstehen kann und daß Auseinandersetzungen um strittige Themen unfruchtbar sind und vermieden werden sollten.

Wenn das unsere Erfahrung war, schauen wir uns auch heute noch nach Ablenkung um, wenn wir spüren, daß wir auf Konflikte mit anderen zusteuern, und oft wählen wir Essen.

Elaine, eine siebenundzwanzigjährige Mutter von drei Kindern, erzählt, wie ihr Mann einmal versprochen hatte, mit allen Kindern zum Kegeln zu gehen, damit sie einen dringend benötigten Abend für sich allein verbringen konnte. «Im letzten Augenblick sagte er, er wolle das Baby nicht mitnehmen. Das war's dann mit dem Abend für mich allein.»

Elaine behielt das Baby bei sich zu Hause, statt sich über eine so nichtige Angelegenheit zu streiten, saß dann aber vorm Fernseher mit einer großen Tüte Kekse und kaute laut auf ihrem Ärger herum, während das Baby auf ihrem Schoß schrie. «Ich hatte mich selbst so satt, weil ich meine Diät nicht einhielt, daß ich mich schließlich losriß von den Keksen und einen richtigen Anfall bekam.» Sie rannte in die Küche, warf die restlichen Kekse ins Spülbecken, zerdrückte sie im Abfluß und sah voller Freude zu, wie sie verschwanden.

Es ist interessant zu sehen, wie viele von uns, die sich ständig mit ihrer Diät und ihrem Gewicht herumschlagen, in bezug auf Essen alle möglichen Ärgergefühle und Konflikte zum Ausdruck bringen, diese Gefühle aber in sämtlichen anderen Bereichen ihres Lebens verleugnen. Wir sagen: «Ich bin so durchgedreht, weil ich diese Diät mache und keine Süßigkeiten essen darf», «Ich könnte mich dafür umbringen, daß ich meine Diät nicht eingehalten habe» oder «Es macht mich total wütend, daß ich Essen nur anschauen muß und schon zunehme, während alle anderen essen wie die Scheunendrescher und niemals auch nur ein Pfund zulegen». Elaine würde sich mit ihrem Mann nicht darüber streiten, daß sie mit dem Baby zu Hause bleiben muß, bekommt statt dessen aber Zustände wegen einer Tüte Kekse.

Mit großer Leidenschaft regen wir uns über Essen auf, doch würden wir unseren Geliebten auch ansehen und sagen: «Ich bin so verletzt, weil du dein Versprechen nicht gehalten hast», «Du ziehst dich von mir zurück, und ich habe nicht das Gefühl, daß du mich wirklich verstehst und wichtig nimmst, was ich brauche»? Würden wir sagen: «Ich bin wütend auf dich, weil du nie tust, was du sagst, und von mir erwartest, daß ich dir mehr gebe, als du mir gibst»? Elaine fühlte das alles, hätte es aber niemals geäußert, weil sie Angst vor dem daraus entstehenden Konflikt hatte.

Viele von uns sind sich bei akuten Anlässen dieser Wutgefühle noch nicht einmal bewußt, geschweige denn, daß sie sie gerne äußern. Wir schlucken unsere Gefühle mit dem Essen hinunter. Am nächsten Morgen erlauben wir uns schließlich, unsere Wut zu spüren, doch eher über die Kekse, die wir am Abend zuvor gegessen haben, als über das, was in unserem Leben wirklich vor sich geht. Selbsthaß, Ärger, Verletztheit und Ekel brechen aus als eine Flut widerstreitender Gefühle gegenüber dem, was wir am Abend zuvor gegessen haben.

Essen, um sich von der ständigen Beklemmung infolge der hohen Erwartungen unserer Eltern zu befreien

Eltern, die zu sehr lieben, haben oft so hohe Erwartungen an ihre Kinder, daß diese in einem Zustand von ständiger Besorgnis leben, wie sie diesen Erwartungen wohl genügen können. Diese Belastung kann unerträglich werden. Und die Folge? Die Kinder versuchen, die Besorgnis durch alle nur möglichen akzeptablen Mittel abzuwehren. Die ständige Beschäftigung mit Essen und Abnehmen kann ein Versuch sein, die Last der hohen Erwartungen von Eltern, die zu sehr lieben, zu verringern.

Sharons Geschichte ist dafür ein Beispiel. «Als ich siebzehn und in der letzten Klasse der High School war, wog ich 49 Kilo», beginnt sie zögernd. «Ich werde diese Zahl nie vergessen, weil sie mit dem Ziel zu tun hatte, das ich mir gesetzt hatte, nämlich unter 45 Kilo zu wiegen.»

In jenem Sommer kam Sharon, bevor sie mit dem College anfing, ins Krankenhaus. «Ich weiß nicht mehr viel von dem Krankenhaus, außer daß ich die ganze Zeit meinen Arzt davon zu überzeugen versuchte, daß ich nicht mehr äße, weil ich mich voll fühlte, und wenn ich soviel äße, wie er verlangte, wie eine aufgedunsene Kuh aussehen würde.»

Zehn Jahre später kann Sharon rückblickend zugeben, daß sie sich damals im wahrsten Sinne des Wortes verhungern ließ. «Sie können sich nicht vorstellen, wie schmerzhaft das ist und wie weh Hunger tatsächlich tut. Heute bin ich zutiefst entsetzt, wenn ich daran denke, daß ich mir das jemals angetan habe. Aber so fühlst du nicht, wenn du's tatsächlich machst. Was ich fühlte, war so eine Art krankhafter Stolz, weil ich stark genug war, nichts zu essen.»

Als jüngstes Kind einer wohlhabenden Familie erhielt Sharon nach der Diagnose einer Anorexia nervosa eine ausgezeichnete medizinische Betreuung und psychiatrische Beratung. Als aber Sharons Psychiater darauf bestand, daß vor ihrer Entlassung auch ihre Mutter und ihr Vater zur Beratung kommen sollten, weigerten sich diese. Die Vorstellung, es könne unterschwellige familiäre Probleme geben, die zur Entwicklung von Sharons Krankheit beigetragen hatten, faßten beide als persönliche Beleidigung auf.

Intelligent, begabt und attraktiv, schien Sharon immer das ideale Kind gewesen zu sein. Sie lebte mit ihrer Familie in einem großen Landhaus auf einem Riesengrundstück in einem Vorort von Atlanta. In der Familie war alles nur vom Feinsten, und Sharons Kindheit bestand aus Internatsleben, Reitstunden und exklusiven Ferienaufenthalten.

Oberflächlich betrachtet schien Sharon die perfekte Kindheit zu haben. Dieses perfekte Bild war die Ursache dafür, daß ihre Eltern auf Sharons Krankheit mit Abwehr reagierten. Sie seien ihren Kindern immer nahe gewesen und hätten ihnen alles gegeben, behaupteten sie Sharons Arzt gegenüber. Alles war wunderbar, so glaubten sie, bis auf den Punkt, daß Sharon sich weigerte zu essen.

Sharon sah das anders. Sie erinnert sich, daß sie ihr Leben lang immer Angst davor gehabt hat, mit ihren Eltern nicht mithalten zu können. «In unserer Stadt waren meine Eltern lokale Berühmtheiten. Mein Vater war Politiker. Die Familie meiner Mutter gehörte seit Generationen zum Geldadel. Sie ist eine schöne Frau, und ich wollte immer aussehen wie sie. Aber sie ist auch etwas exzentrisch, sogar auffallend. Die Leute reden ständig darüber, wie sie angezogen ist und was sie macht, und ich glaube, sie genießt das ebenso wie ihre Eigenwilligkeit.»

Sharon hatte das Gefühl, so viele Privilegien nicht verdient zu haben, und stand unter Druck. «Ich empfand uns als eine besondere Familie, und deswegen mußte auch ich etwas Besonderes sein. Meine Kindheit war perfekt, aber ich hatte das Gefühl, nichts getan zu haben, um sie zu verdienen.»

Obwohl Sharon sehr viel Anerkennung für die ausgezeichneten Noten erhielt, die sie in der Schule bekam, waren die Erwartungen der Eltern manchmal frustrierend für sie; sie kamen ihr unersättlich vor. «Von mir wurde so viel erwartet, und je mehr ich machte, desto mehr forderten meine Eltern von mir. Meine Mutter mußte immer wissen, was ich tat, dachte oder fühlte.»

Als gute Sportlerin schaffte Sharon es kurz vor dem Ausbruch der Anorexie in ihrem Juniorenjahr, in das Mädchen-Volleyballteam der Schule zu kommen. «Eines Abends kamen meine Eltern, bevor sie zu einem Essen gingen, um mir beim Spielen zuzusehen. Nach dem Spiel sprach mein Vater nur über Lori, die Spitzenspielerin unseres Teams. Er sagte, sie habe aggressiv gespielt wie ein Mann, und das war sein größtes Kompliment. Ich war so neidisch, während ich zuhörte, wie er über sie sprach. Dann lächelte er mich an und sagte: ‹Warum hast du dir den Ball entgehen lassen, der dir über den Kopf gefegt ist, Knirpschen?›»

Sharon faßte den festen Entschluß, ihre Leistungen auf dem

Spielfeld zu verbessern. Durch das ständige Volleyballtraining wuchs ihr vorher bereits gesunder Teenager-Appetit enorm. Eines Tages sagte ihr Vater, als er sie dabei beobachtete, wie sie ihr Essen verschlang: «Paß besser auf, wieviel du ißt, sonst wirst du noch dick.» Er lächelte und neckte sie, aber Sharon nahm ihn beim Wort.

An diesem Abend dachte Sharon gründlich über sich nach und kam zu dem Schluß, daß ihr Körper der Grund für die ihrer Meinung nach schlechten sportlichen Leistungen war. Er war nicht mager und stark genug, um mithalten zu können. Von nun an war sie besessen von dem Gedanken, ihren Körper in Form zu bringen.

Sharons Versuch, ihren Körper zurechtzutrimmen, wurde allmählich zu einer Hungerdiät. Ihr rapider Gewichtsverlust erschreckte ihre Eltern zutiefst. Ihr Vater kam jeden Abend früh nach Hause, setzte sich an den Tisch und zwang sie unerschütterlich, unter seinem Blick zu essen, während Sharon darauf bestand, daß sie «voll» sei und er versuche, sie dick zu machen. Es half nichts; er zwang sie zu essen. Anschließend rannte sie dann immer hinter das Haus, verschwand im Gebüsch zwischen ihrem und dem Nachbargrundstück und erbrach sich ins Gras. «Ich dachte, das sei ein ganz schön schlauer Ausweg. Ich führte sie alle an der Nase herum.»

Jeden Morgen beugte ihre Mutter sich über die Waage und beobachtete, wie Sharon sich wog. Sharon nähte Silbermünzen in Saum und Ärmelaufschlag ihres Morgenmantels, um die Inspektionen der Mutter zu bestehen. Eines Morgens borgte Sharons Schwester sich den Mantel aus und entdeckte die Münzen. Sie sagte es sofort der Mutter.

«Sie hielten es mir abends am Abendbrottisch vor, nachdem ich eine enorme Mahlzeit gegessen hatte. Meine Mutter brachte ruhig den Morgenmantel ins Eßzimmer und fragte mich, was das zu bedeuten habe. So war sie, immer kontrolliert. Ich fühlte mich wie ein Tier in der Falle. Ich schaute meinen Vater an, und etwas, das ich so lange in mich zurückgedrängt hatte, brach plötzlich heraus.»

Sharon stand auf, rannte in die Küche zum Spülbecken und erbrach sich wieder und wieder, ohne aufhören zu können, während ihre entsetzten Eltern zuschauten. Schließlich fiel sie zu Boden und brach in ein hysterisches Wüten über sich, ihre Mutter und ihren Vater aus. «Ich schrie alles heraus, was mir jemals in meinem ganzen perfekten Bilderbuchleben widerfahren war.»

Am nächsten Tag kam Sharon ins Krankenhaus und blieb dort vier Wochen.

Sharon hatte eine Kindheit, in der ihre Bedürfnisse nur nach außen hin und nicht in Wirklichkeit erfüllt wurden. Alles, was ein Kind für seine körperliche und geistige Entwicklung nur braucht, war vorhanden. Doch unter der blankpolierten Oberfläche war Sharons Jugend voller Ängste und Stress. Sie machte sich ständig Sorgen, daß man ihre Mängel feststellen und herausbekommen würde, daß sie nicht gut genug war oder den Erwartungen, die sie bei ihren Eltern spürte, nicht entsprach. Sie hatte wenig Vertrauen in ihren eigenen Wert und versuchte ständig, der Mensch zu sein, als den – wie sie glaubte – ihre Eltern sie gern gesehen hätten.

Kinder, die wie Sharon unter zu großen Erwartungen aufwachsen, werden in den Gefühlen, die sie sich selbst entgegenbringen, sehr abhängig von der Meinung anderer Leute. Wenn wir ständig nur damit beschäftigt sind, andere Menschen zu durchschauen, um ihren vermeintlichen Erwartungen entsprechen zu können und ihre Anerkennung zu gewinnen, haben wir unser Leben nicht mehr in der Hand, sondern überlassen anderen die Kontrolle. Die Weigerung zu essen gab Sharon das dringend nötige Gefühl, selbst die Kontrolle zu haben.

Wenn unsere Kindheit so aussah wie Sharons, kann es sein, daß alles, was wir bekommen haben, immer nur den Zwang in uns ausgelöst hat, beweisen zu müssen, daß wir wirklich verdienen, was man uns gibt. Vielleicht sind wir hungrig nach Zuwendung, darben nach Wertschätzung und dursten nach Anerkennung. Die ständige Beschäftigung mit Essen und Abnehmen dient als emotionales Heilmittel gegen den Stress unserer ständigen Versuche, enorm hohen Erwartungen zu entsprechen. «Ich bin nicht gut genug» wird zu «Ich bin nicht dünn genug». Sharons Eßstörung verringerte ihre Ängste, indem sie ihr einen Fluchtweg vor den wirklichen Problemen in ihrem Leben bot. Mahlzeiten planen, Kalorien zählen, Diätbücher lesen, die ständige Gewichtskontrolle, während sie heimlich abführte – all das war für sie eine Form von Zuwendung. Diese Aktivitäten lenkten sie von ihrem Gefühl des Versagens angesichts der hohen Erwartungen ihrer Eltern ab, und ihr Gewichtsverlust gab ihr die Illusion eines «Erfolges».

Essen, um gegen die elterliche Kontrolle zu rebellieren

Wenn wir mit einer Eßstörung zu kämpfen haben, bedeutet Kontrolle meistens folgendes: «Ich habe einen kleinen Salat mit Zitronensaft gegessen, also habe ich mich unter Kontrolle. Ich habe einen Schokoladeneisbecher gegessen; ich habe die Kontrolle verloren.»

Entscheidender jedoch als die Kontrolle über unser Essen ist die Kontrolle über unser eigenes Leben. Wenn wir uns unser Essen zumessen, vermittelt uns das lediglich die Illusion, die Kontrolle zu haben.

Das Bedürfnis, alles in der Hand zu haben, ist dann am größten, wenn wir meinen, von anderen stark kontrolliert zu werden. Wenn ein Kind zu sehr geliebt wird, ist die Kontrolle der Eltern immer ein wichtiges Thema.

Zwanghaftes Essen oder Abnehmen kann eine bewußte oder unbewußte Form der Rebellion gegen unsere Eltern sein. Mit Hilfe unseres Körpers senden wir unseren Eltern eine Botschaft, die wir niemals laut aussprechen würden: «Du kannst mich nicht kontrollieren. Ich werde deiner Vorstellung vom schlanken und rundherum perfekten Kind nicht entsprechen.»

Janes Geschichte paßt genau hierher. Bei ihr zu Hause standen die Wünsche des Vaters an erster Stelle. Was die anderen Familienmitglieder wollten, war nur dann akzeptabel, wenn es nicht mit seinen Ansprüchen kollidierte. «Wir haben ihn alle bedient, vor allem meine Mutter. Meine Mutter sagte, sie teile all seine Überzeugungen, aber ich denke, sie war einfach nie ehrlich.

Papa spielte gern Golf, also waren wir jeden Samstagmorgen früh um sieben Uhr auf dem Golfplatz. Weil er uns zu kultivierten Menschen machen wollte, mußte ich Klavier- und Kunstunterricht nehmen, obwohl ich das haßte. Er hatte eine kirchliche Schule besucht, also hing auch ich in einer katholischen Schule fest, die der reinste Horror war.»

Jane lernte, daß sie sich den Wünschen ihres Vaters anpassen mußte, wenn sie nicht allein gelassen werden wollte. «Golfausflüge, der Country-Club, Reisen, das Symphonieorchester – das war es, was meine Eltern liebten. Ich lernte, mich gut zu benehmen, damit ich mit ihnen zusammensein konnte. Wenn ich mich nicht benahm, wurde ich zu Hause gelassen oder nach Hause geschickt, wo ein Babysitter auf mich aufpaßte. Und wenn man auch dafür sorgte, daß sich jemand um mich kümmerte, wäre ich doch nicht dabeigewesen.» Und für Jane war Dabeisein alles.

Als Jane heranwuchs, wurde die väterliche Kontrolle zu einer wirklichen Last. Alles mußte seinem Geschmack, seinen Interessen und Vorlieben entsprechen. «Er konnte nicht verstehen, warum ich lieber mit meiner besten Freundin ausgehen wollte als mit der Familie. Meine Mutter versuchte, es ihm zu erklären, gab aber bald auf. ‹Er liebt dich sehr›, sagte sie mir immer als Entschuldigung. Niemand konnte vernünftig mit ihm reden. Und das Schlimmste war, wie konntest du jemanden angreifen, der dich so sehr liebte?»

Eines jedoch konnte Janes Vater nicht kontrollieren, und das war ihr Appetit. «Was würde er tun? Mich in die Kammer einsperren, damit ich nicht essen konnte? Etwa im Alter von dreizehn Jahren begann ich zuzunehmen und wurde einfach immer dicker. Ich war ein unglaublich vernünftiger, wohlerzogener Teenager und perfekt bis auf eines – ich war furchtbar dick. Ich aß völlig unkontrolliert.»

Sich anpassen oder allein gelassen werden – das ist eine wichtige Botschaft, mit der Kinder aufwachsen, die zu sehr geliebt werden. Das Verlassenwerden kann emotional oder körperlich sein. In Janes Familie hieß offene Rebellion, daß man allein gelassen wurde und mit einem Babysitter zu Hause zurückblieb. Jane wurde so erzogen, daß es eher den Bedürfnissen und Wünschen ihrer Eltern entsprach als ihren eigenen, und die väterliche Kontrolle erstreckte sich auf sämtliche Bereiche ihres Lebens – außer auf ihre Ernährung. Essen diente als Mittel, die elterliche Kontrolle abzuwehren und das Bild von der perfekten Tochter zu sabotieren – schlank, schön, leistungsfähig, ein Kompliment an die Eltern.

Es ist kein Zufall, daß die meisten Eßstörungen irgendwann im Verlaufe der Jugendjahre eintreten. In dieser Zeit werden Kinder sich des Bedürfnisses bewußt, ein eigenständiger Mensch zu sein, unabhängig von ihren Eltern. Sie beginnen sich nach Möglichkeiten umzusehen, deutlichere Grenzen zwischen sich und anderen zu ziehen. Eßgewohnheiten gehören zu den primären und hervorstechendsten Verhaltensweisen, über die Jugendliche sich «definieren». Ständig nehmen sie Kartoffelchips, Hot Dogs, Pizza, Sprudel und ähnliche Nahrungsmittel zu sich, und diese Kost löst einen Kampf mit den Eltern um die Ernährung aus. Diese Auseinandersetzung ist wichtig. Sie ist ein Hinweis darauf, daß der Teenager sich als eigenständiges Wesen behauptet und über seinen Körper selbst bestimmt.

Eltern, die zu rigide auf die Ernährungsweise ihrer Teenager reagieren, bestimmte Nahrungsmittel verbieten und andere aufzwingen, bereiten den Boden für eine noch rigidere Gegenreaktion. Merkwürdige rituelle Eßgewohnheiten können sich daraufhin entwickeln und ein Ausdruck für folgende Haltung sein: «Diese Ernährung ist meine Idee und das erste in meinem Leben, worauf ich bestehe.»

Das Gefühl, bis zu einem gewissen Grad Macht über unser eigenes Leben zu haben, ist ganz entscheidend. Ein sehr großes Problem für Kinder, die von ihren Eltern zu sehr beschützt werden, ist der spürbare Mangel an Selbstbestimmung. In Familien, in denen die Eltern zu sehr lieben, werden die Regeln nicht so leicht geändert und neuen, unserer wachsenden Reife entsprechenden Bedürfnissen angepaßt. Als Teenager und später als Erwachsene haben wir es nicht mehr nötig, daß unsere Eltern uns weiterhin vor Schäden bewahren, uns leiten und prägen, doch sie können damit nicht aufhören. In Familien mit übertriebenem Schutzverhalten und rigiden Regeln können die Kinder zur Verweigerung von Essen oder heimlichen Freßgelagen Zuflucht nehmen, wenn die Unterdrückung unerträgliche Ausmaße annimmt. Beide folgenden Sprüche vermitteln die Illusion, Herr seiner selbst zu sein: «Ich bin mächtig genug, um meinen Hungergefühlen zu widerstehen, ich kann freiwillig hungern» oder «Ich habe die Macht, gegen das Zunehmen anzugehen; ich kann die ganze Nacht hindurch essen und dann abführen, ohne jemals ein Pfund zuzunehmen».

Eine ständige Beschäftigung mit Essen, die sich zu einer voll ausgeprägten Eßstörung entwickelt, kann uns helfen, den beherrschenden Eltern die Kontrolle noch weiter zu entreißen. Eine Eßstörung führt, wenn sie erst einmal entdeckt wurde, zu einer Familienkrise. Sie wird zu einem Familienproblem, das dem Opfer zunehmende Kontrolle über die anderen Familienmitglieder verleiht. Vielleicht kann niemand mehr vor den Augen des Betroffenen Nachtisch essen, weil er ihn damit in Versuchung führen würde. Vielleicht muß jemand beim Essen ständig aufpassen, daß er auch wirklich ißt. Vielleicht muß die Familie ihre Freizeit für Beratungen opfern.

Auch wenn wir unser Elternhaus längst verlassen haben, kann die ständige Beschäftigung mit Essen in unserem heutigen Leben noch eine ähnliche Funktion haben. Unsere heimlichen Eßgewohnheiten, wie scheußlich sie auch sein mögen, vermitteln uns die Illusion, unabhängig und Herr unserer selbst zu sein.

Essen, um Nähe abzuwehren

Julie, eine vierundzwanzigjährige Programmiererin, hat in den letzten fünf Jahren vergebens versucht, eine dauerhafte Beziehung zu einem Mann aufzubauen. Sie gibt ihrem Übergewicht die Schuld daran, daß sie nicht imstande ist, den Typ von Mann anzuziehen, den sie möchte. Wenn es auch stimmt, daß Julies Übergewicht die Wirkung hat, Männer auf Distanz zu halten, so liegt ihrem zwanghaften Essen doch der unbewußte Wunsch und damit das Programm zugrunde, Beziehungen oberflächlich zu halten.

Julie wuchs in einem Zuhause auf, wo sie ständig in die Streitigkeiten ihrer Eltern hineingezogen wurde, um zu vermitteln oder Frieden zu stiften. Schließlich ließen ihre Eltern sich scheiden. Julies Mutter klammerte sich anschließend an ihre Tochter und erzählte ihr ausführlich von ihrer Einsamkeit, wie Julies Vater sie im Stich gelassen habe, und sogar von ihren sexuellen Bedürfnissen jetzt, wo sie keine intime Beziehung mehr habe. «Ich sollte ständig bei ihr sein. Wenn ich eine Verabredung oder Pläne mit meinen Freunden hatte, fühlte ich mich so schuldig, daß ich es ihr kaum sagen mochte.»

Da Julie keine Grenzen setzen konnte, mischte sich ihre Mutter immer stärker in ihr Leben ein. Julie fühlte sich erdrückt von all der mütterlichen Aufmerksamkeit und wußte nicht, wie sie sie abwehren sollte.

An diesem Punkt entwickelte Julie ihre Eßsucht. Essen tröstete sie über die wachsenden Ansprüche der Mutter hinweg, und in den Jahren nach der Scheidung ihrer Eltern nahm Julie über zwanzig Kilo zu. Ihr Dicksein drückte aus: «Ich bin ich, ich brauche Platz – bleib weg von mir!»

Auch wenn in Julies Fall die Bedürftigkeit der Mutter extrem war, so wachsen doch viele von uns in Familien auf, in denen die Eltern sich bis zu einem gewissen Grade in ihr Leben einmischen. Wir erhielten liebevolle Zuwendung, Aufmerksamkeit und materielle Dinge, wofür wir dankbar waren, doch manchmal konnten wir kaum durchatmen. Es kam uns vor, als wäre die Liebe dieser Menschen mit der Erwartung an uns verbunden, mehr zurückzugeben, als uns möglich war. Das ist unser ganzes Leben lang eine Last für uns gewesen. Die Menschen, die uns am nächsten standen, auf die wir uns verließen und von denen wir abhingen, waren auch diejenigen, die am meisten von uns erwarteten.

Essen kann als «Lösung» für ein ganzes Spektrum an Problemen im Umgang mit Nähe benutzt werden. Nähe ist bedrohlich. Wenn wir zulassen, daß jemand uns kennen- und lieben lernt, wird er oder sie sich dann ebenso in unser Leben einmischen, wie unsere Eltern es taten? Wird dieser Mensch mehr von uns fordern, als wir mit gutem Gefühl geben können? Mit 100 oder 40 Kilo Gewicht müssen wir uns um Nähe keine weiteren Sorgen machen. Wir fahren fort, uns ausschließlich mit Themen zu beschäftigen, die mit dem Essen zusammenhängen, denn das kommt uns sicherer vor als das Thema intime Beziehungen oder das ganze Thema Sexualität in unserem Leben überhaupt.

Wenn wir in einer Beziehung leben, die von emotionaler Distanz und Mißklang geprägt ist, können wir uns ausreichend auf unsere Probleme mit dem Essen konzentrieren. Mit Essen kann man sich sehr viel leichter auseinandersetzen als mit der Unzufriedenheit mit dem Ehemann, der Ehefrau, dem Liebhaber oder der Geliebten. Wir schieben alles auf unser Gewicht und reden uns ein, daß es schon besser werden wird, wenn wir erst einmal unsere überflüssigen Pfunde los sind.

Wenn wir den «richtigen» Menschen nicht finden, können wir sagen, unser Gewicht sei der Grund dafür. Wir müssen uns niemals mit der beängstigenden Frage auseinandersetzen, was geschehen würde, wenn wir abnähmen und trotzdem nicht in der Lage wären, die große Liebe zu finden.

Auf jeden Fall haben wir für Beziehungen ohnehin nicht genügend Energie. Unsere Beziehung zum Essen nimmt uns zu sehr in Anspruch.

Essen, um uns selbst Zuwendung zu geben

«Bei uns zu Hause wurde ständig etwas zu essen gemacht», erinnert Karen sich. «Ich wüßte nicht, wann unsere Küche jemals leer gewesen wäre. Irgend etwas lief dort ständig. Kaum war eine Mahlzeit beendet und die Teller waren abgeräumt, wurde mit dem Backen angefangen. Es gab niemals nur ein Blech Schokoladenkuchen, sondern immer gleich zwei oder drei.

Meine Eltern sagten immer: ‹Du mußt doch Hunger haben. Iß! Du mußt etwas essen! Anderswo verhungern Menschen.› Wenn irgend jemand von uns nicht bei Tisch erschien, geriet das ganze Haus in Aufruhr.

Wenn ich nicht aß, was mir vorgesetzt wurde, sagte meine Mutter immer: ‹Ich habe den ganzen Tag lang gekocht, aber scheinbar schmeckt es niemandem.› Kochen war ihre Art, uns ihre Liebe zu zeigen. Und ihr zu zeigen, daß man sie liebte und schätzte, hieß zu essen. Deinen Ärger teiltest du ihr mit, indem du dich weigertest zu essen. Essen hatte nichts mit Hunger zu tun, sondern war die Form, in der wir miteinander kommunizierten.»

Essen hat in vielen Familien besonderen Symbolcharakter. Bestimmte Verhaltensweisen am Eßtisch sind verräterische Anzeichen für Einmischung: Jemand löffelt die Suppe des anderen, jeder will vom Teller des anderen naschen, und niemand ist vor dem Zugriff des anderen sicher.

Eltern, die zu sehr lieben, wollen um jeden Preis für ihre Kinder sorgen und sie unterstützen. Sie fürchten immer, nicht genug zu geben. Viele dieser Eltern stopfen ihre Kinder von Geburt an mit Essen voll, um ihnen auf diese Weise ihre Liebe zu zeigen.

Wenn unsere Eltern uns beim Essen mästen, können die Folgen für unsere sämtlichen Bedürfnisse – ob es um unsere Ernährung geht oder um andere Bereiche unseres Lebens – verheerend sein. Wenn Eltern die unterschiedlichsten körperlichen und emotionalen Bedürfnisse ihrer Kinder fälschlicherweise für Hunger halten, dem sie mit Essen abhelfen wollen, wird ein Verhaltensmuster in Gang gesetzt, das später im Leben zu Eßstörungen führen kann.

Ein Kleinkind gibt für die Verkündung seiner sämtlichen Bedürfnisse nur ein Signal von sich – es weint. Eltern müssen einfühlsam genug sein, um dieses Signal zu «entschlüsseln» und entsprechend darauf einzugehen. Manchmal reagiert ein Elternteil ständig unangemessen. Vielleicht weint das Baby, weil es sich allein fühlt, müde ist oder friert. Die Mutter oder der Vater aber füttern das Kind und übersetzen den «Hinweis» falsch. Oder die Eltern kleben an rigide festgelegten Essenszeiten. Das Baby weint, und die Eltern erkennen nicht, daß das Kind hungrig ist, oder denken, es schade dem Kind, wenn sie von dem Essensplan abweichen. Beide Arten von unsensiblen Reaktionen auf die Bedürfnisse des Babys führen zu Verwirrung. Das Baby lernt nicht, Hunger von anderen Bedürfnissen oder unangenehmen Empfindungen zu unterscheiden. «Ich bin müde» wird dann zu «Ich habe Hunger», ebenso wie «Ich habe Angst» oder eine ganze Reihe anderer Emotionen in «Ich habe Hunger» übersetzt werden. Damit wird die Basis dafür geschaffen, daß wir unser Leben lang Essen zur Lösung von vielerlei komplexen emotionalen Problemen einsetzen.

Zwanghaftes Essen ist für uns heute vielleicht die einzige Möglichkeit, uns Zuwendung zu geben. Wir wissen nicht, was wir wirklich brauchen oder innerlich fühlen. So gehen wir gewohnheitsmäßig zum Essen über, wenn wir uns einsam oder ungeliebt fühlen. Essen wird zu einer Form von Zuneigung, statt Brennstoff für den Körper zu sein. Eine Frau drückte das folgendermaßen aus: «Ein Eisbecher ist für mich eine innere Umarmung.»

Essen als Rebellion gegen den Zwang,
«gut dazustehen»

Mark, ein dreißigjähriger Buchhalter, erinnert sich an einen Vorfall, der sich während seines letzten Jahres auf der High School ereignete. Er bewarb sich um ein Studentendarlehen für das College und hatte vor, sich zu diesem Zweck mit seinem Vater in der Stadt vor der Bank zu treffen. Als er sich an diesem Morgen anzog, wurde ihm klar: «In meinem Schrank hingen nur Jeans und Arbeitshemden. Wie alle anderen auch, ging ich immer ziemlich schlampig gekleidet zur Schule.» Da er wußte, daß er seinem Vater nicht in Jeans begegnen konnte, rannte er den Wohnblock entlang und borgte sich von seinem Cousin Hemd, Krawatte und Bügelfaltenhosen. «Ich dachte, ich sähe wirklich gut aus. Mein Vater sagte nicht sehr viel, bis er am Eingang zur Bank zufällig nach unten auf meine Füße schaute. ‹Sieh dir diese Schuhe an!› sagte er und lief rot an wie ein Truthahn.

Ich schaute hin. Sie sahen schon schlimm aus. Ich trug dieselben ausgelatschten Slipper wie jeden Tag. Direkt dort vor der Bank schrie mein Vater mich an, und sein Gesicht war so rot, als würde er einen Schlaganfall bekommen: ‹Du siehst aus wie ein Lumpenkerl! Ich schäme mich für dich!› – ‹Ich wußte nicht, daß man reich aussehen muß, wenn man sich Geld leihen will!› schrie ich zurück.»

Selbst heute noch sieht Mark bei jedem Besuch zu Hause ängstlich dem väterlichen Urteil über seine Garderobe entgegen, auch wenn er sagt, er verachte die altmodischen Ansichten seines Vaters in bezug auf die äußere Erscheinung. «Ich sollte im Alter von dreißig Jahren wohl in der Lage sein, zu tragen, was ich will, wenn ich zu meinen Eltern gehe. Aber irgendwie ziehe ich mich für sie doch immer besonders an, lasse mir die Haare schneiden und denke: ‹Ob Vati diese Krawatte wohl zu auffällig findet?›»

Viele von uns haben mit Vater oder Mutter oder auch mit beiden Eltern ähnliche Erfahrungen gemacht wie Mark. Selbst

harmlose Bemerkungen wie «Sind diese Hosen nicht ein bißchen zu eng?» oder «Ich glaube, du brauchst mal wieder ein
neues Jackett» machen uns heute verrückt. Emotional abhängig von der Anerkennung unserer Eltern, kann es uns auch
fertigmachen, wenn sie überhaupt nichts zu unserem Aussehen sagen. Wir stellen uns dann vor, ihr Urteil falle so negativ
aus, daß sie es nicht über die Lippen bringen.

Es stimmt, daß es den meisten Eltern sehr wichtig ist, wie
ihre Kinder aussehen und sich benehmen. Doch für Eltern, die
zu sehr lieben, kann das zur Besessenheit werden. Sie haben
das Gefühl, daß die Verantwortung für das Aussehen und das
Benehmen ihres Kindes eher bei ihnen liegt als bei diesem
selbst. Und sie erwarten Perfektion. Sie verlangen, daß wir
«gut aussehen».

Einige von uns können die ständige Beschäftigung ihrer Eltern mit dem «Aussehen» ihres Kindes mit einem Schulter-
zucken abtun. Andere sind dafür sehr anfällig und ärgern sich
über die rigiden elterlichen Anschauungen über korrektes und
nicht korrektes Benehmen.

Doch es war nie leicht, unsere Eltern direkt mit diesen Themen zu konfrontieren. Darum wenden wir uns indirekten Me-
thoden zu. Essen kann als ein sehr wirkungsvoller und trotzdem indirekter Weg benutzt werden, gegen den Zwang zum
«Gutaussehen» zu rebellieren. Was könnte das elterliche Verhalten negativer widerspiegeln als ein dickes oder extrem ab-
gemagertes Kind?

Unser zwanghaftes Essen spricht eine deutliche Sprache.
Wir sagen damit, daß nichts in Ordnung ist. Wir wählen eine
Form von Rebellion gegen das «Gutaussehen», die uns sicher
vorkommt, oft aber so tief greift, daß das Familiensystem völlig durcheinandergerät.

Essen, um uns für vermeintliche Schuld zu bestrafen

Einige Eltern sind sehr geschickt darin, Schuldgefühle einzu-
flößen. Sie behalten die Kontrolle über ihre Kinder, indem sie
diesen das Gefühl vermitteln, sie seien verantwortlich für das
Leiden, die enttäuschten Hoffnungen oder das unbefriedigende Leben ihrer Eltern, und ihnen ständig sagen: «Ich habe
so viel für dich aufgegeben. Ich habe versucht, dir alles zu geben, was ich niemals hatte, und schau dir an, wie du dich daraufhin verhältst.»

Unsere großen Schuldgefühle beruhen auf der stillschweigenden Folgerung, wenn wir unsere Eltern wirklich liebten,
würden wir tun, was sie sagen, und so sein, wie sie uns haben
wollen. Wir würden ihnen vergelten, was sie uns geschenkt
haben, indem wir ihre Erwartungen an uns erfüllen.

Schuld gehört zu den wichtigsten Gefühlen, die zu sehr geliebte Kinder gern durch Essen verdrängen. Schuld ist lähmend, und Essen gibt uns die Illusion, etwas zu tun – aktiv zu
sein. Essen tröstet, lenkt ab und hilft uns, Gewissensbisse zu
betäuben.

Wir verinnerlichen die Botschaften unserer Eltern, die uns
Schuldgefühle verursachen, so gut, daß sie sehr viel stärker
Druck und Kontrolle auf uns ausüben, als unsere Eltern selbst
es jemals versuchten. Diese Schuldgefühle werden auf andere
Beziehungen übertragen. Ist ein anderer Mensch unglücklich,
fühlen wir uns verantwortlich. Wird jemand ärgerlich auf uns,
nehmen wir automatisch an, etwas falsch gemacht zu haben.
Welche Überraschung für unsere Eltern, die uns nie für ausreichend verantwortungsbewußt hielten, wenn sie feststellen,
daß wir uns für die Gefühle der ganzen Welt verantwortlich
fühlen.

Schuldgefühle werden zur Gewohnheit. Eine Frau erzählt,
wie sie mitten in der Nacht geweckt wurde, als ihre Dreijährige hohes Fieber bekam. Sofort wachte das ältere Kind auch
auf und klagte über Kopfschmerzen. Die restliche Nacht
rannte sie zwischen den Kindern hin und her und versuchte,

sich nicht um ihre Arbeit am nächsten Tag zu sorgen: daß sie vielleicht nicht würde hingehen können und schon so viele Tage versäumt hatte, daß sie die erhoffte Beförderung wohl nie erreichen würde. Gegen vier Uhr morgens war sie soweit, daß sie beide Kinder und ihren Mann, der alles friedlich verschlief, am liebsten zum Fenster hinausgeworfen hätte.

Diese Frau hatte wegen dieser Empfindungen enorme Schuldgefühle, vor allem wegen ihres Ärgers auf die kranken Kinder. Ihre Mutter hätte solche Gefühle bestimmt nie gehabt. Um sechs Uhr morgens stand sie in der Küche und verschlang ein Schlemmerfrühstück mit Honigflakes, Bananenkuchen, Eis und Massen von Käsekräckern.

Wir können Essen als Mittel benutzen, um Schuldgefühle zu verringern, die wir empfinden, wenn wir unseren eigenen verinnerlichten Erwartungen nicht entsprechen. Diese Frau hatte das Gefühl, die perfekte Mutter sein zu müssen, so wie sie ihre Mutter erlebt hatte. Ihre Schuldgefühle wegen des Ärgers über ihre kranken Kinder waren unerträglich. Sie erstickte ihren inneren Kritiker mit Essen. Realistisches Nachdenken über die Tatsache, daß es spät und sie erschöpft war, daß sie auch nur ein Mensch war, wurde durch den Geist ihrer Mutter verdrängt, einer Mutter, die zu sehr geliebt hatte und sich – wenn es um ihre Kinder ging – mit größter Freude aufzuopfern schien.

Wenn wir Essen als Mittel zur Bewältigung von Schuldgefühlen benutzen, ist das deswegen problematisch, weil unser Schuldbewußtsein in dem Maße wächst, wie wir essen (oder nicht essen). Jetzt kommt zu Ihren Missetaten noch hinzu, daß Sie Ihre Diät nicht eingehalten, die Kontrolle verloren, gepraßt oder abgeführt haben. Das wird zu einem Teufelskreis. Je häufiger Sie essen, um Probleme zu bewältigen, desto schuldiger fühlen Sie sich. Je größer Ihre Schuldgefühle, desto mehr müssen Sie essen, um damit klarzukommen.

Essen, um Ruhelosigkeit und Unzufriedenheit abzustellen

Ein Mann vertraute uns an, daß seine Eltern, als er Kind war, so große Schuldgefühle hatten, auszugehen und ihn allein zu lassen, daß sie Clowns und andere Künstler engagierten, die ihn unterhalten sollten, bis sie zurückkamen.

«Kein Wunder, daß ich durchdrehe, wenn ich allein zu Hause bin. Ich erwarte wohl, unterhalten zu werden.»

Langeweile ist für uns alle ein unangenehmes Gefühl. Wenn wir uns langweilen und nichts zu tun haben, fangen wir meistens an, den Blick auf uns selbst zu richten. Für einige von uns ist das alarmierend. Die hohen Erwartungen, die wir verinnerlicht haben, schleichen sich ein: «Ich sollte Sport treiben... Ich sollte mehr lesen... Ich sollte eine Bewerbung schreiben und versuchen, eine bessere Stelle zu bekommen... Ich sollte mehr Kontakte schließen... Ich sollte Klavier üben... Ich sollte mein Leben in Ordnung bringen...» All diese Anforderungen stürmen auf uns ein, und weil wir nicht allen sofort nachkommen können, sind wir schließlich bewegungsunfähig und tun überhaupt nichts. Über Essen nachdenken, Mahlzeiten vorbereiten und eine neue Diät ausprobieren – das ist die Lösung. Schon haben wir etwas zu tun und zu planen. Diese Aktivitäten lenken uns wirkungsvoll davon ab, uns selbst anzuschauen.

Essen, um im Mittelpunkt zu stehen

Es gibt mehrere Gründe, warum ein übermäßig geliebtes Kind im Mittelpunkt der familiären Aufmerksamkeit stehen möchte. Hören Sie sich einmal Anns Geschichte an:

Ann, eine einundzwanzigjährige Studentin, wacht jeden Morgen mit dem Gedanken auf: Ob ich heute essen kann wie ein normaler Mensch?

Seit Beginn ihrer Teenagerjahre hat Ann ohne offensichtlichen Grund heimliche Freßanfälle. Zu diesen Zeiten scheint ihr Drang zu essen völlig außer Kontrolle zu geraten. «Ich habe das Gefühl, keine Wahl zu haben. Wenn ich erst einmal anfange zu essen, kann ich nicht mehr aufhören.»

Als Ann ihre Kindheit untersucht, treten einige der Umstände zutage, die zu diesem Verhaltensmuster führten. Ann hatte eine ältere Schwester, Julie, die an der Hodgkinschen Krankheit litt. «Ständig wechselte sie zwischen dem Krankenhaus und zu Hause hin und her, und meine Eltern waren immer sehr in Sorge.»

Anns Mutter fühlte sich hilflos gegenüber der Krankheit ihrer ältesten Tochter. «Sie konnte nichts machen, und das brach ihr das Herz.»

Bis zum Alter von zwölf Jahren war Ann immer ziemlich mager gewesen. «Als ich in der High School anfing zuzunehmen, schleppte meine Mutter mich von einem Ernährungsberater zum anderen. Sie hatte das Gefühl, gegen meine Gewichtsprobleme etwas unternehmen zu können. Sie zwang mich, Diät zu halten, warf Lebensmittel weg, damit ich sie nicht fand, und schickte mich zur Gymnastik und in spezielle Feriencamps. Wenn das wirkte, war sie glücklich. Aber ich kehrte immer wieder zu meiner alten Tour zurück.»

Bei Ann zu Hause stand ihre kranke Schwester im Mittelpunkt elterlicher Aufmerksamkeit. Die unlösbaren Probleme ihrer Schwester zogen so viel Sorge und Anteilnahme auf sich, daß Ann das Gefühl hatte, sich einschalten zu müssen.

Ann versuchte, die Aufmerksamkeit auf sich zu lenken, indem sie sich angewöhnte, zwanghaft zuviel zu essen. Sie sorgte dafür, daß die Aufmerksamkeit sich ihrem Gewicht zuwandte, und «löste» so ihre Familienprobleme. Die Besorgtheit und Hilflosigkeit der Eltern angesichts der Krankheit ihrer Schwester bewirkten, daß Ann sich verletzlich und ängstlich fühlte. Wenn die Familie in Sorgen verstrickt ist, verspüren Kinder oft den starken Drang, ihre Eltern zu beschützen. Anns Lösung bestand darin, die Aufmerksamkeit auf ein anderes, leichter «lösbares» Problem zu lenken, ihr zwanghaftes

Essen. Ihre Mutter schien weniger besorgt und deprimiert über die schmerzlicheren und eindeutig unlösbaren familiären Probleme zu sein, wenn sie damit beschäftigt war, Anns Ernährung zu kontrollieren.

Viele von uns können sich mit Anns Schutzverhalten ihrer Familie gegenüber identifizieren. Wir sind entschlossen, Abhilfe zu schaffen für die Probleme, die – wie wir spüren – für unsere Eltern sehr schmerzlich sind. Wir sind so abhängig von ihnen, daß ihr Schmerz zu großer Unsicherheit führt. Es gibt kaum Grenzen zwischen uns und ihnen. Einige von uns können ihre Gefühle, Gedanken und Neigungen kaum von dem unterscheiden, was ihre Eltern fühlen, denken oder beschließen. Wir öffnen den Mund, um zu sprechen, und fragen uns, ob die Worte, die da herauskommen, wirklich unsere eigenen Gedanken ausdrücken oder nicht vielmehr wiedergeben, was unsere Mutter oder unser Vater gesagt hätte. Das ist eine Folge davon, daß unsere Eltern ein Leben lang für uns gesprochen, unsere Bedürfnisse formuliert und uns unsere Gefühle vorgeschrieben haben.

Eßstörungen werden zu schwerwiegenden Familienproblemen und verlangen unbedingt Beachtung. Unbewußt hoffen wir vielleicht, die Aufmerksamkeit der Familie vom Alkoholismus unseres Vaters, von der Depression unserer Mutter oder den Schwierigkeiten unserer Schwester oder unseres Bruders wegzulenken und auf unsere Eßstörung zu richten. Ist die Ehe unserer Eltern gestört, kann ihr plötzliches Einvernehmen in bezug auf unsere Eßstörung wie eine neue Form von Nähe und Intimität aussehen. Wir lenken das Scheinwerferlicht von diesen Problemen weg, richten es auf uns und verhindern damit, daß unsere Eltern all das offenlegen müssen, was sie hilflos macht.

Essen, um nicht erwachsen zu werden

Essen kann auch als Mittel benutzt werden, um an unserer Kindheit festzuhalten. Kinder, die zu sehr geliebt wurden, haben oft ambivalente Gefühle, wenn es um die tatsächliche Unabhängigkeit von den Eltern geht. Die Angst vor Selbständigkeit hindert sie daran, von ihrem unbefriedigenden Kreisen um Essen und Abnehmen abzulassen.

Wenn wir ständig nur darüber nachdenken, ob wir eine neue Diät einhalten können, ob diese auch so schnell wirkt, daß wir standhaft bleiben können, oder ob unser heimliches Abführen entdeckt wird, decken wir mit diesen Gedanken unsere tatsächliche Angst zu: die Angst davor, unser Leben selbst in die Hand nehmen zu müssen.

Wir haben uns daran gewöhnt, daß unsere Eltern sich um uns kümmern. Eltern, die zu sehr lieben, hindern ihre Kinder oft am Erwachsenwerden, indem sie deren Selbständigkeit sabotieren und Dinge für sie tun, die die Kinder selbst erledigen könnten. Ihr geheimes Programm besteht darin, uns kindlich und abhängig zu halten. Unsere Besessenheit vom Essen und die daraus resultierenden Probleme geben ihrem Leben einen Inhalt, während sie zugleich unsere Abhängigkeit von ihnen verstärken. Oft sind unsere Eltern diejenigen, an die wir uns am häufigsten wenden, um ihnen unsere täglichen Kämpfe mit unserem Gewicht oder unsere Triumphe und Niederlagen bei der Diät zu enthüllen.

Einige Eltern, die zu sehr lieben, sabotieren unbewußt die Versuche ihrer Kinder, sich von ihrer zwanghaften Beschäftigung mit Essen und Abnehmen zu befreien. Carrie, eine Eßsüchtige, trat einer Selbsthilfegruppe der «Overeaters Anonymous» bei und hatte daraufhin ständig Krach mit ihrer Mutter. «Das Verrückte war, daß meine Mutter mich gedrängt hatte, zu den ‹Weight Watchers› zu gehen. Sie hatte mir immer gesagt, ich solle etwas gegen mein Übergewicht tun. Aber weil es bei OA mehr um unsere Gefühle als um das Abnehmen geht, war meine Mutter dagegen.

Wenn ich mit meiner Mutter ausging, stellte sie mir ständig Fragen nach dem Ablauf der Gruppentreffen: ‹Worüber redet ihr denn bei diesen Treffen? Über uns? Bist du sicher, daß du genug ißt? Du weißt, es ist nicht gut, zu schnell abzunehmen, weil du dann gleich wieder zunimmst.›

Meine Mutter und ich sind uns immer nahe gewesen, und gewöhnlich störte mich ihre ständige Fragerei nicht, aber ich wollte nicht weiter über mein Abnehmen sprechen und nachdenken. Also sagte ich ihr geradeheraus, sie solle aufhören, mich über dieses Thema auszufragen. Sie sagte: ‹Du bist in letzter Zeit so gereizt. Ich glaube, das hängt mit dieser Gruppe zusammen, zu der du gehst. Vielleicht solltest du etwas anderes ausprobieren. Ich möchte nicht, daß du krank wirst.›»

Carrie besuchte immer noch jeden Freitag ihre Eltern zum Abendessen. Nachdem sie angefangen hatte, zu «Overeaters Anonymous» zu gehen, rief ihre Mutter sie jeden Freitagmorgen an und sagte: «Weißt du, es ist zuviel Aufwand für mich, wenn ich für jeden, der zum Essen kommt, etwas Besonderes koche. Wir werden das gleiche essen wie immer, ich hoffe, für dich ist auch etwas dabei.»

«Sie tischte dann Lasagne oder Schweinesteak auf, und das hieß, ich mußte mir mein Essen selbst mitbringen. Dann gab es einen üppigen Nachtisch, und sie sagte immer: ‹Ich weiß, daß du eine Diät machst, aber ein kleines Stückchen kannst du doch bestimmt nehmen.›»

Schließlich ging Carrie nicht mehr zu ihren Eltern zum Essen. Ihre Eltern waren verletzt und warfen ihr vor, Carrie vernachlässige sie.

Carrie fand jedoch eine Lösung. «Ein Mädchen aus meiner OA-Gruppe hatte ähnliche Probleme mit ihren Eltern, und es half mir, mit ihr darüber zu sprechen. Sie erzählte, daß die Beziehung zu ihren Eltern sich nur um ihre Eßprobleme drehe und wie schwer es sei, das zu durchbrechen.

Mir wurde klar, daß ich mich, seit ich von zu Hause weggegangen war, die meiste Zeit, die ich mit meiner Mutter verbrachte, darüber beklagt hatte, wie dick ich sei, wie einsam und das alles, während wir zusammen kochten oder ins Restaurant gingen. Ich wütete ihr etwas über meine ‹schlechten Zeiten› vor, und sie sorgte dafür, daß es mir besser ging. Meine Mutter hatte immer das Gefühl gehabt, von mir gebraucht und in mein Leben einbezogen zu werden. Mein neuer Vorsatz abzunehmen war bedrohlich für sie, und sie fühlte sich ausgeschlossen, weil ich mit ihr nicht darüber sprach.»

Carries Aufgabe bestand darin, ihre Beziehung zu ihrer Mutter auf eine neue Grundlage zu stellen – es genügte nicht, daß diese ihr Gewicht überwachte und mit ihr zusammen über ihre Kontrollverluste in Verzweiflung ausbrach.

Wenn wir wieder und wieder über unsere Gewichtsprobleme sprechen, sorgen wir dafür, daß unsere Eltern sich gebraucht fühlen. Leiden wir unter Bulimie oder Anorexie, kommen sie, um uns zu helfen. Sie bezahlen Krankenhausrechnungen, Psychiaterrechnungen, Lebensmittelrechnungen – alles, was uns hilft. Und wir bleiben von ihnen abhängig wie Kinder.

Das soll nicht heißen, daß unsere Eltern sich an unserer Eßstörung bewußt oder unbewußt freuen oder möchten, daß wir krank sind, damit sie sich gebraucht fühlen. Beziehungen sind kein simples Wechselspiel von Ursache und Wirkung. Trotzdem kann unser Wissen darum, daß unsere Eltern es brauchen, gebraucht zu werden, und unter einer Leere leiden, die nur wir ausfüllen können, eines der unbewußten Motive für unsere fortgesetzte Beschäftigung mit Essen, Abnehmen, Freßanfällen, Abführen und emotionaler Überfütterung sein. Das Fortschreiten dieser Symptome zu einer Eßstörung bedeutet, daß wir unweigerlich Gesundheits- und emotionale Probleme entwickeln, die deutlich unsere Bedürfnisse verkünden: «Ich brauche euch als Eltern immer noch, ob ich nun dreizehn oder fünfunddreißig Jahre alt bin.» Die Botschaft ist so eindeutig und zwingend, daß unsere Eltern sich wieder einmal um uns kümmern, weil sie uns so sehr lieben.

Nehmen Sie Essen als das, was es ist:
Nahrung für den Körper

Wenn Sie erkennen, daß Sie bisher versucht haben, über das Essen Bedürfnisse zu befriedigen, die Sie auf andere Weise nicht befriedigen konnten, und Ihr letztendlich unbefriedigendes Verhältnis zum Essen ändern möchten, werden Sie intensiv an Ihrer Beziehung zu sich selbst arbeiten müssen. Folgende Schritte können Ihnen dabei helfen:

Gestehen Sie sich ein, daß Sie ein Problem haben, das Sie alleine nicht lösen können. Geben Sie die Hoffnung auf, daß die nächste Diät Ihnen wirklich helfen wird oder daß Sie morgen aufhören werden, sich zu übergeben. Jede Eßstörung ist eine Sucht, die Ihr Leben zerstören kann, indem sie Ihnen Ihre Selbstachtung und Ihren inneren Frieden raubt.

Sehen Sie sich nach Hilfe um. Wenn Sie eine Eßstörung haben, finden Sie in einem Diätbuch ebensowenig konkrete Hilfe wie in jedem anderen Buch. Diese Bücher mögen uns gute Einsichten vermitteln, aber Einsichten allein sind kein Heilmittel. Vielleicht bekommen Sie ein deutlicheres Bild davon, wie Ihre Vergangenheit Ihr heutiges Verhalten geprägt hat, aber dieses Wissen ist nicht dasselbe wie aktiv werden. Eine Eßstörung erfordert eine ganz spezielle Behandlung. Machen Sie nicht den Fehler zu glauben, daß Sie nur Ihre Depression heilen, sich nur von Schuldgefühlen befreien oder Ihre unrealistischen Erwartungen in den Griff kriegen müssen, um wie durch Zauberei mit dem Essen oder dem Abnehmen aufzuhören. Das alles wird hilfreich sein, aber wirklich handeln bedeutet zugeben, daß Sie ein Problem haben, und sich verpflichten, Verhaltensweisen abzulegen, die für Sie zur Gewohnheit geworden sind. Das wird schwierig und frustrierend sein. Sie werden die Hilfe anderer Menschen brauchen, die sich auf dem gleichen Weg befinden. Bei Selbsthilfegruppen wie den Overeaters Anonymous werden Sie Unterstützung finden, die Sie bei Ihren Bemühungen um Veränderung benötigen. Machen Sie einen Versuch mit diesen Gruppen.

Wenn Sie den plötzlichen Drang verspüren, unaufhörlich zu es-
sen, oder feststellen, daß Sie nur noch mit Essen beschäftigt sind, fra-
gen Sie sich, was Sie wirklich brauchen. Eßstörungen erfüllen
einen Zweck in unserem Leben. Werden Sie wacher dafür,
welcher Zweck für Sie gilt. Sind Sie ärgerlich? Wie können Sie
mit diesem Gefühl anders umgehen, als es mit Essen wegzustopfen? Langweilen Sie sich und fühlen sich ruhelos? Was
können Sie tun, um, statt zu essen, Ihr Leben anregender und
abenteuerlicher zu gestalten?

Rebellieren Sie immer noch gegen die hohen Erwartungen
Ihrer Eltern? Wie können Sie sich davon freimachen und Ihrem Leben selbst eine Richtung geben?

Ist Ihr Gewicht ein Panzer, in dem Sie sich vor intimen Beziehungen verstecken? Intimität ist beängstigend, aber sehr
viel spannender als der Umgang mit Essen und Gewicht.

Wenn Sie sich Ihrer Empfindungen und Bedürfnisse bewußt
werden, werden Sie stärker spüren, daß Sie Ihr Leben selbst in
der Hand haben, und Ihnen werden mehr Möglichkeiten offenstehen. Haben Sie erst einmal erkannt, was hinter Ihrer Besessenheit vom Essen steckt, können Sie, statt sich ausschließlich mit Essen zu beschäftigen, Ihre Bedürfnisse auch auf anderem Wege befriedigen.

Seien Sie auf der Hut vor Co-Abhängigen in Ihrem Leben. Co-
Abhängige sind Menschen, die sich so in unsere Eßprobleme
hineinknien, daß sie uns unbewußt davon abhalten, so unabhängig zu werden, wie wir es für unsere Genesung brauchen.
Sie übernehmen Verantwortung für uns und versuchen die
Folgen unseres Verhaltens abzumildern. Oft sind es unsere Eltern.

Wir müssen diejenigen sein, die entscheiden, was wir essen
und was nicht. Je mehr Kontrolle wir anderen über uns einräumen, desto weniger müssen wir uns eingestehen, daß das Problem ganz allein unseres ist.

Wenn Ihre Eltern oder jemand anderes in Ihrem Leben co-
abhängig ist, brauchen diese Menschen ebensosehr Hilfe wie
Sie. Auch für sie gibt es Selbsthilfegruppen. Sie können ihnen

vorschlagen, eine solche Gruppe aufzusuchen, aber auch hier liegt die Verantwortung bei den Betreffenden. Sie müssen beide zur Entwirrung des unklaren Geflechtes aus gegenseitigen Verpflichtungen beitragen. Sie müssen sich voneinander lösen.

10. Kapitel
Ein Leben lang ineinander verhakt

«Auf deine Eltern kannst du immer zählen.»

> «Meine Eltern schicken mir Geschenke, an denen noch die Preisschilder sind. Sie geben es nicht zu, aber sie tun das, damit ich weiß, wieviel sie für mich ausgeben.
>
> Ich werde allmählich zu alt für solche Spiele. Ich habe meine Mutter gefragt: ‹Was soll das mit den Preisschildern? Warum machst du das? Was willst du mir damit sagen?›
>
> Sie entschuldigte sich. Danach waren an den Geschenken, die sie mir schickte, immer noch Preisschilder. Aber sie hatte den Preis mit einem einzigen blauen Strich durchgestrichen.»
>
> Randy, 44 Jahre, Mechaniker

Wenn wir aufhören, über unsere Vergangenheit nachzudenken, können wir unsere Eltern als menschliche Wesen sehen, die selbst Bedürfnisse hatten, die auf Erfüllung drängten. Wir begreifen, warum das, was wir erreicht haben, so wichtig für sie ist. Wir lernen besser verstehen, was sie motivierte, uns so viel zu geben.

Gleichzeitig entdecken wir vielleicht, daß wir in unserem Leben sehr viel Zeit damit verbracht haben, das zu sein und zu erreichen, was unsere Eltern glücklich machen würde. Das tun wir deswegen, weil auch wir unsere Eltern zu sehr lieben.

Starke Abwehrmechanismen haben uns immer daran gehindert, klar sehen zu können, welche Fallen wir uns bauen, oder zu erkennen, wie sehr wir manchmal von unseren Eltern abhängig sind. Wenn irgend möglich, denken wir über diese Dinge nicht nach. Auch wenn es uns frustriert und wir uns manchmal dafür hassen, wenden wir uns immer wieder an unsere Eltern um «Hilfe». Wir sind pleite, wollen eine bessere Arbeit, oder ein Freund erwartet zuviel von uns. Wir wissen, daß wir nicht auf die Hilfe unserer Eltern angewiesen sein sollten, aber irgendwie landen wir doch vor ihrer Tür.

Meistens sind unsere Eltern nur allzu bereit, uns zu helfen. Sie mögen uns kritisieren, Vorträge halten und demütigen, wenn wir bei ihnen anklopfen, aber sie lassen uns immer herein.

Vielleicht gefällt uns unsere Abhängigkeit nicht, und wir erkennen, daß es besser wäre, wenn wir anfingen, selbst für uns da zu sein. Aber wir sind zu fest mit ihnen verhakt.

Die Großzügigkeit unserer Eltern endet selten mit unserer Volljährigkeit. Sie hört nicht auf, wenn wir selber Kinder haben. Aber wenn wir auch jetzt noch so viel bekommen, ist das sogar noch problematischer für uns. In einem Stadium, in dem wir auf eigenen Füßen stehen und weniger von ihnen nehmen sollten, bieten uns unsere Eltern eine ganze Reihe so verführerischer und verlockender Dinge an, daß wir nicht ablehnen können.

Viele von uns sagen nicht nein. Bereitwillig akzeptieren wir die Gefahr, mit unseren Eltern ein Leben lang verhakt zu sein.

Was ist die Ursache dafür, daß Erwachsene in einem Abhängigkeitsverhältnis zu ihren Eltern verharren – einer Beziehung, die beide Seiten einschränkt und ständig Ansprüche an uns stellt? Es sind nicht nur Schuld- und Verantwortungsgefühle, die uns an unsere Eltern ketten. Was uns an sie bindet, ist oft die Sicherheit, die sie uns bieten können. Manchmal ist es das Versprechen eines lebenslangen finanziellen Zuschusses. Oder ein Erbe, Bargeldbeträge oder wichtige soziale Kontakte. Das sind die Vergünstigungen, wenn man zu sehr geliebt wird. Jede ist sowohl ein Segen als auch eine Falle.

Der lebenslange Zuschuß

Jeden Monat, wenn der Scheck mit der Post eintrifft, sind wir erleichtert. Vielleicht bezahlen wir damit unsere Miete, unseren Urlaub, Kleidung oder amüsante Abende, die wir uns sonst nicht leisten könnten.

Aber der lebenslange Zuschuß bedeutet unweigerlich eine Fortsetzung unserer Kindheit. Die meisten von uns haben in bezug auf dieses Geld Schuldgefühle. Vor unseren Freunden verbergen wir, woher es stammt. Manchmal heiraten wir und versuchen, unserem Mann oder unserer Frau zu verheimlichen, daß wir immer noch Geld von unseren Eltern annehmen.

Doch es kommt uns lächerlich vor, nein zu sagen. Wir reden uns ein, die anderen wären einfach neidisch, wenn sie unfreundliche Bemerkungen über erwachsene Menschen machen, die Geld von ihren Eltern annehmen. Wenn unsere Eltern finanziell besonders gut dastehen, sagen wir uns, daß sie ihr ganzes Geld ohnehin nicht allein ausgeben können.

Welche Rationalisierungen wir auch gebrauchen, wir kommen niemals an den Punkt, ihnen das Geld zurückzugeben. Es ist schwierig zu sagen: «He, vielen Dank, aber ich komme allein zurecht», wenn wir uns dessen gar nicht sicher sind oder es uns nicht mehr so gutgehen würde, wenn wir das sagten. Es widerstrebt uns, das Sicherheitsnetz unter uns wegzuziehen. Wir müßten unseren Lebensstil ändern, um das tun zu können.

Wir könnten tatsächlich allein zurechtkommen, aber vielleicht wäre unser Leben dann nicht mehr so bequem. Mit der Rückgabe dieses Geldes sind Risiken verbunden. Also lösen wir die Schecks ein, und das ist unserer Selbstachtung ebensowenig förderlich wie unserem Gefühl, wirklich reife Menschen und unabhängig von unseren Eltern zu sein.

Das Familienunternehmen

«Juniorchef» lautet der Titel, den Eltern uns meistens verleihen, wenn wir in das Familienunternehmen einsteigen. Es gibt keinen größeren Segen und keinen größeren Fluch für uns, als wenn wir beschließen, in der elterlichen Firma in die Fußstapfen unserer Eltern zu treten.

Anfangs können wir erstaunlich gute Arbeit leisten. Vielleicht arbeiten wir mehr als alle anderen, einfach weil wir außerordentlich an der Firma interessiert sind. Aber ob wir nun großartige oder lausige Arbeit verrichten, in den Augen unserer Mitarbeiter sind wir immer verdächtig.

Wir sind sehr empfindlich, wenn uns jemand darauf hinweist, daß wir privilegiert sind und uns unseren Titel nicht verdient haben. Unser ganzes Leben ist eine einzige Quelle der Unsicherheit. Sind wir wirklich so gut, wie wir zu sein glauben? Hätten wir auch anderswo Karriere machen können? Wir werden es niemals wirklich wissen.

Wurden wir gezwungen, dem Familienunternehmen beizutreten, kommt zu unserer Unsicherheit noch Groll hinzu. Wir rebellieren und testen die Grenzen der elterlichen Geduld.

Der Vater eines Mannes mußte zwei Assistenten einstellen, um seinem Sohn bei seiner neuen Rolle als stellvertretender Direktor zu «helfen». Der Sohn kam spät zur Arbeit und ging früh. Er ließ in seinem Büro immer das Licht brennen, um allen vorzumachen, er sei noch da. Oder er ging mittags weg und gab an, verschiedene Kunden zu besuchen; er war sicher, seine Belegschaft würde niemals die Frechheit besitzen, dort anzurufen und seine Angaben zu überprüfen. Den ganzen Tag lang hörten die Angestellten, deren Vorgesetzter er war, wie er am Telefon mit seinen Freunden Pläne für das Wochenende schmiedete. Sie registrierten seine Fehler. Er leitete in der Firma die größte Abteilung mit dem geringsten Arbeitsaufkommen. Der Vater wollte nicht, daß sein Sohn zuwenig Mitarbeiter habe und überarbeitet sei. Und jeder, der sich über sein Management beschwerte, wurde prompt gefeuert.

Das schlimmste war, daß der Mann sich über die Situation genau im klaren war. Jeden Tag saß er an seinem Schreibtisch und kam sich vor wie ein Hochstapler, hatte aber zuviel Angst, um wirklich die Leitung zu übernehmen oder seine persönlichen Fähigkeiten einzusetzen.

Ganz gleich, ob wir freiwillig in das Familiengeschäft eingestiegen sind, erst später dort anfingen, nachdem wir woanders versagt hatten, oder dazu gezwungen wurden, obwohl wir uns dagegen wehrten – wir befinden uns in einer Situation, die die lebenslange Kontrolle unserer Eltern über uns fördert. Sie bestimmen unser Gehalt und damit unseren Lebensstandard. Indirekt hängt es von ihnen ab, ob wir uns ein neues Auto kaufen, Urlaub machen oder gar, ob wir uns eigene Kinder leisten können. Wir sind die größte Verpflichtung eingegangen, denn sie sorgen für unseren Lebensunterhalt. Das Geschäft, das wir damit gemacht haben, verursacht uns Unbehagen.

Die Erbschaft

«Eines Tages werde ich schließlich den Löffel aus der Hand legen», seufzt der Vater oder die Mutter, die zuviel gibt. «Und dann werdet ihr Kinder euch eine halbe Million Dollar teilen.»

Nun, was soll man darauf entgegnen? Was wäre, wenn wir sagen würden: «Toll. Wenn das schon bald ist, kann ich total günstig einen Porsche kaufen.»

Wir wissen nicht, was wir dazu sagen sollen, also stehen wir da mit dem einfältigen Gesichtsausdruck des Kindes, das hört, was es zu Weihnachten bekommen soll.

Dabei sollte unser Erbe ein sachliches Thema sein. Es ist wichtig für unsere Eltern, daß sie uns über ihre Versicherung, ihr Sparkonto und all das Geld, das sie ihr Leben lang zusammengetragen haben und das wir einmal erben werden, informieren. Sie betrachten es als größten Beweis ihrer Liebe. Und natürlich müssen unsere Eltern ihr mögliches Ableben mit uns besprechen, damit wir ihre Wünsche ausführen können.

Aber warum müssen sie das Thema so breitwalzen? Bei jeder Mahlzeit während der Ferien kommt es auf und geht einher mit makabren Monologen über all die vielen Verwandten, die schon vorausgegangen sind und nicht mehr mit am Tisch sitzen.

Während sie zum hundertsten Mal über unser Erbe sprechen, sagen wir immer wieder: «Ach komm, sprich doch nicht so. Du wirst so bald nicht sterben.» Eine weitere beliebte Antwort lautet: «Warum gibst du mit Mama zusammen das Geld nicht selbst aus?»

Wir meinen das wirklich. Aber tief in unserem Inneren hoffen wir, daß sie mit dem Geld trotz eigener Ausgaben sparsam umgehen, damit für uns immer noch viel übrigbleibt.

Das klingt schrecklich und gilt doch für viele Kinder, die zu sehr geliebt wurden. Die Schuldgefühle, die wir dabei empfinden, sind enorm. Zum Glück haben wir die Sicherheit, daß niemand – vor allem unsere Eltern nicht – jemals wissen wird, was wir denken.

Wir sollten uns nicht so schuldig fühlen. Es ist naheliegend, daß wir auf die unerbittlichen provokativen Reden unserer Eltern hin solche Gedanken haben.

Das Versprechen einer Erbschaft kann unser Verhalten ändern. Als zukünftige Nutznießer haben wir vielleicht plötzlich gute Argumente für unsere Angst vor Streitereien mit unseren Eltern oder fürchten uns, ihnen ehrlich zu sagen, wie wir unsere Beziehung zu ihnen sehen, denn wir könnten ja unsere Erbschaft verlieren. Einige von uns haben gute Gründe, auf das Geld angewiesen zu sein, denn wir haben immer damit gerechnet wie mit einem Sicherheitsnetz.

Was für ein Dilemma. Wenn das Erbe, das in ferner Zukunft auf uns wartet, groß ist (und Eltern, die zuviel geben, sorgen oft für ein reiches Erbe, indem sie selbst zurückstecken, um uns mehr geben zu können), haben wir es in unserem Leben nie nötig, uns hundertprozentig einzubringen. Das Erbe ist wie Geld auf dem Konto. Wir sind frustriert, weil wir bei der Arbeit nicht befördert werden, unsere beste Freundin befördert wurde, unsere Nachbarn einen teuren Urlaub machen, bis uns einfällt: Na und? Wenn meine Eltern sterben, werde ich reich sein.

Wir hassen uns für diesen Gedanken, aber fast jeder Mensch, der von seinem Anspruch auf eine Erbschaft erfährt, denkt hin und wieder so. Wenn Sie sich diese Gedanken näher anschauen, wird ihnen klar werden, daß Ihre Eltern dieses Denken fördern, indem sie das Thema so oft ansprechen.

Einige von uns erleben etwas Interessantes, wenn sie schließlich ihre Erbschaft antreten. Gehen wir los und geben das Geld aus? Reisen wir in der Welt umher und schwören uns, nicht einen Tag länger im Leben zu arbeiten? Selten. Wir bringen das Geld zu einem guten Zinssatz auf die Bank und geben nur die Zinsen aus. Das Geld steht jetzt für die Sicherheit und Liebe, die unsere Eltern uns gaben. Die subtilen Inhalte, die sie ihm verliehen haben, machen es uns unmöglich, das Kapital wirklich zu nutzen und zu genießen. Das Erbe ist die Basis dafür geworden, daß wir uns in unserem Leben ebenso einschränken, wie unsere Eltern es taten.

Der Bargeldzuschuß

Eltern, die zuviel geben, bieten uns oft einen Zuschuß für Dinge wie Häuser oder Autos oder Reisen an. Wir sind glücklich darüber. Aber manchmal bekommen wir dieses Geld nur, wenn wir ein Haus in einer Gegend kaufen, die von unseren Eltern akzeptiert wird, oder einen Wagen anschaffen, den sie gutheißen.

Als Gegenleistung für den Zuschuß oder andere größere Summen, die sie uns anbieten, gehen wir Verpflichtungen ein; sie bleiben oft unausgesprochen, sind aber deswegen nicht weniger bindend. Ohne uns dessen bewußt zu sein, unterzeichnen wir vielleicht einen stillschweigenden Vertrag mit unseren Eltern, der besagt:

- Stelle uns nie in Frage;
- zeige uns nie deinen Ärger;
- enttäusche oder beschäme uns nie;
- besuche uns ein- oder zweimal die Woche;
- sprich niemals mit anderen Menschen über familiäre Schwierigkeiten;
- mache uns nie Probleme;
- kümmere dich um uns, wenn wir alt sind.

Die Folgen sind immer die gleichen: Sie haben viel bekommen, aber im Austausch dafür haben Ihre Eltern Sie unter Kontrolle.

Gute Beziehungen

Unser Vater kennt den besten Rechtsanwalt in der Stadt. Mit einem Anruf kann er uns aus dem Vertrag loseisen, den wir unterschrieben haben.

Unsere Mutter kennt eine Frau, die die Cousine des Mannes ist, dessen Frau in der Zulassungskommission des Colleges sitzt. Ein Wort, und wir haben einen Platz.

Ein Mann, der zufällig die meisten Aktienanteile von der Firma besitzt, in der wir für unser Leben gern arbeiten möchten, spielt jeden Samstag mit dem besten Freund unseres Vaters Golf.

So läuft es nun einmal. Die Beziehungen unserer Eltern ebnen uns den Weg häufiger, als wir zugeben möchten.

Und was soll denn falsch daran sein, sich hin und wieder helfen zu lassen? Jeder macht das, und viele Leute sind auch noch stolz darauf. Sie nennen es «Seilschaften» und handeln mit guten Beziehungen wie mit Eintrittskarten. Warum sollten wir uns die guten Beziehungen unserer Eltern nicht zunutze machen?

Oberflächlich betrachtet ist das alles nur zu unserem Guten. Aber wieder stellt sich die Frage, welche Auswirkungen es auf unser Selbstvertrauen und unsere Selbständigkeit hat. Wenn wir uns immer auf unsere Eltern verlassen können, lernen wir niemals richtig, die Initiative zu ergreifen oder selbst Kontakte zu knüpfen. Wir stellen fest, daß wir in Bereichen unseres Lebens von ihnen abhängig sind, wo mehr Unabhängigkeit unsere Selbstachtung fördern würde. Vielleicht übernehmen wir auch blind ihre Werte und Vorlieben. Und weil die Freunde und guten Beziehungen unserer Eltern an Wendepunkten unseres Lebens die Richtung bestimmen, landen wir schließlich auf einem Weg, der uns gar nicht entspricht.

Als wir Kinder waren, haben uns unsere Eltern ihre übergroße Nachsicht geradezu aufgedrängt. Damals waren wir dafür nicht verantwortlich, und unsere Eltern taten einfach ihr Bestes. Aber heute liegt die Verantwortung bei uns. Wenn wir nicht aufhören, passiv zu erwarten, daß andere Menschen sich schon um uns kümmern werden, können wir auch nicht anfangen, für uns selbst zu sorgen.

Wenn Eltern für das, was sie geben, erwarten, etwas zurückzubekommen, ist das kein Zeichen für bestimmte Charaktermängel oder -fehler. Die meisten Menschen auf dieser Welt, wir eingeschlossen, erwarten für ihr Geben etwas zurück, und unsere Eltern sind da keine Ausnahme. Wir müssen lernen, die Realität zu sehen. Die Vorstellung, wir könnten etwas ohne Gegenleistung bekommen, ist von der Wirklichkeit so oft widerlegt worden, daß wir ihr ein für allemal abschwören müssen. Wenn wir nehmen, entsteht immer eine Schuld, wie subtil sie auch sein mag.

Aber weil es unsere Eltern sind, machen wir uns vor, daß wir ihnen nicht wirklich etwas schulden. Wir denken, unsere Eltern hätten uns einen Platz an der Börse gekauft, um selbst zu investieren und nicht, weil wir dringend eine Arbeit brauchten. Also sind wir ihnen wirklich nichts schuldig.

Wir machen uns selbst etwas vor, wenn wir denken: Meine Eltern haben mir diesen Scheck geschickt, weil sie ihren Kindern gerne Geld schenken. Sie erwarten von mir dafür nichts zurück.

Ja, sie geben, um uns glücklich zu machen und weil unser Glück ihnen wichtig ist. Ja, sie sind gütig und liebevoll und wollen dafür vielleicht keine greifbaren Gegenleistungen. Aber trotzdem existiert für uns eine Verpflichtung, und sei es auch nur die, daß wir zu schätzen wissen, was wir bekommen haben, oder schließlich doch noch in der Lage sind, auf eigenen Füßen zu stehen. Oft begleichen wir unsere Schuld in der Form, daß wir unsere Unabhängigkeit ihrer liebevollen Kontrolle opfern. Was auch von uns zurückerwartet wird, wir sollten vorher entscheiden, ob wir es mit gutem Gefühl geben können.

Die Frage, die wir uns in unserem Leben stellen müssen, lautet also, wie hoch wir uns verschulden wollen. Wieviel Unabhängigkeit können wir verkraften? Wie viele Risiken können wir mit gutem Gefühl eingehen? Was nehmen wir von unseren Eltern an und was lehnen wir ab, weil es unsere kindliche Abhängigkeit oder gar unsere Selbstverachtung fördert?

Je mehr wir von Eltern, die zuviel geben, annehmen, desto stärker verwickeln wir uns in eine lebenslange gegenseitige Abhängigkeit. Dieses Abhängigkeitsverhalten ist verantwortlich für unsere Selbstkritik, die fehlende Richtung in unserem Leben, für Schwierigkeiten in intimen Beziehungen und unser Gefühl, daß man auf unsere berechtigten Ansprüche nicht eingeht. Für viele von uns funktioniert dieses Verhalten, das für die Befriedigung unserer Bedürfnisse sorgen soll, niemals, sondern steht für eine Art zu lieben, die schmerzt.

Wollen wir lernen, gesünder zu lieben und uns lieben zu lassen, müssen wir ein Gleichgewicht finden zwischen einem eigenständigen Leben und der Liebe zu unseren Eltern. Das erfordert Risiken. Es verlangt von uns, daß wir auf einige der Bequemlichkeiten verzichten, die mit der Abhängigkeit einhergehen. Wir müssen unsere unerfüllbaren Erwartungen an unsere Eltern ebenso aufgeben wie sie ihre unerfüllbaren Erwartungen an uns.

TEIL 2:

DIE ELTERN, DIE ZU SEHR LIEBEN

11. Kapitel
Die Eltern

«Vielleicht haben wir dich zu sehr geliebt, aber wir hätten es nicht anders machen können.»

Was empfinden Eltern, die zu sehr lieben und zuviel geben?

Typisch ist, daß Eltern, die zu sehr lieben, erst dann spüren, daß sie sich ihren Kindern zu sehr widmen, wenn dieses totale Engagement ihnen eher schmerzliche Erfahrungen denn Erfüllung einbringt. Die Mütter und Väter, die sich in diesem Kapitel aussprechen, nehmen die Verhaltensmuster in ihren Beziehungen zu ihren Kindern deutlich und kritisch wahr. Auch wenn die Einzelheiten von Fall zu Fall variieren, stechen doch mehrere allgemeine Züge hervor:

● übertriebene Anteilnahme an den Ereignissen im Leben ihrer Kinder, auch dann noch, wenn die Kinder erwachsen geworden sind;

● der besessene Wunsch, ein «guter» Vater oder eine «gute» Mutter zu sein und die Kinder zu «guten» Kindern zu erziehen;

● große Besorgnis in bezug auf Erfolg und Versagen ihrer Kinder; das Gefühl, daß ihre Kinder noch sehr viel mehr zustande bringen könnten;

● das Bewußtsein, daß die ständige Sorge um ihre Kinder ihnen viel von der Freude am Elternsein nimmt.

Karen S.: Eltern, die alles geben würden

«Ich wuchs bei meiner alleinstehenden Mutter auf. Als meine Eltern sich scheiden ließen, war ich noch so klein, daß ich mich kaum daran erinnern kann. Mein Vater zahlte nie einen Pfennig Unterhalt oder Kindergeld, so daß meine Mutter ganztags arbeiten mußte. Jeden Tag kam sie erschöpft nach Hause und sagte: ‹Wenn ich nicht arbeiten ginge, hättet ihr nichts zu essen und kein Dach über dem Kopf.› Sie beklagte sich darüber, daß niemand eine Frau mit vier Kindern heiraten würde, und sagte: ‹Ich sollte euch alle zur Adoption freigeben.› Das war eine ständige verbale Mißhandlung, und obwohl ich mich umbrachte, um ihr zu gefallen, fühlte ich mich nicht einen Augenblick lang sicher.

Meine Mutter machte aus mir eine Erwachsene, als ich neun Jahre alt war. Sie erwartete von mir, daß ich jeden Tag aus der Schule direkt nach Hause zurückkehrte. Mir wurde nicht erlaubt, mit meinen Freundinnen zu spielen oder sie mit nach Hause zu bringen. Ich mußte darauf warten, daß meine Brüder und meine Schwester nach Hause kamen, darauf achten, daß sie ihre Hausaufgaben erledigten, ich mußte den Tisch decken, das Essen zubereiten und die Mutterrolle spielen.

Meine eigenen Kinder sollten eine richtige Kindheit haben! Ich beschloß, niemals zuzulassen, daß meine Kinder sich um Geld Sorgen machen müßten. Sie sollten sich sicher fühlen und nicht das gleiche erleben, was ich als Kind durchmachen mußte. Sie sollten ein wunderbares, sorgenfreies Leben haben.

Rückblickend sehe ich darin die Motivation für alles, was ich tat. Der Grund dafür waren meine eigenen Erwartungen. Ich ging den entgegengesetzten Weg mit meinen Kindern und gab ihnen alles – nicht nur, was sie brauchten, sondern auch, was sie haben wollten.

Als Barry klein war, kauften wir ihm eine elektrische Eisenbahn, die den ganzen Keller einnahm. Sie kostete 400 Dollar, und er war gerade vier Jahre alt. Schon als Baby trug er kleine italienische Anzüge. Sein Geburtstag war immer eine aufwendige Angelegenheit – Clowns, Musiker und andere Unterhaltungskünstler wurden engagiert. Wenn ich mir heute Fotos von diesen Parties anschaue, denke ich, mein Gott, was sollte all der Firlefanz eigentlich?

In der Schule hatte Barry vom ersten Tag an Schwierigkeiten. Ach, so ganz stimmt das nicht. Er ging sehr gern in die Vorschule, wo sie ganz wunderbar und freundlich mit ihm umgingen und ihm viel Zuwendung gaben. Aber als er dann zur Schule kam, wo es für dreißig Kinder nur einen Lehrer statt wie vorher für neun Kinder eine Kindergärtnerin gab, widmete man ihm nicht mehr soviel Zeit und Aufmerksamkeit. Damit hatte er Schwierigkeiten. Als er fünf Jahre alt war, bemühte ich mich um einen Therapeuten für ihn.

Als die Probleme anfingen, ließ ich Barry sofort testen. Ich ließ ihn ständig testen, um sicherzugehen, daß mit ihm alles in Ordnung war, und das war ein Fehler. Ich wies ihn damit lediglich auf all das hin, was nach meinem Gefühl mit ihm nicht stimmte, aber damals war mir das noch nicht klar.

Ich heuerte Nachhilfelehrer für Lesen und Mathematik, Therapeuten und noch weitere Fachkräfte an, die die Experten für nötig hielten. Ich hatte nicht das Gefühl, ihm selbst in all diesen Bereichen helfen zu können, glaubte aber immer, die Fähigkeiten anderer kaufen zu können, damit sie Barry stellvertretend für mich halfen.

Wahrscheinlich denken Sie, daß ich selbst nicht viel tat, wo doch all diese Spezialisten in meinem Haus herumrannten, um Barry zu helfen, aber ich verwandte enorm viel Zeit und Energie darauf, das alles für ihn zu organisieren. Es kostete meine ganze Zeit, ihn zu den Stunden, Therapeuten und Privatlehrern zu fahren und auf seinen leisesten Wink hin ständig für ihn dazusein.

Ich dachte, es sei wichtig, daß dieses Kind, das mein erstes Kind und das erste Enkelkind war, alles bekam. Ich nehme an, ich wollte wie alle Mütter, daß er der Größte und Beste wäre; wenn er alles bekam – warum sollte er dann kein Star werden? Ich sagte immer zu ihm: ‹Du bekommst doch wirklich alles – Schwimm- und Reitunterricht, wunderbare Ferien, Privatlehrer. Nun zeig, was in dir steckt.

Nun, das tat er nicht. In der Schule wurde es mit Barry nie besser. Immer wieder sagte ich seinen Lehrern, daß sie ihn nicht verstünden und die Schwierigkeiten bei ihnen lägen. Und dann stellte ich einen neuen Nachhilfelehrer ein.

Heute kann ich sehen, daß meine Erwartungen in Wirklichkeit mehr mit mir als mit Barry zu tun hatten. Ich hatte unrealistische Erwartungen an mich – nämlich die perfekte Mutter zu sein. Die perfekte Mutter würde das perfekte Kind großziehen. Wenn ich nur immer gebe, dachte ich, werde ich schließlich ein perfektes Kind haben.

Während Barry heranwuchs, hatte ich das Gefühl, daß wir ihn als Eltern wirklich unterstützten und unsere Sache sehr gut machten. Schließlich war Barry niemals allein. Er mußte nur mit den Fingern schnippen, und schon war jemand da. Er mußte noch nicht einmal seine Spielsachen selbst wegräumen. Mein Mann konnte es nicht leiden, wenn in seinem Haus überall Spielsachen auf dem Boden herumlagen, also räumte ich sie weg, als Barry ein Kleinkind war, und als er älter wurde, räumte das Mädchen sie weg. Mein Mann mochte es auch nicht, wenn die Kinder beim Abendessen laut waren, also sorgte ich dafür, daß sie schon gegessen hatten und still spielten, wenn er nach Hause kam. Ich versuchte ständig, anderen alles recht zu machen.

Mein Mann und ich sprachen niemals über unsere Elternrolle oder darüber, was wir für unsere Kinder wollten. Unsere Ehe war nicht die beste. Ich weiß noch nicht einmal, ob er überhaupt Kinder gewollt hat. Er ließ sich nie so auf sie ein wie ich, und wir hatten große Verständigungsprobleme. Wir sprachen niemals über unsere Wertvorstellungen und darüber, was wir unseren Kindern vermitteln wollten. Wir versuchten nicht, herauszufinden, was es heißt, Eltern zu sein, und sprachen auch mit niemandem darüber. Wir dachten einfach: Nun, uns geht es gut und den Kindern offensichtlich auch, dann wird schon alles in Ordnung sein.

Meine Tage waren ausgefüllt. Ich wachte wie eine Glucke über ihn. Ich saß im Regen im Sportverein, um Barrys Bowlingspiel zuzuschauen. Mein Ziel bestand ausschließlich darin, sein Leben glücklich zu machen, seine Probleme zu lösen und seine Frustrationen auszugleichen. Aber trotz alledem fand Barry niemals heraus, wer er war. Er entwickelte niemals ein starkes Selbstbewußtsein. Er lernte einfach nur, was man ihm vorsetzte.

Er wurde immer verwöhnter, unangenehmer und bequemer. Darunter war er sehr unsicher, und das konnte ich einfach nie verstehen.

Nach einiger Zeit bestand meine einzige Genugtuung als seine Mutter nur noch darin, daß es nach außen hin so aussah, als ob ich meine Rolle einfach großartig ausfüllte. Ich bin sicher, daß es auf andere so wirkte. Heute sehe ich, welchen Preis das fordert. Letzten Monat hat er das vierte College geschmissen, für das er sich eingeschrieben hatte. Er hatte vor, das restliche Semester auf unserer Couch zu verbringen – das hat er auch schon früher gemacht –, hätte ich ihn nicht aufgefordert zu gehen.

Wir haben für Barry immer nur Zeit, Mühe und Geld geopfert, und das wurde nie geschätzt. Er ist jetzt dreiundzwanzig, und einer von uns muß diesem Spiel ein Ende setzen. Vielleicht klingt das hart, aber ich mußte ihn wegen all dem, was er mir antut, schließlich aus dem Haus werfen. Ich habe das Gefühl, immer nur gegeben zu haben, und jetzt ist nichts mehr übrig. Ich bin fertig.

Ich mag meinen Sohn nicht, und ich mag nicht, was aus ihm geworden ist. Mir gefällt nicht, wie er sich gehenläßt. Er ist ein Mensch, mit dem ich freiwillig nicht zusammensein wollte, wenn er nicht mein Sohn wäre. Dies ist ein junger Mann, der für alles eine schnelle Lösung möchte. Er raucht, ißt zuviel, hat keine Ziele und denkt, daß sein Vater und ich uns immer um ihn kümmern werden. Die meiste Zeit verhält er sich einfach abscheulich. Er hat an Menschen sehr unrealistische Erwartungen – nicht nur an uns, sondern auch an seine Freunde. Was mich betrifft, so lebt Barry in einem Phantasieland. Die Welt ist ein rauher Ort für ihn, weil dort niemand mit ihm so umgeht, wie er es von uns gewöhnt ist.

Es war nicht leicht, Barry zum Gehen aufzufordern. Wenn ich das so sage, klingt es strenger, als ich war. Ich gehörte zu den Müttern, die weinen, wenn sie sehen, wie ihr Sohn als kleiner Junge zum erstenmal nach nebenan zum Spielen geht. Ich weinte, weil er mich nicht mehr brauchte. Es war so wichtig, daß er mich brauchte. Aber kürzlich habe ich Hilfe bekommen. All das ändert sich dadurch, daß ich in der Therapie herausfinde, wer ich bin. Jetzt erkenne ich, daß ich auch eigene Bedürfnisse habe. Ich möchte nachts durchschlafen, ohne mir Sorgen um Barry zu machen. Ich möchte mein restliches Leben nicht damit verbringen, ihm das Leben zu erleichtern, während er mich wie eine Dienstmagd behandelt. Alle Eltern, die kurz davor stehen, den gleichen Weg einzuschlagen, möchte ich dringend warnen: Es funktioniert so nicht.

Ich kann die Zeit nicht zurückdrehen und das, was ich getan habe, nicht ändern. Aber ich wünsche mir immer noch, es gäbe einen Weg, einen Teil des Negativen in Positives zu verwandeln. Jetzt habe ich diesen erwachsenen Sohn, der sich scheußlich und rüde verhält, und ich weiß nicht, was ich tun soll. Im Grunde genommen haben Barry und ich heute überhaupt keine Beziehung. Das tut weh, auch wenn ich versuche, stark zu sein und damit klarzukommen. Ich wäre gern imstande, mit meinem eigenen Sohn Freundschaft zu schließen. Aber eines weiß ich ganz sicher: Die Bedingungen dafür müssen völlig anders aussehen als die, die Barry mir heute zu bieten hat.»

An Karens Geschichte ist so auffällig, daß sie ein Leben lang immer anderen gegeben und dafür zu wenig zurückbekommen hat. Wenn wir immer nur geben, trotzdem nichts bewirken und so wenig Genugtuung darin finden, müssen wir uns unser Geben einmal näher ansehen und herausfinden, was es für uns tatsächlich bedeutet.

Karen war eine Frau, die niemals eine Kindheit gehabt hat. Von der Gleichgültigkeit der eigenen Mutter erniedrigt und tief verletzt, trat sie ihr Erwachsenenleben mit einem leeren und sehnsüchtigen Herzen an.

Karen überkompensierte ihre eigenen früheren Entbehrungen, indem sie ihrem Sohn zuviel gab. Von der Rolle der perfekten Mutter versprach sie sich die Heilung ihrer eigenen Mängel und Fehler und eine Entschädigung für ihre mißbrauchte Kindheit.

Unglücklicherweise blieben Karens Bedürfnisse auch in dem Familienleben weiterhin unerfüllt, das sie als Mutter selbst mit gestaltete. Das war kein Zufall. Karen wurde getrieben, in ihrem Erwachsenenleben eine Situation herzustellen, die die ihr vertraute Kindheitssituation wiederholte. Unsere Familiengeschichte hat wesentlichen Anteil an der Entwicklung unseres Lebens und unserem eigenen Verhalten als Eltern. Viele von uns stellen unbewußt ihre Vergangenheit wieder her, um eine Chance zu haben, die alten Kämpfe noch einmal auszufechten. Die Umgebung und die mitspielenden Charaktere ändern sich, aber das Drehbuch bleibt das gleiche. Karen wiederholte vor allem die Kindheitsrolle der selbstlos Gebenden, von der andere selbstverständlich erwarteten, daß sie sich um sie kümmerte. Ihre eigenen Bedürfnisse hintanzustellen war für sie bequem, auch wenn es für sie zu einer Art bequemem Elend führte. Da ihre Selbstachtung aufgrund jahrelangen einseitigen Gebens sehr labil war, forderte Karen von anderen nicht viel Respekt. Sie akzeptierte, daß ihr Mann sich zu wenig um das Familienleben kümmerte, und unterdrückte ihren Ärger auf einen Mann, der nicht durch Spielzeug auf dem Fußboden oder irgendwelche anderen Formen von Unordnung gestört werden wollte. Sie akzeptierte Barrys zunehmend verantwortungsloses und aufsässiges Verhalten und gab sogar noch mehr, weil sie hoffte, ihn dadurch zu verändern – so wie sie einstmals auch gehofft hatte, ihre Mutter in einen liebevollen, fürsorglichen Menschen zu verwandeln.

Vor allem wollte Karen eine perfekte Mutter sein, um ihre

Selbstachtung zu stärken. Trotzdem fühlte sie sich in ihrer Rolle als Barrys Mutter sehr unsicher. Weil sie niemals gelernt hatte, sich selbst zu vertrauen, stellte sie ständig Experten und Helfer ein; sie sollten ihren Sohn erziehen und die Probleme lösen, denen sie sich nicht gewachsen fühlte. Sie gründete ihr Selbstwertgefühl auf ihre Fähigkeit, die richtige Hilfe für Barry zu beschaffen, und rieb sich dabei auf. Wenn nichts, was sie gab, ihm wirklich half, sackte ihre Selbstachtung in sich zusammen. Aber das war eine alte Geschichte für sie, die sie inzwischen schon fast erwartete. Auch in ihrer Kindheit schien nichts, was sie gab, die familiäre Situation zu verbessern.

Wir neigen dazu, zu denken, daß wir als Eltern unmöglich versagen können, wenn wir alles geben, was wir zu geben haben. Warum führt dieses ganze Geben so oft dazu, daß unsere Kinder es niemals schätzen und daß sie zu mürrischen, verantwortungslosen und aufsässigen menschlichen Wesen werden? Die Antwort ist komplexer als die simple Erklärung, daß wir sie verwöhnt haben: Als Karen jeden Aspekt des Lebens ihres Sohnes in die Hand nahm, fühlte er sich aller Selbständigkeit beraubt. Er hatte keinerlei Erfahrung damit, seine Probleme selbst zu lösen, und keine emotionale Basis für den Umgang mit Frustrationen. Je mehr emotionale Unterstützung er bekam, desto bedürftiger wurde er. Er stützte sich so weit auf seine Eltern, daß er noch als Erwachsener wie ein abhängiges Baby lebte, ein verwöhntes, bevormundetes erwachsenes Kind. Das ist fast immer die Folge, wenn wir zuviel geben. Das Kind, das eine Flut von materiellen Dingen, Hilfestellung und Aufmerksamkeit erhält, fragt sich: Glauben meine Eltern, daß ich das nicht alleine kann? Und das ist der Anfang eines tiefsitzenden Gefühls von Unsicherheit.

Oft nehmen unsere Kinder unsere Opfer auf eine Art und Weise übel, die uns zutiefst verletzt. Sie tun das nicht, weil sie unsensibel wären; im Gegenteil, sie sind sehr sensibel. Sie spüren, daß es für unsere Großzügigkeit Gründe gibt – Gründe, die so unbewußt sind, daß wir sie selbst nicht sofort erkennen. Wenn wir immer nur geben, bis wir erschöpft sind, wie Karen es tat, dann tun wir das meistens aus dem Gefühl heraus, daß andere uns nur unter dieser Bedingung akzeptieren und die Beziehung zu uns aufrechterhalten. Wenn wir aufhören zu geben, hören unsere Kinder auf, uns zu lieben. Sie könnten uns niemals als den Menschen akzeptieren, der wir sind, sondern akzeptieren uns nur als den Gebenden. Das glauben wir, weil wir so wenig wirkliches Vertrauen in unseren eigenen Wert – in uns selbst – haben. Im tiefsten Inneren befürchten wir, daß uns die grundlegenden Eigenschaften für gutes elterliches Verhalten fehlen. Ohne die grandiosen Gesten der Selbstaufopferung werden unsere Kinder, unsere Ehegefährten, unsere Nachbarn und unsere eigenen Eltern uns durchschauen und unsere Mängel entdecken. Wir geben nicht das, was unsere Kinder brauchen, sondern geben das, wovon wir glauben, daß es sie über unsere vermeintlichen Mängel hinwegtäuschen kann. So lassen wir unser Leben um unsere Kinder kreisen, nehmen ihr abfälliges Verhalten hin und geben weiter.

Weil wir immer nur geben bis zu dem Punkt, wo wir und unsere Kräfte erschöpft sind, hat es den Anschein, als ob wir uns total für sie einsetzten. Tatsächlich aber setzen wir uns zu wenig ein. Wir gehen nicht das Risiko ein, mit unseren Kindern wir selbst zu sein, damit sie sehen können, wer wir sind – ganz unabhängig davon, wie wir für sie sorgen können. Wir können nicht glauben, daß sie uns einfach nur um unserer selbst willen lieben. Wir geben weiter, sind verzweifelt, daß unsere Kinder so undankbar sind, und erkennen niemals, daß sie unsere unbewußten Motive spüren – daß wir gebraucht werden wollen, daß sie unsere Schwächen übersehen sollen, daß wir sie uns verpflichten wollen. Unsere Kinder nehmen uns schließlich alles übel, was sie bekommen, weil sie spüren, daß es nicht echt ist, sondern manipulativ.

Unsere Tendenz, zu sehr zu lieben und zuviel zu geben, ist angesichts unserer Erwartungen an die Elternrolle und all dessen, was wir ihr abverlangen, verständlich. Wären unsere Bedürfnisse nicht so zwingend, würden wir spätestens dann aufhören zu geben, wenn wir die Auswirkungen von alledem bei unserem erwachsenen Kind sehen und begreifen, daß es keine Basis hat, von der aus es etwas zurückgeben kann.

Es ist von ausschlaggebender Bedeutung, daß wir zu unterscheiden beginnen zwischen einem Geben aus Liebe – einem Geben aus dem Wunsch heraus, die Bedürfnisse eines Kindes zu befriedigen –, und einem Geben als Überkompensation für unsere eigenen Bedürfnisse. In letzterem Fall werden weder unsere noch die Bedürfnisse unserer Kinder wirklich erfüllt. Unsere Kinder können niemals die Antwort auf unsere lebenslangen Schmerzen, Probleme und Leiden sein. Keine Beziehung kann dafür eine Lösung darstellen. Die Lösung muß aus uns selbst kommen. Wenn wir zuviel geben, uns zu sehr in das Leben und die Probleme unserer Kinder vertiefen, lenken wir uns damit von uns selbst ab. Wir halten unseren Blick weiter auf die Taten und Leistungen unserer Kinder gerichtet und hoffen, damit unsere eigenen tiefgreifenden Bedürfnisse zu erfüllen. Und oft leisten wir unseren Kindern aus unserer Liebe und unserem Bedürfnis heraus sehr schlechte Dienste. Wenn wir ihnen alle Verantwortung abnehmen, bewußt versuchen, alles «in Ordnung zu bringen», was in ihrem Leben nicht stimmt, und für Dinge sorgen, die sie sich selbst beschaffen könnten, helfen wir Menschen großziehen, die niemals die Notwendigkeit einsehen, Verantwortung für sich zu tragen. Wir übernehmen die Kontrolle. Die Folge ist, daß unsere Kinder nie ein Gefühl der Selbständigkeit entwickeln. Sie lernen, an andere hohe Erwartungen zu stellen und Entschuldigungen für ihre Unfähigkeit zu finden, selbst Entsprechendes zurückzugeben. Sie lassen sich als Erwachsene treiben und kommen ins Schwimmen, unzufrieden mit ihrem Leben und voller Groll, weil sie sich berechtigt fühlen, immer gleich an der Spitze anzufangen.

Wenn wir zuviel geben, schaffen wir das Gegenteil von dem, was wir anstreben. Wir hören erst dann auf, zuviel zu geben, wenn wir – wie Karen es schließlich tat – beschließen, daß damit ein für allemal genug sein soll, daß unser eigenes Wohlergehen ebenso wichtig ist wie das unserer Kinder und daß es für diese besser ist, wenn sie Herr über ihr eigenes Leben sind, statt uns in der Hand zu haben. Unseren Kindern wird es guttun, sich aus der Abhängigkeit von uns zu befreien, und uns tut es gut, wenn wir uns auf uns selbst und unsere eigenen Bedürfnisse konzentrieren. Wir können beschließen, einen Moment innezuhalten, bevor wir wieder einmal nachgeben, und uns folgende Fragen stellen:

Lasse ich vielleicht zu, daß die Probleme meiner Kinder eine Ablenkung von meinen eigenen Schmerzen und Schuldgefühlen darstellen?

Gebe ich meinen Kindern das, was sie wirklich brauchen, oder beschließe ich, was sie haben sollen?

Habe ich Angst, eine Gegenleistung zu verlangen?

Zweifle ich daran, das wert zu sein?

Verwöhne ich meine Kinder, weil ich eine Ersatzbefriedigung daraus ziehe, mich mit ihnen zu identifizieren? Mit anderen Worten, verwöhne ich in Wirklichkeit mich selbst?

Ist mir wohl dabei, meinen Kindern beizubringen, immer nur von anderen zu nehmen, statt ihnen zu zeigen, wie sie selbst für ihre Zufriedenheit sorgen können?

Dan M.: Den Unterschied wettmachen

«Linda ging in die Vorschule, als uns zum erstenmal klarwurde, daß es Probleme gab. Sie konnte das Alphabet nicht, das alle anderen Kinder kannten. Aus diesem Grund kam sie eines Tages weinend nach Hause.

Wir wußten nicht, was wir machen sollten. Unser Kinderarzt erzählte uns, daß Kinder sich in unterschiedlichem Tempo entwickeln, und warnte uns, wir würden mit unserer übertriebenen Besorgnis alles nur noch schlimmer machen. Seine Einstellung lautete: ‹Abwarten und sehen, was geschieht.› Aber wir machten uns trotzdem Sorgen.

Stundenlang versuchten wir, ihr das ABC beizubringen. Schließlich konnte sie es, und dann lasen wir ihr lange Geschichten vor und stellten ihr Fragen dazu. Sie hörte kaum zu und unterbrach uns, um selbst Fragen zu stellen, die mit der Geschichte gar nichts zu tun hatten. Aber – so dachten wir – was kann man von einer Fünfjährigen anderes erwarten?

Im Juni bat man uns zu einer Besprechung in die Schule. Sie wollten, daß Linda die Vorschule noch einmal wiederholte. Meine Frau sagte: ‹Was erzählen Sie da? Sie soll durchgerasselt sein? Wie können Sie denn ein Kind durch die Vorschule fallen lassen?› Keiner von uns konnte glauben, daß sie einem kleinen Kind so etwas antaten. Wir konnten das nicht zulassen.

In jenem Sommer zogen wir in einen anderen Vorort, wo – wie wir wußten – die Schulen besser waren. Wir erzählten Lindas Lehrerin in der ersten Klasse nichts von ihren Problemen, weil wir Angst hatten, sie würde dann anders behandelt werden und man würde ihr niemals vorurteilslos begegnen.

Wir hatten Angst vor den Elternabenden, aber in den nächsten zwei Jahren lautete die einzige Beschwerde, daß Linda während des Unterrichts verträumt sei.

Einer von uns machte jeden Abend mit ihr Schularbeiten, um sicherzugehen, daß sie sie auch erledigte. Es war bereits ein großer Kampf, sie dazu zu bringen, aufmerksam zu sein. Die Lehrer warnten meine Frau, daß Linda zu Hause zuviel Hilfe bekäme und nicht lernte, selbständig zu arbeiten. Aber solange sie mit den anderen Kindern mitkam, gab niemand von uns etwas auf diese Warnungen.

Als Lindas Lehrerin in der dritten Klasse am Elternabend zu uns sagte: ‹Können Sie noch ein paar Minuten länger bleiben?› dachte ich: ‹Na gut. Jetzt kommt's.›

Sie sagte, Linda habe Probleme mit der Aussprache und sei zur ‹Überprüfung› zum Schulberater geschickt worden. Der Berater dachte, Linda habe vielleicht Hörprobleme. Sie wollte von uns die Erlaubnis, psychologische Tests mit ihr durchzuführen.

Ich war wütend, daß sie sie überprüft hatten, ohne uns etwas davon zu sagen. Meine Frau und ich marschierten direkt in das Büro des Schuldirektors, und ich machte ihm die Hölle heiß, aber er erzählte uns, das sei in der Schule das übliche Vorgehen. Meine Frau versuchte, mich zu beruhigen, aber ich war nun einmal total wütend. Sie können sich nicht vorstellen, was es heißt, sich von jemandem sagen lassen zu müssen, daß Ihr Kind nicht normal ist. Ich hatte das Gefühl, innerlich in Stücke gerissen zu werden.

Ich sagte nein zu dem psychologischen Test. Auf keinen Fall. Inzwischen hatte ich sehr viel über Kinder mit Lernstörungen gelesen. Ich wußte alles über psychologische Tests. Sie sagten nichts Definitives aus und ließen zuviel für Interpretationen offen. Bei falscher Interpretation konnte es sein, daß Linda für ihr ganzes Leben gebrandmarkt wurde. Ich würde Lindas Zukunft nicht irgendeinem Schulpsychologen überlassen.

Wir ließen Linda in diesem Sommer testen, aber von einer Psychologin, der wir vertrauten und die unser Kinderarzt uns empfohlen hatte. Sie sagte uns, Linda habe keine ernsthaften Probleme, der Test zeige aber leichte Lernschwierigkeiten. Weil sie das Gefühl hatte, Linda könne von zusätzlicher Unterstützung in der Schule profitieren, schnitt sie das Thema an, sie am Förderunterricht teilnehmen zu lassen, sagte aber auch, das sei nicht unbedingt nötig. Als sie sah, wie verbissen wir dagegen waren, versicherte sie uns, daß die Schule uns nicht zwingen könne, Linda in Förderklassen zu geben, und daraufhin fühlte ich mich wohler.

Wir arbeiteten jeden Abend mit Linda. Wir stellten Privatlehrer an. An diesem Punkt glaubte ich wirklich, daß wir alles, was nicht stimmte, in Ordnung bringen könnten, wenn wir nur lange genug dranblieben. Aber dann fing sie an, andere Schwierigkeiten zu bekommen. Sie konnte sich nicht auf den Unterricht konzentrieren. Sie redete mit anderen Kindern, baute Mist, was weiß ich. Wir bestraften sie, doch das nützte nichts.

Als sie in der Junior High School war, begannen uns andere Dinge zu stören. Meine Frau wies darauf hin, daß Linda nicht zu Parties eingeladen wurde. Zuerst dachte ich, das ist doch nun wirklich unser geringstes Problem. Trotzdem wollte ich, daß sie aufwuchs wie andere Kinder auch.

Meine Frau machte ihr Vorschläge wie: ‹Warum lädst du dir nicht ein paar Freundinnen ein? Oder gehst zu den Pfadfinderinnen? Oder nimmst Ballettstunden?› Je mehr sie redete, desto weniger hörte Linda ihr zu. Alles, was Linda wollte, war fernsehen.

Wissen Sie, wie es ist, wenn andere Kinder Ihr Kind nicht mögen? Meine Frau verließ ihren Arbeitsplatz, um am Schulhof vorbeizufahren und Linda in der Pause zu beobachten. Linda war immer allein oder spielte mit Kindern, die sehr viel jünger waren als sie. Meine Frau rief mich auf der Arbeit an und klang deprimiert. Der restliche Nachmittag war für mich gelaufen, weil ich an nichts anderes mehr denken konnte. Es machte mich furchtbar wütend, wenn ich daran dachte, daß die anderen Kinder Linda so behandelten. Ich hätte sämtliche Kinder aus der Nachbarschaft dafür umbringen können, daß sie so grausam waren.

Eines Tages bekamen wir per Einschreiben die Ankündigung einer ‹interdisziplinären Teamsitzung› über Linda. Können Sie glauben, daß man Eltern so was antut? Zu der Zeit warf meine Frau alle Briefe weg, die von der Schule kamen. Ich weiß, das war reichlich kindisch, aber wir hatten das Gefühl, die Situation unter Kontrolle zu haben. Wir wollten nicht hören, was Lindas Lehrer zu sagen hatten, weil es zu frustrierend war. Einschreiben waren die einzige Möglichkeit, uns ranzukriegen.

Wir konnten die Konferenz vor Linda nicht geheimhalten. Meine Frau war ganz hysterisch, wir schrien uns gegenseitig an, und trotzdem versuchten wir Linda noch einzureden, es handele sich um eine ganz normale Besprechung und es bestehe kein Grund zur Beunruhigung. Wen hielten wir eigentlich zum Narren? Linda sah völlig verschreckt aus. Ich wollte sie wissen lassen, daß ich sie beschützen würde und daß ihr unter meinem Schutz niemals etwas Böses geschehen könne.

Ich werde Ihnen mal erzählen, wie so eine Teamsitzung aussieht. Sie kommen in den Raum, und da sitzen zehn fremde Menschen und starren Sie an – Psychologen, Verwaltungsbeamte, Lehrer, Berater. Selbst die Schulkrankenschwester war da, und ich dachte, was zum Teufel macht die denn hier? Wollen sie mir jetzt als Krönung noch sagen, daß Linda eine Krankheit hat? Ich war gegen jeden der Anwesenden voller Groll. Sie waren dafür verantwortlich, daß mein Kind in große Klassen kam, wo es überhaupt keine individuelle Zuwendung erhielt.

Dieses Mal beharrten sie darauf, daß Linda in den Sonderunterricht gehöre, weil sie mehr Aufmerksamkeit brauche, als der reguläre Klassenlehrer ihr geben könne. ‹Sie kann die Hilfe bekommen, die sie benötigt›, sagte der Schulpsychologe. Daraufhin sagte ich: ‹Sie haben ihr doch überhaupt noch nicht geholfen!› Alle schauten sich gegenseitig an. Meine Frau stieß mich unter dem Tisch an, damit ich aufhörte, aber ich achtete nicht darauf. Wer waren diese Leute, daß sie mir sagen konnten, was das Beste für mein Kind sei? Wen hielten sie zum Narren, wenn sie mir erzählten, es sei besser, wenn sie in die Sonderschule käme, wo sie für ihr Leben lang gebrandmarkt würde? Ich stand auf und verließ den Raum, und meine Frau hatte keine andere Wahl, als mir zu folgen.

Wir ließen Linda nicht zur Sonderschule gehen, und im Rückblick weiß ich, daß man uns allen die Anstrengung ansehen konnte. Wir waren ganz fertig davon, Linda täglich zu den Hausaufgaben zu zwingen und dazu zu bringen, alles für die Schule parat zu haben. Ihre organisatorischen Fähigkeiten waren so schlecht, daß ich sie manchmal am liebsten genommen und geschüttelt hätte. Es gab Zeiten, da dachte ich, daß wir uns völlig verausgabten. Vielleicht gehörte sie wirklich in die Sonderschule.

Linda kam in die High School, und ich dachte: Wieder eine Chance, ohne Vorbelastungen neu anzufangen. Aber wieder kam die Ankündigung für ein Teamtreffen. Sämtliche Lehrer Lindas berichteten von ihren Schwierigkeiten – mangelnde Konzentrationsfähigkeit, schlecht in Englisch, in Mathe. Überall nur Probleme.

Auch dieses Treffen verließen wir vorzeitig. Aber Lindas Klassenlehrerin lief bis zur Eingangshalle hinter uns her. Sie sah selbst aus wie ein Kind, so klein und mager, mit langen Haaren und großen Augen. Ich versuchte, an ihr vorbeizugehen, aber sie sah aus, als wollte sie gleich anfangen zu weinen; sie faßte mich am Arm und sagte: ‹Ich habe eine jüngere Schwester, die wie Linda ist. Mein Vater hätte sie lieber tot gesehen als in der Sonderschule. Aber sie ist jetzt viel glücklicher. Sie hat viel mehr Zutrauen. Haben Sie Linda jemals gefragt, wie es ist, mit anderen Kindern zu konkurrieren und immer wieder vor ihren Augen zu versagen? Wie es ist, wenn die Kinder über ihre Fehler lachen? Haben Sie jemals mit ihr darüber gesprochen, was sie will? Fragen Sie sie! Mir liegt sie auch am Herzen, und ich kann sehen, wie sie sich verändert. Sie wird immer stiller, deprimierter und ängstlicher. Sie hat so viel Angst, Fehler zu machen, daß sie's bald noch nicht einmal mehr versuchen wird. Sie gibt auf.›

Die Wahrheit ist, daß mir das auch aufgefallen war. Aber ich sagte: ‹Ich bin der Meinung, daß Sie das nichts angeht. Schließlich ist sie unser Kind.›

Trotzdem mußte ich während des Heimwegs ständig daran denken, daß ich Linda nicht gefragt hatte. Ich habe mich immer gefragt, was sie wirklich wußte. Sie war doch wie ein Kleinkind.

An diesem Abend sprach ich mit Linda. ‹Sie möchten, daß du ein paar Stunden täglich am Sonderunterricht teilnimmst. Sie sagen, du würdest dort zusätzliche Hilfe bekommen. Was meinst du dazu?›

Sie schaute mich an und sagte: ‹Papa, ich glaube, ich brauche alle Hilfe, die ich bekommen kann.› Das brach mir fast das Herz.

Linda besuchte jetzt den Sonderunterricht, und ich ging hin, um mir das anzuschauen. Mir kamen all die anderen Kinder vor wie ein Haufen Straffälliger. Ich nahm in diesem Jahr fünf Kilo ab, weil mein Magen ständig in Aufruhr war. Meine Frau und ich trennten uns von unseren meisten Freunden. Wir konnten die ständigen Vergleiche mit deren erfolgreichen Kindern nicht aushalten, wo unseres doch so viele Schwierigkeiten hatte.

Ich fühlte mich hilflos. Es war die reinste Ironie. Meine ganze Karriere als Marketing-Berater beruhte auf meiner Fähigkeit, Probleme zu lösen. Warum konnte ich das Problem zu Hause nicht lösen?

Linda kam mit der neuen Situation besser zurecht als wir. Sie kam mit einer Eins für eine Hausaufgabe nach Hause und sagte: ‹Schau mal, Papa!› Ich sah's mir an und dachte: ‹Das ist ein dummes Kreuzworträtsel. Wann wird sie wirklich etwas lernen?›

Meine größte Hoffnung war, daß Linda ein paar Monate lang in den Sonderunterricht gehen und dann zum regulären Unterricht zurückkehren würde. Als man mir sagte, sie würde diese Art von Unterstützung immer brauchen, war das ein absoluter Tiefpunkt in meinem Leben.

Meine Frau und ich machten schließlich eine Therapie, aber das war erst ein Jahr später, als wir uns gegenseitig und das, was in der Familie geschah, kaum noch ertragen konnten. Wir führten fast keine Ehe mehr und hatten kaum noch sexuellen Kontakt, nichts lief mehr. Wir waren nur noch damit beschäftigt, Linda zu helfen und uns um sie Sorgen zu machen.

Nachdem der Therapeut uns in der ersten Sitzung angehört hatte, schaute er uns beide an und sagte: ‹Sie fühlen sich für alles verantwortlich, worunter Ihre Tochter leiden mußte, stimmt's?› Ich sah ihn an, als wäre er verrückt.

‹Natürlich sind wir verantwortlich›, antwortete ich. ‹Wir sind doch ihre Eltern.›

Ich hatte als der Mann in der Familie immer das Gefühl, verantwortlich für die Lösung sämtlicher Probleme zu sein. Wenn zu der Zeit, als ich ein Junge war, irgend etwas Schlimmes passierte, sagte meine Mutter immer: ‹Warte, bis dein Vater nach Hause kommt, der bringt schon alles wieder in Ordnung.› Vater war die letzte Rettung, und irgendwie wußte er immer, was zu tun war. Alle liebten ihn, und ich bewunderte ihn wegen seiner Stärke. Er war mein einziges Vorbild für die Vaterrolle.

Ich konnte Lindas Probleme nicht lösen, ganz gleich, wie sehr ich mich bemühte, und das frustrierte mich total. Der Therapeut wies mich warnend darauf hin, daß ich anfangen müsse, Lindas Lernstörung zu akzeptieren, und daß nichts, was ich unternahm, sie davon befreien könne. Ich dachte, dieser Mann hat doch keine Ahnung davon, was es heißt, Vater zu sein. Ich hätte wetten können, daß seine Kinder alle reichlich verdorben waren.

Es traf mich schwer in meinem Stolz, aber meine Frau und ich wandten uns an den Verein für Sonderschulkinder und wurden an eine Selbsthilfegruppe von Eltern mit ähnlichen Problemen verwiesen. Ich ging hauptsächlich deswegen zu den Gruppentreffen, weil ich dachte, ich würde dort von den anderen Eltern, die die gleichen Erfahrungen durchgemacht hatten, lernen, wie ich Linda helfen könnte, die Schule zu schaffen. Statt dessen hielt mir die Gruppe einen Vortrag darüber, daß ich mich von Linda und ihren Schulproblemen lösen müsse. Sie sagten, wir sollten zurücktreten und Linda mehr Unabhängigkeit lassen.

Ich kämpfte lange dagegen an, mich mit meinem Bedürfnis, Lindas Leben zu kontrollieren, und der Tatsache, daß ihr das schaden könne, zu konfrontieren. Eines, was ich gelernt habe, ist, daß wir als Eltern nicht erkennen, wie sehr wir es brauchen, daß unsere Kinder uns schätzen und unsere Träume wahr werden lassen. Jetzt kann ich sehen, daß ich Linda die Hilfe, die sie brauchte, vorenthielt, weil ich es für mich dringend nötig hatte, ein ‹normales› Kind zu haben. Wenn sie nicht normal war, wie konnte ich dann ein guter Vater sein? Ich investierte meine ganze Energie in Aktivitäten, von denen ich dachte, sie würden ihr helfen, aber tatsächlich versuchte ich verzweifelt, mir selbst zu helfen.

Jetzt freue ich mich auf die Gruppentreffen. Ich finde dort sehr viel Unterstützung und Verständnis. Nicht jeder in der Gruppe hat ein gestörtes Kind, aber alle sind in die Falle geraten, von ihren Kindern Unmögliches zu erwarten. Ich habe zum erstenmal gelernt, meine eigenen Gefühle und die von Linda getrennt zu betrachten. Weil ich mich gebrandmarkt fühlen würde, wenn ich zur Sonderschule gehen müßte, nahm ich an, Linda würde das gleiche empfinden. Ich irrte mich gewaltig. Linda wollte um jeden Preis die Schule absolvieren. Das war der Beginn der Erkenntnis, daß meine Tochter ein Individuum war, das nicht in allem gleich empfand wie ich.

Ich lehne mich zurück, höre den anderen Eltern zu und begreife, daß wir alle uns so verhalten. Wir alle möchten für unsere Kinder so viel, daß wir uns manchmal wirklich kein klares Bild von ihnen machen. Es ist nicht Lindas Lernstörung, die uns veranlaßt hat, so zu reagieren. Auf die gleiche Weise hätten wir auch auf jedes mögliche andere Problem von ihr reagiert. Wir konnten nicht ertragen, daß für unsere Tochter nicht alles perfekt lief. Jeder in der Elterngruppe sieht das in sich und den anderen – dieses dringende Bedürfnis, unsere Kinder zu schützen, und zwar nicht unbedingt, damit sie es sicher und bequem haben, sondern damit wir nachts schlafen können.

Was ich gelernt habe und was einen solchen Unterschied ausmacht, ist, meine Kontrolle über Lindas Leben ein Stück weit aufzugeben. Auch wenn ich sie unterstützen und ermutigen kann, so kann ich doch die Karten nicht ändern, die das Leben ihr zugeteilt hat. Ich kann ihre Probleme nicht wirklich lösen, und selbst wenn ich es könnte, wäre es für sie wahrscheinlich nicht das gesündeste. Das ist die schwerste Lektion für Eltern. Aber wenn Sie das erst einmal begriffen haben, wird Ihre Rolle als Vater oder Mutter sehr viel sinnvoller.»

Lindas Eltern waren mit einer der schwersten Erfahrungen konfrontiert, die Eltern machen können: zu erleben, daß ihr Kind aus unverständlichen und unerklärlichen Gründen niemals so lernen wird wie andere Kinder. Alle Eltern, denen jemals gesagt wurde, daß ihr Kind körperlich, emotional oder geistig nie so sein wird wie «normale» Kinder, können sich mit ihrem Schmerz und ihrem Ärger identifizieren.

Es ist viel über Väter, die sich nicht einlassen wollen, und übertriebenes mütterliches Schutzverhalten geschrieben worden; das hat zu der falschen Annahme geführt, nur Mütter entwickelten den besessenen Wunsch, ihren Kindern zu helfen und deren Probleme zu lösen. Dans Geschichte zeigt, daß das dringende Bedürfnis, zu «helfen», anzuleiten, zu kontrollieren und ein Kind zu verändern, das die Basis für übertriebene elterliche Fürsorge bildet, ebenso beim Vater wie bei der Mutter auftreten kann.

Auch Dans Bedürfnis, seiner Tochter zu helfen – sie zu kurieren –, wurde zur Besessenheit. Eltern wie Dan, die gestörte Kinder haben, können unter einer großen Last von Schuldgefühlen leiden. «Ich habe ein behindertes Kind gezeugt» – diese Vorstellung war für Dan so unerträglich, daß er Jahre damit verbrachte, sich rigoros dagegen zu wehren. Wenn er zuließe, daß Linda die Sonderschule besuchte, würden ihre Lernstörungen zu einer nicht zu leugnenden Tatsache werden, also vermied er es um jeden Preis.

Dans Verleugnung machte ihn blind für eine ganz entscheidende Tatsache: Linda brauchte spezielle Hilfe. Keine noch so große elterliche Liebe oder Beschäftigung mit ihr konnte das ändern. Seine ganze Hilfe – mit ihr Hausaufgaben machen, mit ihren Lehrern streiten, in eine neue Umgebung ziehen – führte in Wirklichkeit zu weiteren schweren Problemen. Während es eine Form von Hilfe gibt, die ein Kind stärker und fähiger macht, förderte Dans Hilfe die Abhängigkeit und Unsicherheit seiner Tochter. Linda spürte, was ihre Eltern von ihr wollten und sogar brauchten: daß sie in der Schule Leistungen erzielte, die ihre Fähigkeiten überstiegen. Sie machte sich die Besorgnis ihrer Eltern in einem solchen Maße zu eigen, daß sie schließlich aufgab, um nicht bei dem Versuch, eine Aufgabe zu lösen, zu versagen. Vermeidung war ihre Art, «gut auszusehen», denn wenn sie nie den Versuch machte, konnte sie auch nicht versagen.

Warum fiel es Dan so schwer, die Grenzen seiner Tochter zu akzeptieren? Als leistungsorientierter Mann der Tat betrachtete Dan seine Tochter als eine Verlängerung seiner eigenen Person. Er fühlte sich aufgrund von Lindas Problemen unzulänglich und unfähig. Der Geist seines eigenen Vaters, des unfehlbaren Problemlösers der Familie, verfolgte ihn und war verantwortlich für die irrtümliche Annahme, es gäbe für sämtliche Probleme im Leben eine Lösung. Seine Selbstachtung sank, als Lindas Schwierigkeiten sich nicht besserten, und er gab ihr noch mehr übertriebene väterliche Zuwendung, um sich selbst den Rücken zu stärken. Seine heroischen Versuche, dafür zu sorgen, daß sie im regulären Unterricht blieb, zielten unbewußt eher darauf ab, seine eigenen Bedürfnisse und unerfüllten Hoffnungen zu befriedigen, als Linda zu geben, was sie tatsächlich brauchte.

Dan erfuhr, daß in Wirklichkeit er es war, der Hilfe benötigte, um mit seinen eigenen Gefühlen umgehen zu können, statt sich Rat zu holen, wie er das Leben seiner Tochter kontrollieren und verbessern konnte. Linda brauchte weniger diese ständige Hilfe und den übertriebenen Beistand als Ermutigung dafür, Wege zu finden, wie sie sich selbst helfen konnte. Für sie war wichtig, daß ihr Vater lernte, ihre Grenzen zu akzeptieren.

Auch diejenigen von uns, die das Glück haben, daß ihre Kinder niemals vor so extremen Problemen stehen wie Dans Tochter, können sich mit dem Bedürfnis identifizieren, daß ihr Kind viel leistet und sich auszeichnet. Alle Eltern haben mit dem Zwang zu kämpfen, sich zu sehr in das Leben ihrer Kinder einzumischen, um zu «helfen», wenn die Dinge schwierig werden. Aber wenn das «Helfen» zur Besessenheit wird, bürden wir uns die Last ständiger Besorgnis und Frustration auf. Wir hören, daß unser Kind nicht mitkommt, versagt, andere enttäuscht oder nicht zufriedenstellt, und uns ist ganz schlecht vor lauter Sorge. Er oder sie bekommt eine «Zwei» statt einer «Eins», wird nicht in die Sportmannschaft aufgenommen oder schafft es nicht, auf das College unserer Wahl zu kommen, und wir sind entsetzt. Was bedeutet das? Haben wir als Eltern versagt? Was machen wir falsch? Was könnten wir noch tun? Wir haben das Gefühl, einspringen und ihnen die Probleme, wie unbedeutend sie auch sein mögen, aus der Hand nehmen zu müssen.

Nicht, daß wir naiv wären. Viele von uns sind «Fachleute» auf dem Gebiet der Kinderpsychologie, haben ganze Stapel von Büchern zu diesem Thema gelesen, um unseren Kindern zu «helfen». Aber es ist schwierig, unser intellektuelles Wissen angesichts so intensiver Emotionen anzuwenden. Wir ringen mit dem Wissen, daß es für alle gesünder wäre, wenn wir aufhörten, die Probleme unserer Kinder zu lösen, und sie manchmal auch für sich selbst sorgen ließen. Doch wenn unsere Kinder unglücklich sind, kommt uns diese Haltung zu grausam, zu kalt vor. Dieses eine Mal werde ich noch helfen, denken wir.

Manche Eltern zeigen, wenn ihre Kinder gestört sind, ein Verhalten, gegen das die Haltung von Lindas Vater wie Gleichgültigkeit aussieht. Es gibt Tausende von Eltern, die weder essen, schlafen noch an irgend etwas anderes denken können, wenn ihr Kind ein Problem hat. Sie machen sich Sorgen, reagieren und nehmen wie besessen die Zügel in die Hand. Sie geben und geben immerfort, bis sie völlig leer sind und ihnen innerlich alles weh tut, aber sie können nicht zur Ruhe kommen, bevor das Problem nicht gelöst ist.

Für diesen Elterntyp ist der Begriff «Problem» weit gefaßt. Er kann schweres Versagen in der Schule, Krankheit, Suchtmittelabhängigkeit oder Depressionen beinhalten, aber es kann auch um fünf Pfund Übergewicht, starke Kopfschmerzen oder einen nicht so gern gesehenen festen Freund gehen. Das Ausmaß des Problems ist unbedeutend, aber die Reaktion darauf ist in jedem Fall extrem.

Das Problem, das diese Eltern völlig in Beschlag nimmt, ist oft nichts anderes, als daß die Kinder ihren Erwartungen nicht entsprechen. Sie glauben, besser als ihre Kinder zu wissen, was diese wirklich brauchen, selbst wenn diese «Kinder» inzwischen in den mittleren Jahren sind. Im schlimmsten Falle werden sie nörgelnde, schimpfende Fußabtreter für ihre

Kinder, voller Groll, weil ihr Rat so leichtfertig abgetan wird. Und weil sie sich dermaßen verantwortlich für das Leben und die Probleme ihrer Kinder fühlen, haben diese selbst fast überhaupt kein Verantwortungsgefühl.

In den siebziger Jahren kam bei Wissenschaftlern, die sich mit Drogen- und Alkoholabhängigkeit befaßten, der Begriff «Co-Abhängigkeit» als Bezeichnung für Menschen auf, deren Leben gestört ist, weil sie sich intensiv auf Familienmitglieder einlassen, deren Schwierigkeiten um Drogen- oder Alkoholmißbrauch kreisen. In ihrem Buch *Unabhängig sein* dehnt Melody Beattie diese Definition auf jeden aus, der «zuläßt, daß das Verhalten eines anderen Menschen ihn beeinträchtigt, oder der besessen davon ist, das Verhalten dieses Menschen zu kontrollieren».

Es scheint auf der Hand zu liegen, daß die meisten von uns vom Verhalten anderer Menschen beeinflußt werden, besonders vom Verhalten derer, die wir lieben. Co-Abhängige jedoch empfinden mehr als liebevolle Sorge oder den warmherzigen Wunsch zu helfen. Sie lassen zu, daß das Verhalten und die Probleme eines anderen Menschen sie völlig in Anspruch nehmen. Das Bedürfnis, diese Probleme zu lösen, beherrscht ihr ganzes Leben.

Denken Sie einen Augenblick lang über die charakteristischen Züge nach, von denen Beattie und andere festgestellt haben, daß sie für Co-Abhängigkeit symptomatisch sind. Co-Abhängige

● erahnen die Bedürfnisse anderer Menschen,
● fühlen sich dann am sichersten, wenn sie anderen etwas geben,
● fühlen sich verantwortlich für die Gedanken, Handlungen, Bedürfnisse und das Schicksal anderer Menschen,
● fühlen sich schuldig und besorgt, wenn jemand, den sie lieben, ein Problem hat,
● fühlen sich gezwungen, eine Lösung für das Problem des von ihnen geliebten Menschen zu finden,

- entwickeln selten eigene Interessen, sondern lassen sich von denen ihres / ihrer Liebsten ganz in Anspruch nehmen,
- stellen ihre eigenen Bedürfnisse hintan,
- lassen alles stehen und liegen, um jemandem zur Hilfe zu kommen, der in Bedrängnis ist,
- sind ärgerlich und aufgebracht, wenn ihre Hilfe und ihre Vorschläge das Problem nicht «kurieren»,
- tun für andere, was diese auch selbst tun könnten,
- spüren den Schmerz anderer Menschen intensiver als diese selbst,
- kümmern sich wenig um eigene soziale Kontakte, damit sie mehr Zeit für die von ihnen geliebten Menschen haben,
- verleugnen schmerzliche Wahrheiten in bezug auf die geliebten Menschen, selbst wenn diese Realitäten ihnen ins Gesicht springen.

Psychologen beginnen zu entdecken, daß nicht nur Beziehungen, die mit Problemen wie Alkohol- und Drogenabhängigkeit zu kämpfen haben, zu Co-Abhängigkeit führen. Eltern, die zu sehr lieben, teilen viele der für Co-Abhängige charakteristischen Wesenszüge. Eltern, die zu sehr lieben,

- erahnen die Bedürfnisse ihrer Kinder,
- fühlen sich dann am sichersten, wenn sie ihren Kindern etwas geben,
- fühlen sich verantwortlich für die Gedanken, Handlungen, Bedürfnisse und das Schicksal ihrer Kinder,
- fühlen sich schuldig und besorgt, wenn ihre Kinder ein Problem haben,
- fühlen sich gezwungen, die Probleme ihrer Kinder zu lösen,
- entwickeln selten eigene Interessen, sondern lassen sich von denen ihrer Kinder ganz in Anspruch nehmen,
- stellen ihre eigenen Bedürfnisse hintan,
- lassen alles stehen und liegen, um ihrem Kind zu Hilfe zu kommen,
- sind ärgerlich und aufgebracht, wenn ihre Hilfe und ihre Vorschläge ihre Kinder von dem Problem nicht «kurieren»,

- tun für ihre Kinder, was diese auch selbst tun könnten,
- spüren den Schmerz ihrer Kinder intensiver als diese selbst,
- kümmern sich wenig um eigene soziale Kontakte, mischen sich aber in die sozialen Beziehungen sowie das Liebes- und Eheleben ihrer Kinder ein,
- verleugnen schmerzliche Wahrheiten in bezug auf ihre Kinder, selbst wenn diese Realitäten ihnen ins Gesicht springen.

Es ist klar, daß Eltern, die zu sehr lieben, in großem Maße co-abhängig sind. Ihre Energie konzentriert sich dermaßen auf das Leben und die Sorgen ihrer Kinder, daß fast alles andere ausgeschlossen wird. Sie sind intensiv und auf schmerzliche Weise in die Probleme ihrer Kinder verstrickt. Sie können aufgrund dieser Probleme tatsächlich depressiv oder krank werden oder sich ganz zurückziehen.

Ein wichtiger Teil des Elterndaseins besteht darin, daß wir die Fähigkeit unserer Kinder zu Unabhängigkeit und Selbstvertrauen fördern. Co-Abhängigkeit führt meistens zu hilflosen Kindern, die niemals die Kraft aufzubringen scheinen, die sie brauchen, um ihre Probleme selbst zu lösen.

Wir müssen kleine Probleme besser unterscheiden lernen von großen Problemen, die wirklich unser Engagement erfordern. Wir müssen verstehen, daß viele Probleme sich mit der Zeit von alleine lösen. Wir müssen daran glauben, daß unsere Kinder ihre Probleme lösen werden, wenn wir uns zurückhalten und zulassen, daß das auf natürliche Weise geschieht; Probleme verstärken sich, wenn wir im Wege stehen. Vielleicht bewältigen unsere Kinder die Schwierigkeit nicht so schnell oder nicht auf die Art und Weise, wie wir es getan hätten, aber der einzige Weg, wie sie jemals Selbstvertrauen gewinnen können, besteht darin, daß wir ihnen Verantwortung überlassen. Vor allem aber müssen wir akzeptieren lernen, daß gewisse Schwierigkeiten unserer Kinder auf Umständen beruhen, die wir vielleicht gar nicht ändern können. Daß wir die Grenzen unserer Kinder akzeptieren, ohne daß unser Magen sich umdreht, uns das Herz bis zum Hals klopft und wir besessen davon sind, verändern zu wollen, was sich nicht ändern läßt, ist für ihr Wohlbefinden ebenso entscheidend wie für unser eigenes.

Sheila K.: Eine berufstätige Mutter

«Als Karl und ich beschlossen, unser erstes Kind zu bekommen, dachte ich weniger daran, mein Leben zu verändern, als es vielmehr umzustellen. Ich wußte, daß ich weiter außer Haus arbeiten würde. Ich hatte gerade eine neue Stelle in der Abteilung für spezielle Werbekampagnen angetreten, als ich feststellte, daß ich schwanger war. Meiner Karriere den Rücken zu kehren – die Basis zu verlieren, die ich mir in jahrelanger Arbeit aufgebaut hatte –, war undenkbar. Es war keine Frage des Geldes. Mit Karls Gehalt wären wir sehr gut zurechtgekommen.

War ich egoistisch? Vielleicht. Mein Beruf war nie so beschaffen, daß ich hoffen konnte, zwischen Karriere und Familienleben ein ideales Gleichgewicht zu finden. Er bringt sehr viel Stress mit sich, und in all diesen Tagen bin ich ständig erschöpft. Ich sehe mir die jüngeren Männer und Frauen an, die für mich arbeiten. Sie sind ungebunden und tragen keine wirkliche Verantwortung – und ich beneide sie darum. Trotzdem meine ich, daß Karl und ich unsere Sache mit Barb und Todd gut gemacht haben. Zumindest habe ich das bis vor kurzem gedacht.

Merkwürdig, aber wenn ich bei der Arbeit bin, betrachte ich die Fotos, die ich von Todd und Barb auf meinem Schreibtisch stehen habe. Ich denke über sie nach und habe fast romantische Gefühle dabei. Ich kann es kaum abwarten, nach Hause zu kommen, um mit ihnen zusammenzusein.

Und was geschieht dann schließlich? Kaum komme ich zur Tür herein, fangen wir alle an, uns zu streiten. Die Schularbeiten sind nicht gemacht, die Stereoanlage dröhnt in voller Lautstärke, Barb hat mehr als zwei Stunden am Telefon gehangen, und mir reißt mit beiden die Geduld.

Die kleinsten Kleinigkeiten bringen uns hoch. Ich frage Todd, was er für seine Mathearbeit bekommen hat oder wie es mit seinem Computerkurs geht, und er sagt: ‹Na, da wären wir ja wieder!› weil er findet, daß ich zu viele Fragen stelle. Die simpelste Frage ist für ihn ein Verhör.

Barb und ich haben uns einen Monat lang gestritten, weil ich wollte, daß sie in diesem Frühjahr am Wiederholungskurs teilnimmt, um sich auf ihre Eignungstests vorzubereiten. Sie möchte nicht zwei Abende pro Woche für den Unterricht opfern, aber als sie letztes Jahr für den Führerschein zwei Abende die Woche private Fahrstunden nehmen sollte, war das überhaupt kein Problem.

Ich kann sie nicht dazu bringen, irgend etwas zu tun, was sie nicht will. Aber ich kann einfach nicht verstehen, warum sie die Gelegenheit nicht ergreift, sich auf Abschlußarbeiten vorzubereiten, die für ihre Zukunft ganz entscheidend sind.

Ich kann meinen Kindern nicht verständlich machen, daß diese Jahre auf der High School außerordentlich wichtig für sie sind. Ich erwarte keine Perfektion. Ich möchte nicht zu viel Druck auf sie ausüben. Ich möchte lediglich, daß sie sich die Voraussetzungen aneignen, um allem nachgehen zu können, was das Leben ihnen bietet.

Meine Mutter sagt: ‹Du kannst deine Kinder nicht einfach so herumdirigieren, wie du die Leute, die für dich arbeiten, herumdirigierst.› Das ist ganz schön schwer. Ich frage mich: Wann soll ich standhaft bleiben? Wann läßt man los und vertraut den Kindern, daß sie für sich selbst die richtigen Entscheidungen treffen? Wie stellt man die ständigen Sorgen um die Kinder ab? Manchmal möchte ich sie schütteln und sagen: ‹Hört auf mich! Ihr glaubt, auf alles eine Antwort zu wissen, aber ich habe die Erfahrungen bereits gemacht. Ich *weiß* es wirklich!›

Ich liebe Barb und Todd mehr, als ich es ihnen sagen kann. Es tut mir weh, daß wir uns in der letzten Zeit immer nur anschreien. Ich habe wohl erwartet, daß dieses Jahr schwer würde, aber so schwer nun doch nicht. Barb und Todd kommen mit ihrem Vater sehr viel besser klar, und manchmal bin ich richtig eifersüchtig. Sie rennen zu ihm, um sich ihm anzuvertrauen, sagen mir aber, ich würde meine Nase in ihre Angelegenheiten stecken, wenn ich auch nur eine Frage stelle. Karl zuckt mit den Schultern und sagt: ‹Du machst dir zu viele Sorgen. Laß sie einfach in Ruhe. Sie sind gute Kinder.›

Manchmal frage ich mich, ob ich ihnen genug gegeben habe. Ich glaube, jede Frau, die außer Haus arbeitet und sich um ihre Karriere kümmert, fragt sich, was sie ihren Kindern langfristig damit antut. Du tust dein Bestes, damit sie alles haben, was sie brauchen, aber trotzdem quälst du dich noch mit der Frage herum, ob deine Entscheidung richtig war. Meine eigene Mutter hielt mir Vorträge über all die Stunden, die Barb und Todd mit Babysittern oder in Nachmittagsveranstaltungen für Kinder verbringen mußten, als sie noch klein waren. Sie sagte immer: ‹Kinder, die von Babysittern großgezogen werden, entwickeln den gleichen Intelligenzquotienten wie ihre Babysitter.› Damit hat sie mich wirklich gekriegt, denn mir ist nichts wichtiger als die Ausbildung meiner Kinder. Ich habe mich in all den Jahren sehr um ihre Schulbildung gekümmert und mich mit ihren Lehrern auseinandergesetzt, und ich weiß, daß ich mir um Todds und Barbs Intelligenz keine Sorgen machen muß. Beide sind sehr gescheit. Was mir zu denken gibt, ist, daß sie immer den leichtesten Weg wählen. Diese Einstellung stammt nicht von mir. Ich hätte liebend gern die Möglichkeit gehabt, in der High School an Leistungskursen teilzunehmen, während meine Kinder immer nur die leichtesten Kurse und die nachsichtigsten Lehrer wollen. Ich wäre zur Sommerakademie gegangen, um die Kurse zu machen, die ich für ein besseres College gebraucht hätte. Barb und Todd verstehen nicht, wie wichtig es heutzutage ist, sich seinen Platz in der Welt zu sichern. Sie haben alles bekommen und werden niemals verstehen, wie schwer es war, ihnen all das zu geben, was sie für selbstverständlich halten.

Ich wache um fünf Uhr morgens auf, streite mich in Gedanken mit ihnen und denke: Warum ist das so verdammt wichtig? Ich sollte damit zufrieden sein, daß meine Kinder in der

Schule gut sind, keine Drogen nehmen und keins der hundert Probleme haben, mit denen die Kinder von heute sich herumschlagen. Warum will ich mehr? Ich sollte es einfach aufgeben und sie lassen, wie sie sein wollen. Schließlich ist es ihr Leben.

Aber in Wirklichkeit glaube ich das nicht. Was ist das für eine Mutter, die einfach aufgibt?»

Vielleicht ist Stress das stärkste Element, das wohlmeinende Eltern veranlaßt, zu Eltern zu werden, die zu sehr lieben. Nimmt man noch Schuldgefühle und hohe Erwartungen hinzu, hat man sämtliche Zutaten für übertriebene elterliche Fürsorge.

Sheila hatte sich niemals wirklich mit den Schuldgefühlen auseinandergesetzt, die sie empfand, weil sie ihrer Karriere soviel Zeit und Energie widmete; sie übertrug ihre wachsende Besorgnis über ihre Entscheidung für den Beruf in eine irrationale Sorge um ihre Kinder. Sie versuchte, ihre elterlichen Pflichten in die drei Stunden zu packen, die sie abends mit ihren Kindern verbrachte. Todd und Barb reagierten stark auf das, was sie als ein besorgtes, allabendliches Kreuzverhör durch eine Mutter empfanden, die so erledigt war, daß sie leicht die Geduld und den richtigen Blick verlor.

Es ist schwer, uns mitfühlend auf die Bedürfnisse eines Kindes einzustellen, wenn wir enorm unter Druck stehen. Bei Stress haben wir das Gefühl, leicht außer Kontrolle zu geraten. Manchmal überkompensieren wir das, indem wir versuchen, andere zu kontrollieren. Sheila zankte und stritt sich mit Barb und Todd zum Teil auch, um ihre eigene Besorgnis zu dämpfen. Ohne daß sie es wollte, fing sie einen Machtkampf an, der sich dann verselbständigte. Kontrolle lädt zu Widerstand ein. Je mehr Barb und Todd Widerstand leisteten, desto hilfloser fühlte Sheila sich und desto stärker wurde ihr Bedürfnis, die Entscheidungen ihrer Kinder zu kontrollieren.

Viele Eltern, die sehr viel in ihren Beruf investieren, finden es schwierig, am Ende des Tages einen Übergang zwischen Arbeit und Familienleben zu finden. Besonders schwer kann das sein, wenn wir bei der Arbeit eine Machtposition innehaben und daran gewöhnt sind, anderen zu befehlen. Wie der Vizechef einer Firma witzelt: «Nach einer halben Stunde zu Hause mit meinen Kindern möchte ich am liebsten in mein Büro zurücklaufen, wo niemand nein zu mir sagt und alle tun, was ich verlange.»

Eltern, die über ihr Kind die gleiche Form von Kontrolle ausüben wollen, die sie im Berufsleben haben, gehen das Risiko ein, das Kind an der Entwicklung seiner Unabhängigkeit zu hindern oder passiven oder aktiven Widerstand hervorzurufen. Perfektionistische Forderungen nach immer besseren Leistungen können ein Kind völlig überfordern und es zu der Schlußfolgerung bringen: «Warum soll ich mir überhaupt Mühe geben? Ich werde doch nie gut genug sein, um meine Eltern zufriedenzustellen.»

Das soll nicht heißen, daß es grundsätzlich falsch wäre, Kinder zu Leistungen zu motivieren und zu ermutigen. Probleme entstehen, wenn wir nie zufrieden sind. Sheila zum Beispiel gab zu, daß sie selten mit dem zufrieden war, was ihre Kinder erreichten, selbst wenn sie gute Gründe gehabt hätte, es zu sein. Sie meinte aber ständig, daß ihre Kinder noch sehr viel mehr leisten könnten. Das Gefühl, nie zufrieden zu sein, und der ständige Versuch, im Leben eines anderen Menschen Veränderungen zu bewirken, sind die Eckpfeiler unserer Gewohnheit, zu sehr zu lieben.

Wenn wir selbst sehr leistungsorientiert sind, wie Sheila es war, und es uns frustriert, wenn unsere Kinder offensichtlich nicht von dem gleichen Drang erfüllt sind, müssen wir einige Dinge bedenken. Erstens: Könnte es möglich sein, daß wir von unserem eigenen Hintergrund her die laute Stimme eines übermäßig fordernden Elternteils hören, der niemals mit uns zufrieden war? (Schauen Sie sich einmal Sheilas Bemerkungen über ihre Mutter näher an, und Sie werden diese Stimme hören.) Reagieren wir immer noch auf diese Stimme und fühlen uns unzulänglich? Nehmen wir unseren Kindern gegenüber unbewußt die gleiche Haltung ein, weil wir uns übergroße Sorgen darum machen, welches Licht sie auf uns werfen?

Was bedeuten die Leistungen unserer Kinder für uns? Wollen wir wirklich nur, daß sie das befriedigende Gefühl kennenlernen, etwas erreicht zu haben? Oder brauchen wir ihren außergewöhnlichen Erfolg, um der Stimme aus unserer Vergangenheit schreiend erwidern zu können: «Siehst du, schließlich bin ich doch noch gut genug. Schau dir an, was für unglaubliche Kinder ich großgezogen habe!»

Weil wir so dringend wünschen, unsere Kinder möchten ein gutes Licht auf uns werfen, überschätzen wir sie manchmal. Wenn sie versagen, dann darum, weil die Welt sie unserem Gefühl nach falsch beurteilt und schlecht behandelt hat. Wenn die Schwächen unserer Kinder deutlicher hervortreten und wir der Welt nicht länger die Schuld daran geben können, verdoppeln wir unsere Anstrengungen und versuchen, sie zu verändern, damit sie dem näherkommen, was wir als ihr wirkliches Potential betrachten.

Wieviel von alledem, was wir auf uns nehmen, ist tatsächlich elterliche Verantwortung? An welchem Punkt wird all unsere Hilfe zu einem Mittel, unser eigenes Bedürfnis nach einem perfekten Kind zu erfüllen, dessen Glorienschein auf uns zurückfällt, das unsere Selbstachtung stärkt und beweist, daß wir gute Eltern sind?

Für all das zahlen wir einen enormen Preis. Wenn wir unsere Kinder als Verlängerung unserer eigenen Person betrachten, glauben wir, alles kontrollieren zu können, was mit ihnen geschieht. Das können wir aber nicht, und die Folge davon ist, daß wir schließlich ständig das Gefühl haben, die Kontrolle verloren zu haben. Unsere besessene Sorge führt dazu, daß wir nicht fest genug auf dem Boden stehen, um wirklich zu helfen, wenn wir tatsächlich gebraucht werden. Verstrickt in das Netz unserer Besorgnis, machen wir manchmal kleine Probleme zu großen und große Probleme noch schlimmer.

Mit unseren perfektionistischen Anforderungen, unserer Besorgnis, unserer Verwicklung in ihre Probleme ziehen wir

Kinder groß, die Sicherheit nur in dem finden, was ihnen gelingt. Wenn wir unsere Kinder als Verlängerung unseres Selbst sehen und sie nach dem Bild unserer höchsten Erwartungen formen wollen, sind sie in Versuchung, eine Selbstherrlichkeit zu entwickeln, die jedesmal, wenn sie dem Ideal hinterherhinken, zu dem schmerzlichen Gefühl führt, nichts wert zu sein.

Sheila war auf dem richtigen Weg, als sie sich zu fragen begann: «Warum ist das so wichtig für mich?» Das ist eine entscheidende Frage. Wenn wir unsere ganze Energie darauf verwenden, unsere Kinder zu verändern und ihnen zu «helfen», das zu werden, was wir für ihr Bestes halten, müssen wir uns genau ansehen, ob unsere Erwartungen an sie realistisch sind. Wir sollten dabei sehr wachsam sein, denn unrealistische Erwartungen erwecken das Gefühl, zu versagen.

Wie können wir wissen, ob unsere Erwartungen unrealistisch sind? Obgleich diese Frage schwierig zu beantworten ist, gibt es doch einige grundlegende Richtlinien dafür, ob Erwartungen an Kinder gesund oder ungesund sind:

● Gesunde Erwartungen konzentrieren sich darauf, die inneren Qualitäten des Kindes, sein wahres Selbst zu entwickeln. Bei ungesunden Erwartungen legen wir Wert darauf, daß unsere Kinder «gut dastehen» und anderen Leuten gefallen.

● Gesunde Erwartungen sind flexibel. Sie berücksichtigen, wie das Kind sich jeweils fühlt. Ungesunde Erwartungen sind rigide. Sie versuchen, ein Kind in ein bereits existierendes Bild davon zu pressen, wie es sein sollte.

● Gesunde Erwartungen sind realistisch. Sie ermöglichen dem Kind ein Gelingen, weil sie seine Grenzen berücksichtigen. Ungesunde Erwartungen drängen das Kind über seine Grenzen hinaus auf perfektionistische Ziele zu.

● Gesunde Erwartungen sind motiviert durch Liebe. Ungesunde Erwartungen beruhen auf dem Bedürfnis nach Kontrolle.

● Gesunde Erwartungen ermutigen bei dem Kind ein Gefühl

der Selbstachtung und Kompetenz. Ungesunde Erwartungen zielen in Wirklichkeit darauf ab, die Selbstachtung der Eltern zu stärken.

Was ist, wenn wir unsere Erwartungen eingeschätzt und festgestellt haben, daß wir realistisch sind, unsere Kinder sich aber destruktiv verhalten? Dann müssen wir uns fragen: Warum leisten meine Kinder Widerstand? Was brauchen sie so dringend, daß sie ihre eigene Zukunft sabotieren, um es zu erhalten? Diese Bedürfnisse sind selten materiell ausgerichtet. Häufiger brauchen die Kinder Verständnis, ein Gefühl des Angenommenseins ohne strenge Verurteilung und ein gewisses Maß an persönlicher Verantwortung.

Wenn unsere Kinder unsere Erwartungen nicht erfüllen, ist es entscheidend, daß wir über die Perspektive unserer Kinder statt über unser «Versagen» als Eltern nachdenken. Wenn wir anfangen können, die Bedürfnisse unserer Kinder von unseren Bedürfnissen zu trennen und zu versuchen, sie wirklich als eigenständige Menschen zu verstehen, sind wir auf dem richtigen Weg, ihnen echte Hilfe und Orientierung zu geben.

Kathy M.: Die Supermutter

«Es gibt im Leben schlimmere Vorwürfe an mich als den, daß ich meine Kinder zu sehr liebe. Wir alle drehen ein bißchen durch, wenn unserem Kind etwas weh tut. Wir alle sind dann total damit beschäftigt. Vom Kopf her weiß ich, daß es okay wäre, wenn ich meinen Kindern mehr Unabhängigkeit zugestehen, sie auf ihrem Weg gute wie schlechte Entscheidungen selbst treffen und Fehler machen lassen würde. Aber ich will ganz ehrlich sein. Es ist gar nicht okay. Ich weiß, was das ‹Richtige› ist. Ich sage ihnen, wie es wirklich ist, und nicht, wie die richtige Antwort aussieht.

Wenn mir in meiner Kindheit passiert wäre, was neulich meiner Tochter Nanci passierte, hätte meine Mutter die ganze

Sache ignoriert und kein Wort zu mir gesagt. Aber wenn Nanci etwas weh tut, möchte ich ihr helfen.

Sie kam an diesem Abend nach Hause und war ein bißchen komisch. Bis zum Abendessen habe ich mir nichts weiter dabei gedacht, aber da schien sie deprimiert zu sein und aß auch nichts.

Sie ging in ihr Zimmer, um ihre Hausaufgaben zu machen, und ich konnte mich nicht zurückhalten. Ich mußte die Mutter anrufen, die Nanci und ihre Freundinnen von der Schule nach Hause gefahren hatte, um zu erfahren, ob irgend etwas passiert war.

Die Frau war gleich am Apparat und sagte sofort: ‹Ist ihre Tochter aufgebracht? Es war einfach schrecklich!›

Es stellte sich heraus, daß Nancis Freundinnen im Wagen auf dem Weg nach Hause über eine Party gesprochen hatten, die sie für diesen Samstagabend geplant hatten. Nanci war nicht eingeladen, und die Mädchen wußten das, aber sie sprachen direkt vor ihrer Nase darüber, wie sie sich amüsieren würden. Nanci saß einfach da und tat so, als würde ihr das nichts ausmachen.

Ich war völlig fertig. Mir war ganz schlecht, weil sie so verletzt worden war.

‹Hätten Sie nichts unternehmen können?› fragte ich die Frau. Trotzdem wußte ich ja, wie das ist. Was hätte sie schon tun können?

Ich hätte die Sache einfach fallenlassen oder abwarten sollen, ob Nanci nicht zu mir kam, um sie mir zu erzählen. Wieso ging mich das überhaupt etwas an? Mir ist klar, daß Nanci lernen muß, ihre Probleme mit ihren Freundinnen selbst zu lösen. Aber gleichzeitig sind das die Dinge, die ich einfach nie ignorieren konnte.

Merkwürdig, aber wenn es um unsere Kinder geht, schlucken wir unseren eigenen Stolz so leicht unter. Wenn mich jemand zu irgend etwas nicht einlädt, sage ich, ‹Der kann mir mal...› Aber wenn es mein Kind betrifft und es sich in seinem Schlafzimmer einschließt und sich wegen dieser verdorbenen

Gören aus der Nachbarschaft elend fühlt, kann ich das nicht aushalten. Ich bin bereit zu kämpfen. Ich weiß, daß das vielleicht ein Fehler war, aber ich telefonierte noch am selben Abend mit der Mutter des Mädchens, das Nanci nicht zu seiner Party eingeladen hatte.

Diese Frau war sehr liebenswürdig. Sie verstand mich. Sie sprach mit ihrer Tochter, und gegen zehn Uhr rief ihre Tochter Nanci an, nur um ein bißchen mit ihr zu reden, und war wirklich nett zu ihr. Als Nanci zu Bett ging, fühlte sie sich besser.

Als die Kinder schliefen, klingelte das Telefon, und diese Mutter war wieder dran. Sie wiederholte mir alles, was ihre Tochter ihr gesagt hatte: ‹Nanci beharrt immer darauf, alles nur so zu machen, wie sie es will. Sie verhält sich, als wüßte sie immer alles besser, und damit fingen die ganzen Schwierigkeiten an.› Ich konnte nicht besonders gut schlafen, nachdem ich mir das alles angehört hatte.

Meine Tochter hat einen Hang zur Selbstgerechtigkeit, das ist mir selbst oft aufgefallen. Am nächsten Morgen beim Frühstück sprach ich mit ihr darüber. Ich sagte ihr, daß ich sie nicht anders haben wolle, als sie sei, aber daß sie nicht immer das letzte Wort haben müsse. Ich konnte sehen, daß ich sie damit verletzte und daß sie nicht wirklich verstand, was ich ihr da erzählte. Sie hatte schon alles vergessen, was am Vorabend geschehen war. Für sie war das Ganze keine große Sache gewesen.

Aber was hätte ich sonst tun sollen? Ich will nicht, daß Nanci ausgeschlossen wird. Daß ich mich in solche Dinge einmische, hat manchmal schon Schaden angerichtet. Denn ich hätte mir vorstellen können, daß dieses kleine Mädchen am nächsten Tag in der Schule der ganzen Klasse erzählt, daß ich ihre Mutter angerufen habe. Ich hätte ein Unglück anrichten können.»

Es ist interessant, wieviel Unterstützung wir bei anderen Eltern für unsere totale Beschäftigung mit den Angelegenheiten unserer Kinder finden. Hier haben wir einen ganzen Club von

Müttern, die zu sehr lieben und die Telefonleitungen heißlaufen lassen, um das soziale Leben ihrer Kinder in Ordnung zu bringen. Warum? Weil sie ihre Kinder lieben und möchten, daß ihnen die Welt offensteht, und einfach alles tun würden, um ihnen zu helfen und sie zu beschützen.

Es tut Kathy weh, wenn man ihren Kindern weh tut. Sie hat Mitgefühl, Verständnis, Sympathie und fühlt den Schmerz ihrer Tochter. Sie trennt wenig zwischen dem, was ihre Tochter fühlt (oder vermeintlich fühlt), und ihren eigenen Gefühlen. Die fehlende Trennung zwischen den Gefühlen unserer Kinder und unseren eigenen ist so sehr Bestandteil unserer übertriebenen Liebe, daß wir darin nur selten etwas Verkehrtes sehen, bis wir so viel Schmerz über das Leben unserer Kinder empfinden, daß wir es nicht mehr aushalten können.

Kathy machte sich Sorgen darüber, daß ihr übertriebenes Engagement für das Leben ihrer Kinder schädlich sein könnte. Vielleicht entstand kein wirklicher Schaden aus dem Anruf bei einer anderen Mutter oder der subtilen Form von Manipulation, die sie einsetzte, um ihrer Tochter Freundschaft zu «kaufen». Aber ihr Bedürfnis, zu handeln, zu kontrollieren, dieses kleine Problem zu lösen, zeigt deutlich, wie hektisch sie wird, wenn ihre Kinder bedroht sind. Diese hektische und oft chaotische Reaktion auf die Probleme unserer Kinder ist es, die so oft Schaden anrichtet. Helfen wird zur Besessenheit. Während unser Kopf und unser Magen vor Schmerz über unsere Kinder und deren Probleme durchdrehen, verlieren wir unsere Fähigkeit, klar zu denken oder im besten Interesse unserer Kinder zu handeln. Unsere Besorgnis ist so intensiv, daß wir in diesem Zustand von emotionalem Aufruhr etwas - irgend etwas – tun müssen, und zwar schnell.

In solch einem Zustand lösen wir selten ein Problem. Wir brauchen etwas Abstand und Trennung, um zurückzutreten und nachzudenken, statt schnell zu reagieren und nolens volens alles mögliche zu tun in der Hoffnung, daß es unseren Kindern hilft.

Wäre Kathy in der Lage gewesen, einen Schritt zurückzutreten und Nancis unglückliche Erfahrung mit ihren Freundinnen zu betrachten, hätte sie vielleicht gesehen, daß ihre ständigen Rettungsmanöver Nanci in der «selbstgerechten» Haltung bestärkten, die dem Problem zugrunde lag. Die «Selbstgerechtigkeit» ihrer Tochter war tatsächlich der Anfang einer Anspruchshaltung – des Glaubens, daß sie ein Recht auf besondere Aufmerksamkeit, Beachtung, Privilegien und Rücksichtnahme habe. Das ist die primäre Folge der Kindheitserfahrung, ständig von Eltern verwöhnt zu werden, die besessen davon sind, ihren Kindern bei der Bewältigung ihres Lebens zu helfen.

Übertriebenes Engagement ist gleichbedeutend mit Kontrolle. Wenn unsere Kinder sich nach unseren Vorstellungen verhalten, fühlen wir uns erfolgreich und mächtig. Wir werden süchtig nach dem «schnellen Schuß», den unsere Kinder uns geben, indem sie zulassen, daß wir ihre Probleme lösen und die Ereignisse in ihrem Leben kontrollieren, denn wir fühlen uns dabei allmächtig und rundherum gebraucht. Das Problem dabei ist, daß wir insofern völlig abhängig von unseren Kindern werden, als diese dafür sorgen müssen, daß das wunderbare Gefühl von Kontrolle und Wichtigkeit anhält. Wir werden «süchtig» nach dem Hochgefühl, das sich einstellt, wenn sie uns brauchen, und können nicht loslassen, weil wir abhängig davon geworden sind, von ihnen weiterhin in dieser Form geschätzt zu werden.

Wenn Sie befürchten, sich für das Leben Ihrer Kinder übermäßig zu engagieren, stellen Sie sich einmal folgende Fragen:

Verlasse ich mich zu sehr auf mein Kind, um Gesellschaft zu haben? Habe ich Angst vor dem Loslassen und vor Trennung, weil ich befürchte, dann mit einem einsamen Zuhause, einer inhaltslosen Ehe und einem leeren Leben konfrontiert zu sein?

Kann ich die Vorstellung akzeptieren, daß alle Menschen – sogar meine Kinder – letzten Endes für sich selbst verantwortlich sind, wenn sie groß sind, und daß ich Probleme, die nicht meine eigenen sind, nicht wirklich lösen kann?

William T.: Eltern, die in der reinsten Hölle lieben

«Es ist eine Erleichterung, daß Billy jetzt eingewilligt hat, zu einem Therapeuten zu gehen. Das letzte Jahr ist für uns alle die reinste Hölle gewesen.

Als ich das zweite Mal einen Anruf vom Jugendbeamten der Polizeiwache bekam, hätte ich fast gesagt: ‹Behalten Sie ihn da.› Mir fällt einfach nichts mehr ein. Aber wie können Sie Ihrem eigenen Sohn den Rücken zuwenden?

Als Billy das erste Mal festgenommen wurde, mußten sie rechts heranfahren, weil sie zu schnell gefahren waren und der Beamte Bierdosen im Auto gesehen hatte. Rick, der Fahrer, war betrunken gewesen.

Ich wußte, daß Billy und seine Freunde am Wochenende Bier tranken. Man muß als Eltern schon ganz schön blind sein, um nicht zu wissen, was die Kinder so treiben. Ich war selbst kein perfektes Kind gewesen und gestand Billy das offen ein. Ich wuchs in den sechziger Jahren auf, es gab überall die verschiedensten Drogen, und ich glaube, ich habe die meisten selbst ausprobiert. Ich möchte kein Heuchler sein. Ich versuche Billy zu verstehen und seine Seite zu sehen. Aber ich konnte nicht glauben, daß Billy so dumm sein würde, nach der Sperrstunde mit der offenen Schnapsflasche im Auto herumzurasen.

Billy war als Kind niemals einfach gewesen. Meine Frau sagt, daß er ihr Leben ruiniert. Sie ist immer wegen der einen oder anderen Sache hinter ihm her. Besonders was die Schule betrifft. Billy schwänzt den Unterricht, und wir werden ständig angerufen. Er möchte von der Schule abgehen und sich einen Job suchen. Aber das werden wir nicht zulassen, und wenn wir ihn jeden Morgen aus dem Bett zerren müssen. Ganz schön hart. Ich habe so viele Entschuldigungen mit dem einen oder anderen Vorwand für sein Schwänzen geschrieben. Schauen Sie, ich weiß ja, daß das verkehrt ist, aber in der High School lassen sie die Kinder heutzutage durchfallen, wenn sie ohne Entschuldigung zu spät kommen. Was sollen wir denn da tun? Wir wollen, daß er seinen Abschluß macht.

Zu manchen Zeiten würde ich am liebsten vor allem davonlaufen. Ich schaue mir mein Leben an, und das sieht nicht sehr glücklich aus. Ich habe oft daran gedacht, meine Frau zu verlassen. Unsere Ehe war nie so, wie ich es mir erhofft hatte. Ich frage mich, ob ich eines Tages sterben werde, ohne zu wissen, was es heißt, zu lieben und geliebt zu werden und glücklich zu sein. Aber da ist Billy mit all seinen Problemen, deswegen könnte ich niemals einfach weggehen. Ich habe mich damit abgefunden, so lange zu bleiben, bis Billy achtzehn ist.

Nach dem Autounfall haben wir Billy zwei Wochen lang Fahrverbot gegeben. Wir haben versucht, auf ihn einzureden, damit er einen Therapeuten aufsucht, aber er wollte davon absolut nichts wissen.

Letzte Woche bekamen wir den zweiten Anruf. Diesmal war Billy am Apparat. ‹Vati, ich bin im Gefängnis. Du mußt kommen und mich hier rausholen.›

Dieses Mal waren Billy, Rick und einige andere Jungen in die Schule eingebrochen. Billy wurde erwischt, als er mit einem Computer unter dem Arm aus der Hintertür ging. Die anderen Jungen sind weggerannt.

Mein erster Gedanke war: ‹Das paßt, daß Billy die geklauten Sachen trägt.› Es sah ihm ähnlich, so blöd zu sein, damit die anderen ihre Hände frei hatten und weglaufen konnten. Seine ersten Worte im Auto auf dem Nachhauseweg waren: ‹Du besorgst mir doch einen guten Rechtsanwalt, nicht?› Als wir nach Hause kamen, war meine Frau völlig durchgedreht. Keiner von uns schlief in dieser Nacht. Am nächsten Morgen willigte Billy schließlich ein, zu einem Therapeuten zu gehen.

Ich weiß auch nicht. Vielleicht entsteht aus alledem ja doch noch etwas Gutes. Selbst jetzt glaube ich noch, daß Billy eigentlich ein guter Junge ist. Ich glaube noch nicht einmal, daß er wirklich bei all diesen Dingen mitmachen will. Ich denke, er möchte einfach so dringend von den anderen Jungen akzeptiert werden, daß er sein Urteilsvermögen verliert.

Ich bin mir nicht mehr sicher, wie ich mit Billy und seinen Problemen umgehen soll. Vielleicht habe ich als Vater schlechte Arbeit geleistet. Aber wie? Ich habe diesem Kind alles gegeben. Ich bete, daß das nur eine Phase ist, die er durchläuft, und daß er das alles schließlich sein läßt und wieder das Kind ist, das er war, bevor dies alles geschah.»

Wieder finden wir hier die Themen Co-Abhängigkeit, mangelnde Trennung und die entsprechenden Folgen. Zu den Mythen über Elternschaft gehört die Vorstellung, wir sollten als Eltern eher bereit sein, uns selbst zu ruinieren, als zuzulassen, daß unsere Kinder sich Schaden zufügen. «Wenn jemand mit einem Gewehr auf den Kopf eines meiner Kinder zielte, würde ich mich dazwischenwerfen», lautet eine Äußerung, die so viele Eltern von sich geben, daß sie zum Klischee geworden ist.

Aber wir verteidigen unsere Kinder selten gegen etwas so Brutales wie eine Schußwaffe. Am häufigsten versuchen wir, unsere Kinder vor den Folgen ihres eigenen selbstzerstörerischen Verhaltens zu bewahren.

Jedes Verhalten hat Konsequenzen. Diese Konsequenzen können uns etwas beibringen. Billy, der die Schule schwänzte und einbrach, hätte aus den Konsequenzen vielleicht etwas über sein Verhalten gelernt, wenn man ihn gelassen hätte. Für Billys Vater jedoch war der Gedanke, sein Sohn müsse eine Nacht im Gefängnis verbringen oder eine Verhandlung ohne den besten Rechtsanwalt durchstehen, den er auftreiben konnte, gleichbedeutend mit Kindesvernachlässigung, und das konnte er nicht zulassen.

Viele Eltern werden an diesem Punkt aufbegehren und in Übereinstimmung mit Billys Vater sagen, daß herzlose und grausame Maßnahmen wie etwa zuzulassen, daß ein Kind eine Nacht im Gefängnis verbringen muß oder nur einen Pflichtverteidiger bekommt, alles nur noch schlimmer mache und daß Billy mehr Hilfe, Liebe und Verständnis braucht. Bevor Sie nicht Eltern begegnet sind, die alles getan haben, was in ihrer Macht stand, einschließlich hoher finanzieller Aufwendungen, werden Sie fest bei dieser gefährlichen Illusion bleiben.

Wenn unsere Kinder mit dem Gesetz, Drogen oder Alkohol in Schwierigkeiten geraten, ist absehbar, wie wir uns verhalten. Zuerst verleugnen wir das Problem genau wie Billys Vater, als er bereitwillig Billys Freunden die Schuld gab und sein Kind als hilfloses Opfer ihres Einflusses darstellte. Dieses Verleugnen wurde weitgehend geschürt von dem unbewußten Bedürfnis, sein eigenes Verhalten als Jugendlicher – Trinken, Drogen nehmen oder Schlimmeres – zu rechtfertigen, indem er einem ähnlichen Verhalten bei Billy übertrieben verständnisvoll begegnete.

Wenn wir das Problem nicht mehr verleugnen können, akzeptieren wir, daß es existiert. Allzuoft aber hat unser Akzeptieren den Beigeschmack von Rechtfertigung und Rationalisierung.

Viele Eltern schauen sich an diesem Punkt selbst nach Hilfe um und lernen von Eltern, die schon vor ihnen das gleiche durchgemacht haben, wie sie mit dem Problem effektiver umgehen können. Eltern hingegen, die zu sehr lieben, schlagen eine andere Richtung ein. Sie haben enorme Schuldgefühle. Sie üben ihren ganzen Einfluß aus und verstricken sich in das Problem. Sie können an nichts anderes mehr denken und fühlen sich gezwungen, es zu lösen. Sie leiden. Nichts ist zu schwierig, wenn es dem Kind helfen kann. Sie beginnen, ihrem Kind die Verantwortung abzunehmen und es vor den Folgen seines Verhaltens abzuschirmen. Sie springen immer wieder helfend für das Kind ein und vergeben ihm auch dann noch, wenn es etwas Unverzeihliches tut. Alldem liegt der Glaube zugrunde, daß sie sich nur genug Mühe geben müssen, um das Kind zu dem Verhalten zu bewegen, das sie für richtig halten.

Das ist ein schwieriger Weg, aber solche Eltern ziehen tatsächlich gewisse Vorteile aus der enormen Selbstaufopferung, die das tägliche Zusammenleben mit einem selbstzerstörerischen Menschen erfordert. Alte Filme kommen uns da in den Sinn: Der mißverstandene junge Angeklagte im Gerichtssaal, dessen Eltern tränenüberströmt in der ersten Zuschauerreihe sitzen und ihm, was immer er auch getan haben mag, ihre Liebe und Unterstützung zukommen lassen. Ist das nicht ein Bild dafür, was es wirklich heißt, Eltern zu sein?

Das wirkliche Leben ist nie so romantisch. Wir geben unsere ganze Liebe und Unterstützung, doch nichts verändert sich. Wir versuchen alles, was uns einfällt. Aber durch all unser Bemühen halten wir eine wichtige Tatsache von uns fern: Kinder hören mit ihrem selbstzerstörerischen Verhalten nicht auf, um ihren Eltern zu gefallen oder sie glücklich zu machen. Sie hören erst dann damit auf, wenn die Folgen ihres Verhaltens unerträglich für sie werden.

Es gibt Gründe für Billys Probleme, aber die haben nichts damit zu tun, daß seine Eltern sich nicht genug um sein Wohlergehen gekümmert oder sich nicht ausreichend für ihn eingesetzt hätten. Sie hängen vielmehr mit der Tatsache zusammen, daß er etwas davon hat, wenn er sich so aufführt. Manchmal schaffen Kinder unbewußt schwere Probleme und Symptome, um von den anderen Problemen in der Familie abzulenken. Billys Vater sprach davon, daß er seine Ehe aufgeben wollte. Vielleicht hat Billy gespürt, daß seine Eltern unglücklich miteinander waren. Der Gedanke, seine Eltern könnten sich scheiden lassen, ist für jedes Kind beängstigend.

Vor allem Teenager werden in solchen Situationen versuchen, sich um ihre Eltern zu kümmern, die Familie zu erhalten und den Schmerz der Eltern auf sich zu nehmen. Manche werden sich zu diesem Zweck selbst opfern und alle möglichen selbstzerstörerischen Verhaltensweisen entwickeln. Sie sagen damit: «Ich werde zum Problem, wenn das bedeutet, daß ihr zwei zusammenbleibt, um es zu lösen.»

Der Vater und die Mutter, die zu sehr lieben, konzentrieren sich auf die Probleme des Kindes, weil es natürlich zu sein scheint, die eigenen Schwierigkeiten in dieser Situation zurückzustellen. Vielleicht bringen sie die gesamte Familie zum Therapeuten, weil sie Wege suchen, um dem Kind zu helfen. Monate vergehen, doch nichts verändert sich. Der Therapeut beobachtet, wie das Kind alles nur mögliche anstellt, um «krank» zu bleiben, damit seine Probleme weiterhin im Mittelpunkt des Familienlebens stehen. Auf der unbewußten Ebene hat das Kind beschlossen: Wenn ich depressiv bin, wenn ich in allen Fächern durchfalle, wenn ich niemals Freundinnen und Freunde habe, wenn ich weiter zunehme, haben meine Mutter und mein Vater jemanden, um den sie sich kümmern, dem sie helfen müssen. Wenn ich meine Probleme nicht lösen kann und ein Kind bleibe, haben meine Eltern weiter ein Baby.

Unter der Oberfläche können viele weitere Probleme gären, die es wert sind, daß die Familie ihnen ihre Aufmerksamkeit widmet. Der Therapeut weist vielleicht darauf hin. Aber die Ehekonflikte der Eltern, deren Depression und Leere werden herabgespielt.

Tausende von Eltern suchen jährlich für ihre Kinder eine therapeutische Behandlung in der Hoffnung, daß dem Therapeuten gelingt, was sie nicht geschafft haben. Wenn dann empfohlen wird, daß die Eltern selbst an der Therapie teilnehmen sollen, kommen Ärger und Verleugnung zum Vorschein. Aber es ist selten viel damit gewonnen, wenn das Kind als das «offizielle Problem» eingestuft wird und die Eltern sich weigern, in der Form Hilfe zu leisten, daß sie sich mit ihren eigenen Bedürfnissen und Gefühlen auseinandersetzen, die die Beziehung beeinflussen.

Wenn wir zu sehr lieben, können wir nicht immer sehen, daß auch wir Hilfe brauchen. Unsere Bedürfnisse sind ebenso wichtig, aber alles, was wir sehen, ist, daß das Kind – unser Kind – in Schwierigkeiten steckt. Wir glauben, daß wir mit genügend Liebe und Zuwendung alles überwinden werden. Aber während unsere Kinder bei einigen Schwierigkeiten, die sie haben, auf Liebe und Verständnis ansprechen, gibt es auch schwere Probleme, die eine andere Herangehensweise erfordern, darunter Alkoholismus, Drogensucht und kriminelles Verhalten. Unsere Kinder werden mit ihrem destruktiven Verhalten fortfahren, wenn wir niemals zulassen, daß sie die Konsequenzen ihrer Handlungen erfahren.

Wir müssen uns anschauen, warum wir unseren Kindern

immer wieder zu Hilfe eilen. Weil die Konsequenzen ihrer Handlungen für sie so schrecklich wären? Oder weil wir uns schuldig fühlen, wenn wir zusehen müssen, wie sie die Folgen ihres eigenen Verhaltens erleiden? Das ist ein Symptom für unsere mangelnde emotionale Trennung von unseren Kindern, die dahin führt, daß wir ihre Schmerzen fühlen. Das müssen wir ganz klar sehen.

Das heißt nicht, daß wir unser Kind in dem Augenblick, wo es in Schwierigkeiten gerät, im Stich lassen sollen. Die Botschaft richtet sich an Eltern, die es bereits monatelang mit Liebe, Zuwendung und Verständnis versucht und deren Hilfe und Beistand ihnen überhaupt nichts eingebracht haben. Wir neigen dazu zu denken, daß wir jedes Problem lösen können, wenn wir nur genügend Energie aufwenden. Das ist ein Mythos. Es ist auch ein Protzen mit unserer Großartigkeit, das wir aufgeben müssen, bevor wir weiterkommen können.

Was aber können wir tun, wenn wir zuschauen, wie unsere Kinder ihr Leben zerstören, und dabei das Gefühl haben, ein Messer stieße uns ins Herz? Auch wenn es das Gegenteil von dem ist, was wir tun wollen, wenn unsere Kinder sich selbstzerstörerisch verhalten, zeigen wir ihnen unsere Liebe am besten, indem wir loslassen und uns eingestehen, daß wir keine Macht über ihr Verhalten haben. Wir müssen aufhören, uns Selbstvorwürfe zu machen. Wir können nicht perfekt sein. Wir werden sehr viel Unterstützung brauchen, um das wirklich zu verstehen, denn jedesmal, wenn unserem Kind etwas weh tut, werden wir hinlaufen wollen, um ihm zur Hilfe zu kommen, weil wir glauben, allein verantwortlich zu sein.

Wenn Sie sich mit diesem Verhaltensmuster identifizieren können, gibt es Gruppen von Eltern, die das gleiche durchgemacht und auch den Fehler begangen haben, ihre Kinder zu sehr zu lieben, und sie unbeabsichtigt vor den Lektionen bewahrt haben, die die Konsequenzen ihres Verhaltens ihnen beigebracht hätten. Viele von ihnen finden den Weg zu Al-Anon oder einer Eltern-Selbsthilfegruppe. Die Lektionen dort sind ganz einfach, wenn wir uns dafür erst einmal geöffnet haben: Geben Sie ihren Eigenwillen auf. Konzentrieren Sie sich darauf, mit Ihren eigenen Gefühlen zurechtzukommen. Setzen Sie feste Grenzen, die Ihnen erlauben, Ihr eigenes Leben zu leben. Geben Sie die Vorstellung auf, Sie könnten andere Menschen und vor allem Ihre Kinder kontrollieren. Wagen Sie sich hervor und teilen Sie Ihre Schuldgefühle und Ihren Ärger anderen Menschen mit, die Sie verstehen, unterstützen und Ihnen helfen werden, mit diesen Gefühlen umzugehen. Erkennen Sie, daß alle Ihre Hilfeleistungen und all Ihr Aufpassen nur dazu führt, daß Ihre Kinder genau das Verhalten fortsetzen, das Sie zu verhindern suchen.

Sollte es für Sie hart sein, sich diesen Rat anzuhören, dann, deshalb, weil es das Gegenteil von übertriebener Liebe darstellt, wenn wir zuerst an uns statt an unsere Kinder denken. Es ist uns fremd, uns vom Leben und von den Problemen unserer Kinder zu lösen. Die Konzentration auf uns selbst ist etwas, das wir bislang vermieden haben. Und auch wenn Liebe, Verständnis und Hilfe bei Menschen, die wir lieben, immer der erste Schritt sind, müssen wir es uns doch eingestehen, wenn unsere Anstrengungen vergebens sind, und von dieser Erkenntnis aus weitergehen.

Wenn Sie mit Güte und Verzeihen, Helfen und Strenge, Beratung und Behandlung, Drohen, Weinen, Betteln und anderen Formen des Ausrastens versucht haben, das Kind, das Sie so sehr lieben, zu verändern, sollten Sie sich folgende Fragen stellen:

Bin ich auch dann bereit, Hilfe zu suchen, wenn es nicht darum geht, zu lernen, wie ich mein Kind verändern kann, sondern wie ich mich selbst verstehen und Kontrolle über mich gewinnen kann?

Heißen meine endlosen Versuche, mein Kind vor den Konsequenzen seines Verhaltens zu bewahren, wirklich, daß ich ein guter Vater oder eine gute Mutter bin? Oder sollte ich diese Definition neu überdenken?

Habe ich Angst, meinen Kindern gegenüber einen festen

Standpunkt einzunehmen, weil ich glaube, dann ihre Zuneigung zu verlieren? Wie hoch ist der Preis, den ich für diese Zuneigung zu zahlen bereit bin?

Seth L.: Eltern, die zahlen

«Meine Frau fragt mich immer, warum ich ständig weiter für meine Kinder bleche. Sie findet, es solle damit genug sein, daß ich der Mutter meiner Kinder vor Jahren Unterhalt und Kindergeld gezahlt habe.

Nicht daß ich etwa nicht nein sagen könnte. Ich kann nein sagen. Wenn eines meiner Kinder zu mir käme und sagte, es wolle ein Gramm Kokain oder ähnliches kaufen, könnte ich nein sagen. Aber wenn sie mich um etwas Vernünftiges bitten, möchte ich es ihnen geben. Ich möchte helfen.

Als meine jüngste Tochter, Sheryl, im Alter von sechsundzwanzig Jahren beschloß, noch einmal zur Schule zu gehen, um den Abschluß zu machen und Schauspielerei zu studieren, war das nicht unbedingt der Berufsweg, den ich für sie gewählt hätte. Trotzdem hörte ich ihren Argumenten zu und beschloß, ihr das Geld zu geben. Ich kann ihr nur wünschen, daß sie schließlich zu sich selbst findet und glücklich ist.

Als sie mich von der Universität aus anrief und mir erzählte, das Studium sei ein Alptraum an Konkurrenz, sie könne sich anstrengen, wie sie wolle, sie sei nie gut genug, regte ich mich darüber auf. Ich mußte etwas unternehmen. Ganz gleich was. Sie hatte Migräneanfälle. Die Band übte um sechs Uhr morgens draußen vor ihrem Zimmer, und sie konnte nicht schlafen. Alles, was ich denken konnte, war immer nur: Wie kann ich helfen? Ich bin hier, und sie ist dort. Was kann ich tun?

Ich schickte ihr Geld, damit sie zum Arzt gehen konnte. Ich sagte ihr, sie könne in eine eigene Wohnung ziehen, wenn sie aus dem Wohnheim ausziehen wolle, und ich würde die Miete bezahlen.

Darüber regte sich meine Frau total auf. Sie sagt, ich sei besessen von Sheryls Problemen und würde niemals an irgend etwas anderes denken. Sie glaubt, ich würde sie verwöhnen, weil ich ihr Geld gebe. Nun, was soll ich meinen Kindern denn schicken, wenn sie mich um Hilfe rufen? Eine Kiste Orangen? Sheryl hat unter der Scheidung mehr gelitten als die anderen Kinder. Sie war die Jüngste. Ich hatte gute Gründe, meine Ex-Frau zu verlassen, aber damit verzichtete ich auch darauf, meine Kinder jeden Abend ins Bett zu bringen. Ich gab jeden konkreten Einfluß auf ihre Erziehung auf. Ich hasse es, mitansehen zu müssen, wie Sheryl für meine Fehler bezahlt.

Ich schaue mir meine Kinder an und denke, wenn ich selbst schon nicht immer glücklich war, möchte ich wenigstens, daß sie ein besseres Leben haben. Ich kann nicht anders, als mir zu wünschen, daß sie alles haben, was sie wollen. Wenn man mitansehen muß, daß die eigenen Kinder emotionale Probleme haben, macht das Schuldgefühle, und man muß etwas unternehmen. Wenn das Geld, das ich ihnen schicke, ihnen hilft, glücklicher zu sein, dann gebe ich es ihnen, auch wenn ich ohne etwas zurückbleibe. Um ehrlich zu sein, ich bin froh, daß sie zu mir kommen, wenn sie etwas brauchen. Vielleicht bezahle ich einfach, weil ich bezahlen *kann*. Das ist das, was ich für sie tun kann, und mir ist das ein Vermögen wert.»

Man schätzt, daß heute 53 Prozent aller Achtzehn- bis Vierundzwanzigjährigen mit ihren Eltern zusammenleben und finanziell von ihnen abhängig sind. Elf Prozent der Fünfundzwanzig- bis Vierunddreißigjährigen leben noch zu Hause, und die Zahlen steigen. Kinder, die bessere Ausbildungen und Möglichkeiten haben, als ihre Eltern sie jemals hatten, kehren ins Nest zurück, weil sie nicht in der Lage sind, ohne die Eltern zu existieren.

Die Frage ist, wessen Bedürfnisse in dieser Situation wirklich befriedigt werden. Seths Geschichte ist beispielhaft dafür. Er opferte sich aus einem einfachen Grund bereitwillig für seine Kinder: Er wollte es so. Die Schuldgefühle, die er immer noch wegen der Scheidung empfand, waren eine starke Motivation für ihn, seinen Kindern als Ausgleich alles zu geben, worum sie ihn baten. «Ich werde meine Fehler an euch wiedergutmachen», lautete seine Botschaft an sie.

Gab Seth zuviel, als er seine sechsundzwanzigjährige Tochter wieder zur Schule schickte und sein Geld benutzte, um die Probleme zu lösen, auf die sie dort traf? Es wäre für Seth unvernünftig gewesen, wenn er seiner Tochter das Geld für die medizinische Behandlung verweigert hätte. Auch die finanzielle Unterstützung für ihren erneuten Schulbesuch kann eine legitime Entscheidung gewesen sein. Aber was sein ganzes Geben verdächtig macht, sind Sheryls Schwierigkeiten in der Schule. Reagierte Sheryl mit ihren Problemen in der Schule auf eine rauhe, konkurrenzgeladene Umgebung? Oder beruhten ihre Schwierigkeiten auf der Tatsache, daß sie überhaupt nicht auf Versagen oder Stress vorbereitet war, weil man sie ein Leben lang davor bewahrt hatte?

In Seths Fall ist es interessant zu sehen, wie er sich in jedem Augenblick seines Lebens um die Schwierigkeiten seiner Tochter Sorgen macht und doch so wenig gegen das wachsende Problem direkt vor seiner Nase bei sich zu Hause unternimmt. Wie lange dauert es noch, bis die Gefühle, die seine zweite Frau zur fortlaufenden finanziellen Unterstützung seiner erwachsenen Kinder hat, zu einem unversöhnlichen Widerspruch anwachsen? Das Schwerste ist, zu erkennen, daß hinter all unserer Selbstlosigkeit gegenüber unseren Kindern das intensive Bedürfnis lauern kann, diese zu kontrollieren und an uns gebunden zu halten, damit wir die Realität unserer eigenen Lebensumstände und Gefühle verleugnen können. Wir benutzen unsere Kinder, um einen Keil zwischen uns und unsere Partner zu treiben und Nähe für immer abzuwehren. Wir können ihre Probleme als Ablenkung von unseren eigenen Schmerzen oder zur Dämpfung unserer Schuldgefühle benutzen.

Es kann uns schwerfallen, zu unterscheiden zwischen den Zeiten, in denen unser finanzieller Beistand ein legitimes Bedürfnis erfüllt und gewährt werden sollte, und Situationen, in denen er unfähige, verantwortungslose Kinder hervorbringt, die uns niemals aus unserer Verantwortung für sie entlassen, um selbst die Verantwortung zu übernehmen. Die Chancen sind groß, daß wir über das Ziel hinausschießen, wenn wir unsere Kinder zu unserer eigenen Befriedigung verwöhnen. Wenn wir unser Geld benutzen, um sie vor den natürlichen Folgen ihrer Handlungen zu bewahren, schießen wir ebenfalls über das Ziel hinaus. Das gleiche gilt, wenn wir ihnen Geld geben, weil uns das leichter fällt, als uns selbst etwas zu geben, oder wenn wir ihnen Geld zukommen lassen, um ihnen unseren Wert zu beweisen. In jedem Fall fördern wir ihre Abhängigkeit auf Kosten ihrer Selbständigkeit.

Wir müssen uns all diese Spielarten finanzieller Unterstützung gründlich anschauen. Brauchen wir es, gebraucht zu werden, um uns als wertvolle Menschen zu fühlen? Wollen wir auf einer unbewußten Ebene, daß sich unsere Kinder auf uns verlassen, selbst wenn das bedeutet, daß sie ohne unsere Hilfe nicht mehr zurechtkommen?

Das Problem, wenn wir unseren Kindern finanziell oder auf andere Weise zu Hilfe kommen, ist, daß sie niemals lernen, mit den unvermeidbaren Belastungen ihres Lebens umzugehen. Schließlich fürchten sie sich vor dem Erwachsenwerden und erwarten gleichzeitig zuviel davon. Statt dankbare, verantwortungsbewußte und anhängliche Kinder großzuziehen, haben wir oft aufsässige, ärgerliche Kinder vor uns, die im Berufsleben kein festes Rückgrat haben, unseren Werten kritisch gegenüberstehen und hoffnungslos auf unsere Hilfe angewiesen sind.

Sandra M.: Großeltern, die zu sehr lieben

«Als Shawn geboren wurde, hatte ich das Gefühl, das sei das Großartigste, was ich jemals erlebt hatte. Er war das erste Enkelkind und so entzückend mit seinen vollen blonden Haaren und seinen blauen Augen. Ich konnte kaum glauben, daß dieses prachtvolle Kind von meiner Tochter Leah stammte.

Leah hätte niemals heiraten sollen. Und sie hätte mit Sicherheit kein Kind bekommen sollen. Sie war zu jung und hatte niemals gesunden Menschenverstand bewiesen. Einmal fand ich das Baby mit seiner Windel über dem Kopf vor, und es erstickte fast in seinem Bettchen. Sie sah sich einen Film an, und obwohl das Baby so laut schrie, daß es blau anlief, wartete sie noch die Werbung ab, um nachzuschauen, was los war.

Ihr Mann Bob, na, das ist eine andere Geschichte. Ich habe ihm niemals zugetraut, daß er an Shawns Leben wirklich Anteil nehmen würde. Als Shawn geboren wurde, warf er einen Blick auf ihn und sagte zweifelnd: ‹Und was fängt man nun mit so einem Baby an?› Er fühlte sich von der Vaterschaft überfordert.

Keiner von den beiden hätte heiraten sollen. Aber wenn meine Tochter sich etwas in den Kopf gesetzt hat, kann man sie kaum davon abhalten, und das weiß niemand besser als ich. Aber wie auch immer, sie hatten Shawn nun einmal und kamen beide mit der Situation überhaupt nicht zurecht. Das war nicht nur mein Gefühl dazu – es war einfach Tatsache. Mein Mann und ich machten uns ständig Sorgen um Shawn. Dan rief mich immer wieder vom Büro aus an und sagte: ‹Geh rüber und hab sie im Auge, sorge dafür, daß sie etwas zu essen haben.› Leah hieß mich mit offenen Armen willkommen. Bob hatte sie zwar geheiratet, verhielt sich aber überhaupt nicht wie ein Ehemann. Die Hälfte seiner Zeit war er überhaupt nicht zu Hause, weil er mit seinen Freunden loszog oder Basketball spielte und sie mit dem Baby allein ließ. Für mich war das ein ständiger Exodus hin und her, Essen hinbringen und dafür sorgen, daß Shawn alles hatte, was er brauchte. Ich tat es nicht für Leah. Ich tat es für Shawn.

Ich begleitete Shawn bei jedem Schritt, den er in seiner Kindheit tat. Es verging kein Tag, ohne daß ich zu ihnen rüberging oder sie zu mir kamen. Ich saß an seinem Bett, als er die Masern hatte. Als ihm die Mandeln herausgenommen werden mußten, war ich diejenige, die bei ihm saß, als er aufwachte, und auf meinen Mantel erbrach er sich auf der Fahrt vom Krankenhaus nach Hause.

340

Ich war diejenige, die Shawns Kleidung bezahlte, ihm Spielzeug kaufte und mit seinen Lehrern sprach, um zu erfahren, wie er in der Schule zurechtkam. Leah gab ihr Geld für sich selbst aus und setzte keinen Fuß in eine von Shawns Schulen. Oft, wenn ich bei ihnen war und sie und Bob sich zankten, mußte ich Shawn ansehen und denken: Was für ein Leben ist das für ihn? Meine Freundinnen sagten mir immer, ich mache mir zu viele Sorgen. Schließlich war Shawn gesund und schien glücklich zu sein. Trotzdem mußte ich immer denken, daß dieses Kind in der richtigen Umgebung etwas ganz Außergewöhnliches sein könnte.

Natürlich hatten Shawn und ich eine sehr enge Beziehung. Wenn dein Enkelkind dich anschaut und sagt: ‹Oma, ich hab dich lieb›, dann bist du ganz vernarrt. Nichts in der Welt kommt dem gleich, und es macht alles wett, was du getan hast.

Wirklich Sorgen begann ich mir um Shawn zu machen, als er in der Junior High School war. Wenn man mich fragt, dann waren Leahs und Bobs Erwartungen an Shawn immer viel zu gering. Wenn Shawn und ich allein miteinander waren, versuchte ich, mit ihm zu sprechen. Ich sagte ihm, wie wichtig es sei, eine Ausbildung und Ziele zu haben. Ich erwartete von Shawn nicht, daß er ein großer Kopf würde. Meine Tochter war nicht besonders klug, und Bob ist kein Genie, also erwartete ich von ihrem Nachwuchs nicht, daß er ein Einstein würde. Aber ich erwartete wohl von ihm, daß er mit dem breiten Durchschnitt mithielt und einen natürlichen Drang verspürte, selbst besser sein zu wollen. Ich versuchte, ihn so zu prägen, wie seine Eltern – das wußte ich – es niemals getan hätten. Ich nahm ihn mit ins Museum, brachte ihm etwas über Musik und Kunst bei. Aber ich hatte mit einer Menge schlechter Einflüsse zu kämpfen.

Manchmal redete ich auf ihn ein wie eine Platte, die einen Sprung hat: ‹Shawn, fang an, deine Hausaufgaben zu machen. Ruf ein paar Freunde an und verabrede dich für das Wochenende. Steh gerade. Schau doch nicht ständig so gelangweilt drein.› Es erschöpfte mich. Ich war kein Teenager mehr. Aber wer würde Shawn eine Richtung weisen, wenn ich es nicht tat? Wenn Shawn sich selbst überlassen wurde, wollte er immer nur in seinem Zimmer auf dem Bett liegen oder stundenlang Videospiele spielen.

Als er ein Teenager war, fing ich an, mich ausgeschlossen zu fühlen. Sonst war Shawn immer zuerst zu mir gekommen, wenn er Probleme hatte, und plötzlich tat er das nicht mehr. Er sagte seiner Mutter, ich würde ihn zu sehr drängen und ihm ständig erzählen, was mit ihm nicht in Ordnung sei. Nun, ich habe hohe Ansprüche, aber sie sind für Shawn wirklich nicht zu hoch.

Als Shawn beschloß, nicht aufs College zu gehen, erzählten sie mir das nicht. Nachdem ich davon erfahren hatte, dachte ich, wie schrecklich, und erzählte Leah, wie enttäuscht ich von ihr sei, weil sie zugelassen hatte, daß er diese Entscheidung alleine traf. Sie hätte ihn zumindest die Zulassungsprüfung machen lassen sollen. Sie hätte dafür sorgen sollen, daß er sich um die Aufnahme ins College bewarb, falls er seine Meinung doch ändern sollte. Ich wäre fast an die Decke gegangen, als Shawn vor mir stand und mir erzählte, für ihn sei das College nicht wichtig, und Leah ihn noch darin bestärkte.

Aber ich bin nicht seine Mutter, also konnte ich nichts dagegen tun. Die Wahrheit ist, daß sie es mir erst erzählten, als es zu spät für mich war, etwas dagegen zu unternehmen. Shawn redete sich damit heraus, daß er nicht aufs College, sondern sich lieber einen Job suchen wolle. Und was macht er also? Er jobbt in Tankstellen oder wischt die Tische in Restaurants ab. Ich versuche mit ihm zu reden. Ich sage: ‹Bessere dich, Shawn. Du kannst doch mehr Verantwortung tragen!› Aber er setzt dann diese sture Miene auf, die mich an Leah erinnert. Er weigert sich, sich um irgendeine Art von Hilfe zu bemühen. Ich glaube aber, er braucht Hilfe.

Obwohl ich weiterhin versuche, ihn immer wieder aufzubauen, gibt es auch dafür Grenzen. Man kann einem Menschen nicht einfach in die Augen schauen und sagen: ‹Du bist so wunderbar›, wenn er vorbeikommt und wie ein ordinärer, trotziger Kerl aussieht, der nur darauf wartet, daß man ihn angreift. Ich sage ihm weiterhin ständig, er solle etwas aus sich machen, bevor es zu spät ist. Er könnte immer noch das Abendcollege besuchen. Er könnte Buchführung lernen und eine anständige Zukunft vor sich haben. Aber was ich heute auch zu ihm sage, er tut das Gegenteil.

Als er letzte Woche kam, trug er einen Ohrring. Ich warf ihn aus dem Haus und sagte ihm, er solle sich niemals wieder in diesem Aufzug bei mir sehen lassen. Er ging zur Tür hinaus, und ich hatte das Gefühl, einen Teil von mir getötet zu haben. Was, wenn er niemals wieder herkommt? Was, wenn er mich haßt?

Leah rief mich an dem Abend an und hielt mir einen Vortrag darüber, daß ich Shawn nicht vorhalten sollte, was er trägt, weil er damit seine Persönlichkeit ausdrückt. Aber ein Ohrring? Bei einem Jungen? Soll das denn Shawns Identität sein?

Das alles bricht mir das Herz. Aber was kann ich tun? Ich bin nur Shawns Großmutter. Ich dachte, das Schwerste von der Welt wäre, Eltern zu sein, aber Großeltern zu sein ist noch schwerer. Du hast keine Kontrolle. Du siehst, wie Fehler gemacht werden, und bist hilflos, etwas dagegen zu unternehmen. Die Liebe, die du für das Kind empfindest, ist so intensiv, aber dir sind die Hände gebunden. Und weil du weißt, daß die Eltern dir dein Enkelkind ganz wegnehmen können, gehst du vorsichtiger zu Werk, als du es eigentlich willst, denn das möchtest du niemals riskieren.

Leah sagt mir, ich solle mich zurückhalten. ‹Du hattest bereits bei mir deine Chance, Mutter zu sein, und so toll warst du auch nicht›, sagt sie. Das ist der Dank, den ich erhalte.»

Soweit Sandra, so stark und verantwortungsbewußt und trotzdem mißverstanden und undankbar behandelt. Sie macht sich verrückt, während ihre Kinder und Enkelkinder ihren Bemühungen mit jedem Tag geschickter ausweichen.

Warum tun wir das? Warum übernehmen wir, wenn für uns die Jahre des Kindererziehens vorbei sind, so viele elterliche

Pflichten für unsere Enkelkinder, wie unsere Kinder es nur zulassen? Warum fühlte Sandra sich so stark gezwungen, die Zügel der Kindererziehung noch einmal in die Hände zu nehmen? Tat sie das wirklich nur, weil sie ihren Enkelsohn vor seinen Eltern beschützen wollte, die sie für inkompetent hielt? Oder verbarg sich mehr dahinter?

Sandras Bedürfnis, Shawn so viel von ihrer Energie zu widmen, entstand zwar aus ihrer Liebe zu ihm, wurde aber von Schuldgefühlen geschürt. Sehr oft wird in einer Familie ein Kind als das besondere «auserwählt» und wird zum Objekt besessener Liebe, Sorge und Aufmerksamkeit. Wenn Großeltern zu sehr lieben, dann oft den Nachwuchs desjenigen ihrer Kinder, bei dem sie das Gefühl haben, am meisten versagt zu haben. Da sie die Schwächen ihres Kindes nur allzugut kennen, ist die Geburt des Enkelkindes zwar Anlaß zu großer Freude, aber auch zu sehr viel Besorgnis. Die Großmutter oder der Großvater hat wenig Vertrauen in die Fähigkeiten seines Kindes, die Elternrolle auszufüllen. Gleichzeitig werden sämtliche Erwartungen in Hinsicht auf die Kindererziehung, die bei den eigenen Kindern nicht eingelöst wurden, noch einmal auf den Plan gerufen. Die Geburt eines Enkelkindes scheint zu verheißen, daß wir noch einmal neu beginnen können.

Die Liebe zum Enkelkind und der Wunsch, es vor den «Sünden» seiner Eltern zu schützen, können zur Besessenheit werden, besonders wenn wir Schuldgefühle haben, weil wir glauben, irgendwie verantwortlich zu sein für diese «Sünden». Shawns Geburt entfachte sowohl das Feuer der Erwartungen, die Sandra als Mutter nicht erfüllt hatte, als auch ihre große Sehnsucht, gebraucht, geliebt und bestätigt zu werden.

Um sowohl ihre Schuldgefühle in bezug auf Leah, bei der sie glaubte, versagt zu haben, als auch ihre Besorgnis um Shawns Wohlergehen zu bekämpfen, übernahm Sandra die Kontrolle. Die Alternative wäre gewesen, Shawn als hilfloses Baby der Gnade seiner unreifen und unzuverlässigen Eltern auszuliefern. Das war undenkbar, denn das hätte geheißen, Shawn völlig seinem Schicksal zu überlassen.

344

Es gibt keinen Menschen auf der Welt, der unermüdlicher und verläßlicher zur Verfügung stünde als ein Großvater oder eine Großmutter, die zu sehr lieben. Es gibt keine Menschen, die selbstloser und bereitwilliger die Verantwortung für andere übernehmen würden, als diese «erfahrenen» Eltern, die heute so viel mehr wissen als damals. Sandra ging bis zur eigenen Erschöpfung, um Shawn zu geben, was er ihrer Meinung nach brauchte, und ihn auf eine Art und Weise zu bemuttern, wie – dessen war sie sich sicher – nur sie es konnte.

Bei all der Energie, die Sandra in die Erziehung ihres Enkelkindes gab, scheint es ein Mysterium zu sein, daß Shawn ein ebenso verantwortungsloser Mensch wurde wie die Eltern, vor denen sie ihn zu schützen versuchte; und trotzdem war das von Anfang an absehbar. Ganz gleich, wie gut unsere Absichten sein mögen – wenn wir Kindern ihre Verantwortung abnehmen, nehmen wir ihnen den Grund, selbst Verantwortungsbewußtsein zu entwickeln. Wenn wir sie besorgt dirigieren und anweisen in dem Glauben, daß wir, und nur wir allein, wissen, was das Beste für sie ist, geht das auf Kosten ihrer Fähigkeit, aktiv zu werden und Dinge aus eigener Anstrengung zu erreichen. Die Selbstachtung, die wir mit ständigen Vorträgen darüber fördern wollen, wozu das Kind nach unserer Überzeugung in der Lage ist, nimmt ab, weil die Kinder keine Möglichkeit erhalten, sie durch eigenständige Leistungen zu fördern. Wir müssen sehr darauf achten, daß wir die Kinder nicht loben und ihnen damit die Möglichkeit nehmen, Stolz auf ihre eigenen Leistungen entwickeln zu können.

Sandras Versuch, ihre Familie zu kontrollieren und aus ihr das zu machen, was sie brauchte, forderte von allen Beteiligten einen hohen Preis. Leah reagierte auf die Kontrolle ihrer Mutter, indem sie hilflos wurde – eine wirkungsvolle, aber passiv aggressive Möglichkeit, der mütterlichen Kontrolle über ihr Leben Widerstand entgegenzusetzen. Sie verinnerlichte die ängstliche Besorgtheit ihrer Mutter in bezug auf die Mutterschaft ihrer Tochter und war abhängiger von ihr, als vernünftig gewesen wäre. Wenn irgendein Mensch völlig von einem anderen abhängig ist und glaubt, selbst nicht zurechtkommen zu können, entwickelt er einen Groll auf den Menschen, auf den er angewiesen ist, selbst wenn er ihn vielleicht verzweifelt braucht. Leah war auf ihre Mutter ebenso ärgerlich, wie sie sie brauchte, und als dieses Angewiesensein mit Shawns Heranwachsen abnahm, begann sie, dem Ausdruck zu verleihen.

Auch Shawn reagierte heftig auf Sandras Kontrolle. Er rebellierte, indem er ihr aus dem Weg ging, aggressiv ihr Haus betrat, einen Ohrring trug und sich noch auf andere Weise so verhielt, daß er wußte, sie würde sich total aufregen. Shawn hatte Angst vor den hohen Erwartungen seiner Großmutter an ihn. Jedesmal, wenn sie ihn anschaute und sagte: «Du kannst Erfolg haben, du kannst mehr leisten, du kannst mehr tun», wurde er ängstlich. Sie versuchte ihm zu sagen, daß sie sehr an ihn glaubte. Er hörte aber etwas anderes: «Ich möchte, daß du dich veränderst. Nichts, was du tust, ist mir gut genug. Ich bin enttäuscht von dir.»

Und mittendrin stand Sandra, erschöpft und frustriert davon, zwei Generationen von Kindern großgezogen und gegen deren Verantwortungslosigkeit angekämpft zu haben, während sie gleichzeitig genau dazu beigetragen hatte.

Kontrolle lädt zu Widerstand ein. Statt ihre Kontrolle aufzugeben und ihren Kindern zu erlauben, im Verlaufe des Heranwachsens ihre eigenen Entscheidungen zu treffen, verstärkte Sandra sie. Wo ihre Kinder einst zu ihr gelaufen und von ihr abhängig gewesen waren, da begannen sie jetzt, um ihre Freiheit zu kämpfen. Und je mehr sie damit auch Sandra bekämpften, desto stärker mischte diese sich in ihr Leben ein.

Eine ganze Reihe von Großeltern protestiert an diesem Punkt vielleicht und sagt: «Ja, aber Sie verstehen meine Situation nicht. Mein Enkelkind braucht mich wirklich. Es hat ganz konkrete Probleme. Ich muß das in die Hand nehmen, koste es, was es wolle.»

Es ist schwer, die Kontrolle aufzugeben. Als Großeltern haben wir sehr viel Liebe für unsere Enkel. Vielleicht meinen wir, unmöglich mit ansehen zu können, daß unsere Kinder keine perfekten Eltern sind, ohne den Versuch zu unternehmen, ihnen zu helfen oder unseren Einfluß geltend zu machen.

Es gibt Zeiten, wo wir uns einsetzen sollten. Wenn wir das Gefühl haben, daß das Enkelkind allein gelassen oder vernachlässigt wird, wäre es unverantwortlich, den Blick davon abzuwenden. Wenn wir uns jedoch in weniger wichtige Angelegenheiten einmischen, wie Erziehungsstil oder -grundsätze, gehen wir das Risiko ein, die Grenzlinie zwischen Großelternrolle und Elternrolle zu überschreiten. Damit schaffen wir die Basis für ein Macht- und Kontrollspiel zwischen Eltern und Großeltern, das einem bestimmten Muster folgt: Die Eltern, die sich ihr ganzes Leben lang von den Großeltern kontrolliert gefühlt haben, benutzen ihre Macht über das Kind, um es den Großeltern heimzuzahlen. Sie geben indirekt aggressive Äußerungen von sich wie: «Wir kommen nicht mehr bei euch vorbei, wenn ihr so etwas noch einmal sagt» oder lassen den Großvater oder die Großmutter durch verschleierte Hinweise wissen, wer wirklich die Macht über das Enkelkind hat. Das ist ein manipulatives und oft grausames Spiel, bei dem die Großeltern sich frustriert und hilflos fühlen.

Was kann ein Großvater oder eine Großmutter tun, um diese Falle zu vermeiden? Statt unsere erwachsenen Kinder oder Enkelkinder herumzudirigieren und zu kontrollieren, müssen wir uns unseren eigenen Ängsten stellen. Wir müssen lernen, mit unserer eigenen Besorgnis umzugehen. Wir müssen uns genauer anschauen, wie unsere eigenen Bedürfnisse aussehen und wie sie die Situation beeinflussen.

Wenn wir unsere Enkelkinder zu sehr lieben, kann das ein unbewußter Versuch sein, ein letztes Mal über die Menschen, die wir lieben, unsere Bedürfnisse zu erfüllen und eine Identität zu gewinnen. Wir sind zum Teil völlig ausgehungert nach der Liebe und dem Lob, die wir beim Aufziehen unserer eigenen Kinder niemals bekommen haben. Weil wir so hungrig sind nach den vorenthaltenen Erfolgserlebnissen und der nie erhaltenen Anerkennung, hoffen wir, daß unsere Träume sich in einem anderen Menschen realisieren. Wenn wir jedoch nicht aufpassen, werden wir dieses Enkelkind, das wir zu sehr lieben, mit unseren unrealistischen Erwartungen, die einhergehen mit lähmender, übertriebener Fürsorge, erdrücken. Um es mehr zu lieben, müssen wir es manchmal weniger lieben.

Alan A.: Eltern, die einfach nur gut genug sein möchten

«Für mich gibt es etwas am Elterndasein, das mich schockiert: Wir sind wirklich nicht darauf vorbereitet, von unseren Kindern zurückgewiesen zu werden.

Wenn deine Kinder groß werden – und meine sind jetzt alle über dreißig –, nimmt dein Wunsch ja nicht ab, ihnen Vater oder Mutter zu sein und dich in ihr Leben einzubringen, um ihnen zu helfen. Was sich ändert, ist, daß sie dich nicht mehr brauchen. Eines Tages ist dieses wunderbare Kind, das du ganz für dich hattest, keinesfalls mehr deines allein. Es geht selbständig hinaus in die Welt, macht Dinge, die du noch nicht einmal mehr kennst und an denen es dich nicht beteiligen will. Das ist ein Schock. Ich habe das als Zurückweisung interpretiert. Was ich auch glaubte, über das Elterndasein zu wissen – darauf war ich nicht vorbereitet.

Es gibt große Generationsunterschiede zwischen unserer Umgangsweise mit unseren Eltern und dem Verhalten unserer Kinder uns gegenüber. Vielleicht hatte ich keine enge Beziehung zu meinen eigenen Eltern, aber ich habe sie niemals mißbraucht. Ich habe mein möglichstes getan, um sie in keiner Weise zu verletzen. Wenn ich über meine Kinder nachdenke, wird mir klar, wie oft sie uns als Zielscheibe für ihre Frustrationen benutzen.

Ich glaube, wir sind alle Opfer der Fernsehfamilien. Wir alle möchten, daß dieses wunderschöne Bild von der Familie wahr wird: alle sitzen zusammen und haben Freude aneinander; die Kinder achten die Eltern, die Eltern kommen in den Genuß des

Respektes ihrer Kinder. In unserem Fall ist das aber nicht so gelaufen.

Weihnachten war ein gutes Beispiel dafür. Unsere Kinder kamen alle nach Hause, und wenn ich auch glücklich darüber war, daß sie kamen, war ich ebenso glücklich darüber, daß sie wieder gingen.

Meine Frau und mein Sohn hatten schließlich einen Riesenstreit über irgend etwas so Dummes, daß ich mich noch nicht einmal daran erinnern kann, was es war. Ich habe meinen Sohn zum Flughafen gefahren, und er sagte: ‹Vati, ich komme einfach nicht mehr nach Hause. Mutti ist der einzige Mensch auf der Welt, der mir das Gefühl vermittelt, nur ein dummes, kleines Kind zu sein. Ich sage mir immer, daß ich das nicht mehr zulassen werde, aber irgendwie gelingt es ihr immer wieder.›

Ich frage mich, warum zwei Menschen, die ich so sehr liebe und von denen ich weiß, daß sie sich lieben, nicht miteinander auskommen. Wenn ich versuche einzugreifen, ziehen sich beide von mir zurück.

Die Zwillinge waren genauso schlimm. Sie benutzten unser Haus als Hotel, und ich war überrascht, daß sie überhaupt die Zeit fanden, sich mit uns zusammen an die Weihnachtstafel zu setzen. Wenn ich sie nach ihrem Unterricht oder ihren Freunden fragte, sagten sie mir, ich solle aufhören, mir Sorgen zu machen und herumzuschnüffeln. Ich glaube, ich habe mehr aus Gewohnheit gefragt, aber es kommt dann dahin, daß man nie weiß, was man zu seinen Kindern sagen soll, ohne einen Streit anzufangen.

Ich denke an jedem Tag meines Lebens an alle meine Kinder: Was machen sie? Wie geht es ihnen? Und die schlimmste Frage von allen: Wie kann ich ihnen helfen? Und genau das hat mir eine Menge Schwierigkeiten mit meinen Kindern eingebracht – der Drang oder die Haltung, die sich in der Frage zeigen: ‹Wie kann ich helfen?› Irgendwie ist das zu einer Form des Eindringens in ihr Leben geworden, der Haltung, sie nicht erwachsen werden oder mit ihren Tiefschlägen allein fertig werden zu lassen.

Ich hätte in der Lage sein sollen zu wissen, daß meine Beziehung zu den Kindern gefestigt genug ist, um sie den Hörer in die Hand nehmen und sagen zu lassen: ‹Vati, ich möchte mit dir etwas besprechen›, wenn etwas für sie zu belastend oder schwierig wird und ich in irgendeiner Weise helfend beitragen kann. Aber ich konnte nicht warten. Ich mußte wissen, was in ihrem Leben vorging. Ich habe mich mehr als einmal vorgedrängt, und wenn ich auch glaube, die Dinge niemals schlimmer gemacht zu haben, so konnte ich sie doch nicht immer verbessern.

Mir ist klargeworden, daß für uns als menschliche Wesen die Fähigkeit, zu helfen und Dinge zu erreichen, ihre Grenzen hat. Ich kann an der Beziehung zwischen meiner Frau und unserem Sohn nichts ändern. Das müssen die beiden alleine erledigen. Und ich kann die Zwillinge nicht dahin bringen, sich mehr um die restliche Familie zu kümmern. Ich kann sie nicht zwingen, sich mir anzuvertrauen, wenn sie das nicht wollen. Sie sind bereits erwachsene Frauen und leben ihr eigenes Leben.

Vielleicht bin ich dabei, schließlich doch aufzugeben. Ich höre mir an, wie meine Familie sich bei Tisch streitet, und stelle fest, daß ich an mein Golfspiel am nächsten Tag oder irgendeine Investition denke, die ich machen möchte. Nicht daß ich gleichgültig wäre. Nein, weil ich diese Streitereien so oft erlebt habe, bin ich vielmehr zu der Einsicht gekommen, daß viele Probleme sich mit der Zeit von selbst lösen. Ich habe gelernt, daß es selbstmörderisch für mich ist, wenn ich mir weiter über Dinge Sorgen mache oder versuche, etwas zu bewirken, das vielleicht niemals geschehen soll. Ich denke, ich habe zwei Drittel meines Lebens als Vater verbracht, und ein Drittel ist immer noch übrig. Das ist jetzt meine Zeit.

Meine Frau und ich haben uns gezwungen, Freundschaften und andere Interessen zu entwickeln, für die wir keine Zeit hatten, als wir die Kinder großzogen. Das ist nicht leicht gewesen. Nichts kann wirklich all die Jahre ersetzen, wo sich alles um die Kinder drehte, für sie sorgen, sich um sie Gedanken machen, sie herumfahren, ihren Bedürfnissen nachkommen. Insgesamt gesehen waren wir keine perfekten Eltern, auch wenn wir es versucht haben. Aber wenn meine Kinder eines Tages zu mir kommen und sagen: ‹Du warst kein perfekter Vater, aber du warst gut genug›, dann ist das in Ordnung. Ich glaube, damit kann ich leben.»

Alans prägnante Bemerkung, daß er damit leben kann, als Vater einfach «gut genug» gewesen zu sein, ist die Basis für die Genesung von einer lebenslangen übertriebenen elterlichen Fürsorge. Als Alan das Bedürfnis losließ, ein perfekter Vater zu sein – und damit das Bedürfnis, perfekte Kinder großzuziehen, indem er diese kontrollierte, ihnen beisprang und ihnen seinen Willen aufzwang –, befreite ihn das von einer Besessenheit, die für ihn sowohl schmerzlich als auch unbefriedigend gewesen war.

Nicht daß das für Alan leicht gewesen wäre. Es wird Zeiten geben, wo er sich unweigerlich gezwungen fühlt, in die alte Rolle zurückzufallen, zu drängen, zu retten, zu helfen und zu beraten. Manchmal wird das auch angemessen sein. Wenn wir die Bande gegenseitiger Abhängigkeit zwischen uns und unseren Kindern lockern, heißt das nicht, daß wir sie nicht mehr lieben oder ihnen nicht mehr helfen. Es bedeutet lediglich, daß wir einen Unterschied machen zwischen geben, was gebraucht wird, und zuviel geben; daß wir das Bedürfnis fallenlassen, perfekte Eltern zu sein, und einfach nur Eltern sind. Wir sind einfach wir selbst und versuchen nicht, allen Menschen in unserer Umgebung zu gefallen oder eine Lebensaufgabe daraus zu machen, daß wir unsere Kinder steuern, damit sie sich verändern und unsere Erwartungen besser erfüllen. Wir treten beiseite und lassen zu, daß sie die Verantwortung für ihr Leben selbst übernehmen, denn das wird ihnen die Lektionen, die sie für ihr Wachsen brauchen, besser beibringen als alles, was wir für sie tun können.

Für Alan hieß das, eine Furcht zu überwinden, die ihn seit dem Tage verfolgte, an dem er Vater wurde: nämlich daß er ein Versager sein würde, wenn er die Probleme seiner Kinder nicht lösen konnte. Diese Konfrontation mit unserer Angst davor, was geschehen wird, wenn wir aufhören, jeden Bereich im Leben unserer Kinder zu kontrollieren, stellt immer das größte Hindernis dar. Die Auffassung, daß es nicht unser Job ist, die Probleme unserer Kinder zu lösen oder ihr Leben zu bewältigen, sondern daß unsere größte Aufgabe die ist, auf uns selbst aufzupassen, kann allem entgegenstehen, was wir bislang geglaubt haben. Furcht oder Schuld können beträchtliche Hürden darstellen, wenn es darum geht, zuzulassen, daß die Menschen, die wir lieben, die natürlichen und logischen Folgen ihrer Handlungen auf sich nehmen; aber das ist der einzige Weg, wie sie lernen und wachsen können.

Vielleicht kommen wir uns anfangs sehr egoistisch vor, wenn wir zurücktreten. Aber wenn wir uns anschauen, warum wir uns überhaupt so engagiert haben, können wir uns ein besseres Bild davon machen, wo wir tatsächlich selbstsüchtig sind. Alan zum Beispiel konnte die Gefühle nicht ertragen, die sich bei ihm einstellten, wenn eines seiner Kinder unglücklich war. Wenn sie Schmerzen hatten, hatte er auch Schmerzen. Er tat vieles für sie, was sie, wenn sie gewollt hätten, auch selbst für sich hätten tun können, weil ihm seine eigenen Gefühle so unangenehm waren, daß er damit nicht zurechtkam.

Was wir unter dem Deckmantel der Hilfe für andere tun, tun wir in Wirklichkeit oft für unser eigenes Wohl. Wir müssen erkennen, daß unsere Kinder, vor allem unsere erwachsenen Kinder, die Fähigkeit und Kapazität haben, Verantwortung zu übernehmen. Vielleicht fehlt ihnen die Motivation oder das Bedürfnis, und das oft deshalb, weil wir da sind und beraten, managen und geben.

Für Alan war die Erkenntnis, daß er bei vielen Problemen seiner Kinder machtlos war und diese nur auf natürlichem Wege mit der Zeit gelöst werden können, eher der Anfang davon, sich selbst zu akzeptieren, als ein Eingeständnis der eigenen Niederlage. Er liebt seine Kinder deswegen heute nicht weniger. In Wirklichkeit ist die Liebe, die er ihnen jetzt gibt, in vieler Hinsicht echter und ehrlicher, weil sie weniger auf Schuldgefühlen oder dem Bedürfnis nach Kontrolle beruht. Indem er sich befreit hat, um seine eigenen Bedürfnisse zu verfolgen, konnte er auch seinen Kindern die Freiheit lassen, ihren Bedürfnissen selbst nachzugehen.

Veränderung ist ein Prozeß. Wir haben sehr ambivalente Gefühle, wenn es darum geht, die Schritte zu unternehmen, die wir unternehmen müssen, um alte Verhaltensmuster zu ändern. Aber schon bald fühlt sich das, was uns einst normal und vertraut erschien, unangenehm und ungesund für uns eine erste Bestätigung, daß wir unser Denken und Fühlen ändern. Es kann sein, daß wir uns zunächst gelangweilt und besorgt fühlen, wenn die Veränderung, die wir uns wünschen, beinhaltet, daß wir uns immer mehr auf unser eigenes Leben konzentrieren und weniger auf das unserer Kinder. Selbst wenn die Einmischung in ihr Leben für uns eine Folter statt eine Freude war, verspüren wir Panik, wenn wir nicht mehr ständig in diese Richtung denken. Wir haben unser Leben damit verbracht, das Glück in unseren Kindern finden zu wollen. Wie richten wir uns jetzt mit uns selbst ein?

Das folgende Kapitel enthält einen Handlungsplan, der Ihnen hilft, damit anzufangen.

12. Kapitel
Wenn Sie Eltern sind, die zu sehr lieben

«Wo haben wir die
falsche Richtung eingeschlagen?»

Daß Sie zu Eltern geworden sind, die zu sehr lieben, hat bestimmte Gründe. Ihre eigene Mutter und Ihr eigener Vater sind vielleicht ebenfalls Eltern gewesen, die zu sehr geliebt haben. Sie dienten Ihnen als Vorbild dafür, wie Sie eines Tages mit Ihren eigenen Kindern umgehen würden.

Oder Sie mußten als Kind vieles entbehren. Vielleicht wurden Ihre körperlichen oder emotionalen Bedürfnisse nicht befriedigt, so daß Sie den bewußten Vorsatz gefaßt haben, daß Ihre Kinder niemals würden so leiden müssen wie Sie. Irgendwie sind Sie mit Ihrer Begeisterung in das andere Extrem verfallen, nämlich Ihre Kinder zu sehr zu verwöhnen, und machen sich jetzt Sorgen darüber.

Vielleicht haben Sie Schuldgefühle. Wie sehr Sie sich auch bemüht haben, Sie sind keine perfekten Eltern geworden, und Ihre Kinder sind keine perfekten Kinder. Der Schmerz Ihrer Kinder nagt an Ihrem Gewissen. In dem Bemühen, Ihre Schuldgefühle zu dämpfen, geben und geben Sie immerzu.

Vielleicht sind Sie alleinstehend oder leben in einer unbefriedigenden Ehe. Ihre Kinder füllen die Leere aus, die Sie innerlich empfinden. Die Kinder sind Ihr ganzer Lebenssinn. Sie wissen, daß Sie sie loslassen müssen, haben aber Angst davor. Ihr Leben käme Ihnen dann so leer vor.

Vielleicht haben Sie angefangen, sich zu sehr für die Kinder einzusetzen, weil Sie das Gefühl hatten, sie für die mangelnde Zuwendung Ihres Partners entschädigen zu müssen. Sie versuchen, das wiedergutzumachen, indem Sie für die Kinder tun, was Sie nur können.

Manchmal sind wir als Eltern übertrieben fürsorglich, um unsere Selbstachtung zu stärken: «Ich bin eine gute Mutter / ein guter Vater. Schaut nur, was ich für meine Kinder alles tue.» Je mehr wir uns für die Kinder einsetzen – so glauben wir –, desto bessere Eltern sind wir, und damit fühlen wir uns gut. Wir sehen nicht, welchen Preis wir für diesen überzogenen Einsatz zahlen.

Die Kosten tragen nicht nur unsere Kinder, sondern auch wir selbst. Leiden Sie darunter, sich ständig Sorgen um Ihre Kinder zu machen? Haben Sie sich im Laufe der Zeit Magengeschwüre, Kopfschmerzen, Schlaflosigkeit oder zu hohen Blutdruck zugezogen? Stellen Sie nach allem, was Sie Ihren Kindern gegeben haben, fest, daß diese trotzdem voller Probleme sind und Sie als Zielscheibe für ihre Frustration benutzen? Haben sich Ihre Träume von Nähe zu Ihren Kindern in eine Realität verwandelt, in der das Zusammensein mit Ihren Kindern voller Spannungen ist oder Sie sich aus dem Weg gehen?

Lösungen sind oft nicht einfach. Veränderungen stoßen immer auf Widerstand. Ganz gleich, wie schmerzlich die Situation für Sie sein mag, es ist immer noch leichter, der Mensch zu bleiben, der Sie sind, weil das bequem und vertraut ist.

Voraussetzungen für die Veränderung von lebenslangen Verhaltensmustern sind unser Wunsch nach Veränderung, Beharrlichkeit und Mut. Wenn Sie sich als Elternteil betrachten, der zu sehr liebt, und sich ändern möchten, sind die folgenden Schritte eine Hilfe für Sie.

Hören Sie auf, ein perfekter Vater oder eine perfekte Mutter sein zu wollen.

Ein perfekter Vater oder eine perfekte Mutter zu sein, ist für Sie ebenso unmöglich, wie es für Ihren Sohn oder Ihre Tochter unmöglich ist, das perfekte Kind zu sein. Perfektion ist eine Illusion – und die perfekte Voraussetzung dafür, daß wir versagen.

Wenn wir angestrengt versuchen, perfekt zu sein, neigen wir dazu, auch von anderen Perfektion zu erwarten. Wir können auf die Bedürfnisse von heranwachsenden Kindern nicht wirklich eingehen, wenn unsere hohen Erwartungen uns daran hindern, die Fähigkeiten der Kleinen zu akzeptieren, ohne daß wir sie mit unseren eigenen Fähigkeiten oder denen anderer Menschen vergleichen.

Wenn wir uns so intensiv und emotional für unser Kind einsetzen, werden wir zwangsläufig manchmal Fehler machen. Wir müssen daran denken, daß die Fehler, die wir begehen, durch all das, was wir als Eltern gut machen, mehr als ausgeglichen werden. Wir müssen nicht perfekt sein, um unsere Kinder gut zu erziehen.

Es ist ein verbreitetes emotionales Phänomen, daß Eltern sich so abmühen, statt sich damit zufriedenzugeben, einfach genügend gut zu sein.

«Genügend gute» Eltern (dieser Begriff stammt von dem britischen Objektbeziehungstheoretiker D. W. Winnicott, Anm. d. Ü.) kommen den Bedürfnissen ihrer Kinder nach, ohne sich in jedes Drama im Leben ihrer Kinder einzumischen. Sie versuchen nicht, das soziale Leben ihrer Kinder zu dirigieren oder Kämpfe für sie auszufechten. Sie fördern die inneren Stärken und Qualitäten ihrer Kinder, ohne sich um deren äußere Angelegenheiten zuviel Sorgen zu machen oder sie zu ängstlich mit anderen zu vergleichen. Sie schaffen eine Atmosphäre, die frei ist von Verurteilungen und in der die Selbstachtung gefördert wird, ohne daß das Kind besorgt danach eingestuft wird, ob es ihren rigiden Erwartungen entspricht. Ihnen ist klar, daß ihre Kinder nicht immer ihre Erwartungen erfüllen können. Sie verstehen, daß Fehler Teil des Lernprozesses sind – auch für die Eltern. Und vor allem fördern genügend gute Eltern die Unabhängigkeit des Kindes, weil sie erkennen, daß es ein gesunder Schritt auf dem Weg zur Reife ist, wenn das Kind sich emotional von ihnen löst.

Beginnen Sie, Ihr perfektionistisches Verhaltensmuster mit folgenden Schritten zu durchbrechen:

● Hören Sie auf, sich wegen der Fehler zu quälen, die Sie gemacht haben. Sie müssen für Ihre Kinder nicht perfekt sein, denn diese sind enorm widerstandsfähig. Die instinktive Bindung zwischen Eltern und Kind ist stark. Sie verträgt, daß auf beiden Seiten einige Fehler gemacht werden.

● Hören Sie auf, besorgt zu grübeln und Listen von all den Dingen hervorzuzaubern, die Sie unternehmen sollten, um das Leben Ihres Kindes zu verbessern. Gehen Sie dazu über, sich zu entspannen und an Ihren Kindern so zu freuen, wie sie sind.

● Achten Sie auf die Forderungen, die Sie an Ihre Kinder möglicherweise deshalb stellen, weil Sie das Bedürfnis haben, daß das Leben Ihrer Kinder perfekt sein soll. Die Kinder erwarten das ebensowenig, wie Sie es erwarten sollten.

Schauen Sie sich die «Soll»-Liste an, die Sie für die Kinder aufgestellt haben. Schreiben Sie sie auf ein Blatt Papier: «Er sollte in Mathe eine Eins bekommen. Sie sollte in die Olympia-Mannschaft aufgenommen werden. Er sollte ein sechsstelliges Einkommen haben. Sie sollte von allen in ihrer Klasse den besten Abschluß machen.»

Fragen Sie sich: Warum glaube ich, daß mein Kind diese Dinge erreichen sollte? Bin ich so sicher, daß es dadurch glücklicher werden würde? Bin ich als Mutter oder Vater weniger wert, wenn meine Kinder für ihr Leben nicht die Entscheidungen treffen, zu denen ich sie genötigt hätte, wenn das tatsächlich in meiner Macht stünde?

Mit der Beantwortung dieser Fragen werden Sie die Tür zu

einem bewußten Leben aufschließen. Bewußtheit ist der Weg, der zu Entscheidungsfreiheit führt, und Entscheidungsfreiheit schenkt uns die Möglichkeit zu Veränderungen.

Lernen Sie, sich täglich neu zu akzeptieren und zu schätzen

Wenn Sie sich zu sehr mit Ihren Kindern beschäftigen, ist die Wahrscheinlichkeit groß, daß Sie sich zuwenig mit sich selbst beschäftigen. Wenn wir uns innerlich leer oder unsicher fühlen, verspüren wir den Zwang, unsere emotionalen Bedürfnisse mittels anderer Menschen zu erfüllen. Oft versuchen wir, diese Bedürfnisse durch unsere Kinder zu befriedigen. Aber keine Beziehung im Leben kann unsere sämtlichen Bedürfnisse stillen.

Schauen Sie einmal zurück auf Ihre eigene Beziehung zu Ihren Eltern. Fühlten Sie sich als der Mensch akzeptiert, der Sie wirklich waren? War es in Ordnung, ärgerlich, traurig, verletzt, abenteuerlustig oder dumm zu sein? Wurde Ihnen ständig gesagt, Sie sollten still sein und nur reden, wenn man Sie ansprach? Haben Sie sich aus Angst zurückgezogen?

Viele von uns erhielten von den eigenen Eltern die Botschaft, daß es nicht richtig ist, sich selbst zu schätzen und anzuerkennen. Das galt auch für Jim, einen vierzigjährigen Architekten und Vater von drei Kindern. «Mein Vater hat mir immer wieder gesagt: ‹Prahle nicht mit deinen Leistungen. Das bringt dir nur Unglück.› Er war zu allem negativ eingestellt. Ich glaube, er dachte, Gott würde ihn zugrunde richten oder ähnlich Schlimmes mit ihm anstellen, wenn er sich erlauben würde, über irgend etwas glücklich zu sein.»

Jim stört an sich selbst am meisten, daß er diese Eigenschaft seines Vaters offensichtlich übernommen hat. «Meine Kinder nennen mich Herrn Dunkelmunkel. Sie wollen mit mir über nichts reden, weil sie sagen, daß ich zu leicht aus der Fassung gerate. Meine Frau sagt, ich würde mir ständig Sorgen machen und immer das Schlimmste erwarten. Sie meint, die Kinder hätten ihre Probleme, weil ich zuviel Druck auf sie ausübe und niemals mit irgend etwas zufrieden bin.»

Für Jim war es ein Anfang, sich dieser Dinge bewußt zu werden. Das gab ihm den Mut, einige seiner Überzeugungen in Frage zu stellen. Er begann einzusehen, daß es nichts mit Selbstsucht oder Eingebildetheit zu tun hatte, wenn er seine eigenen Leistungen anerkannte und positiver über sich und sein Leben dachte. Je positiver seine Einstellung zu sich selbst wurde, desto weniger fordernd konnte er den Kindern begegnen.

Viele von uns haben in ihrer Kindheit gelernt, daß es falsch ist, sich wichtig zu nehmen, sich selbst zu loben oder in irgendeiner Form zu erkennen zu geben, daß wir mit uns selbst zufrieden sind. Aber wenn wir uns selbst nichts geben können, fällt es uns sehr schwer, anderen wirklich etwas zu geben. Noch schlimmer, weil wir selbst uns emotional verhungern lassen, schauen wir uns nach anderen um, die uns schätzen und Erfüllung bringen sollen. Und das Nächstliegende ist, diese Wünsche an unsere Kinder zu richten. Vielleicht haben wir es nötig, daß sie losziehen, um die Welt zu erobern, damit wir uns mit uns selbst besser fühlen können. Oder wir sind darauf angewiesen, daß sie abhängig von uns bleiben, damit wir das Gefühl haben, nützlich zu sein und gebraucht zu werden.

Das Wichtigste, was wir lernen können, ist, uns selbst zu schätzen und zu akzeptieren. Je mehr wir uns selbst lieben und schätzen, desto weniger ist unsere Selbstachtung abhängig von den Leistungen unserer Kinder. Unser innerer Frieden ist dann am größten, wenn wir uns selbst akzeptieren, und davon werden unsere Kinder enorm profitieren.

Versuchen Sie, nach folgenden Schritten vorzugehen:
● Fertigen Sie eine Liste mit zehn Eigenschaften an, die Sie an sich mögen. Schauen Sie sich diese Liste mindestens einmal am Tag an.
● Loben Sie sich fünfmal am Tag selbst. Das wird wahr-

scheinlich schwieriger sein, als es sich anhört, weil Ihr innerer Kritiker aufbegehren wird. Er wird so reagieren, daß er sämtliche Gründe anführt, warum Sie nicht genügend gut sind. Wenn Sie zum Beispiel sagen: «Ich bin stolz darauf, daß ich Carol heute meine Gefühle mitgeteilt habe», kann Ihr innerer Kritiker darauf antworten: «Wahrscheinlich hat Carol mich insgeheim für eine völlig blöde und schreckliche Mutter gehalten.»

Oder Sie sagen anerkennend zu sich: «Toll, wie ich Jimmy Grenzen gesetzt habe», und Ihr innerer Kritiker schaltet sich ein mit der Bemerkung: «Ja, aber jetzt haßt er dich, und du bist schuld daran, daß es ihm schlecht geht.» Achten Sie auf Ihren inneren Kritiker und lassen Sie nicht zu, daß er Ihre Bemühungen, sich selbst zu schätzen, zunichte macht.

● Eine Möglichkeit, einen strengen inneren Kritiker zu bekämpfen, sind Affirmationen. Affirmationen sind positive Äußerungen über Ihre Person, die in der Gegenwartsform formuliert werden. So ist zum Beispiel der Satz «Ich akzeptiere mich so, wie ich bin» eine sehr wirkungsvolle Affirmation. Sie drückt im wesentlichen ein persönliches Ziel aus, das aber so geäußert wird, als sei es bereits Realität.

Affirmationen stehen meistens in direktem Gegensatz zu geläufigen Einstellungen, die wir zu uns haben. Die meisten Botschaften, die wir in unserem Kopf hören, sind negativ: «Ich bin nicht gut genug», «Ich bin eine lausige Mutter / ein lausiger Vater», «Ich verdiene es nicht, glücklich zu sein.» Wenn wir anfangen, uns wiederholt positive Botschaften über uns zu geben, können wir unsere inneren Einstellungen in Frage stellen und verändern.

Seien Sie beharrlich. Üben Sie, indem Sie sich die folgenden Affirmationen aufsagen und sich weitere Affirmationen für sich selbst ausdenken:

Ich verdiene Liebe und Glück in meinem Leben.

Ich akzeptiere meine Gefühle ohne Einschränkungen; ich bin sicher.

Ich lasse die Vergangenheit los; ich bin mit mir in Frieden.

Sich an andere wenden, die helfen können

Um Verhaltensmuster ändern zu können, mit denen Sie sich schlecht fühlen und Ihre Kinder wegdrängen, statt ihnen näherzukommen, brauchen Sie Unterstützung. Wenn wir immer die Zügel in der Hand haben und übermäßig darauf aus sind, anderen zu helfen, entgehen uns vielleicht die Anzeichen, die darauf hindeuten, daß wir jetzt an der Reihe sind, daß man uns zuhört, versteht und hilft.

Eltern, die zu sehr lieben, müssen über ihre Verluste trauern, ihre Verletzungen mitteilen und ihren Ärger und ihre Enttäuschung verbalisieren. Was wir uns nicht fühlen lassen, können wir auch nicht heilen.

Wenn wir uns umschauen, gibt es viele Hilfsquellen für uns. Therapeuten und Therapeutinnen, Beraterinnen und Berater haben Erfahrungen damit, unbewußte Verhaltensmuster zu identifizieren, die uns daran hindern, ein erfüllteres Leben zu führen. Sie können uns Seiten in uns zeigen, die wir nicht imstande sind wahrzunehmen. Geschult in einer Form von Kommunikation, die uns hilft, unsere Abwehr zu umgehen, können sie uns darin unterstützen, unsere Vision für ein besseres Leben zu entwerfen.

In solch einer Beziehung sind wir geschützt durch Vertraulichkeit. Wir müssen uns keine Sorgen darum machen, ob wir «gut aussehen». Mit der Zeit bauen wir eine vertrauensvolle und ehrliche Beziehung auf, die uns vielleicht zum erstenmal erlaubt, unser wahres Selbst zu enthüllen. Der Prozeß, in dessen Verlauf wir «unsere Geschichte» erzählen, ist vielleicht die befreiendste Erfahrung unseres Lebens.

Oft erleben wir das intensivste persönliche Wachstum in der Zusammenarbeit mit Menschen, die wie wir sind, mit Eltern, die wissen, was es heißt, wenn unsere Kinder uns mehr am Herzen liegen als wir selbst, und die sich ebenfalls dermaßen in die Probleme anderer Menschen hineingekniet haben, daß ihnen wenig Kraft geblieben ist, die eigenen Probleme zu erkennen oder zu lösen.

Gruppen von Menschen, die zusammen auf Veränderung hinarbeiten, treffen sich in einer Atmosphäre, in der sich die Aufmerksamkeit auf das Zusammenspiel zwischen Menschen richtet.

Hier entsteht eine neue «Familie», die das Beziehungsverhalten in uns hervorruft, das uns in der Kindheit vorgeführt wurde. Wenn wir in eine Gruppe von Menschen kommen, deren Anteilnahme, Fürsorge und Verhalten uns an unsere Familie erinnert, wiederholen wir die Rolle, die wir in unserer Familie gespielt haben – sei es nun das stille Kind, den Helfer, den Leistungsmenschen oder den Clown.

Selbsthilfegruppen sind «Familien» mit neuen Regeln wie Aufrichtigkeit, Unterstützung und konstruktiver Kritik. Wir konfrontieren uns mit Manipulationsspielen, Täuschungen und Vermeidungsverhalten, aber auf eine einfühlsame Weise.

Wir werden darin unterstützt, unsere Gefühle zu äußern. Alle können zulassen, Nähe in Beziehungen zu erfahren, Abwehrmasken fallenzulassen und sich mehr als die Menschen zu erfahren, die sie wirklich sind.

Es gibt heute in der ganzen Welt Hunderte von Selbsthilfegruppen, die für Eltern geeignet sind, die mit den Herausforderungen des Familienlebens zu kämpfen haben: Al-Anon, Anonyme Alkoholiker, Overeaters Anonymous, Alateen, Pro Familia, verschiedene Dachverbände für Selbsthilfegruppen und andere mehr. Niemand von uns ist ein so einzigartiger «Fall», daß er nicht in einer dieser Gruppen Hilfe und Verständnis findet, wenn er sich an sie wendet.

Für Eltern, die zu sehr lieben, ist der erste Schritt, nämlich die Kontaktaufnahme zu diesen Gruppen, der schwerste. *Er geht damit einher, daß wir die Vorstellung aufgeben, alles selbst machen zu können.*

Das können wir manchmal nicht. Es ist schwer, uns unsere Unvollkommenheit einzugestehen und zuzugeben, daß wir andere nicht ändern können, besonders wenn es um die Menschen geht, die wir selbst geboren oder gezeugt haben. Aber wir müssen Hilfe suchen, wenn unsere Liebe alle Anzeichen dafür aufweist, daß sie sich zu einer krankhaften Sucht entwickelt. Wir brauchen liebevolle, konstruktive Unterstützung, damit wir uns erlauben können loszulassen.

Wenn Sie sich als Kandidaten für Hilfe betrachten, es Ihnen aber peinlich ist, sich Beistand zu suchen, bedenken Sie einmal folgendes:

● Das Leben ist ein endloser Prozeß des Forschens, Lernens und Entdeckens. Sie müssen nicht alles wissen. Sie müssen nicht für die Probleme sämtlicher anderer Menschen die Lösung parat haben. Und Sie müssen auch nicht immer Lösungen für Ihre eigenen Probleme wissen.

● Besuchen Sie einmal eine Gruppenveranstaltung. Das kann alles sein, vom öffentlichen Vortrag über Erziehungsfragen bis zur privaten Eltern-Selbsthilfegruppe. Denken Sie daran, Sie können einfach hingehen, dabeisitzen und zuhören, ohne überhaupt aktiv teilzunehmen. Sie werden überrascht sein, wie sicher Sie sich mit Menschen fühlen können, die einmal an einem ähnlichen Punkt waren wie Sie und genau wissen, was Sie fühlen.

● Rufen Sie eine Freundin oder einen Freund an und sprechen Sie über Ihre Bedenken. Wahrscheinlich werden Sie die überraschende Erfahrung machen, daß Ihre Offenheit sowohl Ihre Freundschaft zu diesem Menschen fördert als Ihnen auch die benötigte Unterstützung bringt.

Gründen Sie Ihr eigenes Netzwerk zur gegenseitigen Unterstützung und zur Entwicklung wohltuender Lebensinteressen

Es wird sehr schwer sein, sich aus den Angelegenheiten Ihrer Kinder zurückzuziehen. Vielleicht fühlen Sie sich ohne Ihre Rolle als «Helfer» und «Problemlöser» unausgefüllt und allein, geraten aus dem Gleichgewicht oder verlieren die

Kontrolle. Zu manchen Zeiten können Sie sogar das Gefühl haben, einen Teil Ihrer Identität verloren zu haben. Vielleicht ziehen Ihre Kinder Sie zurück in alte Verhaltensmuster. Um aus dem gegenseitigen Abhängigkeitsverhältnis ausbrechen zu können, das auf lange Sicht viel mehr Schaden hervorruft als positive Veränderungen, brauchen Sie andere Hilfsquellen in Ihrem Leben.

Eltern, die zu sehr auf ihre Kinder eingehen, haben eine verengte Sicht vom Leben. Der Brennpunkt ihrer Aufmerksamkeit gilt fast immer ihren Kindern. Sie sehen nicht, daß sie in ihrem Leben noch viele andere Rollen und Möglichkeiten haben: «Was? Urlaub machen? Mit den Kindern zusammen wäre es für mich gar kein richtiger Urlaub, aber ich kann sie doch nicht einfach zu Hause zurücklassen.» – «Ich bin zu müde zum Tennisspielen. Ich habe seit Joeys Geburt nicht mehr gespielt und spiele wahrscheinlich fürchterlich schlecht.»

In Wirklichkeit kann jeder von uns sich entfalten und seine Bedürfnisse auf vielen verschiedenen Wegen befriedigen. Und unsere Kinder brauchen uns gar nicht immer so sehr, wie wir es uns gern einbilden. Außer der Befriedigung, die uns unsere Elternrolle schenkt, können wir auch als Geschäftsmensch, als Tennisspieler, Freundin, Investor, Forscher, Unternehmerin, Clubmitglied, Kegelspieler, Chorsängerin, Bildhauer oder Schriftstellerin Zufriedenheit gewinnen. Die einzige Begrenzung unserer Möglichkeiten liegt in unseren Wünschen, unserer Vorstellungskraft und den Entschuldigungen, die wir dafür anführen, beides nicht zu nutzen.

Wenn Sie den Wunsch haben, sich weniger auf das Leben Ihrer Kinder einzulassen, dann lassen Sie sich doch einfach mehr auf andere Rollen in Ihrem Leben ein.

Wenn wir uns auf unsere eigenen Bedürfnisse konzentrieren, lassen wir andere nicht im Stich. Viele hingebungsvolle Eltern nehmen irrtümlicherweise an, daß perfekte Eltern immer auf die Bedürfnisse ihrer Kinder eingehen sollten und daß es selbstsüchtig ist, sich den eigenen Bedürfnissen zu widmen. Aber um die bestmöglichen Eltern zu sein, müssen wir auch auf unsere eigenen Bedürfnisse achten.

Versuchen Sie folgendes:
● Stellen Sie eine Liste auf von all den Dingen, die Sie sich einmal für die Zeit vorgenommen hatten, in der Ihre Kinder erwachsen sind. Wenn Ihre Kinder noch klein sind, fertigen Sie eine Liste mit all den Dingen an, die Sie tun würden, wenn Sie keine Kinder hätten. Schauen Sie sich Ihre Liste an und fragen Sie sich: Was hält mich heute wirklich davon ab? Meistens ist es die Angst vor dem Unbekannten. Menschen, die alle ihre Früchte in einen Korb legen, tun das meistens, weil sie sich dabei sicherer fühlen.
● Stellen Sie zusammen, was Sie von einer Beziehung brauchen. Viele von uns haben keine Vorstellung davon. Vielleicht haben wir als Kinder niemals bekommen, was wir brauchten, und haben unser ganzes Leben lang das Gefühl, nichts wert zu sein. Oder man hat uns beigebracht, daß gute Eltern sich selbst hintanstellen müssen. Vielleicht geben wir unseren Kindern zuviel, um der Auseinandersetzung mit unseren eigenen Bedürfnissen aus dem Weg gehen zu können. Ganz gleich, was der Grund für diese Einstellung ist, wir müssen anfangen, uns auch um uns selbst zu kümmern.
● Nehmen Sie Kontakt zu der alten Freundin oder dem alten Freund auf, mit dem Sie sich schon jahrelang wieder einmal treffen wollten. Oder finden Sie einen neuen Freundeskreis. Eines unserer wichtigsten Bedürfnisse ist das nach Freundschaft.

Wenn Sie anfangen, den Mangel an Beschäftigung mit Ihren eigenen Bedürfnissen auszugleichen, bekommen Sie vielleicht Schuldgefühle. Versichern Sie sich: Je mehr ich mir selbst gebe, desto mehr habe ich anderen zu geben. Je glücklicher ich innerlich bin, desto mehr kann ich mit anderen teilen. Wenn meine Kinder beobachten, wie ich mir selbst etwas gebe, können sie lernen, sich ebenfalls selbst etwas zu geben.

Stellen Sie Ihren automatischen Piloten ab

Wir reagieren. Statt uns die Zeit zu nehmen, ein Problem zu durchdenken, fühlen wir uns gezwungen, sofort zu handeln. Die Dramen im Leben unserer Kinder haben uns so fest im Griff, daß wir uns unbewußt vollständig darin verwickeln. Der «automatische Pilot» schaltet sich ein, und unsere übliche Schrittfolge läuft: zuhören, uns Sorgen machen, die Sache in die Hand nehmen, Ratschläge geben, bitten, argumentieren, drängen und die Hände ringen.

David ist zum Beispiel ein Mann, der auf «automatischen Piloten» schaltet, wenn es um seine Kinder geht. Seine Tochter Jeannie kam weinend nach Hause, weil ihr Schwimmlehrer irgend etwas zu ihr gesagt hatte, und schon jagt er in die Schule, um sich den Idioten vorzuknöpfen, der sein kleines Mädchen so aufgebracht hat. Aber wodurch hatte er eigentlich Jeannie zum Weinen gebracht? David fragte niemals nach.

Davids Sohn, David junior, kam zwei Stunden später von der Arbeit nach Hause, weil er mit seinen Kollegen noch ein Bier trinken war. David junior ist dreiundzwanzig. David senior lief im Flur panisch auf und ab, und ihm fielen Hunderte von schrecklichen Dingen ein, die geschehen sein und seinen Sohn davon abgehalten haben konnten, zum Abendessen zu kommen. Er war kurz davor, die Polizei anzurufen.

Frank, das «Baby», kämpft mit seiner Abschlußarbeit für den Geschichtsunterricht. David, der sich im Nebenzimmer befindet, ist ebenso nervös wie sein Sohn. Schon nach wenigen Minuten ist David bei seinem Sohn und schreibt ihm die Arbeit.

Viele von uns reagieren ähnlich intensiv und schnell. Zu schnell. Wir reagieren auch da mit «Krisendenken», wo es überhaupt keine Krise gibt. Von unseren Emotionen beherrscht, sind wir nicht imstande, logisch vorzugehen. Wir stürzen uns auf die erste Lösung, die uns in den Sinn kommt. Wir reagieren, und die Art und Weise, wie wir reagieren, ist oft nicht zu unserem Besten.

Was wir nicht erkennen, ist, daß manche Probleme sich mit der Zeit von selbst lösen. Unsere Kinder mögen einige schwerwiegende Probleme haben, bei denen es gut ist, wenn wir uns einschalten. Aber andere werden sich mit der Zeit von allein geben, und es ist unnötig, daß wir uns Sorgen machen. Trotzdem sind in unseren Augen die Probleme unserer Kinder alle gleich. Machen Sie sich einmal zu folgenden Situationen Gedanken:

Unsere erwachsene Tochter ruft uns an und weint über ihre Streitereien mit ihrem Mann. Wir liegen die ganze Nacht lang wach, suchen nach Lösungen, regen uns auf, machen uns schreckliche Sorgen um ihre Sicherheit, nur um festzustellen, daß die beiden sich am nächsten Morgen schon wieder küssen und vertragen haben. Das passiert noch zwanzigmal. Was brauchen wir noch, um zu erkennen, daß die Probleme, die unsere Tochter mit ihrem Mann hat, in unserem Denken sehr viel größer sind als in ihrem?

Unser kleiner Junge weint darüber, daß alle anderen Kinder ihn hassen, und er will niemals wieder in die Schule gehen. Wir rufen den Lehrer und den Direktor an, denken daran, in eine andere Stadt zu ziehen, und quälen uns mit ständigen Gedanken an die Ablehnung unseres Kindes. Am nächsten Tag kommen wir ihm mit den Lösungen, die wir uns die ganze Nacht lang ausgedacht haben, und er sieht uns erstaunt an: «Oh, jetzt ist alles wieder in Ordnung. Ich habe das nicht so gemeint. Ich gehe sehr gern zur Schule.»

Unsere dreißigjährige Tochter beklagt sich über ihre Arbeitsstelle. Wir geben ihr die Namen und Telefonnummern von Leuten, die ihr helfen können, eine neue Stelle zu finden. Wir rufen unsere sämtlichen Freunde an und tragen noch mehr Namen zusammen. Sie ruft niemals einen davon an. Wir denken, vielleicht ist es für sie zu demütigend, dort anzurufen. Als wir mit ihrem Mann ein Gespräch darüber führen, lacht er nur und sagt: «Ach, ihr kennt doch eure Tochter. Sie beschwert sich nun mal gern, aber in Wirklichkeit liebt sie ihre Arbeit dort.»

Als Eltern sind wir bei der Erziehung unserer Kinder mit einer endlosen Reihe von Problemen konfrontiert. Wenn wir uns in jede Einzelheit im Leben unserer Kinder hineinknien, schaffen wir wahrscheinlich mehr Probleme, als wir zu lösen versuchten.

Überreaktionen sind die Eckpfeiler übertriebener elterlicher Fürsorge. Die Lösung liegt nicht darin, unsere Kinder und deren Probleme zu ignorieren, sondern unsere unrealistischen Ängste zu bezwingen. Wenn Sie das Gefühl haben, daß Ihr Kind Schwierigkeiten hat, sollten Sie sich fragen, ob Ihre Angst und Besorgnis eine reale Basis haben. Oder bewerten Sie die Situation über, weil Sie aufgrund Ihrer eigenen inneren Ängste das Bedürfnis haben, Ihre Kinder übermäßig zu beschützen?

Wenn Sie erst einmal sehen können, wie Ihr «automatischer Pilot» Sie in Ihren Beziehungen zu Bruchlandungen zwingt, versuchen Sie folgendes:

● Fangen Sie an, Ihren «automatischen Piloten» in Aktion wahrzunehmen. In welchen Situationen stellen Sie fest, daß Sie auf Ihre Kinder reagieren, statt objektive, bewußte Entscheidungen zu treffen? Machen Sie eine Liste von all den Dingen, die bei Ihnen «die Knöpfe drücken» und Sie zum Reagieren bringen. Drehen Sie durch, wenn Ihre Kinder nicht gut aussehen? Ihren Anweisungen nicht folgen? Sich erwachsen verhalten? Ihren Erwartungen nicht entsprechen?

● Statt sich sofort in Aktionen zu stürzen – STOPPEN SIE! Atmen Sie ein paarmal tief durch und warten Sie ein paar Minuten. Denken Sie ruhig nach. Mit Hilfe dieser Zeit können Ihre Emotionen abkühlen, und Sie können die Situation im richtigen Licht betrachten. Selten treffen wir unsere besten Entscheidungen aus Angst, Sorge oder Ärger heraus. Wenn wir unter Stress stehen, ist es sehr wahrscheinlich, daß wir Probleme größer machen, als sie wirklich sind. Erlauben wir uns hingegen, erst einmal ruhiger zu werden, können wir unseren Kindern und uns selbst am besten helfen.

● Wenn Sie sich nicht beruhigen können, dann bitten Sie jemanden um Unterstützung, statt sich sofort Ihrem Kind zuzuwenden. Wählen Sie eine Freundin oder einen Freund, die die Situationen kennen, aber nicht emotional daran beteiligt sind. Sprechen Sie über Ihre Gefühle und seien Sie offen für Feedback. Denken Sie daran, daß wir oft unser klares Urteilsvermögen verlieren, wenn es um unsere Kinder geht. Wir sind ihnen einfach zu nahe.

● Achten Sie einmal darauf, daß Ihre Kinder oft aufhören, Sie zu provozieren, wenn Sie nicht mehr automatisch auf sie reagieren. Jede Interaktion ist eine zweispurige Straße. Kontrolle lädt zu Widerstand ein.

● Sagen Sie sich einmal am Tag die folgenden Worte auf, die dem berühmten Gelassenheitsspruch der Anonymen Alkoholiker entnommen sind: «Gott gebe mir die Gelassenheit, Dinge hinzunehmen, die ich nicht ändern kann; den Mut, Dinge zu ändern, die ich ändern kann; und die Weisheit, das eine von dem anderen zu unterscheiden.»

Lernen Sie, die Kontrolle aufzugeben

Sie haben alles gegeben – und sogar noch mehr. Sie haben Ratschläge erteilt, beschützt, ermutigt, geholfen, überwacht, empfohlen und verborgene Kräfte in Ihren Kindern gesehen, wie diese sie sich in ihren kühnsten Träumen nicht ausdenken könnten. Sie werden alles nur Mögliche tun, um Ihre Kinder auf die richtige Bahn zu bringen. Aber je mehr Sie unternehmen, desto mehr Niederlagen erleiden Sie. Nichts scheint zu nützen.

Tun wir all das in dem Bemühen, unseren Kindern zu helfen und ihnen zu raten? Oder könnte es sein, daß wir unsere Kinder kontrollieren wollen, weil wir ihnen nicht zutrauen, daß sie ohne unseren Beistand den richtigen Weg einschlagen? Denken Sie einmal über Joans Geschichte nach:

«Es stört mich wirklich, daß Carol so schüchtern ist. Ich habe schon alles probiert. Ich versuche, sie aus sich herauszulocken, indem ich ihr alle möglichen Fragen über ihren Tag stelle. Ich habe sie sogar für einen Kurs zum Thema ‹Sprechen in der Öffentlichkeit› angemeldet, aber als sie weinend nach Hause kam, habe ich sie wieder abgemeldet. Ich sage ihr ständig, wie schön sie ist, daß sie jeden Grund hat, Zutrauen in sich zu haben. Aber nichts hilft.

Es tut mir so weh, mitansehen zu müssen, daß sie an den Wochenenden allein ist. Ich habe einige Mütter von Kindern aus ihrer Klasse angerufen und ihnen erklärt, was los ist. Sie sorgen immer dafür, daß ihre Kinder Carol zu ihren Parties einladen, aber Carol will noch nicht einmal hingehen.

Ganz verzweifelt habe ich mich an unseren Kinderarzt gewandt. Ich dachte, er könne vielleicht mit ihr reden oder ihr etwas verschreiben, was sie ‹aufmöbelt›.

‹Sie müssen aufhören, sie aufzupäppeln›, hat er zu mir gesagt.

‹Aber wenn ich sie lasse›, wandte ich ein, ‹macht sie überhaupt nichts. Sie sitzt jedes Wochenende allein zu Hause.›

Der Arzt bestand darauf, daß ich zuviel Kontrolle ausübe. Als er sagte, Carols Schüchternheit sei eine Reaktion auf mein Drängen, war ich außer mir. Ich versuchte doch nur, ihr zu helfen.»

Mit der Zeit hat Joan gelernt, sich zurückzuhalten. «Es war die reinste Hölle. Je mehr ich versuchte loszulassen, desto deutlicher mußte ich sehen, wie sehr ich mich tatsächlich einmischte.»

Zuerst schien alles nur noch schlimmer zu werden. Carol schien stiller zu sein als jemals zuvor. «Dann geschah das Erstaunlichste», sagt Joan. «Sie fing an, Dinge selbst in die Hand zu nehmen. Sie begann mehr zu reden. Im folgenden Jahr schloß sie neue Freundschaften mit Kindern, die ich wirklich mag. Und zum erstenmal, seit ich denken kann, kam sie tatsächlich in mein Zimmer, um etwas mit mir zu besprechen. Sie ist heute ein ganz anderes Kind als vor einem Jahr. Ich sage nicht, daß sie zur Volksrednerin geworden ist, aber sie ist nicht mehr halb so schüchtern, wie sie immer war.»

Wenn Sie die Probleme Ihrer Kinder in die Hand nehmen, fühlen diese sich nicht ermuntert, selbst die Verantwortung für ihr Leben zu übernehmen. Die Kontrolle loszulassen, erfordert eine Kombination aus Einsicht und Handeln.

Ziehen Sie folgendes in Betracht:

● Wenn Sie Ihre Kinder kontrollieren, schaffen Sie die Voraussetzungen für Konflikte und Enttäuschungen. Selbst wenn Sie die besten Absichten haben, funktioniert Kontrolle nicht. Grundsätzlich gilt, daß Menschen genau das tun, was sie tun wollen, und das stimmt auch für unsere Kinder. Sie werden das tun, was ihren Bedürfnissen zu entsprechen scheint. Wenn sie ihre Bedürfnisse nicht auf konstruktivem Wege befriedigen können, werden sie es auf destruktive Weise versuchen. Sie werden sich nur dann verändern, wenn *sie* das Bedürfnis danach verspüren. Die wahre Motivation kommt immer von innen, und der einzige Mensch, den Sie jemals verändern können, sind Sie selbst.

● Hören Sie auf, Ratschläge zu geben, sich ständig auf alles Negative zu konzentrieren, sich zu quälen und zu sorgen, anderen Ihren Standpunkt aufzudrängen und sich überhaupt in die täglichen Angelegenheiten Ihrer Kinder einzumischen. Das heißt nicht, daß Sie Ihre Kinder nicht lieben oder Anteil an ihnen nehmen sollen, aber Sie müssen aufhören, sie zu kontrollieren. Unterscheiden Sie zwischen Ihren Verantwortlichkeiten und denen Ihrer Kinder. Fangen Sie damit an, indem Sie darauf achten, welche Verpflichtungen Ihres Kindes Sie automatisch übernehmen. Geben Sie die Leihbücher Ihrer Kinder zurück? Machen Sie ihr Zimmer sauber? Drängen Sie sie, etwas mit Freunden zu unternehmen? Stehen Sie hinter ihnen, wenn sie ihre Hausaufgaben machen? Erledigen Sie die Steuererklärung für Ihre erwachsenen Kinder? Zahlen Sie deren Miete? Mischen Sie sich in den täglichen Ablauf ihres Ehelebens ein? Spielen Sie die Rolle des Therapeuten, wenn die «Kinder» ein bißchen erschöpft aussehen?

Machen Sie sich klar, daß die Angst, die Sie dazu treibt, diese

Verantwortlichkeiten zu übernehmen, dem unbewußten Glauben entstammt, Ihre Kinder würden allein nicht zurechtkommen. Sie möchten positive Folgen sicherstellen, weil es so schwer für Sie ist, Ihre Kinder leiden zu sehen. Aber paradoxerweise nehmen Sie ihnen in dem Maße die Möglichkeit, sich selbst als kompetent zu erleben, wie Sie ihre Angelegenheiten in die Hand nehmen.

Welche Verantwortlichkeiten können Sie ihnen zurückgeben? Machen Sie einen praktikablen Plan. Setzen Sie sich mit Ihren Kindern zusammen und legen Sie fest, wie die Aufgaben verteilt sind. Das kann der Anfang zu einer offeneren Kommunikation und einer besseren Beziehung sein.

● Während Ihre Kinder heranwachsen, müssen Sie Ihren Umgang mit ihnen immer wieder verändern und den wechselnden Bedingungen anpassen. Ein Kind, das gerade laufen lernt, hat ganz andere Fähigkeiten als ein Grundschulkind. Ein sechsjähriges Kind kann sich normalerweise selbst waschen, sein Bett machen und sein Zimmer aufräumen. Ein Zwölfjähriger kann größere Verantwortlichkeiten übernehmen, zum Beispiel auf ein jüngeres Geschwister aufpassen, seine Hausaufgaben allein machen oder die Hecke schneiden. Ein Kind sollte mit jedem weiteren Jahr mehr Verantwortung übernehmen. Denken Sie daran, daß das Erziehungsziel letzten Endes darin besteht, das Kind auf seine Unabhängigkeit vorzubereiten.

Aus einer gesunden Ehe entwickelt sich eine gesunde Familie

Denken Sie einen Moment lang ganz aufrichtig über Ihre Ehe nach. Läuft sie gut? Kommt sie Ihren Bedürfnissen nach Nähe, Zuneigung und sexueller Erfüllung nach? Kommunizieren Sie offen und aufrichtig miteinander? Haben Sie Spaß miteinander? Haben Sie zusammen Geheimnisse und gemeinsame Träume? Planen Sie Zeit ein, die nur Ihnen beiden gehört?

Für viele von uns können das sehr unbequeme Fragen sein. Nur allzu viele Ehen haben sich zu einem Lebensstil entwickelt, der auf beiden Seiten von Bequemlichkeit und unausgesprochenem Ärger geprägt ist. Wir akzeptieren Gleichgültigkeit und Vernachlässigung im Namen unserer Sicherheit. Wegen der Kinder versuchen wir, alles zusammenzuhalten.

Wir kämpfen uns durch Jahre der Verleugnung und stummen Desillusionierung und warten darauf, daß die schönen Zeiten unserer Ehe noch kommen mögen. Oft tritt das niemals ein. Also investieren wir unsere Hoffnungen, Träume, Zeit und Energie in unsere Kinder, um dem Gefühl von mangelnder Erfüllung in der Ehe auszuweichen. Es ist leichter, die Probleme unserer Kinder in Angriff zu nehmen als unsere eigenen.

Unsere Kinder in einer schlechten Ehe großzuziehen, ist das gleiche, wie ein Haus auf ein wackeliges Fundament zu bauen. Wird der «Knacks» allmählich sichtbar, zeichnet sich auch deutlich ab, welchen psychischen Preis wir dafür zahlen.

Kinder spüren immer, wenn es in einer Ehe Probleme gibt. Oft reagieren sie darauf mit eigenen Problemen, die ihre Eltern vom Dilemma ihrer Ehe ablenken sollen. Dieses Vorgehen schafft noch zusätzliche Schwierigkeiten. Wenn Sie sich gesunde Kinder wünschen, sollten Sie das Fundament nicht übersehen. Tun Sie etwas für Ihre Ehe.

Wie können Sie Ihre Beziehung verbessern? Im folgenden einige Richtlinien, die vielen Menschen weitergeholfen haben:
• Finden Sie heraus, was Ihr Partner braucht. Gehen Sie nicht einfach davon aus, daß Sie das bereits wissen. Unsere Vorstellung von den Bedürfnissen unseres Partners stimmt oft überhaupt nicht mit dem überein, was er tatsächlich braucht.

Jean würde dem zustimmen. Sie überraschte Jeff an seinem vierzigsten Geburtstag mit einem romantischen Ausflug nach Acapulco. Sie dachte, er würde darüber ganz aus dem Häuschen sein. Jeff jedoch reagierte kühl und gleichgültig.

Was war falsch gelaufen? Jeff, der diesem besonderen Geburtstag ängstlich entgegensah, wäre es lieb gewesen, wenn seine Frau und die Kinder nicht soviel Wind darum gemacht hätten. All das Getue um den Geburtstagsausflug diente lediglich dazu, ein Ereignis hochzuspielen, das er am liebsten vergessen hätte.

Achten Sie darauf, daß Sie nicht Ihre eigenen Bedürfnisse auf Ihren Partner projizieren. Überprüfen Sie Ihre Vermutungen.

• Äußern Sie, was Sie brauchen. Eine offene Kommunikation ist der beste Weg zu einer gesunden Beziehung. Viele von uns haben sich der Philosophie verschrieben, daß die Dinge, um die wir extra bitten müssen, nicht zählen. Aber damit leben wir oft in einer Welt endloser Frustrationen und unbefriedigter Bedürfnisse. Denken Sie daran, daß Ihr Partner keine Gedanken lesen kann.

Vielleicht haben Sie in Ihrer Kindheit nie gelernt, Ihre Bedürfnisse offen zu äußern. Vielleicht waren Sie zu sehr damit beschäftigt, sich um andere zu kümmern. Oder Sie wurden die wenigen Male, wo Sie es versucht haben, enttäuscht und haben sich geschworen, niemals wieder zuzulassen, daß Sie verletzt werden. Die Folge ist, daß Sie dieses Verhaltensmuster auch in Ihrer Ehe durchspielen und Ihre Verletzung und Enttäuschung zurückhalten.

Um zu bekommen, was wir brauchen, müssen wir oft ein gewisses Risiko eingehen. Wenn Sie nicht wagen, mit Ihrem Partner offen zu sein, mit wem dann?

Fangen Sie mit kleinen Dingen an. Bitten Sie um Zeit für ein Gespräch unter vier Augen. Oder schlagen Sie einen romantischen Abend in der Stadt vor. Vielleicht wird Ihnen klar, daß die Ablehnung, die Sie erwarteten, mehr mit Ihren früheren Erfahrungen als mit der Gegenwart zu tun hat.

• Analysieren Sie nicht alles. Manchmal werden Beziehungen zur Arena für verbale Pingpongspiele. Dieses Spiel besteht darin, die Beziehung ständig zu analysieren, sich zum Psychologen des anderen aufzuspielen und gegenseitig Punkte zu verbuchen, indem die Beziehung und alles, was in ihr geschieht, ständig «durchgearbeitet» wird.

Wenn Sie zu einem anderen Menschen sagen: «Weißt du, warum du das tust?» und dann mit Ihrer Kritik loslegen, befremdet das den anderen und führt dazu, daß er abwehrt. Bleiben Sie bei Ihren eigenen Gefühlen. Ein einfaches «Mich frustriert es, wenn du das machst» ist sehr viel wirkungsvoller, und wenn die Frage «Warum machst du das?» mit der Bereitschaft einhergeht, der Antwort auch zuzuhören, ist schon alles da, was gute Kommunikation ausmacht.

● Teilen Sie sich die Verantwortung der Kindererziehung. Sie wären überrascht zu wissen, wie groß die Anzahl von Vätern und Müttern ist, die sich darüber beklagen, daß der andere sich zuwenig auf die Kinder einläßt, und unbewußt genau diese Situation herstellen. Da sie ihrem Partner in Hinsicht auf seine elterlichen Fähigkeiten zutiefst mißtrauen, weigern sie sich, sich die entsprechenden Aufgaben mit ihm zu teilen. Sie untergraben die Versuche des anderen, die Kinder zu disziplinieren, streiten sich darüber, wie man mit bestimmten Themen umgehen soll, und schmieden Komplotte, um immer dann im Weg herumzustehen, wenn ihr Partner sich allein mit dem Kind beschäftigt.

Wenn die Partner sich ständig über die Kindererziehung streiten, kommt der berechtigte Verdacht auf, daß einer von ihnen es nicht ertragen kann, die Kontrolle auch nur im geringsten abzugeben. Und wieder geht es um das Thema Kontrolle und nicht um die Frage, was für das Kind das Beste ist.

Achten Sie darauf, ob Sie die Bemühungen Ihres Partners, sich an der Erziehung Ihres Kindes zu beteiligen, nicht untergraben. Sorgen Sie dafür, daß beide Verantwortung übernehmen. Geben Sie sich gegenseitig Unterstützung und Anerkennung.

● Planen Sie Zeit zu zweit ohne die Kinder ein. Das ist eine Notwendigkeit. Männer beklagen sich in der Zeit nach der Geburt eines Kindes am häufigsten darüber, daß sie sich von ihrer Frau vernachlässigt fühlen und erst an zweiter Stelle kommen. Das stimmt oft auch, weil die Versorgung eines Kindes uns wirklich bis zur Erschöpfung fordern kann. Versuchen Sie, alle paar Monate ohne die Kinder eine Nacht im Hotel zu verbringen.

Für all das gibt es Lösungen, wenn wir uns verbindlich darum bemühen, sie zu finden. Eine Frau, deren Mann sich darüber beklagte, daß sie seit der Geburt ihres zweiten Kindes überhaupt nicht mehr sexuell auf ihn einginge, löste das Problem, indem sie sich morgens an ihn wandte und witzelte: «Wenn du mich willst, dann sei am besten jetzt mit mir zusammen, denn am Ende des Tages wird nichts mehr von mir übrig sein!» Ihr Mann war hocherfreut über diesen Kompromiß.

● Wenn die Kommunikation zwischen Ihnen blockiert ist, suchen Sie eine Paarberatung auf. Manchmal bricht die Kommunikation ab. Menschen verrennen sich in alte Verhaltensmuster oder Abwehrmechanismen. An diesem Punkt brauchen wir einen objektiven Dritten, der interveniert. Eine gute Beratung kann uns Unterstützung geben, neue Vorschläge und aktive Schritte zeigen, die uns helfen, die Barrieren zwischen uns zu durchbrechen.

● Wenn Sie keine Hoffnung auf ein sinnvolles gemeinsames Leben mehr haben, sollten Sie eine Trennung in Betracht ziehen. Es ist zwecklos, sich einzureden, daß Ihre Kinder glücklich darüber sein werden, wenn Sie und Ihr Partner auseinandergehen. Sie werden aufgebracht und vielleicht auch ärgerlich sein. Aber heißt das, daß Sie um Ihrer Kinder willen in einer Ehe bleiben müssen, die Sie in keiner Weise glücklich machen kann?

An diese Entscheidung gehen Sie am besten ganz sachlich heran. Ziehen Sie die realen Umstände in Betracht – das Alter und die Entwicklung Ihrer Kinder, Ihre finanzielle Situation, Möglichkeiten für ein flexibles Sorgerecht. Wie können Sie all die praktischen Probleme lösen, die mit einer Trennung einhergehen?

Wenn die konkreten Hindernisse unüberwindlich zu sein scheinen und Sie feststellen, daß Sie jede Alternative als unmöglich ablehnen, dann überlegen Sie einmal, ob die Angst um Ihre Kinder nicht vielleicht nur vorgeschoben ist und Sie

Angst vor dem Alleinsein haben und sich damit im Wege stehen. Statt sich diese Ängste anzuschauen und sie anzugehen, machen viele Menschen sich vor, daß sie lediglich um der Kinder willen zusammenbleiben.

Wenn eine Ehe unerträglich wird, trennen sich die Partner. Sie finden einen Weg, die Probleme zu lösen, weil sie motiviert sind, das zu tun. Wenn Sie diese Entscheidung treffen, sind Sie damit keinesfalls allein. Millionen anderer Mütter und Väter haben das gleiche durchgemacht, und Sie können sich auf ihre Erfahrungen stützen und sich an sie wenden. Jetzt ist nicht die Zeit, auf der eigenen Unabhängigkeit zu beharren. Jetzt ist die Zeit, sich die Unterstützung und den Rat von Freunden, Fachleuten und anderen zu holen, die Ihnen in dieser schwierigen Phase helfen können.

Hören Sie auf nachzugeben

Für die meisten Eltern ist es eine schwierige Aufgabe, ein Kind zu disziplinieren, und für Eltern, die zu sehr lieben, ist das sogar noch schwieriger. Wenn wir unseren Kindern so ergeben sind, bereitet der bloße Gedanke daran, ihnen Grenzen zu setzen und ihnen die Konsequenzen ihres Verhaltens aufzubürden, Schuldgefühle und Schmerz.

Einige Eltern, die zu sehr lieben, versuchen ihre Kinder mittels Bestechung zu disziplinieren. Sie hängen ihren Kindern Spielzeug, Geld und Vergünstigungen als Karotte vor die Nase in der Hoffnung, daß sie diese Gaben in Form von Leistungen und Gehorsam entgelten. Solche Kinder sind immer auf der Suche nach Belohnungen für ihr gutes Verhalten: «Ich habe eine Eins bekommen. Kriege ich jetzt meine zehn Mark?»

Andere stellen jeden Montag eine lange Liste von Regeln auf, an die sich schon am Dienstagabend kein Mensch im Haus mehr erinnert, weil niemand sich überwinden konnte, sie zu befolgen und durchzusetzen.

Weil wir das Gefühl haben, unsere Kinder seien etwas Besonderes, nehmen wir an, daß sie auch eine Sonderbehandlung verdienen. Für unsere Kinder gelten meistens die Ausnahmen von den Regeln. Wir geben ihnen alles und finden immer einen Weg, ihnen zu verzeihen.

Das Schlimmste, was passieren kann, ist, daß sie Experten im Manipulieren werden, erwarten, sich aus ihren Problemen mit Tränen oder Quengeln herauswinden zu können, und glauben, ein Recht darauf zu haben, daß alle ihnen gefällig sind. Viele werden schließlich zu kleinen Tyrannen, die niemals die Verantwortung für ihre Taten übernehmen und sich ständig von anderen falsch behandelt fühlen.

Und selbst im günstigsten Falle hat das Kind, dem niemals Grenzen für sein Verhalten gesetzt wurden, Angst vor dem Erwachsenwerden und vor Selbständigkeit, weil andere es niemals so behandeln werden, wie es das gewohnt ist.

Wir können unsere Kinder wirkungsvoller erziehen, wenn wir sie ihre eigenen unmittelbaren Erfahrungen machen lassen.

Denken Sie einmal über die folgende Szene nach:

Jack, der jüngste Sohn, kommt nach Hause und sagt: «Mutti, du mußt mir einen Gefallen tun. Ich war Dienstag nicht in der Schule, und du mußt mir eine Entschuldigung schreiben, in der steht, daß ich krank war.»

Seine Mutter, nur allzu bereit, Jacks Problemen Verständnis entgegenzubringen, sagt: «Ich dachte, du wärst beim Unterricht gewesen. Erzähl mir, was passiert ist.»

Jack erzählt ihr, daß ein Haufen Jungen beschlossen hatte, einen Tag blau zu machen, und daß man ihn für einen Streber gehalten hätte, wenn er zum Unterricht gegangen wäre. Seine Argumente sind sehr überzeugend. «Du möchtest doch gern, daß ich Freunde habe, oder? Ich muß bestimmt eine Woche lang nachsitzen, wenn das rauskommt, und kann dann nicht Baseball trainieren. Und wahrscheinlich werde ich den ganzen Sommer lang nicht spielen können, wenn mir die Übung fehlt.»

Wenn seine Mutter Jack zu sehr liebt, kann sie denken: Wem

schadet es schon, wenn ich meinem Sohn dieses eine Mal helfe? Er ist sonst immer so ein gutes Kind. Es wäre mir wirklich verhaßt, ihn in Schwierigkeiten zu sehen.

Wenn Jacks Mutter sich an der Verschwörung beteiligt, vermittelt sie Jack die folgenden Botschaften: Es ist in Ordnung, zu lügen. Menschen werden dich retten, wenn du in Schwierigkeiten gerätst. Es zahlt sich aus, andere zu manipulieren, und wenn du gegen Regeln verstößt, die deine Eltern nicht aus dem Weg räumen können, hat das keine Folgen.

Wenn Jacks Mutter jedoch zuläßt, daß er die natürlichen Folgen seines Verhaltens zu spüren bekommt, ist Jack vielleicht unglücklich, aber sie bringt ihm Verantwortung bei. Er wird von einer Woche Nachsitzen zweifellos sehr viel mehr lernen als von der Hilfsaktion seiner Mutter. Beim nächstenmal wird er es sich zweimal überlegen, ob er die Regeln bricht.

Die natürlichen Folgen unseres Verhaltens sind ein sehr wirkungsvolles Erziehungsmittel. Das Kind, das sein Abendbrot nicht essen will, lernt, was es heißt, hungrig zu sein. Das Kind, das sein Spielzeug auf der Straße liegen läßt, wird den Verlust seines Spielzeugs erleben. Ein junger Mann, der sich selbst einen Rechtsanwalt suchen und seine Kaution selbst bezahlen muß, damit er nicht in Untersuchungshaft kommt, wird erfahren, welche Folgen es hat, wenn er betrunken Auto fährt. Diese Erinnerungen halten ein Leben lang an.

Machen Sie sich klar, welche Ihrer Erwartungen unrealistisch sind

Väter und Mütter können ihre Kinder niemals völlig objektiv sehen. Wir alle stehen unter dem Einfluß unserer eigenen Vergangenheit, innerer Bedürfnisse und kultureller Werte. Grundsätzlich betrachten wir die Welt durch Brillengläser, die durch unsere eigenen Werte und Erwartungen gefärbt sind. Wir sind nicht in der Lage, die blinden Flecken in unserer Sicht zu durchschauen.

Ohne uns dessen bewußt zu sein, drängen wir anderen unsere Erwartungen auf. Und dann werden wir ärgerlich, wenn andere sich nicht nach unseren Wünschen verhalten.

Und am anfälligsten für diese projizierten Erwartungen sind unsere eigenen Kinder. Um unsere Erwartungen an unsere Kinder besser darauf abzustimmen, was wirklich im Bereich ihrer Möglichkeiten liegt, müssen wir uns anschauen, worauf sie beruhen:

Unerledigtes aus der Vergangenheit. Wir können mit Hilfe unserer Kinder unerledigte Themen aus unserer eigenen Kindheit durcharbeiten. Jack, Vater von drei Kindern, konnte es nicht durchhalten, seinen Kindern Grenzen zu setzen, bis er erkannte, daß sein Verhalten in Wirklichkeit eine Rebellion gegen seinen eigenen tyrannischen Vater war, der ihn noch für die kleinsten Verstöße bestraft hatte. Durch sein sanftes Umgehen mit seinen Kindern versuchte Jack unbewußt, sein eigenes unbefriedigtes Bedürfnis nach Einfühlungsvermögen, Mitgefühl und Liebe zu erfüllen.

Unsere eigenen Bedürfnisse. Viele unserer elterlichen Entscheidungen werden von unseren eigenen Bedürfnissen bestimmt. Wenn wir das Gefühl haben, in unserem Leben keinen Erfolg zu haben, können wir versuchen, das zu kompensieren, indem wir unsere Kinder zu Höchstleistungen drängen, um auf diesem Umweg einen guten Eindruck zu machen. Wenn wir uns in unseren Erwachsenenbeziehungen ignoriert fühlen, beschäftigen wir uns in dem Bemühen, unsere innere Leere auszufüllen, vielleicht zu sehr mit unseren Kindern. Schauen Sie sich Ihre Beziehung zu Ihren Kindern genau an.

Beruhen Ihre Motivationen auf den Bedürfnissen Ihres Kindes oder auf Ihren eigenen? Planen Sie aktiv andere Möglichkeiten, um Ihre Bedürfnisse erfüllt zu bekommen. Wenn wir unsere Kinder nur zu unserer Bedürfnisbefriedigung benutzen, zahlen sie den Preis dafür.

Der Vergleich mit anderen. Das Vergleichsspiel ist oft Ursache dafür, daß Eltern sich ständig Sorgen machen. Susan hat ihren Kurs als Viertbeste abgeschlossen. Betsy ist das hübscheste Mädchen in ihrer Klasse. Barry war Dritter bei den Einzelspielen seines Tennisteams.

Kulturelle Werte haben einen starken Einfluß auf unsere Erwartungen. Wenn wir aber versuchen, unsere Kinder über ihre augenblicklichen Fähigkeiten hinwegzudrängen, vermitteln wir ihnen nachdrücklich die Botschaft, daß sie nicht gut genug sind. Die Folge ist, daß ihre Selbstachtung sinkt.

Um das Vergleichsspiel zu vermeiden, sollten Sie Ihr Kind in seinen einzigartigen Fähigkeiten unterstützen. Ermutigen Sie es, indem Sie ihm vernünftige Erwartungen entgegenbringen. Denken Sie daran, Selbstachtung entwickelt sich von innen, nicht von außen.

Mangelnde Erfahrung. Unsere Gesellschaft bereitet uns fast auf sämtliche Aufgaben vor, nur auf die wichtigste nicht – die Elternrolle. Die Folge ist, daß die meisten von uns kräftig auf den Hosenboden fallen. Unsere Unerfahrenheit und die daraus resultierende Besorgnis arbeiten gegen uns und führen dazu, daß wir selbst bei den kleinsten Problemen überreagieren.

Heutzutage gibt es mehr Hilfsquellen für junge Eltern denn je. Eine reiche Auswahl an Elternbüchern zu den verschiedensten Themen füllt die Regale in den Buchläden. Örtliche Volkshochschulen und Zentren für Erwachsenenbildung bieten Kurse über Kindererziehung sowie Selbsthilfegruppen für Eltern an, die allen offenstehen. Es gibt mehr Möglichkeiten zur Einzel- oder Gruppenberatung als je zuvor, und beides wird immer mehr anerkannt. Wenn Sie diese Angebote für sich nutzen, kann Ihnen das helfen, die Elternrolle realistischer zu sehen und als Mutter oder Vater mehr Selbstbewußtsein zu entwickeln.

Lernen Sie, wirkungsvoll zu kommunizieren

Kommunikation ist wirkungsvoll, wenn sie klar, konsistent und aufrichtig ist. Die Worte stimmen mit dem Handeln ebenso überein wie mit den Gefühlen.

Um mit unseren Kindern wirkungsvoll zu kommunizieren, müssen wir uns für unsere Emotionen öffnen und imstande sein, die Wahrheit so mitzuteilen, daß sie gehört und verstanden wird. Wenn wir unsere Kinder zu sehr lieben, haben wir oft Schwierigkeiten, wirkungsvoll mit ihnen zu kommunizieren. Weil wir so sehr in ihnen aufgehen, sie so unbedingt glücklich machen und dahingehend verändern wollen, daß sie unseren höchsten Erwartungen entsprechen, formulieren wir unsere Sätze unbewußt so, daß wir unsere Kinder damit manipulieren und kontrollieren.

«Ich mag Onkel Frank nicht. Er ist gemein.»

«Sei nicht dumm. Natürlich magst du ihn. Er ist schließlich dein Onkel.»

«Ich möchte aber nicht mit zu ihm gehen. Ich bin müde.»

«Du bist nicht müde. Du hast doch gerade geschlafen.»

Die wahren Gefühle unserer Kinder machen uns nervös. Wir ersetzen sie durch das, was wir hören wollen, und erzählen ihnen, daß es das ist, was sie denken oder fühlen. Warum? Wenn unsere Kinder sich anders fühlen als wir, bedeutet das, das wir getrennte Menschen sind. Damit umzugehen kann uns schwer fallen und uns das Gefühl geben, daß uns die Kontrolle entgleitet. Vielleicht glauben wir, daß wir unsere Kinder verlieren.

Wenn wir versuchen zu kontrollieren, was wir hören, bricht die Kommunikation zusammen. Oft hören wir gar nicht zu, auch wenn wir uns den Anschein geben. Statt dessen träumen wir vor uns hin, urteilen, spekulieren oder bereiten uns darauf vor, unserem Kind bis in alle Einzelheiten darzulegen, daß alles, was es uns gerade gesagt hat, falsch ist. Unbewußt sind wir mehr darum besorgt, unsere eigenen Bedürfnisse zu erfüllen als die unserer Kinder.

Dann wieder vermitteln wir, wenn wir mit unseren Kindern sprechen, eine ganze Reihe widersprüchlicher Botschaften. Wir sagen, wir seien nicht ärgerlich, aber unser Körper zeigt eindeutig, daß wir total aufgebracht sind. Wir wollen aber nicht, daß sie das wissen, und wären schockiert, wenn wir erkennen würden, wie leicht durchschaubar wir in Wirklichkeit für sie sind, denn die Körpersprache ist lauter als Worte.

Klare und aufrichtige Kommunikation ist das Kennzeichen für gesunde Beziehungen. Mit etwas Übung kann sie erlernt werden. Wissenschaftler auf dem Gebiet der Kommunikationsforschung geben die folgenden Tips:

Hören Sie aktiv zu. Das bedeutet, Ihr Kind wissen zu lassen, daß Sie es wirklich gehört haben. Wie? Eine Möglichkeit ist, ihm seine Gefühle widerzuspiegeln. Wenn Ihr Kind sagt: «Ich hasse die Schule und werde niemals wieder hingehen», erwidern Sie: «Das klingt, als wärest du genervt und wütend.» Denken Sie einmal darüber nach, wie anders diese Form von Bestätigung im Vergleich zu unseren üblichen Reaktionen wirkt, wie: «Ach, das ist doch einfach dumm» oder «Nur über meine Leiche gehst du nicht mehr hin», die die Kommunikation vollkommen unterbinden.

Das Paraphrasieren – mit eigenen Worten wiederholen, was Sie gehört haben – gibt Ihrem Kind außerdem das Gefühl, wirklich gehört und zutiefst verstanden zu werden. Stellen Sie Fragen, bevor Sie mit Ihren Meinungen kommen, damit Sie tatsächlich verstehen, was Ihr Kind erlebt hat.

Zeigen Sie Einfühlungsvermögen. Sie müssen mit Ihrem Kind nicht in allem übereinstimmen, um Einfühlungsvermögen zu zeigen. Das kann schwierig sein für Eltern, die ihren Kindern sehr ergeben sind und sich innerlich zerrissen fühlen, wenn sie der Selbstkritik, dem Ärger oder der Frustration ihrer Kinder zuhören. Statt den Kindern ihre Gefühle ausreden zu wollen, was nur ihren Ärger und ihre Weigerung hervorruft, ihre Gefühle überhaupt mitzuteilen, versuchen Sie einmal zu sagen: «Ich bin nicht deiner Meinung, aber ich kann verstehen, daß du solche Gefühle hast.»

Teilen Sie Ihre Gefühle mit. Manchmal denken wir: Warum muß ich meinen Kindern Erklärungen über mich abgeben? Wahrscheinlich verstehen sie mich gar nicht, und außerdem sollten sie einfach tun, was ich ihnen sage. Aber bedenken Sie, daß Ihre Kinder wahrscheinlich sehr viel weniger Vertrauen zu Ihnen haben und sich Ihnen kaum öffnen werden, wenn Sie nicht den Anfang machen und sich Ihren Kindern mitteilen.

Benutzen Sie «Ich»-Aussagen. Wenn Sie Sätze mit «Du» anfangen, wie zum Beispiel «Du machst nie deine Haushaltsarbeiten», oder «Du rufst mich nie an», hat das den Beiklang einer Anklage. Es fordert Ihre Kinder heraus, sich zu verteidigen, und ist oft der Anlaß zu einem Streit. «Ich»-Aussagen sind wirkungsvoller: «Mich nervt es, wenn du versprichst, den Müll runterzubringen, und es dann nicht tust» und «Mir fehlt etwas, wenn du mich nicht anrufst.» Mit diesen Äußerungen drücken Sie sich deutlich aus, ohne dem anderen Schuldgefühle zu machen. Sie geben damit ein Vorbild dafür, daß jeder die Verantwortung für seine Gefühle selbst übernimmt, und dadurch werden Beziehungen aufrichtiger und weniger manipulativ.

Achten Sie auf versteckte Botschaften. Manchmal verstecken sich hinter unseren Worten bestimmte Botschaften, Dinge, die wir unseren Kindern beweisen wollen, ohne sie laut und deutlich auszusprechen. Schauen Sie einmal, ob Sie die versteckten Botschaften in folgenden Äußerungen ausfindig machen können:

«Schrei mich bitte nicht so an. Du weißt, daß mein Magen schon den ganzen Tag lang durchdreht.»

«Ich habe die Hemden deines Vaters gebügelt, dein Schlafzimmer aufgeräumt, eingekauft und deine Bücher zurückgebracht. Und wie war dein Nachmittag am Strand?»

Die versteckte Botschaft hinter der ersten Äußerung soll unsere Kinder davon überzeugen, daß wir zu zart oder schwach sind und sie sich schuldig fühlen sollen, wenn sie uns noch mehr Stress machen. Die Botschaft im zweiten Satz lautet: «Schau, wie ich leide.»

Versteckte Botschaften sind ein Versuch, unsere Bedürfnisse erfüllt zu bekommen, ohne daß wir direkt um das bitten, was wir haben wollen. Es kann sehr gut sein, daß wir diese Vorgehensweise von unseren Eltern gelernt haben. Wir müssen sie aber nicht an die zukünftige Generation weitergeben, wenn wir lernen, sie zu erkennen, und effektivere Möglichkeiten finden, um zu bekommen, was wir brauchen, ohne daß andere sich unwohl fühlen oder wir ihnen Schuldgefühle bereiten.

Lassen Sie nicht zu, daß Ihre Kinder Sie ausbeuten

Geduld ist der vorherrschende Charakterzug von Eltern, die zulassen, daß ihre Kinder sie ausbeuten. Mit ihrer Geduld stellen sie sicher, daß sie in jedem Falle zahlen und eine ganze Legion von Lehrern, Direktoren, Sozialarbeitern, Psychiatern, Kindermädchen, Ärzten, Polizisten, Rechtsanwälten, Richtern und Drogenberatern beschäftigen müssen. Sie werden auch dann noch versuchen, Wege zu finden, um zu «helfen», wenn jeder andere Mensch schon allein aus Erschöpfung aufgegeben hätte.

Endlose Geduld wird genährt durch Verleugnung. Viele Eltern, die zu sehr lieben und zuviel geben, tragen eine Vorstellung von ihren Kinder als erfolgreiche, tüchtige, begabte und erstaunlich schöne Wesen mit sich herum, die wenig Raum für die Rückmeldungen von anderen läßt, auch nicht für die der Kinder selbst. Jeder, der es wagt, dieses Bild zu zerstören, gilt als Feind.

Manche erkennen die Fehler und Unvollkommenheiten ihrer Kinder. Aber statt davon auszugehen, daß ihre Kinder sich entsprechend ändern müssen, glauben sie, daß die restliche Welt auf ihre Kinder eingehen und verständnisvoller sein muß.

Die meisten bewegen sich irgendwo zwischen diesen Extremen. Sie sind geduldig mit ihren «Problemkindern», weil sie Angst haben, daß das harte Durchgreifen, das sie gern anwenden würden, falsch sein könnte. Sie mißtrauen ihrer Intuition. Sie kippen um, wenn sie einen festen Standpunkt einnehmen müssen. In der Hoffnung, daß das Kind eines Tages wieder ihre Führung suchen wird, warten sie mit beängstigender Geduld auf bessere Tage.

Und während sie warten, akzeptieren einige Eltern Unvorstellbares. Sie leben mit ärgerlichen und gewalttätigen Kindern zusammen, die alles zerstören, was ihnen in den Weg kommt. Wenn die Klingel geht, steht der Jugendbeamte vor ihnen oder ein Haufen Haschisch rauchender Teenager, die einen Platz für ihre Party suchen, oder der Gerichtsvollzieher hat vor dem Haus geparkt. Sie hetzen zur Arbeit, erschöpft und erhitzt, weil sie nicht riskieren können, ihre Stelle zu verlieren, und bekommen kaum einen Abschiedsgruß von dem dreißigjährigen Kind, das sie unterhalten und das auf dem Sofa liegt und so eine weiteren Tag anfängt, der nur aus Fernsehserien und Verschnaufpausen besteht.

Wenn Sie sich mit dieser Form des geduldigen Akzeptierens identifizieren können, besteht Ihr erster Schritt darin, Ihre Grundüberzeugung zu ändern – daß nämlich Ihr Kind zu allem werden kann, was Sie sich von ihm wünschen, wenn Sie sich nur genug Mühe geben. Hören Sie auf zu denken, daß vieles anders wäre, wenn Sie Ihrem Kind mehr Liebe gegeben hätten. Sie haben bereits zuviel Liebe gegeben. Ihre Aufgabe besteht jetzt darin, Abstand zu nehmen.

June, eine achtundvierzigjährige Mutter dreier Kinder, würde dem zustimmen. «Als Susie an der High School war, steckte sie in allen nur denkbaren Schwierigkeiten. Sie fuhr mein Auto zu Schrott. Sie gab ihren Lehrern freche Antworten und schwänzte den Unterricht. Ständig log sie mich an. Ich kam nach Hause, und es roch überall nach Marihuana. Ich dachte, das sei der Gipfel dessen, was sie mir antun könne, bis zu dem Nachmittag, als ich mit Durchfall früher nach Hause kam und sie mit einem Mann im Bett fand – in meinem Bett, wohlgemerkt –, den ich bislang noch nie zu Gesicht bekommen hatte. Susie schaute mich herausfordernd an, als sei es mein Fehler, daß ich sie störte.

Und was habe ich getan? Ich nahm sie mit zum Arzt, damit er ihr die Pille verschrieb. Ich brachte ihr Hefte über Drogenmißbrauch mit. Ich kaufte ein neues Auto. Ich schrieb ihr Entschuldigungen für die Schule, hörte zu, bettelte und bat. Im Verlauf von zwei Jahren gab ich zehntausend Dollar für Therapeuten, Ärzte und Nachhilfelehrer aus.

Eine Frau auf der Arbeit sagte mir als erste, ich sei doch nur Lieferantin. Ihr Mann war bei den Anonymen Alkoholikern, sie besuchte Al-Anon-Treffen und erzählte mir von einem Spruch, der dort kursiert: ‹Laß los und überlasse es Gott.› Aber das schien mir unmöglich. Susie war mein Kind. Der Mann dieser Frau war schließlich erwachsen. Zu der Zeit dachte ich, das sei ein großer Unterschied.»

Zunehmende Depression und Hilflosigkeit, weil es mit Susie immer schlimmer wurde, trieb June schließlich selbst zu einer Therapeutin und zwar einer, die auf Co-Abhängige spezialisiert war. «Ich brauchte Monate, um zu erkennen, daß es wirklich nicht meine Aufgabe war, Lösungen für Susies Probleme zu finden. Ich hatte ihr alles gegeben und mich vor lauter Sorge verrückt gemacht, und nichts hatte geholfen. Die Therapeutin sagte: ‹Geben Sie diesen ganzen Eigenwillen auf. Sie können nicht alles unter Kontrolle haben. Konzentrieren Sie sich auf das, was *Sie* brauchen.› Sie gab mir die Unterstützung, die ich brauchte, um Susie gegenüber einen festen Standpunkt einzunehmen.»

June und ihre Therapeutin setzten zusammen einen Vertrag auf, den Susie unterschreiben sollte. Susie würde jeden Tag zur Schule gehen. Sie würde keine Freunde im Haus empfangen, solange ihre Mutter nicht da war. Sie würde im Haus nicht Marihuana rauchen. Sie würde abends um zehn Uhr zu Hause sein. Wenn sie einen Therapeuten aufsuchen wollte, würde ihre Mutter ihn bezahlen, aber Susie würde jeden Termin bezahlen, zu dem sie nicht erschien, und sich auch selbst um die Fahrt dorthin kümmern.

Als June Susie den Vertrag vorlegte, teilte sie ihrer Tochter ihre Gefühle direkter mit als jemals zuvor. Sie sagte zu Susie: «Du kannst dein Leben kaputtmachen, aber meins wirst du nicht zerstören. Ich will keine fremden Jungen in meinem Haus oder meinem Bett sehen, denn das macht mir angst, und mir wird schlecht davon. Ich will, daß du zur Schule gehst, weil es demütigend für mich ist, wenn ich mich während meiner Arbeitszeit ständig mit Schulbeamten und Direktoren herumschlagen muß. Ich will, daß du abends um Punkt zehn zu Hause bist, weil ich mir nicht die ganze Nacht lang Sorgen um dich machen will und dann am nächsten Tag ganz fertig bin. Ich habe es aufgegeben, dir zu erzählen, was dir das alles bescheren wird. Du bist siebzehn. Triff deine eigenen Entscheidungen, aber nicht auf meine Kosten.»

Wichtiger als der Vertrag war Junes veränderte Einstellung. «Ich hörte auf, Susies Telefongespräche zu belauschen und in ihrem Schlafzimmer nach Anzeichen dafür zu suchen, daß sie Drogen nahm. Ich hörte auf, ständig auf ihre Mimik zu achten. Ich wollte es, aber dann sagte ich mir: ‹Laß los und überlasse es Gott›, wieder und wieder sagte ich das, wie ein Mantra.

Ich hatte immer geglaubt, Susie hätte diese Probleme, weil sie unglücklich war und ich ihr irgendwie den Grund für ihr Unglück lieferte. In gewisser Weise wußte Susie das und nutzte es aus. Heute ist mir folgendes klar: Wir alle haben Probleme. Susie hat in ihrem Leben nicht mehr Stress als wir alle auch. Sie wählte einen selbstzerstörerischen Weg, mit ihren Problemen umzugehen, weil sie nie die Folgen zu tragen hatte, und ich war immer so geduldig mit ihr und nahm bereitwillig an, daß alles mein Fehler sei. Ich war immer zur Stelle, um die Scherben aufzusammeln. Nun, ich zwang mich, mir einzugestehen, daß Susies Probleme meine Fähigkeit zu helfen überstiegen. Sie mußte die Konsequenzen erfahren. Ich hörte auf damit, irgend etwas für sie zu tun, was sie meines Wissens auch selbst tun konnte, wenn sie wollte, selbst wenn das hieß, daß ich in mein Zimmer gehen und die Tür hinter mir schließen mußte, um zu weinen.»

Was June getan hat, nennt man andere sein lassen. In ihrem Buch *Unabhängig sein* schreibt Melody Beattie: «Andere sein zu lassen basiert darauf, daß jeder für sich selbst verantwortlich ist, daß wir keine Probleme bewältigen können, die nicht unsere sind, und daß es nichts nützt, sich Sorgen zu machen. Wir machen es uns zum Grundsatz, unsere Hände von den Verantwortlichkeiten anderer Menschen zu lassen, und kümmern uns statt dessen um unsere eigenen Angelegenheiten. Wenn Menschen sich in chaotische Situationen gebracht haben, lassen wir sie ihre Suppe selbst auslöffeln. Wir lassen Menschen sein, wie sie sind. Wir lassen ihnen die Freiheit, verantwortungsbewußt zu sein und zu wachsen. Und wir geben uns selbst die gleiche Freiheit.»

June hat diese Lektion mit sehr viel Mühe und noch mehr Seelenforschung gelernt. Wenn sie auf diese Zeit zurückblickt, kommt sie zu dem Schluß: «Susie ist nicht zur perfekten Tochter geworden, nachdem ich ihr gegenüber Stellung bezogen habe. Sie hat ihre eigenen Werte, Moralvorstellungen und Ambitionen, und am schwersten fällt es mir zu akzeptieren, daß ich nicht kontrollieren kann, was sie denkt und fühlt. Aber sie hält unseren Vertrag genau ein. Ich habe nicht die Art von Beziehung zu meiner Tochter, von der ich einmal geträumt habe. Aber manchmal bekomme ich so eine Ahnung von der jungen Frau, die nicht die gleichen Entscheidungen trifft wie ich, aber die ich wirklich gerne mag. Sie trifft einige gute Entscheidungen wie neulich, als sie beschloß, sich eine Teilzeitarbeit zu suchen. Ich muß über kleine Dinge wie diese glücklich sein. Und weil sich niemand über Nacht ändert, muß ich mich auf die Zunge beißen, wenn ich ihr vorschlagen will, daß sie noch mehr tun soll.»

Sie können andere nicht wirklich sein lassen, solange Sie Ihre Erwartungen nicht aufgeben. Ihre Erwartungen können der einzige Grund dafür sein, daß Sie es akzeptieren, wenn Ihre Kinder Sie ausbeuten. Wenn die Vorstellung, Ihre Kinder sein zu lassen, lähmend auf Sie wirkt, bedenken Sie folgendes:

● Viele von uns finden es schwer, ihre Kinder sein zu lassen, weil sie überzeugt davon sind, daß ihre «Problemkinder», die drogenabhängig sind, im Gefängnis sitzen oder aus der Schule geflogen sind und sich auf der Straße herumtreiben, sie *brauchen*. Was sie aber brauchen, ist Verantwortungsgefühl für ihr eigenes Leben. Wenn Sie ein großes Kind mit schweren Problemen haben und Ihre sämtlichen Bemühungen zu helfen vergeblich waren, sollten Sie eine ganz grundlegende Wahrheit erkennen: Ihre liebevolle Sorge, Zuneigung oder Autorität sind ziemlich dürftige Waffen, wenn Sie um ein Kind kämpfen, das sich im Bann von Drogen, Alkohol, Straßenbanden oder Eßstörungen befindet.

● Hören Sie auf, bei sich nach den Gründen zu suchen. Hören Sie auf, alles aufzuzählen, was Sie hätten anders machen können. Der Schlüssel ist, zuzulassen, daß das Verhalten Ihrer Kinder weniger Ihr Problem ist und statt dessen mehr zu ihrem eigenen Problem wird, ganz gleich, wie hart das klingen mag.

● Hören Sie auf, Ihren Kindern aus der Patsche zu helfen. Wenn Sie versuchen, Ihren Kindern Ihre Lösungen aufzuzwingen, ist das co-abhängiges Verhalten, und Sie werden die Folgen spüren – ein junger Erwachsener, der sich deswegen destruktiv verhalten kann, weil ihn jemand vor den Konsequenzen seines Verhaltens bewahrt. Statt sich, wenn alles nichts genützt hat, nach neuen Hilfsmöglichkeiten für Ihr Kind umzuschauen, sollten Sie für sich selbst Hilfe suchen.

Einen Schritt zur Zeit!

Dieser Schritt ist von den Anonymen Alkoholikern übernommen worden – von Gruppen von Menschen, die sich verbindlich darauf eingelassen haben, ungesunde, süchtige Verhaltensweisen zu verändern.

Für jede Art von persönlichem Wachstum gilt im allgemeinen, daß wir dabei zwei Schritte vor und einen zurück tun. Wenn wir erwarten, uns über Nacht zu verändern, ist unser Versagen schon vorprogrammiert. Veränderungen in Ihrem persönlichen Verhalten beobachten zu wollen, ist, als wollten Sie Ihr Haar wachsen sehen. Nichts scheint zu passieren, bis Sie dann schließlich doch zum Friseur gehen müssen. Wenn Sie dieses einfache Bild im Kopf behalten, werden Sie sich die Qual und Frustration ersparen, die mit unrealistischen Erwartungen an Sie selbst einhergehen.

Die Straße zur Veränderung ist gepflastert mit kleinen Erfolgen. Wenn Sie zum Beispiel feststellen, daß Sie zu sehr mit dem akademischen Leben Ihrer Tochter beschäftigt sind und sich Sorgen darüber machen, weil nicht alles so ist, wie Sie es sich wünschen würden, dann gehen Sie nicht davon aus, sich sofort aus allem herauszuhalten. Ziehen Sie sich aus einem Bereich zurück. Wenn Sie die Gewohnheit haben, sie jeden Abend zu fragen, ob sie ihre Hausaufgaben gemacht hat, dann lassen Sie Ihren ersten Schritt darin bestehen, dieses Thema eine Woche lang nicht zu erwähnen. Überlassen Sie ihr die Kontrolle in diesem Bereich, und loben Sie sich selbst dafür, daß es Ihnen gelungen ist, sich herauszuhalten.

Wenn Sie feststellen, daß Sie ununterbrochen mit den sozialen Kontakten Ihres Sohnes beschäftigt sind, versuchen Sie einmal, ihn einen Abend nicht zu fragen, wie seine Pläne für Freitag- oder Samstagabend aussehen. Es kann sogar sein, daß er Ihnen seine Pläne freiwillig mitteilt, wenn Sie ihn lassen. Und auch falls das nicht der Fall sein sollte – wenn Sie ständig über ihm glucken, ist das keine Garantie dafür, daß er ein abwechslungsreiches und spannendes Gesellschaftsleben führt.

Wenn Sie daran arbeiten, mit den Freunden Ihrer Kinder weniger kritisch umzugehen, dann erwarten Sie nicht, daß sich über Nacht alles ändert. Setzen Sie sich das realistische Ziel, sich jeden Tag mit zwei kritischen Kommentaren zurückzuhalten. Die Bemerkungen, auf die Sie damit verzichten, haben Sie wahrscheinlich in ähnlicher Form schon mehr als hundertmal gemacht, ohne etwas zu bewirken.

Seien Sie geduldig mit sich. Oft stehen wir gerade dann an der Schwelle zu einem Durchbruch, wenn wir uns total festgefahren fühlen. Allein die Tatsache, daß Sie dieses Buch lesen, heißt schon, daß Sie an sich arbeiten. Haben Sie Vertrauen und tun Sie einen Schritt zur Zeit.

Denken Sie daran, man könnte Ihnen im Leben Schlimmeres vorwerfen, als daß Sie Ihre Kinder zu sehr lieben. Sie haben Ihren Kindern so manche Tür geöffnet und wunderbare Möglichkeiten erschlossen. Wenn Ihre Kinder irgendwo auf dem Weg emotionale Probleme bekommen haben, sind Sie damit nicht allein. Lassen Sie Ihre Schuldgefühle los; die helfen auch nicht weiter. Es ist nicht zu spät für Veränderungen. Das Leben ist ein Prozeß, und Fehler sind eine Chance für unser Wachstum.

13. Kapitel
Über Eltern hinauswachsen,
die zu sehr lieben

«Und was mache ich jetzt?»

> «Wäre es nicht leichter, einfach nach Australien oder sonstwohin auszuwandern?»
>
> Mark, 25 Jahre

Über Eltern hinauswachsen, die zu sehr lieben, heißt nicht, daß Sie Ihr Mitgefühl oder Ihre Liebe für Ihre Eltern verlieren müssen. Wir können das Band lockern, das zwischen uns und unseren Eltern existiert, und trotzdem eine lebendige und liebevolle Beziehung zu ihnen aufrechterhalten. Dafür ist erforderlich, daß wir uns auf unsere eigene Veränderung konzentrieren, statt darauf zu hoffen, unsere Eltern zu ändern. Es bedeutet, daß wir die Herausforderungen und Möglichkeiten begrüßen, die mit Unabhängigkeit und Eigenständigkeit verbunden sind.

Um sich zu verändern, müssen Sie *konkret anfangen.* Aktiv werden ist der Schlüssel. Im folgenden finden Sie einen Zwölf-Punkte-Plan, der Ihnen helfen kann, erste Schritte auf dem Weg zu tun, der Sie zu einem freieren und erfüllteren Leben führt.

Lernen Sie, wieder zu fühlen

Wenn Sie sich heilen möchten, müssen Sie fühlen können. Betrachten Sie Gefühle einmal als Hilfe für eine Deutung Ihres Lebens, durch die Sie genaue Informationen über sich erhalten, statt darin etwas zu sehen, das Sie verstecken, unterdrücken oder verändern müssen.

Erwachsene Kinder, die überversorgt wurden, haben sich meistens angewöhnt, mit ihren Gefühlen auf eine bestimmte Art und Weise umzugehen: Sie machen sich und anderen etwas vor. Weil ihre Eltern ihnen eingeredet haben, sie müßten sich schämen, wenn sie andere Gefühle haben als diese, küssen und umarmen sie Menschen, die ihnen gleichgültig sind, brechen in Begeisterung aus über Geschenke, die ihnen überhaupt nicht gefallen, lachen über Witze, die nicht komisch sind, und verbergen ihren Ärger hinter einem Lächeln.

Der Grund dafür liegt zum Teil in einer Kindheit, in der diese Form von Unaufrichtigkeit als «Höflichkeit» und «gut aussehen» gefördert wurde, zum Teil auch in Eltern, die ein Vorbild für die Unterdrückung von Gefühlen lieferten. Solche Menschen wissen nicht, was sie fühlen, haben keinerlei Vorstellung, wie sie ihre Emotionen ausdrücken können, oder befürchten, von den eigenen Emotionen überwältigt zu werden, wenn sie sie nur einen Augenblick lang aus dem Käfig lassen.

Wir können die Art und Weise verändern, wie wir mit Gefühlen umgehen. Es hat sich gezeigt, daß Gruppentherapie – wo die Mitglieder aktiv zusammenarbeiten und sich gegenseitig bei verbreiteten Schwierigkeiten unterstützen – Menschen, die ihre Gefühle ihr Leben lang rigide kontrolliert haben, so umwandeln kann, daß sie sich mit dem ganzen Spektrum an Emotionen wohl fühlen.

Als Gail, eine Sonderschullehrerin, zuhörte, wie zwei Frauen in ihrer Gruppe sich gegenseitig anbrüllten und dabei die Lunge aus dem Leib schrien, verkroch sie sich in eine Ecke und verspürte Peinlichkeit und Angst. Als die Gruppe später für einen kurzen Imbiß den Raum verließ, sah sie die zwei

Frauen miteinander reden und lachen, als wäre nichts geschehen. «An diesem Abend habe ich etwas gelernt. Sie hatten ihre
Gefühle herausgebracht und waren damit fertig. Ihre Beziehung hatte das überlebt. Ich glaube, in gewisser Weise waren
sie sich noch nähergekommen, weil sie so aufrichtig miteinander gewesen waren. Bei mir zu Hause hätte ein solcher Ausbruch gereicht, damit meine Mutter zwei Wochen lang
schmollte, ich mir harte Worte von meinem Vater zuzog und
eine Woche lang voll Scham herumgelaufen wäre, und wir alle
hätten einen Monat lang herumanalysiert, warum es überhaupt dazu gekommen war.

Eines Tages provozierte mich eine Frau in der Gruppe, und
jetzt war ich an der Reihe zu schreien. Anschließend nahm die
Frau, die ich angebrüllt hatte, mich in den Arm. Das war der
unglaublichste Augenblick in meinem ganzen Leben. Ich habe
es jetzt aufgegeben, so ein mechanisch agierender Zombie zu
sein, der Angst hat, Ärger zu zeigen, und sich schämt, wenn er
verletzt ist. Ich betrachte meine Gefühle als Beweis dafür, daß
ich lebendig bin.»

Warum kann Gruppentherapie Menschen so wirkungsvoll
helfen zu lernen, sich und anderen ihre Gefühle aufrichtig mitzuteilen? Während die meisten Therapieformen uns unsere
Ich-Abwehr – Rationalisierungen, Intellektualisierungen,
Verleugnung – zu Bewußtsein bringen, zeigen Gruppen eine
sehr aktive Herangehensweise. In einer Gruppe werden Sie
einer ganzen Reihe unterschiedlicher menschlicher Wesen begegnen, die zu Ihrer «Familie» werden und mit denen Sie
manchmal aneinandergeraten – unangenehmen und kontrollierenden Menschen, Menschen, die sich als Opfer verhalten
oder versuchen, anderen zu gefallen. Sie reagieren auf diese
Menschen. Vielleicht hat Ihr Vater sich immer defensiv verhalten, und Joe, der Kerl in der Gruppe, der immer mit ver-
schränkten Armen in der Ecke sitzt, ist ebenfalls ein defensiver
Mensch. Sie werden emotional auf ihn reagieren. Er wird Sie
mit ihren Gefühlen in Kontakt bringen.

Wenn Sie von Ihren Gefühlen so weit entfernt sind, daß Sie

auf niemanden Reaktionen zeigen, kann ein guter Therapeut Sie provozieren, zu fühlen. «Was fühlen Sie?» ist die in solchen Gruppen am meisten verbreitete Frage.

Sie werden Ihre Gefühle durcharbeiten. In einer guten Gruppe werden Sie Unterstützung und Verständnis erhalten, wenn Sie Ihre Gefühle aufrichtig mitteilen, und Sie werden auch lernen, wie Sie diese Zuwendung von Menschen im Alltag bekommen.

Und – was für das Kind, das zu sehr geliebt wurde, am wichtigsten ist – Sie werden lernen, sich mit Ihrer Unvollkommenheit wohl zu fühlen. Sie werden die Scham durcharbeiten, die im allgemeinen aus dem Gefühl resultiert, daß Sie «schlecht» sind, weil Sie die hohen Erwartungen Ihrer Eltern nie erfüllen konnten. Sie werden lernen, diese generelle Scham in ganz konkrete Gefühle zu überführen, die auf bestimmten Ereignissen beruhen. Sie werden lernen, daß Sie sich selbst lieben können, ohne alles zu lieben, was Sie tun. Sie lernen, zwischen Ihrem Selbstbild und Ihren Handlungen zu unterscheiden. Sie können Fehler machen und trotzdem ein guter Mensch sein. Sie können ärgerlich sein und sich verletzt fühlen, ohne Angst haben zu müssen, daß andere Sie verlassen.

Sie müssen nicht glauben, daß alles, was Sie fühlen werden, schlecht sein wird, wenn Sie anfangen, mit Ihren Gefühlen in Kontakt zu kommen. Wenn wir uns weigern, die «Tiefs» im Leben zu fühlen, halten wir uns auch davon ab, die «Hochs» zu fühlen. Erwachsene Kinder, die zu sehr geliebt wurden, sind Menschen, die ständig kontrolliert sind. Sie können weder ihren Kopf zurückwerfen und in schallendes Gelächter ausbrechen, noch laut weinen, wenn sie verletzt werden. Obwohl sie inmitten eines weiten Spektrums an Gefühlen leben, verzichten sie auf Freude, um den Schmerz zu vermeiden.

Ein primäres Ziel von Gruppentherapie besteht darin, uns zu helfen, Gefühle wahrzunehmen, die zu lange Zeit zu sehr unterdrückt wurden, damit wir gesund werden und ein reiches emotionales Leben führen können, frei von «unerledigten Geschäften». Freude ist eines dieser Gefühle, Verletztheit und Ärger sind weitere.

Zu den weiteren Schritten, die Ihnen bei diesem Prozeß helfen werden, gehören folgende:

● Achten Sie immer darauf, daß Sie nicht ständig «im Kopf» sind. Menschen, die zu sehr geliebt wurden, haben die Tendenz, übertrieben intellektuell zu sein. Hören Sie auf, alles zu analysieren. Für menschliche Beziehungen ist zuviel Logik unproduktiv. Menschen verhalten sich unlogisch, weil ihre Emotionen oft zwiespältig sind. Wir können wirklich nicht kontrollieren, was wir fühlen, oder immer einen Sinn darin sehen. Unsere Gefühle sind weder gut noch schlecht; sie *sind* einfach.

● Gehen Sie Risiken ein. Wagen Sie es, ehrlich zu sein. Bleiben Sie mit Ihren Gefühlen im Fluß; stapeln Sie sie nicht so lange auf, bis Sie schließlich explodieren. Sie müssen andere nicht angreifen. Sie brauchen auch nicht das «Opfer» zu spielen und anderen all Ihr Leid vorzuwerfen. Aber Sie können lernen, das, was Sie fühlen, ehrlich zu äußern, und damit die Basis für ein reiches emotionales Leben schaffen.

● Seien Sie Ihren Eltern gegenüber verletzlich. Das schließt ein, daß Sie ihnen erzählen, wenn Sie ärgerlich oder verletzt sind. Lernen Sie, ihnen Ihren Ärger und Ihre Verletztheit wirkungsvoll zu zeigen. Ärger muß nicht feindselig oder gewalttätig sein und auch nicht zu Angriffen führen. Verletztheit muß sich nicht in einem tränenreichen, hysterischen Ausbruch äußern. Ihre Gefühle wirkungsvoll ausdrücken heißt auszusprechen, was Sie fühlen – warum Sie aufgebracht, warum Sie ärgerlich sind und was Sie brauchen. Denken Sie daran, das Ziel ist nicht, mit dem Ausdruck dieser Gefühle Ihre Eltern oder irgendeinen anderen Menschen zu verändern. Es geht darum, die Gefühle freizusetzen, damit Sie nicht darin steckenbleiben.

Heben Sie sich das «Gutdastehen» für Zeiten auf, in denen es Ihnen Gutes bringt

Eine nüchterne Selbstgenügsamkeit ist vielleicht genau das, wonach ein Chef sich bei zukünftigen Mitarbeitern umschaut. Aber Freunden und Geliebten fällt es schwer, uns nahe zu sein, wenn wir nur aus harten Ecken und Kanten bestehen.

Die Fähigkeit, sich anderen gegenüber verletzlich zu zeigen, ist Kennzeichen für einen Menschen, der keine Angst vor Nähe hat. Verletzlichkeit ermöglicht uns, sowohl andere so zu akzeptieren, wie sie sind, als auch uns als den Menschen anzunehmen, der wir sind.

Die Abneigung, anderen gegenüber verletzlich zu sein, ist der häufigste Grund dafür, daß erwachsene Kinder, die von ihren Eltern überversorgt wurden, nach außen hin «gut dastehen», sich innerlich aber einsam und leer fühlen. Es kann sehr schwer sein, diese Gewohnheit zu überwinden, vor allem wenn die Liebe unserer Eltern davon abhängig war, daß wir unsere Leistungen vor ihnen ausbreiteten. Dann wird es zur Gewohnheit, daß wir unsere Stärken und Leistungen zu einem perfekten «Paket» zusammenschnüren, um andere zu beeindrucken und dahin zu bringen, daß sie uns lieben.

Schauen Sie sich einmal Rosemary an, die ihren Freund Dan anschwärmte, indem sie perfekte Feinschmeckermenüs für ihn kochte, bei denen sie dann ihre Leistungen aufzählte und ihm eine ganze Litanei von Ratschlägen gab, wie er seine Karriere starten und demnächst zum Vizepräsidenten seiner Firma werden könne.

Eines Abends sagte er: «Rose, kannst du dich nicht mal entspannen? Ich komme doch nicht zur Berufsberatung hierher.»

Rosemary gibt zu, daß sie zunächst ärgerlich und verletzt war. «Aber dann wurde mir klar, was ich da tat. Ich sprach bei ihm für die Rolle der ‹Ehefrau› vor. Indem ich ihm zeigte, wie klug und gebildet ich sein konnte, und ihm – wie mein Vater immer sagte – meine ‹Schokoladenseite› zeigte, glaubte ich, er würde das Licht der Welt erblicken und für immer mit mir zusammensein wollen. Aber ich war so verbohrt dabei, daß Dan wirklich die Lust verging.

Als ich aufhörte, ihn beeindrucken zu wollen, und offen etwas über die Zeiten erzählte, wo ich mir meiner selbst gar nicht so sicher war oder mich verwirrt und innerlich leer fühlte, fand ich heraus, daß er gar nicht wie mein Vater war. Er war nicht enttäuscht von mir und hatte es nicht nötig, daß ich perfekt war. Es war in Ordnung, nicht ständig auf der Höhe zu sein. Tatsächlich kamen wir uns dadurch näher.»

«Gut dastehen» heißt nicht Selbstbewußtsein zur Schau stellen, sondern stellt ein Abwehrverhalten dar, das auf den verinnerlichten perfektionistischen Forderungen unserer Eltern beruht, eine Maske, hinter der wir verstecken, wer wir wirklich sind und was wir wirklich fühlen. Auf andere wirkt das wie eine unbeteiligte Distanziertheit oder das ängstliche Bedürfnis, zu beeindrucken.

Wie ersetzen wir das «Gutdastehen» durch ein ehrlicheres Verhalten? Einige Therapeuten haben Menschen geholfen, sich von dem Zwang, gut auszusehen, zu befreien, indem sie ihnen eine spezielle «Hausaufgabe» gegeben haben: Machen Sie eine Woche lang jeden Tag einen Fehler. Kommen Sie zu spät zu einer Versammlung. Kippen Sie im Restaurant Ihr Glas Wasser um. Tragen Sie bei der Arbeit eine zerknitterte Bluse oder eine scheußliche Krawatte. Verschlafen Sie. Mit anderen Worten: Bauen Sie Mist.

Nach einer Woche muß der Klient dem Therapeuten über seine Fehler berichten. Wenn die Fehler nicht riskant genug waren, muß er noch einmal von vorne anfangen und weitere Fehler machen.

Menschen, die übertrieben viel elterliche Zuwendung erhielten, haben entsetzliche Angst vor dieser Aufgabe. Sie geht ihnen gegen alles, was ihnen bislang bekannt war. Wenn sie es das erste Mal versuchen, spüren sie einen enormen Block, eine unsichtbare kompakte Mauer. Was, wenn man sie auslacht, lächerlich macht, ablehnt und demütigt? Wie ein Mann es ausdrückte: «Ich wäre ja ein SCHLECHTER MENSCH. Und

399

mein ganzes Leben lang hatte ich entsetzliche Angst davor, ein SCHLECHTER MENSCH zu sein.»

Es gibt nichts Befreienderes, als gewöhnlich und normal zu sein und das Bedürfnis, perfekt zu sein, loszulassen. Der Zweck dieser Übung ist nicht, Menschen beizubringen, daß es wunderbar ist, Fehler zu machen, sondern ihnen zu zeigen, daß sie sich für ein enormes Spektrum an Verhaltensweisen entscheiden können und trotzdem weiterhin akzeptiert werden. Menschen können unvollkommen sein, Fehler machen und das alles überstehen, ohne verlassen oder gedemütigt zu werden. Die Angst ist viel größer, als durch das reale Geschehen gerechtfertigt wäre.

Wenn wir die Angst vor Fehlern in Gegenwart anderer Menschen überwinden, fördert das unsere Spontaneität. Es geht nicht darum, daß Sie andere von Ihrer Unzulänglichkeit überzeugen, sondern das Risiko eingehen können, das eigene Abwehrverhalten fallenzulassen und mit den Gefühlen mitzugehen, die Sie tatsächlich haben.

Wir können die Maske immer noch hervorziehen, wenn wir sie brauchen. Aber es ist eine enorme Selbstbeschränkung, wenn wir uns von rigiden, perfektionistischen Regeln beherrschen lassen. Wenn wir unser «Gutdastehen» wachsam beobachten und durch ein offeneres und entspannteres Verhalten ersetzen, können wir die Freude erleben, so akzeptiert zu werden, wie wir wirklich sind.

Wie sieht es aus, wenn wir mit dem lebenslangen Antrieb, «gut dazustehen», aufhören? George, Leiter eines Anzeigenbüros, entdeckte die Freiheit, nicht länger perfekt sein zu müssen, während des Segelunterrichts auf Martinique. «Der Lehrer sprach kaum Englisch und reichte mir nach etwa fünf Minuten den Helm. Ich hatte überhaupt keine Vorstellung, was ich zu tun hatte. Die Segelleinen verhedderten sich sofort. Das Boot startete stotternd, das Segel schlug herum, und alles, was ich hörte, war, wie der Lehrer etwas schrie, das klang wie: ‹Zubu! Zubu!› Das nächste, was ich wieder wahrnahm, war, daß wir im Wasser gelandet waren. Ich konnte hören, daß meine Freunde am Strand schallend lachten wie die Hyänen.

Noch vor sechs Monaten wäre ich in einer solchen Situation am liebsten gestorben. Aber während ich versuchte, das blöde Boot im Wasser wieder aufzurichten, dachte ich: Das sind doch meine Ferien. Wen kümmert es schon, was ich für eine Figur abgebe? Ich bin also kein großer Segler. Na und?

Ich segelte ans Ufer, winkte meinen Freunden zu, fiel in den Sand und lachte wie ein Irrer. Ich hatte mich noch nie so gut gefühlt. Meine Freunde kauften mir ein T-Shirt, auf dem ‹Kapitän› stand, und ich fand das toll.»

Um das lebenslange «Gutdastehen» aufzugeben, wie George es tat, müssen Sie sich auch von der Illusion verabschieden, daß Sie nur dann akzeptiert werden, wenn Sie ständig tun und machen, Großes leisten und alle Welt davon überzeugen, daß Sie perfekt sind.

Die folgenden drei Schritte werden Ihnen dabei helfen:
● Machen Sie in Gegenwart eines Menschen, dem Sie vertrauen, einen kleinen Fehler. Achten Sie darauf, was Sie dabei empfinden und wie der andere sich verhält. Weist er Sie zurück oder läßt er Sie allein, wie Sie es befürchtet haben? Oder nimmt er Ihren Fehler kaum wahr? Fangen Sie an zu begreifen, daß andere Menschen mehr mit sich zu tun haben, als ständig auf Ihr Verhalten konzentriert zu sein. Ihre Sorge, abgelehnt zu werden, wenn Sie nicht perfekt sind, beruht auf einer Angst, die Sie aufgebaut haben und die wenig in der Realität verankert ist. «Testen» Sie diese Annahmen einmal in der Realität, indem Sie sich lockerer verhalten und realisieren, daß nichts Verheerendes geschieht.
● Schreiben Sie fünf Geheimnisse auf, von denen Sie das Gefühl haben, sie niemals einem anderen Menschen enthüllen zu können. Als nächstes schauen Sie sich Ihre Liste an und stellen sich dabei vor, ein Kollege oder Freund, den Sie bewundern, habe sie geschrieben. Würden Sie diesen Menschen wegen seiner Geheimnisse jetzt verachten? Oder fühlen Sie sich dadurch

lediglich veranlaßt, mit einem Achselzucken zu sagen: «Na und?»

● Schreiben Sie fünf Dinge auf, die Sie Ihren Eltern niemals mitgeteilt haben. Was, glauben Sie, würde geschehen, wenn Sie Ihren Eltern diese Dinge offen darlegten? Wie realistisch sind Ihre Erwartungen? Um das zu testen, versuchen Sie einmal, Ihren Eltern eines dieser Themen mitzuteilen. Eine Frau glaubte, ihre Mutter wäre entsetzt, wenn sie ihr erzählen würde, daß sie dreitausend Dollar für einen Pelzmantel ausgeben wolle, und war völlig verblüfft, als ihre Mutter lächelte und zu ihr sagte: «Das freut mich, ich wollte schon immer, daß du so etwas Schönes bekommst.» Auch wenn nicht jedes Kind auf soviel positive Resonanz stößt, verliert die Angst vor der Mißbilligung unserer Eltern ihre Macht über uns, wenn wir entdecken, daß wir sie überstehen können.

Hören Sie auf, Ihren Eltern «Stoff» zu liefern

Menschen, die mit ihren übereifrigen Eltern ins reine kommen, lernen ihre Worte abzuwägen. Sie teilen ihnen nicht zwanghaft jedes Detail ihres Lebens mit. Sie erlauben sich etwas privaten Raum.

Menschen, die bei der Vorstellung, sich wirklich von der beruhigenden elterlichen Liebe und Kontrolle zu lösen, ambivalente Gefühle haben, provozieren ihre Eltern unbewußt oft zu nervöser Überbesorgnis, indem sie kleine «Informationsbomben» fallenlassen wie: «Ich treffe mich mit einem verheirateten Mann», «Mein Mann und ich haben seit einem Monat nicht mehr zusammen geschlafen», «Ich habe mein Bankkonto um tausend Mark überzogen» oder «Alles bestens, nur daß ich die ganze Woche lang überhaupt nichts essen konnte.»

Nachdem «sie so eine «Bombe» fallengelassen und ihre Eltern dazu gebracht haben, schockiert und besorgt zu sein, beklagen sie sich: «Es ist wirklich lächerlich, wie sehr meine Eltern sich um mich Sorgen machen. Aus allem, was ich tue, machen sie ein Riesending. Warum können sie mich nicht einfach in Ruhe lassen?»

Wir müssen uns anschauen, warum wir ihnen diese Dinge erzählen. Wir wissen aus Erfahrung doch bereits vorher, wie sie darauf reagieren werden. Warum verspüren wir den Zwang, ihnen Dinge zu sagen, über die sie sich nur aufregen?

Manchmal bedeuten Äußerungen wie «Ich wünschte, meine Eltern würden mich einfach akzeptieren, aufhören, mir zu sagen, was ich zu tun habe, und nicht aus jeder Kleinigkeit ein Riesending machen» in Wirklichkeit: «Warum kann ich ihnen nicht erzählen, daß ich Kokain nehme, mit Männern schlafe, die zehn Jahre jünger sind als ich, immer mehr Schulden mache – und trotzdem von ihnen anerkannt werden?»

Wir wollen unsere eigenen Wege gehen. Aber wir möchten trotzdem das volle Einverständnis unserer Eltern, weil wir immer noch an sie gebunden sind.

Menschen, die die Angewohnheit haben, ständig von ihren unüberlegten, verantwortungslosen und selbstzerstörerischen Erlebnissen zu erzählen, tun das, weil sie Angst vor eigenen Entscheidungen haben. Sie ziehen unbewußt den Schluß, daß sie für ihr Verhalten nicht voll verantwortlich sind, wenn ihre Eltern es gutheißen oder sie für ihre Handlungen nicht zumindest scharf kritisieren.

Oder sie teilen vielleicht alle möglichen unangenehmen Einzelheiten mit, damit ihre Eltern sie bestrafen. Das wiederum verringert ihre Schuldgefühle.

Wenn Sie Ihren Eltern ständig «Stoff» geben, indem Sie ihnen weitaus mehr über Ihr Leben erzählen, als für einen eigenständigen Erwachsenen vernünftig ist, bedenken Sie einmal folgendes: Wenn wir unseren Eltern alles erzählen, sagen wir ihnen damit: «Paß auf mich auf! Ich bin nicht bereit, selbständig zu sein. Ich bin nicht bereit, ein Mensch zu sein, der unabhängig von euch ist.» Kein Wunder, daß es unseren Eltern dann schwer fällt, uns beim Wort zu nehmen, wenn wir ihnen sagen, daß wir unsere Freiheit wollen. Wenn wir uns bei dem, was wir tun, nicht wohl fühlen, sollten wir es lassen. Zwanghafte intime Eingeständnisse von Dingen, die unsere Eltern sich lieber nicht anhören würden, führen nur zu einer Fortführung sinnloser Abhängigkeit und dem Glauben, es gäbe keine negativen Folgen unseres Verhaltens, die unsere Eltern nicht in Ordnung bringen können.

Manchmal ist es gut, aufrichtig zu sein, und zu gewissen Zeiten ist es besser, Dinge für uns zu behalten. Wenn wir uns darüber beklagen, zu sehr geliebt zu werden, dann oft darum, weil uns das lieber ist, als das Risiko einzugehen, eigenständig zu handeln und die volle Verantwortung für unsere Entscheidungen zu tragen. Die Abneigung, Einzelheiten unseres Lebens für uns zu behalten und dafür Gründe wie «Ehrlichkeit» und «Nähe» anzuführen, ist die häufigste Ursache dafür, daß die Überversorgung sich bis ins Erwachsenenleben fortsetzt. Minutiöse Berichte über unser Sexleben, schwierige finanzielle Situationen oder Probleme bei der Arbeit locken unsere Eltern in die vertraute Rolle, uns zuviel zu geben, sich zuviel um uns zu kümmern, sich übermäßig für uns zu engagieren und sich schließlich total in unser Leben einzumischen.

Wirkliche Autonomie heißt, diese Verwicklungen aufzugeben. Folgende Schritte werden Ihnen dabei helfen:
● Erkennen Sie, welchen Anteil Sie an der übertriebenen elterlichen Fürsorge in ihrer Familie haben. Wie oft vertrauen Sie sich Ihren Eltern an, suchen insgeheim deren Anerkennung und fühlen sich schließlich bestraft, kontrolliert und mißverstanden? Wie oft hätten Sie diese Folgen voraussagen können, noch bevor Sie den Mund aufmachten, um zu sprechen?

Nur Sie können Ihren Eltern den «Stoff» liefern. Erkennen Sie, daß Sie Ihren Eltern die Botschaft vermitteln, nicht verantwortungsbewußt oder reif genug für die Bewältigung Ihres eigenen Lebens zu sein, wenn Sie Ihnen alles erzählen und übermenschliches Verständnis sowie ein Gutheißen Ihrer schlimmsten Angewohnheiten erwarten.

● Reduzieren Sie die vertraulichen Mitteilungen, die Sie Ihren Eltern machen. Erzählen Sie gewöhnlich alle Einzelheiten

Ihres Streits mit Ihrem Mann, seines Fortschritts in der Therapie und seiner Heldentaten im Bett? Fangen Sie an, diese Details für sich zu behalten. Greifen Sie viermal am Tag zum Hörer, um Ihre Eltern anzurufen? Beschränken Sie sich auf zwei Anrufe. Haben Sie das zwanghafte Bedürfnis, die wilde alkoholreiche Barnacht von Freitag auf Samstag bis in alle Einzelheiten zu schildern? Erzählen Sie lieber einem Freund davon. Achten Sie darauf, wie Sie sich hinterher fühlen. Betrachten Sie Ihre ängstliche Besorgtheit als Hinweis darauf, daß Sie sich von der elterlichen Anerkennung entwöhnen und immer besser lernen, sich selbst anzuerkennen.

● Wenn Sie feststellen, daß Sie vor Ihren Eltern wieder einmal ängstlich alles ausplaudern, hören Sie auf und stellen sich die Frage: Warum tue ich das? Möchte ich bestraft werden? Fühle ich mich unwohl bei dem, was ich getan habe? Möchte ich von ihnen Bestätigung, um nicht den Entschluß fassen zu müssen, mein Verhalten zu ändern? Erwarte ich, daß meine Eltern alles in Ordnung bringen und mir aus der Patsche helfen? Habe ich es nötig, daß meine Eltern sich Sorgen um mich machen, damit ich mich geliebt fühle? Kann ich sie nicht auch auf gesündere Weise um ihre Liebe bitten?

Sich beschränken in dem, was Sie Ihren Eltern mitteilen, heißt nicht, unehrlich zu sein oder sie zu täuschen, sondern ist vielmehr Ausdruck der reifen Anschauung, daß Erwachsene ein Recht auf eine Privatsphäre haben.

Hören Sie auf, sich darum zu streiten, wer recht hat

Männer und Frauen, die emotional selbständig sind, geben es auf, sich mit ihren Eltern darüber zu streiten, wer recht hat. Sie schließen einen Waffenstillstand mit ihren Eltern, der beiden Seiten das Recht einräumt, Ja oder Nein zu sagen, und gehen dann ihrem eigenen Leben nach.

Menschen, die weiterhin an der kindlichen Abhängigkeit festhalten, setzen den Kampf unbewußt fort, indem sie sich ständig wieder in die gleichen frustrierenden Streitigkeiten und Machtspiele verwickeln.

Der schmerzliche Ehrgeiz, kontrollierende Eltern schließlich doch davon überzeugen zu wollen, daß wir recht und sie unrecht haben, kann zu schweren Fehlern im Leben führen. Als Roberta, eine Unternehmensvertreterin, ihre Stelle aufgab, um zu ihrem Freund – einem Mann, den ihre Eltern total ablehnten – nach Europa zu ziehen, wußte sie von dem Augenblick an, wo das Flugzeug landete, daß sie einen Fehler gemacht hatte. Er holte sie nicht ab, und das war ein Omen für den weiteren Verlauf der Beziehung. Während Roberta in seiner Atelierwohnung auf und ab lief und auf ihn wartete, war er irgendwo anders und dachte kaum an sie.

«Jack repräsentierte alles, was ich laut Warnung meiner Eltern hätte meiden sollen, und das machte ihn, wie ich heute weiß, für mich wirklich anziehend. Hier war ich nun in Paris, ohne Arbeit, ohne Perspektive, ohne polizeiliche Anmeldung für die Jobsuche, gelangweilt und einsam, aber ich klammerte mich immer noch an die Vorstellung, mein Leben mit Jack könne wunderbar sein, nur weil ich meinen Eltern beweisen wollte, daß sie sich in ihm geirrt hatten.

Schließlich schickte ich ihnen ein Telegramm, damit sie mir Geld für die Rückreise überwiesen. Monatelang mußte ich mir all dies demütigende ‹Wir-haben-es-dir-immer-gesagt› anhören.»

Unsere Eltern haben nicht immer recht. Sie liegen aber auch nicht immer falsch, was für uns vielleicht schwerer zu schlucken ist. Das Problem liegt weniger in ihrer Meinung zu allem, was wir tun, als vielmehr darin, daß wir uns gedrängt fühlen, um jeden Preis gegen ihre Kontrolle zu rebellieren, damit wir ihnen etwas beweisen können.

Auch wenn es nicht leicht sein mag, den unproduktiven Kreislauf von Kontrolle versus Rebellion zu beenden, können wir anfangen, uns mit dem eigentlichen Thema auseinanderzusetzen: dem schmerzlichen, unausgedrückten Groll. Als Robertas Therapeutin sie bat, eine Aufstellung von all den Dingen mitzubringen, über die sie sich bei ihren Eltern ärgerte, kam Roberta mit sechs getippten Seiten an. Als sie die Liste gemeinsam durchlasen und Roberta Äußerungen wiederholte wie: «Ihr glaubt alles zu wissen» und «Ihr glaubt, alle anderen seien Idioten», begann sie so sehr zu lachen, daß ihr die Tränen über das Gesicht liefen. «Ich bin gar nicht so sehr für Listen, aber als ich das alles laut las, sah ich meine Eltern wie zwei kleine Napoleons vor mir stehen, die mir mit dem Zeigefinger drohten, weil ich ihren Vorstellungen, wie ich zu sein und mich zu verhalten hatte, nicht entsprach.

Man sieht nicht immer, daß auch die eigenen Eltern sich manchmal unreif verhalten können, und wird ärgerlich auf sie, weil sie nicht immer so sind, wie man es braucht. Noch schlimmer ist, daß ich in so vielen Bereichen immer mehr wie meine Eltern wurde. Ich mußte immer recht haben. Und ich hörte anderen auch nicht richtig zu.»

Roberta begann ihre Eltern so zu sehen, wie sie waren – als zwei Menschen, die verzweifelt an ihren Meinungen und Urteilen festhielten, weil sie Angst hatten, ihr Gesicht zu verlieren, wenn ihnen jemand beweisen sollte, daß sie sich irrten. In Robertas Familie war «recht haben» gleichbedeutend mit Selbstachtung haben. Roberta hatte diese Überzeugung übernommen, und das bildete die Basis für einen endlosen Kampf. Als sie anfing, die Meinung ihrer Eltern als das zu sehen, was sie war – eher ein Feedback, das sie annehmen oder ablehnen konnte, als ein Maßstab für ihr Selbstwertgefühl –, verlor sie das Bedürfnis, sie durch sinnlose Rebellion davon überzeugen zu müssen, daß sie recht hatte.

Viele Menschen kämpfen gegen die Notwendigkeit an, sich mit ihrem Groll auf ihre Eltern auseinanderzusetzen, selbst wenn diese Weigerung die Grundlage für eine lebenslange Rebellion sein kann. Sie sagen: «Man kann doch den Eltern nicht alles zum Vorwurf machen, man ist für sein Leben selbst verantwortlich.» Großartig, wenn das ehrlich gemeint wäre. Leider kommen solche Äußerungen häufig von Menschen, die rasende Migräneanfälle, Magengeschwüre, abgekaute Fingernägel und tiefe Ringe unter den Augen haben, was seine Ursache in schmerzlichem, aufgestautem Ärger hat. Auch wenn die Maske, die sie tragen, ausdrückt: «Alles ist gelöst, meine Schwierigkeiten mit meinen Eltern beeinträchtigen mein Leben nicht», haben sie in Wirklichkeit Angst vor negativen Reaktionen auf ihre eigenen Grollgefühle.

Die Auseinandersetzung mit dem eigenen Ärger zielt darauf ab, daß wir uns mit der Vergangenheit versöhnen. Aber viele von uns möchten am liebsten gleich mit dem Vergeben anfangen.

Sie können nicht mit einem Satz zur Ziellinie springen. Die Äußerung «Meine Eltern haben ihr Bestes gegeben» kann ehrlich gemeint sein, aber auch als Ausrede dafür dienen, nicht im geringsten an der Beziehung zu den Eltern arbeiten zu wollen. Die Folge ist, daß Sie den unterdrückten Konflikt in Ihre anderen Beziehungen tragen, vor allem in die zu Ihren eigenen Kindern, weil Sie immer recht und das letzte Worte haben müssen.

Wir können sinnlos rebellieren, weil wir etwas beweisen wollen. Oder wir können beschließen, unsere Eltern als menschliche Wesen zu sehen, die das gleiche Bedürfnis nach Wertschätzung und Anerkennung haben wie wir auch. Wir können unser Bedürfnis, recht zu haben, als das sehen, was es wirklich ist: das Bedürfnis nach Wertschätzung und Anerkennung.

Es gibt gesündere Möglichkeiten, das zu erreichen, als die, sich in endlose Machtkämpfe mit unseren Eltern zu verwickeln, weil wir darauf angewiesen sind, daß sie uns recht geben. Sie müssen mit Ihren Eltern nicht kämpfen, als hinge Ihre Freiheit, der Mensch zu sein, der Sie sind und der seine eigenen Entscheidungen trifft, allein von ihnen ab.

Folgende Schritte werden Ihnen helfen, den Kampf zu beenden:

● Menschen, die aus dieser Tretmühle aussteigen, wird folgendes klar: Niemand kann uns kontrollieren, wenn wir es nicht zulassen – selbst unsere Eltern nicht, an deren Anerkennung uns soviel liegt. Schauen Sie sich genau an, was Sie zu dem Kreislauf von Kontrolle und Rebellion beitragen: Sie verhalten sich dabei eher reaktiv als aktiv. Wie eine Frau es formulierte: «Mein ganzes Leben ist ein großes ‹Ihr könnt mich mal› an meine Eltern gewesen. Selbst als ich dachte, mich von ihnen freizumachen, indem ich rebellierte, geriet ich noch tiefer in diese Abhängigkeit hinein, weil ich mich weiterhin von ihren Meinungen beherrschen ließ.»

Kopflose Rebellion ist ebenso ein Zeichen dafür, daß wir uns der elterlichen Kontrolle ergeben haben, wie bedenkenloses Nachgeben bei allem, womit wir ihre Anerkennung oder Akzeptanz ernten.

● Sollten Sie sich der Kontrolle Ihrer Eltern fügen, weil Sie zu große Schuldgefühle bekommen, wenn Sie gegen sie rebellieren, dann bedenken Sie, daß Sie damit in großem Maße an dem Bild von den mächtigen Eltern mitwirken. Das gibt Ihnen mehr Sicherheit. Sie können sich aber auch allein sicherer fühlen, wenn Sie Ihr Leben selbst in die Hand nehmen, statt auf die Wünsche Ihrer Eltern einzugehen.

● Setzen Sie sich direkt mit Ihrem Ärger auseinander. Schreiben Sie Ihren Eltern, wie sehr Sie sich über ihre ständige Kontrolle ärgern. Sie müssen den Brief nicht losschicken, aber wenn Sie Ihre Gefühle herauslassen, kann allein das Sie emotional befreien, so daß Sie den alten Kampf aufgeben können.

● Sollten Ihre Eltern Sie ständig so herumdirigieren, daß Sie total wütend werden, dann machen Sie sich klar, daß Sie zwei Menschen vor sich haben, die die mittleren Jahre wahrscheinlich bereits überschritten haben und die ein sehr bedürftiges kleines Kind in sich tragen. Es ist nicht die reife Seite Ihrer Eltern, die sie veranlaßt, Ihr Verhalten bestimmen zu wollen. Es ist nicht ihr Wissen als Erwachsene, das es ihnen unmöglich macht, Sie zu akzeptieren, wenn Sie nicht ihren Vorschriften folgen. Es ist das bedürftige Kind in ihnen, das Liebe, Respekt und Anerkennung möchte, dieses Bedürfnis aber auf Wegen verfolgt, die Ärger und Respektlosigkeit nach sich ziehen. Distanzieren Sie sich von dem überholten Kampf mit einem entschiedenen: «Wir sind unterschiedliche Menschen, und ich respektiere, wer ihr seid, aber ich will auch, daß ihr respektiert, wer ich bin.» Warten Sie ab, bis der stumme Wutanfall vorüber ist, ohne entsprechend zu reagieren. Erkennen Sie, daß Sie nicht verantwortlich dafür sind, daß die Bedürfnisse Ihrer Eltern erfüllt werden. Mit bedürftigen Kindern muß man geduldig umgehen, ihnen aber auch feste Grenzen setzen.

Nehmen Sie nicht mehr an, als Sie bereitwillig zurückgeben können

Übertriebene elterliche Fürsorge und die enorm vielen Geschenke und Zuwendungen, die damit einhergehen, fordern ihren Preis. Wenn Sie vergessen, daß die Rechnung Ihnen ins Haus geflattert kommen wird, kann das zu großen Problemen führen.

Als Rays Eltern sich trennten, ergriff er Partei für seinen Vater. Er hatte nur noch ein Semester bis zum Abschluß seines Jurastudiums vor sich und war daher nur allzu glücklich, in die Stadtwohnung seines Vaters zu ziehen, sich an einer großen monatlichen Geldzuwendung, freier Kost und Dienstboten zu erfreuen, mit seinem Vater die lange gemeinsame Liste von uralten Vorwürfen an seine Mutter durchzugehen und von einer Stelle im Anwaltsbüro seines Vaters zu träumen.

Nachdem Ray sein Jurastudium erfolgreich abgeschlossen hatte, machte er eine Reise nach Hawaii, für die sein Vater sämtliche Kosten trug. Als er zurückkam, holte sein Vater ihn vom Flughafen ab und sagte: «Ich habe einen tollen ersten Fall für dich, Ray. Ich möchte, daß du mich in meinem Scheidungsprozeß gegen deine Mutter verteidigst.»

Ray war so schockiert, daß er fast umgefallen wäre. Es wäre ihm nie in den Sinn gekommen, daß sein Vater ihn um so etwas bitten könnte. Wie konnte er seiner Mutter im Gerichtssaal gegenübertreten? Seine Weigerung führte zu der Drohung, nicht in die Kanzlei seines Vaters aufgenommen zu werden, und einer Reihe anderer Folgen, die ebenso verheerend waren.

Nicht viele Menschen erhalten eine so hohe «Rechnung für geleistete Dienste» wie Ray. Aber unsere «Rechnung» kann Posten enthalten wie die Verpflichtung, unsere Eltern täglich anzurufen, niemals ärgerlich zu werden, im Umkreis der elterlichen Wohnung zu leben, jeden Freitag zum Abendessen zu kommen, Brüder und Schwestern anzurufen, mit denen wir uns wenig zu sagen haben, jemanden zu heiraten, der unseren Eltern gefällt, Schuldgefühle zu haben, wenn wir ihnen ihren Willen nicht erfüllen, und anderes mehr. Mit anderen Worten, wir sind in unseren Möglichkeiten beschränkt und eingeengt, weil wir «Schulden» haben.

Um die Kontrolle über unser Leben zu gewinnen und uns von unseren Eltern zu lösen, müssen wir vielleicht auch auf das Geld unserer Eltern verzichten. Es kann schwierig sein, den lebenslangen monatlichen Zuschuß aufzugeben, aber solange wir mehr annehmen, als wir geben, werden wir niemals wirklich unabhängig sein.

Wie können wir uns aus diesen Verwicklungen freimachen, vor allem wenn wir die Abhängigkeit so sehr genießen? Ellen, eine vierunddreißigjährige Chefsekretärin, nahm das Geld, das ihre Eltern ihr jeden Monat gaben, nur allzu gern, um sich dafür Kleidung, Kosmetik und Theaterkarten zu kaufen, aber mit zunehmendem Alter wurde ihr der fortwährende Geldzuschuß immer unangenehmer. «Das schlimmste dabei war, zu ihnen zu gehen und mir den Scheck abzuholen. Ich besuchte meine Eltern zu Hause und blieb immer eine Stunde. Wenn ich aufstand, um zu gehen, schauten meine Mutter und mein Vater sich immer an, und dann ging mein Vater in sein Arbeitszimmer, wo er sein Scheckbuch aufbewahrte. Sie begleiteten mich zur Tür, mein Vater umarmte mich und gab mir dabei den Scheck. Ich wollte immer sagen: ‹Ich bin aber nicht nur deswegen gekommen›, aber ich brachte die Worte nicht heraus. Über diese stille Vereinbarung, daß sie mir weiter jeden Monat dreihundert Dollar gaben, wurde niemals gesprochen.

Ich konnte sehen, daß meine Mutter dachte, sie sollten damit aufhören. Aber es war auch deutlich, daß beide sehr stolz darauf waren, das für mich tun zu können. Endlose Male spielten wir die gleiche Szene durch – meine Mutter versuchte, ihre Enttäuschung über mich zu verbergen, mein Vater verteidigte mich stumm –, bis mir klar wurde, daß meine Scham darüber, dieses Geld anzunehmen, schlimmer war, als ohne es auskommen zu müssen.

Der Mann, mit dem ich zu der Zeit zusammen war, war schockiert, als ich ihm erzählte, daß ich immer noch Geld von meinen Eltern annahm. Ich hatte das Gefühl, mich verteidigen zu müssen, und das war ein Hinweis darauf, daß ich mich mit der ganzen Situation nicht mehr wohl fühlte. Mein stärkstes Gegenargument war, daß sie mehr Geld hatten, als sie jemals brauchen würden, aber er nannte das eine Rationalisierung. Innerlich wußte ich, daß das ein Ende haben mußte, meine Eltern aber von selbst niemals damit aufhören würden.

Ich gab mir zwei Monate. Als ich sie das nächste Mal besuchte, sagte ich: ‹Übernächsten Monat brauche ich den Scheck nicht mehr. Ich glaube, ich kann dann ohne eure Hilfe auskommen.›»

Sich das Geld ihrer Eltern zu versagen, war für Ellen beträchtlich schwerer, als sie gedacht hatte. «Ich begann, mir ständig Sorgen um Geld zu machen, mein Abendbrot bestand nur noch aus einem Apfel und einer Dose Thunfisch, ich schnitt Gutscheine aus Zeitschriften aus und kratzte wie verrückt jeden Pfennig zusammen. Wenn meine Rechnungen kamen, war ich depressiv und besorgt. Es dauerte länger als ein Jahr, bis ich mich schließlich entspannen konnte und mir klar wurde, daß ich meine Kosten decken, mit meinem Geld zurechtkommen und mich dabei sogar wohl fühlen konnte. Diese Lektion lernen die meisten Menschen mit Anfang zwanzig, aber meine langjährige Abhängigkeit von meinen Eltern machte es mir schwerer.»

Das Geld, das wir von unseren Eltern annehmen, bedeutet mehr für uns als Markstücke und Pfennige, mit denen wir unsere Rechnungen bezahlen. Es kann Sicherheit bedeuten oder auch Schutz. Darum ist der Verzicht auf dies Geld schwieriger, als es eigentlich nötig wäre. Auf jeden Fall steht es immer für eine Fortsetzung unserer Kindheit.

Wenn Sie von Ihren Eltern finanziell abhängig sind, sind Sie von Ihren Eltern generell abhängig. Wenn Sie die Verantwortung für Ihre Finanzen einem anderen Menschen überlassen, geben Sie einen wichtigen Teil Ihrer Kontrolle über Ihr Leben ab. Wenn wir sagen, daß wir uns das Geld unserer Eltern nicht vorenthalten können, meinen wir damit oft, daß wir nicht zulassen können, unabhängig zu sein, weil das beängstigend ist.

Nur Sie können bestimmen, wieviel Schulden Sie bei Ihren Eltern mit gutem Gefühl machen können. Besorgnis, Schuldgefühle, Scham oder Groll sind Hinweise darauf, daß Ihre Schulden zu hoch sind. Versuchen Sie folgendes:

● Setzen Sie sich einen festen Zeitpunkt, an dem Sie aufhören werden, Geld von Ihren Eltern zu nehmen. Sechs Monate sind genug Zeit, um sich auf ein reduziertes Einkommen und die finanzielle Unabhängigkeit vorzubereiten. Teilen Sie diesen Zeitpunkt einem Menschen mit, dem Sie vertrauen und der Sie daran erinnern wird.

● Lernen Sie, soviel Sie können, über den Umgang mit Geld. Mangelnder Durchblick in finanziellen Angelegenheiten kann ein Hinweis darauf sein, daß wir uns weigern, die Verantwortlichkeiten des Erwachsenen auf uns zu nehmen.

● Wenn Sie sich in diesem Augenblick Ihr Scheckbuch anschauen, haben Sie dann eine saubere Aufstellung Ihrer Zahlungsbilanzen vor sich oder ein Wirrwarr von Zahlen, die Sie kaum lesen können?

Gehen Sie mit Geld realistisch um? Oder machen Sie sich darum so viel Sorgen, daß Sie auf das Thema immer extrem reagieren, das heißt, mit Selbstvorwürfen, zwanghaftem und rigidem Verhalten, weil Sie Angst vor schlechten Tagen haben oder überhaupt nicht wissen, wie die Differenz zwischen Ihren Einnahmen und Ihren Ausgaben aussieht?

Ihre Antworten auf diese Fragen können bedeuten, daß finanzielle Unabhängigkeit für Sie beängstigend ist. Aber finanzielle Unabhängigkeit ist eine Schwelle zum Erwachsensein. Eltern, die zu sehr lieben, können versuchen, ihre Kinder mit Hilfe von Geld abhängig zu halten. Das ist ein Köder, aus dem wir Vorteile ziehen.

● Seien Sie sich darüber im klaren, daß Sie auch dann Schulden machen, wenn Sie von Ihren Eltern niemals auch nur einen Pfennig annehmen. Wenn wir uns auf ihre Beziehungen verlassen, ihre Babysitterdienste in Anspruch nehmen, in ihrem Ferienhaus wohnen oder ihnen unsere schmutzige Wäsche bringen, machen wir Schulden. Fertigen Sie eine Liste der verschiedenen Schulden an, die Sie gemacht haben. Wie zahlen Sie sie ab? Übersteigt das, was von Ihnen als Gegenleistung erwartet wird, den Wert dessen, was Sie angenommen haben? Vielleicht ist Ihre Unabhängigkeit als Preis zu hoch.

Ihre Eltern sind stärker, als Sie es ihnen zugestehen

Die Illusion, die Bedürfnisse unserer Eltern erfüllen zu müssen, kann verheerende Folgen haben. Grace, eine Systemanalytikerin, fühlte sich elend und innerlich zerrissen, als ihr Freund, mit dem sie über ein Jahr zusammen war, ihr erzählte, er habe ein solides Angebot von einer Firma mit Standort in Los Angeles, das er annehmen wolle. Er wollte, daß Grace mit ihm dort hinzog, und machte auch Anspielungen auf eine mögliche Heirat.

«Ich konnte das nicht tun», sagte Grace. «Ich war die einzige von meinen Geschwistern, die noch in derselben Stadt lebte wie meine Eltern. Sie wurden älter, mein Vater war sehr oft krank, und es war eine denkbar ungünstige Zeit, sie zu verlassen. Ich konnte einfach nicht nach Los Angeles ziehen und sie allein lassen.»

Ein Jahr später war Grace untröstlich, als sie hörte, daß ihr Ex-Freund, den sie immer noch sehr liebte, eine andere Frau heiraten würde. Aber das war nicht das Schlimmste. Als ihre Eltern verkündeten, sie würden in ein Altenheim in Arizona ziehen, verschlug es ihr die Sprache, und sie konnte sie nur erstaunt anstarren.

Heute gibt eine sehr viel weiser gewordene Grace zu, daß ihr Verantwortungsgefühl für ihre Eltern sie in die Irre geführt hat. «Deine Eltern zu lieben heißt nicht, daß du verpflichtet bist, dein eigenes Leben nicht weiterzuführen. Mein Fehler war, anzunehmen, daß sie das von mir erwarteten. Ich sprach noch nicht einmal mit ihnen über meinen möglichen Umzug nach Los Angeles, weil ich Angst hatte, sie zu verletzen. Jetzt glaube ich, sie hätten gewollt, daß ich tat, was ich tun mußte, auch wenn sie darüber nicht allzu erfreut gewesen wären.»

Wir glauben, daß es unsere Eltern umbringt, wenn wir uns von ihnen lösen. Wir verfallen dem Irrtum, für ihren Schutz verantwortlich zu sein oder sie für alles entschädigen zu müssen, was sie niemals hatten.

Interessant ist, daß Kinder, die zu sehr geliebt wurden, ihre Eltern immer wieder als Menschen beschreiben, die schwach, hilflos, einsam, depressiv sind und ein inhaltsloses Leben führen. Die gleichen Eltern sind aber oft lebendig und aktiv, führen ihren eigenen Haushalt und ihr eigenes Geschäft, planen Urlaube, kommen mit ihren Finanzen zurecht, und auch alles andere in ihrem Leben läuft glatt. Es stimmt, daß sie manchmal depressiv sind. Es stimmt auch, daß sie sich hin und wieder einsam fühlen und einen schlechten Tag haben. Aber gilt das nicht für uns alle?

Unsere Eltern sind stärker, als wir es ihnen zugestehen. Dieses Ignorieren ihrer Stärke, das dazu führt, daß wir sie übertrieben umsorgen, gilt für beide Seiten. Aus der Sicht unserer

Eltern brauchen wir ständig ihren Rat und Schutz, und auch wir sehen sie so, daß sie uns verzweifelt brauchen.

Wenn beide Seiten das Gefühl haben, ausgenutzt zu werden, ist unsere Beziehung voll Bitterkeit. Schlimmstenfalls ist sie von Groll und gegenseitiger Abhängigkeit geprägt. Wir kommen einander zu Hilfe, raten und helfen uns gegenseitig bei unseren Problemen. Wir verlieren aus den Augen, wo unsere individuellen Grenzen anfangen und aufhören. Während wir zwischen Geben und Annehmen hin- und herspringen, reichen unsere Kraftquellen kaum aus, um alles zu lösen. Die Probleme bestehen fort. Und immer weiter geht es damit, daß wir gegenseitig unser Kontrollverhalten bekämpfen und rasend werden, wenn nichts, was uns am anderen mißfällt, sich ändert.

Bedenken Sie folgendes: Wenn wir meinen, andere könnten ohne uns nicht leben, fühlen wir uns sehr wichtig. Es kann uns Vorteile bringen, wenn wir unsere Eltern als Menschen sehen, die uns gegenüber verletzlich und abhängig von uns sind, denn das gibt uns ein Gefühl von Macht. Kann sein, daß es ihnen mit uns genauso geht.

Jeder von uns hat Angst vor Trennung. Vielleicht widerstrebt es uns so sehr zuzugeben, daß unsere Eltern uns bei weitem nicht so sehr brauchen, wie wir glauben, weil wir dann mit einer quälenden unterschwelligen Angst konfrontiert werden: daß wir es sein könnten, die ohne sie nicht zurechtkommen.

Die folgenden Tips können Ihnen helfen, Ihre Eltern und Ihre Beziehung zu ihnen realistischer einzuschätzen:

● Machen Sie sich klar, daß wir alle uns zu bestimmten Zeiten einsam, depressiv, ängstlich und hoffnungslos fühlen. Wir alle haben Probleme. Sie können Ihre Eltern von diesen Gefühlen nicht «kurieren». Sie sind nicht verantwortlich für ihr Glück, ebenso wie Ihre Eltern nicht dafür verantwortlich sind, daß Sie ein glückliches Leben führen.

● Führen Sie einmal ein, zwei Wochen Buch über die «kleinen

Notlügen», die Sie Ihren Eltern erzählen, weil Sie glauben, die Wahrheit würde sie verletzen. Wie oft sehen Sie für Ihre Eltern «gut aus», damit diese sich keine Sorgen um Sie machen müssen? Wenn Sie feststellen, daß Sie glauben, Ihre Eltern ständig vor Ihrem eigenen Verhalten schützen zu müssen, sollten Sie diese Annahme einmal in Frage stellen. Gehen Sie das Risiko ein, auf dieses Betragen bewußt zu achten und es durch ein ehrlicheres Verhalten zu ersetzen. Ihre Eltern werden das überstehen.

● Schauen Sie sich Ihre Schuldgefühle noch einmal genau an. Wer sich ständig schuldig fühlt, weil er für seine Eltern nicht genug *tut* oder sie nicht glücklich machen kann, ist manchmal in Wirklichkeit enttäuscht, weil er von seinen Eltern, was immer er sagt oder tut, nicht die Liebe erhält. die er sich erträumt hat. Wenn das auf Sie zutrifft, machen Sie sich einmal klar, daß Ihre Eltern Sie so sehr lieben, wie sie es vermögen und können. Vielleicht werden Sie niemals bewirken, daß Sie genau das bekommen, was Sie von ihnen brauchen. Vielleicht werden Sie ihre Erwartungen niemals erfüllen. Vielleicht sorgen Ihre Eltern sich um Ihre Fähigkeit, «gut dazustehen» viel mehr als um das, was Sie wirklich fühlen. Sie können nur sich selbst und Ihre Reaktionen verändern.

Wenn wir denselben «ausgetrockneten Brunnen» immer wieder aufsuchen in der Hoffnung, schließlich doch Wasser aus ihm zu schöpfen, ist das sowohl sinnlos als auch schmerzlich. Akzeptieren Sie, daß Ihre Eltern ihre Grenzen haben.

● Wenn wir ständig Schuldgefühle haben, weil wir meinen, unsere Eltern falsch zu behandeln, kann das ein Signal dafür sein, daß wir uns mit unserem Verhalten nicht wohl fühlen und es ändern sollten. Schuldgefühle können auch ein Symptom für emotionale Verwicklungen sein. Manche Familien stellen Regeln auf, nach denen niemand das Recht auf Individualität oder Meinungen und einen Lebensstil hat, die dem Status quo entgegenstehen. Und jeder fühlt sich schuldig, wenn er gegen diese Regeln verstößt. Die einzelnen Familienmitglieder können Tausende von Kilometern auseinander wohnen, ohne ihr ursprüngliches Zuhause jemals wirklich verlassen zu haben.

John Bradshaw schreibt in seinem Buch *On the Family*: «Wenn wir unser Zuhause verlassen, bedeutet das, daß wir uns von unserem Familiensystem trennen und die Idealisierungen sowie die Phantasie aufgeben, an unsere Eltern gebunden zu sein. Nur indem wir weggehen und selbständig werden, haben wir die Wahl, eine Beziehung zu unseren Eltern zu entwikkeln. Beziehungen erfordern Trennung und Loslösung.»

In einer gesunden Beziehung gibt es Grenzen zwischen den Individuen. Schauen Sie sich Ihre Schuldgefühle einmal näher an und fragen Sie sich: Lasse ich meine Eltern wirklich im Stich, wenn ich meine eigenen Ziele verfolge? Oder ist es zu beängstigend für mich, den Teil von mir im Stich zu lassen, der meine Eltern immer noch braucht, um definieren zu können, wer ich bin und wie ich mich verhalten soll?

• Hören Sie auf, die Tatsache, daß Ihre Eltern demnächst sterben werden, als Entschuldigung dafür anzuführen, keine Bedürfnisse und Ziele zu verfolgen, mit denen Ihre Eltern nicht übereinstimmen. Ein Mann sagte: «Ich streite mich mit meinen Eltern, schreie sie an und verlasse ihr Haus. Aber selbst wenn ich im Recht bin, kann ich nicht zulassen, zu lange ärgerlich auf sie zu sein. Ich denke, sie sind jetzt über sechzig. Sie könnten morgen sterben, und dann hätte ich auf ewig Schuldgefühle.»

Die Überzeugung, wir müßten unseren Eltern nachgeben, weil sie ja sterben könnten und unsere letzten Worte an sie dann voller Ärger waren, ist wirklich übertrieben. Sie zeugt von dem kindlichen Glauben, es gäbe eine rachsüchtige Kraft im Universum, die uns zur Rechenschaft zieht, wenn wir uns «schlecht benehmen». Sie ist auch ein Hinweis auf die unbewußte und irrtümliche Annahme, daß unser Ärger unsere Eltern umbringt.

Sie können ärgerlich auf Menschen sein, sie enttäuschen, vor ihren Augen Fehler machen, gegen ihre Wünsche verstoßen und sie frustrieren, und alle werden es überleben. Das Ziel ist nicht, an dem Ärger auf unsere Eltern festzuhalten, sondern die Vorwände aufzugeben, unter denen wir uns niemals erlauben, in ihrer Gegenwart wir selbst zu sein.

Auch wenn wir in unserem Leben Meinungen haben und Dinge tun, die wir besser für uns behalten, heißt das nicht, daß wir jedesmal, wenn wir unseren Eltern begegnen, ein völlig anderer Mensch sein müssen. Nur wenn wir ihren Ärger und ihre Enttäuschung über uns hinnehmen können, ohne darauf mit Beschwichtigungen, Lügen oder Vortäuschungen reagieren zu müssen, können wir erkennen, daß wir die Meister unseres eigenen Schicksals sind.

Riskieren Sie etwas

Handeln zahlt sich aus. Kompetenz können wir nur durch Erfahrung gewinnen.

Übermäßige elterliche Fürsorge führt zu einer starken Beeinträchtigung unserer Fähigkeit, initiativ zu sein. Die Initiative ergreifen heißt Risiken eingehen. Bei Risiken fühlen wir uns verletzlich, weil Risiken etwas sind, wovor unsere Eltern uns permanent schützen wollten.

Die Initiative eines Kindes kann bedrohlich sein für einen Vater oder eine Mutter, die zu sehr lieben und die ein so starkes Bedürfnis nach Kontrolle haben. Initiative heißt: «Ich glaube, ich kann das alleine.» Ohne es zu wissen, lähmen Eltern, die zu sehr lieben, diese Initiativkraft durch Gedanken wie: «Du brauchst mich doch, und ohne mich wirst du nicht klarkommen.»

Aus einer solchen Kindheit gehen anmaßende Erwachsene hervor, Menschen, die unbewußt erwarten, daß andere automatisch die Initiative ergreifen und ihnen Liebe, Zuneigung und materielle Dinge schenken, ohne dafür etwas zurückbekommen zu wollen.

Ken, ein sechsundzwanzigjähriger Werbegrafiker, lacht, als er bekennt, daß er wegen einer defekten Toilettenspülung und vertrockneten Zimmerpflanzen in der Ehetherapie gelandet ist. «Nicht weil ich mich ändern wollte, stimmte ich zu, einen Therapeuten aufzusuchen, sondern weil ich wollte, daß Sue sich ändert. Ich kaufte ihr das Haus ihrer Träume, und jedesmal, wenn ich sie anschaute, dachte ich: ‹Sie hat es noch nie so gut gehabt. Das Haus hat ein Vermögen gekostet, und was habe ich dafür bekommen? Eine Frau, die jeden Abend mit einer Liste von Dingen auf mich wartet, die repariert werden müssen, von Lebensmitteln, die eingekauft, und Hausarbeiten, die erledigt werden müssen.›

Der Streit, den wir hatten, als die Toilettenspülung kaputtging, wurde immer häßlicher. Ich erwartete von ihr, daß sie für die Reparatur sorgte. Sie sagte, sie habe nicht die Zeit, einen Klempner zu suchen, weil sie auf der Arbeit soviel zu tun habe. Ich wurde rasend bei dem Gedanken, mir einen weiteren Abend mit dem Thema Topfpflanzen und verdreckte Pfannen verderben zu lassen.

Sue gab bissig zurück, das sei nicht ihr Fehler. Sie wollte wissen, warum ich überhaupt keine Verantwortung übernahm. Sie sagte, ich würde mich nicht um das Haus kümmern, von ihr erwarten, daß sie abends für mich da sei, und mich so hilflos anstellen, daß ich noch nicht einmal die Blumen gießen könne. Nun, was erwartet sie von mir? Was wußte ich denn über Toiletten oder Zimmerpflanzen?

Ich hatte sie und ihre ordentlichen kleinen Listen total satt. Ich gab zu, daß ich dachte, sie sei für das Haus verantwortlich. Sie sagte, ich sei verwöhnt und faul, aber ich entgegnete, ich habe ihr das verdammte Haus gekauft, das sie haben wollte, und es gäbe andere Frauen, die mir dankbar dafür gewesen wären.»

Ken und seine Frau begannen die Therapie mit langen Listen gegenseitiger Vorwürfe und hofften beide, der Therapeut würde sich auf ihre Seite schlagen und den anderen zurechtweisen. Sie erfuhren statt dessen, daß sie den «perfekten» Ehekrach hatten. Sue kontrollierte und dominierte, eine Folge der Tatsache, daß sie von Eltern großgezogen wurde, die beide alkoholabhängig und darauf angewiesen waren, daß Sue alles in die Hand nahm, ihren Bruder und ihre Schwester betreute und jedes Durcheinander in Ordnung brachte, das sie anrichteten. Sie hatte ihr Leben lang ihren Groll zurückgehalten in der Hoffnung, ihre Bedürfnisse nach Zuwendung und Fürsorge schließlich doch noch erfüllt zu bekommen, wenn sie einem Menschen nur genug gab.

Ken war es gewohnt, daß ihm seine Bedürfnisse von Eltern, die ihn vergötterten, von den Lippen abgelesen wurden, und er erwartete, daß man sich um ihn kümmerte. Da ihm seine Eltern früher ständig die Verantwortung abgenommen hatten, hatte er schließlich Angst davor entwickelt, sich selbst zu versorgen. Für ihn stellte es ein Risiko dar, wenn er in seiner Beziehung mit Sue auch nur die geringste Initiative ergriff. Er übernahm die Rolle des «Hilflosen» und ärgerte sich, wenn Sue seine Hilfe forderte.

Sue und Ken tanzten einen uralten Walzer zusammen und bewegten sich nach der Melodie gegenseitiger Bedürfnisse und Groll auf beiden Seiten. In der Therapie legten sie ihren Groll offen.

Und was riet ihnen der Therapeut? Riskieren Sie etwas. Treten Sie aus der alten Rolle heraus. Sue sollte Ken Verantwortung überlassen und damit anfangen, indem sie Ken etwas so Einfaches überließ, wie die Blumen zu gießen. Vielleicht gingen die Pflanzen ein, aber das Risiko mußte sie eingehen, wenn sie aufhören wollte, die Kontrolle zu übernehmen und ihm die Verantwortung abzunehmen, während sie sich gleichzeitig über seine Verantwortungslosigkeit beklagte.

Ken sollte lernen, die Toilettenspülung zu reparieren. Er sollte aufhören zu denken, daß er dabei etwas falsch machen, sie ganz kaputtmachen oder sich in eine peinliche Lage bringen würde. Er sollte den Versuch wagen und konnte dann immer noch den Klempner anrufen, wenn er nicht zurechtkam. Er sollte aufhören, sich auf Sue zu verlassen, die vielleicht motiviert war, die Toilette zu reparieren, aber ebensowenig davon verstand wie er.

Die Toilette wurde repariert, die Pflanzen gegossen, und Sue und Ken hörten auf, miteinander zu tanzen. Sie riskierten es, aus den vertrauten Rollen auszusteigen, weil sie wußten, daß das Festhalten an alten Verhaltensmustern das Ende ihrer Beziehung bedeutet hätte. Ken, der so sehr geliebt worden war, daß er niemals eigene Kompetenz entwickelt hatte, begann sich auf sich selbst zu verlassen. Sue, die so wenig geliebt worden war, daß sie niemals das Vertrauen hatte, daß jemand ihr wirklich etwas geben würde, lernte anzunehmen, was andere ihr gaben, indem sie aufhörte, sie zu kontrollieren.

Überversorgung kann Erwachsene hervorbringen, die gelangweilt und nicht in der Lage sind, die Initiative zu ergreifen oder Risiken einzugehen. Wenn Ihnen, wie Ken, fast schlecht wird bei dem Gedanken, ein Risiko einzugehen, und Sie sich wohler fühlen, wenn Sie am Rande stehen bleiben, statt die Initiative zu ergreifen, versuchen Sie einmal, nach folgenden Schritten vorzugehen:

● Setzen Sie sich das Ziel, einmal am Tag ein Risiko einzugehen. Versuchen Sie etwas so Einfaches, wie sich ein neues Hemd zu kaufen, ohne jemanden zu fragen, wie es Ihnen steht, wagen Sie den Versuch, ein kaputtes Möbelstück zu reparieren oder einen Freund anzurufen, mit dem Sie lange nicht gesprochen haben. Mit zunehmender Erfahrung werden diese Dinge immer einfacher werden.

● Wenn Sie sich das nächste Mal sagen hören: «Das kann ich nicht», dann halten Sie inne. Versuchen Sie es noch zweimal, statt aufzugeben.

● Schauen Sie sich einmal näher an, was Sie meinen, wenn Sie sagen, daß Sie gelangweilt sind. Langeweile ist oft eine Abwehr gegen Ängstlichkeit. Langweilen Sie sich bei einer Versammlung? Fragen Sie sich, ob Sie sich in Wirklichkeit vielleicht nicht zutrauen, sich zu beteiligen und zu behaupten, um das Gespräch wieder auf die richtige Spur zu bringen. Langweilen Sie sich mit Ihrem Geliebten? Fragen Sie sich, ob Sie in Wirklichkeit nicht Angst vor einer intimen Beziehung haben.

Langweilen Sie sich, wenn andere Menschen reden? Überprüfen Sie einmal, ob es Ihnen Angst macht, wenn Sie keine Kontrolle über das Gesagte haben.

Das Gegenmittel für Langeweile ist Beteiligung. Bei Ihrem Hintergrund ist Aktivwerden vielleicht sehr viel beängstigender für Sie, als sich zurückzulehnen und die Sache von außen zu betrachten. Machen Sie es sich zum Ziel, sich an allem, was um Sie herum vorgeht, um fünfzig Prozent mehr zu beteiligen, und beobachten Sie, wie Ihre Ängste sich dabei auflösen.

Glück allein reicht nicht aus

Menschen, die zu sehr geliebt wurden, glauben oft an Zauberei.

Jeff, ein zweiunddreißigjähriger Sachbearbeiter für Kundenwerbung in einer Public-Relation-Firma, bat seinen Chef um eine Unterredung, nachdem er drei Monate in seiner neuen Position gearbeitet hatte. Er beklagte sich darüber, sich zu langweilen, von seiner Arbeit nicht genügend gefordert zu werden und von den interessanteren Projekten und Kundenpräsentationen ausgeschlossen zu sein. «Ich bin unterbeschäftigt», erklärte er. «Ich könnte für Sie sehr viel wertvoller sein, wenn ich wichtigere Dinge täte, als neue Informationen zusammenzuschreiben, was jeder kann.»

Sein Chef hörte in eisiger Stille zu und entgegnete dann: «Sie haben jetzt in diesem Augenblick einen Stapel neuer Informationen auf Ihrem Schreibtisch liegen, die gestern schon rausgegangen sein sollten, aber Sie sind der erste, der um fünf Uhr die Firma verläßt. Wie kann ich Ihnen mehr Verantwortung übergeben, wenn Sie noch nicht einmal Ihre jetzigen Aufgaben erledigen? Als ich mir den Bericht durchlas, den ich Ihnen für einen Kunden auftrug, und Sie um Korrekturen bat, gaben Sie ihn mir ohne jede Änderung zurück. Ich denke, Sie sind mit dem Kopf ganz schön vorneweg.»

Jeff verließ das Büro seines Chefs verwirrt und voller Groll. Statt der Beförderung, die er erwartet hatte, war er auf Probezeit gesetzt worden.

Jahre später gab ein reifer gewordener Jeff seinen Fehler zu. «Ich dachte immer, ich sei klüger als meine Kollegen, mein Chef und selbst der Leiter der ganzen Firma. Ich dachte, ich bräuchte lediglich allen Leuten von meinen ‹Gaben› zu erzählen und würde dann wie ein Meteor geradewegs zur Spitze aufsteigen. Ich dachte, ich sei darüber erhaben, Lehrgeld zu bezahlen – daß mir das auf magische Weise alles erspart bleiben würde. Nun, ob Sie es glauben oder nicht, die Leute sind gar nicht so interessiert daran, wie klug Sie sind. Sie können schlauer sein als alle anderen, aber das zählt in Wirklichkeit gar nicht. Es interessiert sie mehr, ob Sie Ihr Lehrgeld bezahlt haben oder nicht, ob Sie gelernt haben, im Team zu arbeiten und eine Aufgabe gut zum Abschluß zu bringen, die sonst niemand übernehmen will. Ich habe gelesen, was sie in Zeitschriften über Leute schreiben, die unerprobt und unbewährt direkt an die Spitze springen. Das ist Glück und Zauberei. Die Realität ist, daß die Leute Ihnen erst dann erlauben, große Dinge anzugehen, wenn Sie sich bei den kleinen Aufgaben bewährt haben.»

Die Abneigung, Lehrgeld zu bezahlen, ist ein verbreitetes Kennzeichen für das erwachsene Kind, das von seinen Eltern überversorgt wurde, und das aus gutem Grunde. Jeff gibt zu, daß er sein ganzes Leben lang immer auf eine vertraute Litanei gehört hat – nämlich die Worte seiner Mutter, die sagte: «Du bist etwas Besonderes, so klug, so talentiert, so viel besser als alle anderen.» Die Auffassung, daß er besonders begabt sei – aufgebläht von Eltern, die ihn zu sehr liebten –, führte zu der geheimen Überzeugung, etwas Besonderes zu verdienen oder überlegen zu sein. Er würde gleich ganz oben anfangen. Dafür brauchte er lediglich eine gute Chance.

Überlegenheit und Unterlegenheit sind zwei Seiten ein und derselben Medaille. Basis für das Bedürfnis, sich aufzublasen, ist eine Form von Selbstachtung, die von der Bewunderung anderer Leute abhängig ist, statt in wirklichem Selbstvertrauen zu wurzeln. Überlegenheitsgefühle bringen uns selten an die Spitze.

Wissenschaftler stimmen darin überein, daß erfolgreichen Menschen bestimmte Charakterzüge gemein sind:

● Verletzlichkeit. Menschen, die glauben, daß ihnen nichts Schlimmes geschehen kann, gehen unvernünftige Risiken ein. Wer sich vorstellt, daß das Schlimmste passieren könnte, und nicht glaubt, selbst auf magische Weise davor geschützt zu sein, bereitet sich entsprechend vor.

● Zuverlässigkeit. Menschen, die erfolgreich sind, tun, was sie sagen. Man kann auf sie zählen. Sie plaudern nicht nur gut – sie *sind* auch gut.

● Umsichtige Aktivität. Der Mensch, der umsichtig agiert, plant sorgfältig, bereitet Handlungsschritte vor und überlegt vorher, was gebraucht wird. Wer hingegen reagiert, kann von jeder Brise umgeworfen werden. Wenn etwas geschieht, reagiert er zu schnell und impulsiv, ohne die Auswirkungen seines Handelns gründlich zu durchdenken. Da er selten etwas in die Wege leitet und statt dessen auf andere wartet, auf die er dann reagiert, verstärkt er seine Abhängigkeit von anderen Menschen und läßt zu, daß sein Leben von ihnen bestimmt wird.

● Beharrlichkeit. Seiner Aufgabe ergeben und voll verpflichtet, glaubt der erfolgreiche Mensch, daß er Hindernisse und Rückschläge überwinden kann, und zwar nicht mit Hilfe von Glück, sondern durch Arbeit. Er betrachtet persönliche Rückschläge als Realitäten im Leben und Fehler als etwas, was man durch gründlich vorbereitetes Handeln korrigieren kann. Menschen, die oft Niederlagen erleiden, sind perfektionistisch, erlauben sich nicht einen einzigen Fehler und glauben bereits nach der ersten Niederlage, ganz verloren zu haben.

● Ein gesunder Skeptizismus gegenüber Zufällen oder anderen äußeren Kräften, die ihr Schicksal lenken. Erfolgreiche Menschen glauben, daß sie ihr Schicksal selbst in der Hand haben. Menschen, die meinen, ihr Schicksal würde von äußeren Kräften gelenkt, haben das Gefühl, wenn überhaupt, wenig tun zu können, um zu kontrollieren, was ihnen passiert, und geben oft auf.

Alles, was wir beim Heranwachsen über Erfolg gelernt haben, kann total im Widerspruch zu diesen Verhaltensweisen stehen. Unsere Eltern haben geglaubt, wir würden allein deswegen Erfolg haben, weil wir in ihren Augen etwas so Besonderes sind.

Glücklicherweise eignen wir uns diese Eigenschaften eher an, als sie zu übernehmen. Auch wenn durch die Tatsache, daß wir ein Leben lang zu sehr geliebt wurden, die Entwicklung dieser Verhaltensweisen vielleicht verkümmert ist, können Sie sie in jedem Alter erlernen. Denk- und Verhaltensgewohnheiten können geändert werden.

Fangen Sie damit an, indem Sie folgendes tun:

● Achten Sie darauf, daß Sie Ihren Drang nach Erfolg in Unternehmungen lenken, die den Erfolg auch fördern. Wenn wir uns hohe Ziele setzen, ohne uns groß anzustrengen und sorgfältig zu planen, wenn wir beim ersten Hindernis aufgeben und unseren Anteil an unangenehmen Arbeiten so gering wie möglich halten, werden wir unsere Bestrebungen oft nicht erreichen.

● Die Annahme, die Arbeit, die wir tun, sei unter unserer Würde, zeugt von einem Verhalten, das von dem Bestreben, «gut dazustehen», geprägt ist. Vielleicht sind wir mehr auf Status und Macht aus, um etwas «herzumachen», als uns wirklich um Leistungen zu bemühen.

● Zäumen Sie nicht das Pferd beim Schwanz auf. Zügeln Sie Ihre Ungeduld. In unserer Familie mußten wir nur selten auf die Erfüllung unserer Wünsche warten. Außerhalb der Familie aber müssen wir vielleicht unsere Zeit abwarten. Aber wenn Sie Ihre Arbeit zuverlässig und mit ganzem Einsatz erledigen, werden Gelegenheiten zum Wachsen und verantwortungsvollere Aufgaben auf dem Fuße folgen.

● Sehen Sie Fehler als Chancen für Wachstum und Veränderung. Wenn Ihre Arbeit gering bewertet wurde oder Sie die Beförderung nicht erhalten haben, die Sie zu verdienen glauben, können Sie das als Feedback betrachten. Warum haben andere Ihre Stärken nicht erkannt?

● Statt sich emotional festzubeißen oder sich für «schlecht» zu halten, schauen Sie sich Ihre Arbeitssituation einmal wie ein Wissenschaftler an, der ein Experiment betrachtet. Mit anderen Worten, lösen Sie sich emotional und benutzen Sie Ihre Intelligenz. Könnte, bevor Sie das ganze «Experiment» in Frage stellen, eine leichte Veränderung Ihres Verhaltens Ihnen nicht helfen, Ihr Ziel zu erreichen? Haben Sie sämtliche Umgebungseinflüsse bedacht, die auf das «Experiment» einwirken? Eine Frau, die bei einer Beförderung mit entsprechender Gehaltserhöhung nicht berücksichtigt wurde, machte abwechselnd ihren Kollegen, ihrem Chef und ihrer Sekretärin Vorwürfe und war verblüfft, als sie in einem Wirtschaftsmagazin las, daß die Firma bankrott ging und die Arbeitszeit ihrer Angestellten reduziert hatte, um Kosten zu sparen.

● Erfolgreiche Menschen kommen schnell wieder auf die Beine. Sie vertun keine Zeit damit, sich in ihren Fehlern zu suhlen. Statt an der defensiven Haltung «Ich habe recht und die anderen unrecht» festzuhalten, bleiben sie bei Ihrem Ziel und überlegen, was sie noch tun könnten, um es zu erreichen. Hören Sie auf, sich darüber zu sorgen, daß Sie Ihre Eltern, Ihren Ehepartner oder Ihre eigenen Idealvorstellungen von sich enttäuscht haben. Fehler werden erst dadurch schrecklich, daß wir sie so wahrnehmen.

● Ihr Umgang mit Fehlern wurde Ihnen von anderen beigebracht, vielleicht von Eltern, die selbst Angst vor Fehlern hatten. Es kann sein, daß Sie ganz automatisch auf Fehler reagieren: «Ich bin schlecht. Ich habe mich zum Narren gemacht. Es hat ja doch keinen Zweck.»

● Psychologen verwenden eine Methode, die kognitive Umstrukturierung genannt wird, um diese Reaktionen durch positive zu ersetzen. Kognitive Umstrukturierung heißt, sämtliche Elemente der Umgebung daraufhin zu betrachten, wie sie auf die Ereignisse einwirken. Das heißt, wenn wir unser Denken dahingehend trainiert haben, uns immer – oder niemals – die Schuld zu geben, schauen wir uns nach Möglichkeiten um, die Ereignisse anders zu betrachten. Wir erkennen, daß wir nicht die ganze Verantwortung tragen, sondern sie mit anderen teilen. Wir öffnen uns dafür, die Umstände mit anderen Augen zu betrachten, statt zuzulassen, daß unser Denken in einem rigiden Ursache-Wirkung-Schema abläuft, das wir niemals wirklich in Frage gestellt haben.

● Ein Mann, der die kognitive Umstrukturierung auf seine Karriere als Verkäufer anwandte, bei der er täglich mit Zurückweisungen zu tun hatte, sagte: «Ich betrachte ein ‹Nein› jetzt als Gelegenheit. Es ängstigt mich nicht, und mir ist es auch nicht peinlich, daß ich gefragt habe, sondern es bewirkt, daß ich noch mehr arbeite und versuche einzuschätzen, was geschehen ist und warum es geschehen ist. Ich habe gelernt, Zurückweisungen völlig neu zu betrachten – sie nicht mehr so persönlich zu nehmen.»

Hören Sie auf, sich so ernst zu nehmen

Wenn Sie sich lebendiger fühlen wollen, müssen Sie aufhören, sich so ernst zu nehmen und in den Gesichtern anderer Menschen ständig nach Urteilen zu forschen.

Wenn Ihre Eltern Sie überversorgt haben, tragen Sie die Last hoher elterlicher Forderungen vielleicht schon so lange mit sich herum, daß es Ihnen gar nicht mehr auffällt. Sie haben diese Erwartungen verinnerlicht. Sie verausgaben sich bei dem Versuch, sie zu erfüllen, oder geben auf und denken sich: «Was soll das überhaupt?»

Vielleicht wünschen Sie sich mehr als alles andere auf der Welt, sich einfach entspannen und Sie selbst sein zu können. Erwachsene Kinder, die übertriebene elterliche Fürsorge erhielten, verlieren ihre Kindheit bei dem Bemühen, das «gute», stille, schlanke, begabte, intelligente und sensible Kind zu sein, auf das seine Eltern stolz sein können. Statt frei zu sein, sind sie ständig damit beschäftigt, alles unter Kontrolle zu halten.

Manche Therapeuten geben Menschen, die ihre Kindheit verloren haben, folgende Aufgabe: Seien Sie ein paar Wochen lang Kind und erlauben Sie sich, in einer Umgebung, die Ihnen das ermöglicht, zu spüren, wieviel Spaß es machen kann, «dumm» und unreif zu sein.

Als Anita, eine vierunddreißigjährige Lagerverwalterin, diese Aufgabe erhielt und ein Malbuch und Buntstifte in die Hand gedrückt bekam, dachte sie: «Das ist nun wirklich blöde.» Aber da sie gewohnt war zu tun, was andere ihr sagten, begann sie zu malen. Sie betrachtete die «blöden» Bilderbuchfiguren und begann zu kichern. Ihr kam das alles so dumm vor – ein Erwachsener, der ein Malbuch bunt malte –, und doch spürte sie, daß es ihr etwas gab.

Als nächstes machte sie die Erfahrung, wie es ist, sich wie ein Kind zu verhalten. In der folgenden Woche verbrachte sie einen Nachmittag im Park und schaukelte auf dem Spielplatz. Sie kaufte sich ein paar Wundertüten und eine Barbiepuppe.

Wir alle haben wie Anita ein Kind in uns. Dieses Kind hat ganz verschiedene Seiten, die wir vielleicht niemals haben leben lassen: das bedürftige Kind, das verspielte Kind, das wilde Kind und andere. Wenn wir uns erlauben, dieses Kind auszuleben, kann das eine sehr befreiende Erfahrung sein.

Vielleicht kommt Ihnen das wie ein Widerspruch vor. Wir verhalten uns ja manchmal bereits so «unreif». Wir bringen Dinge nicht zu Ende. Wir haben den kindlichen Glauben, daß sich alles für uns zum Guten wenden wird. Wir zeigen eine kindliche Abhängigkeit von Menschen, die wir für stärker halten als uns. Warum sollten wir noch weiter in die Kindheit zurückkehren, wenn es doch offensichtlich darum geht, den Kinderschuhen zu entwachsen?

Manchmal führt der einzige Weg aus einer Sache heraus durch sie hindurch. Wenn wir uns niemals wirklich erlaubt haben, Kind zu sein, müssen wir vielleicht zurückgehen und diese Erfahrung nachholen.

Die meisten von uns haben falsche Vorstellungen von dem, was kindliches Verhalten ausmacht. Unsere Eltern haben uns so viele Regeln aufgedrängt, die besagten, was «sich schickt», daß wir den falschen Eindruck gewonnen haben, Kinder sehe und höre man am besten nicht und sie müßten sich verhalten wie kleine Erwachsene.

Aber wenn wir kleine Kinder beim Spielen beobachten, können wir viel darüber lernen, was es heißt, ohne Einschränkungen wir selbst zu sein – nicht gehindert durch die Meinungen oder Idealvorstellungen anderer Menschen. Kinder gehen schöpferisch Risiken ein, ohne sich um gesellschaftliche Regeln und die Urteile anderer zu kümmern. Sie sind emotional, spontan und frei, offen für kreative Abenteuer.

Wenn wir unsere Kindheit verlieren, verlieren wir einen sehr wichtigen Teil von uns. Um etwas davon wiederzugewinnen, versuchen Sie einmal folgendes:

Kaufen Sie sich ein Spielzeug. Ein Puzzle, Radierbilder, einen Teddybären, eine Anziehpuppe, Bauklötze, ein Malbuch – Sie können alles nehmen, nur neu muß es sein und Sie müssen es für sich kaufen. (Von Ihren Kindern ausleihen gilt nicht!) Spielen Sie damit. Oder besser, spielen Sie falsch damit. Malen Sie über die Linien. Bringen Sie das Puzzle durcheinander. Bauen Sie etwas, was noch nie jemand gesehen hat. Lassen Sie Ihrem inneren Kind völlig freie Bahn.

Machen Sie sich klar, daß zwischen Kind sein und unreif sein ein Unterschied besteht. Sorglosigkeit und Nachlässigkeit sind zwei verschiedene Dinge. Wenn Sie zum fünftenmal zu spät zur Arbeit kommen und immer noch erwarten, daß andere Ihre neueste Ausrede glauben, ist das unreif und naiv. Sich vor Ihren Aufgaben zu drücken und sie anderen aufzuhalsen, ist nachlässig. Mit beiden Verhaltensweisen geraten Sie eher in eine Falle, als sich zu befreien.

Kinder sind aufrichtig und eifrig, bis sie die Erfahrung machen, daß sie andere mit ihren Lügen manipulieren und mit ihrem verantwortungslosen Verhalten dahin bringen können, ihnen zu Hilfe zu kommen und sich um sie zu kümmern. Kultivieren Sie die spielerische Seite in sich, nicht die rücksichtslose.

Achten Sie darauf, nicht immer die gleiche Leier zu wiederholen

Psychologen nennen es Übertragung: die unbewußte Erwartung, daß andere Menschen sich uns gegenüber genauso verhalten, wie unsere Eltern oder andere wichtige Bezugspersonen es früher taten.

Wenn wir Menschen, die nicht unsere Eltern sind – und es auch nicht sein wollen –, bestimmte Reaktionsweisen aufdrängen, gewinnen wir eine verzerrte Sicht von ihnen und flüchten uns im Kontakt mit ihnen in alte Kommunikations- und Verhaltensmuster. Julie entdeckte, welch gefährliche Konsequenzen es nach sich zog, daß sie ihre Erwartungen an ihre Mutter gleich zu Beginn ihrer Ehe auf ihren Mann übertragen hatte. «Ich breitete die ganze traurige Geschichte meiner Ehe vor einem Eheberater aus: daß Alex nie mit mir dorthin ging, wo ich hinwollte, mir nie Aufmerksamkeit schenkte und mir bei Problemen nicht half. Ich tobte und raste drei Wochen lang, völlig frustriert, weil er nie antwortete, wenn ich fragte: ‹Was soll ich tun?› Glauben Sie, daß ich recht habe? Was würden Sie an meiner Stelle tun?

In der dritten Sitzung sagte ich: ‹Ich höre auf. Ich werde nicht sechzig Kröten dafür hinlegen und Ihnen das alles erzählen, wenn Sie noch nicht einmal eine Lösung dafür haben. Warum antworten Sie mir nie?›

Er sagte, ihn beschäftige es, daß ich nicht selbst eine Antwort habe, daß ich offensichtlich nicht selbst über Alternativen nachdächte, weil ich ihm keine unterbreitete.

Ich schnappte mir meinen Mantel, um zu gehen, und schrie dabei, daß ich ja überhaupt nicht hier wäre, wenn ich wüßte, was ich tun solle. Es machte mich wütend, daß er noch nicht einmal versuchte, mich aufzuhalten. Als ich ihm vorwarf, der gleichgültigste Mann zu sein, der mir je begegnet sei, sagte er: ‹Sie fragen ständig: Was soll ich tun?, und werden ärgerlich, wenn ich es Ihnen nicht sage. Aber meine Beantwortung dieser Frage gehört nicht zur Lösung. Die Tatsache, daß Sie immer weiter fragen, ist Teil des Problems.›

Ich setzte mich wieder hin, und er erklärte, was er meinte. ‹Sie haben mir erzählt, daß Ihre Mutter verständnisvoll und Ihr Vater mitfühlend ist, Ihr Mann Sie aber nie versteht oder sich in Ihre Bedürfnisse einfühlt. Er will die Dinge, die Sie wollen, nicht auf der Stelle mitmachen. Er hilft Ihnen nicht immer, wenn Sie Hilfe brauchen, und schenkt Ihnen nicht das gleiche Verständnis, das Ihre Eltern Ihnen entgegenbringen, wenn Sie ein Problem haben. Auch ich werde das nicht tun, und das macht Sie ärgerlich. Das Thema scheint zu sein, daß Sie sehr unangenehm werden, wenn Sie das, was Sie wollen, nicht auf der Stelle bekommen. Das passiert Ihnen mit Ihrem Mann, und ich wäre nicht überrascht, wenn Sie das gleiche mit vielen anderen Menschen erleben. Aber ob Sie die Therapie abbrechen oder fortsetzen, ist Ihre Entscheidung. Ich bin nicht Ihre Mutter oder Ihr Vater. Ich muß Sie nicht kurieren. Ich muß Sie auch nicht glücklich machen. Ich bin hier, um Ihnen zu helfen, sich selbst zu helfen.›»

Julie blieb sitzen und erinnerte sich daran, daß sie sich ihr Leben lang bei anderen nach Antworten umgeschaut hatte – ein Verhaltensmuster, das die Entwicklung ihrer Selbstachtung und eigenen Kompetenz so schwer behindert hatte, daß sie von anderen abhängig geblieben war, frustriert, wenn diese ihr keine Lösung präsentierten.

Viele von uns können sich mit Julie identifizieren. Wir erwarten von anderen, daß sie zu unseren Eltern werden. Wir erwarten, daß sie uns beruhigen, enttäuscht von uns sind, uns kontrollieren, loben, zuviel von uns erwarten, Dinge für uns erledigen, auf uns aufpassen – kurz, uns zu sehr lieben.

Es ist sehr menschlich, wenn wir versuchen, angenehme

Situationen für uns immer wieder herzustellen, aber dieses ständige Wiederholungsspiel kann sich verheerend auf unsere Beziehungen auswirken, weil wir andere damit in eine *Doublebind*-Position bringen. Wenn sie zu unserem Aufpasser werden, erledigen wir unsere Angelegenheiten nicht selbst und können infolgedessen auch kein Gefühl von Kompetenz und Selbstachtung entwickeln. Nach und nach werden die Menschen, auf die wir uns einlassen, ärgerlich auf uns. Sie warten auf unsere Liebe und unser Verständnis für sie, ohne sie jemals zu bekommen.

Wenn andere nicht für uns da sind, entsteht ein Mißverhältnis zwischen unseren Erwartungen und der Realität, und wir sind ärgerlich auf sie, weil sie uns «nicht gut genug behandeln», worauf wir doch ein Recht haben. Oft sind wir dann traurig, frustriert und voller Selbstverachtung.

Der erste Schritt, aus unserem Routineverhalten auszubrechen, besteht darin, daß wir es uns bewußt machen. Das heißt nicht, uns Vorwürfe zu machen und zu bestrafen. Es ist nicht unser Fehler, daß unsere Eltern uns zu sehr geliebt haben. Wir sind nicht schuld daran, daß sie unsere Bedürfnisse in einem Maße vorweggeahnt und erfüllt haben, daß wir bislang weder Frustration kannten noch uns handlungsunfähig fühlten. Wir taten nichts, um unsere Eltern dazu zu bewegen, uns zu verwöhnen und sich uns ständig zu widmen. Wir *waren* einfach *da*, und sie gingen so intensiv auf uns ein, um ihre eigenen Bedürfnisse zu befriedigen.

Wir können beschließen, daß wir aufhören wollen, alte Verhaltensmuster auf neue Beziehungen zu übertragen, wo sie uns im Wege stehen. Wir können uns neue Formen des Teilens mit anderen aneignen. Wenn wir unsere Beziehungen verändern wollen, müssen wir unser Beziehungsverhalten ändern.

Folgende Richtlinien können dabei hilfreich sein:
- Schauen Sie sich näher an, von welchen Voraussetzungen Sie in Ihren Beziehungen mit anderen ausgehen. Ziehen Sie die Möglichkeit in Betracht, daß Ihr Umgang mit anderen auf

Vorurteilen beruht statt auf dem, was diese Menschen wirklich tun oder sagen. Wenn Sie zum Beispiel befürchten, daß sämtliche Frauen manipulieren und kontrollieren, weil Sie das in Ihrer Kindheit erlebt haben, projizieren Sie es vielleicht auch auf alle Frauen in Ihrem Leben und lassen nicht zu, Ihnen nahe genug zu kommen, um sehen zu können, daß das nicht stimmt. Oder wenn Sie glauben, Menschen keine Geheimnisse anvertrauen zu können, weil Ihre Eltern sämtliche Details Ihres Lebens in der ganzen Stadt verbreiteten, können Sie mit dem vertrauenswürdigsten Menschen zusammensein und ihm nicht vertrauen.

Die einzige Möglichkeit, dagegen anzugehen, ist, ohne Vorurteile offen zu sein für Erfahrungen mit anderen Menschen. Fragen Sie sich, ob Sie andere zu schnell verurteilen, sie in Schablonen pressen und nach vorgefertigten Denkmustern abstempeln. Hören Sie offener zu. Überprüfen Sie Ihre Annahmen. Geben Sie Menschen eine zweite und noch eine dritte Chance.

● Machen Sie sich klar, daß Sie aufgrund Ihrer früheren Erfahrungen ein unersättliches Bedürfnis nach Anerkennung, Zuneigung und Aufmerksamkeit entwickelt haben. Zuviel davon in Ihrer Kindheit kann Sie süchtig danach machen, und Sie haben vielleicht das Gefühl, nie genug zu bekommen. Bevor Sie andere beschuldigen, sich Ihnen gegenüber kühl zu verhalten, Sie zu vernachlässigen oder zu hohe Ansprüche an Sie zu stellen, fragen Sie sich, ob das, was Sie verlangen, nicht mehr ist, als Sie geben. Bringen Sie sich aktiv in Ihre Beziehungen ein und geben zurück, was Sie bekommen? Oder suchen Sie immer noch nach einem Vater oder einer Mutter, die Sie zu sehr lieben?

● Nehmen Sie einmal ein paar Wochen lang die Rolle eines Soziologen ein, der untersucht, wie Menschen auf Sie und andere reagieren. Seien Sie für sämtliche Möglichkeiten offen und zwar mit dem emotionalen Abstand, der für einen wissenschaftlichen Beobachter charakteristisch ist. Dafür ist erforderlich, daß Sie Zeit mit Menschengruppen verbringen und sich den Anstoß geben, verschiedene Orte aufzusuchen. Achten Sie besonders auf Situationen, in denen Sie die Erfahrung machen, daß Menschen auf Sie in einer Art und Weise reagieren, die mit Ihren alten Erwartungen nicht übereinstimmt. Wie ein Mann sagte: «Als ich das erste Mal sah, wie ein Konflikt auf gesunde Weise ausgetragen wurde, ohne Tränen, Anschuldigungen oder Manipulationen, haute mich das richtig um.»

● Denjenigen unter uns, deren größtes Problem die ständige Wiederholung alter Verhaltensmuster ist, wird eine Therapie sehr guttun. Ein guter Therapeut wird die Übertragungsmuster allmählich aufschlüsseln. Indem wir alte Rollen mit dem Therapeuten oder der Therapeutin erneut durchspielen – was natürlicher Bestandteil des therapeutischen Prozesses ist – und andere Reaktionen erleben, können wir unsere Erwartungen an andere auf einen realistischeren Bezugsrahmen abstimmen.

Kommen Sie mit Ihren Eltern ins reine

Zusammenbrüche können Durchbrüche sein. Marie, eine zweiunddreißigjährige Buchhalterin, war gerade dabei zu erklären, warum sie ihre Firma verlassen und sich selbständig machen wolle, als sie von ihrem Vater unterbrochen wurde: «Das ist zu riskant. Du wirst niemals genug Kunden zusammenbekommen. Und was ist mit deiner Kranken- und Sozialversicherung? Deiner Rente? Sei keine Närrin und schlag dir das aus dem Kopf.»

«Ich kam total aus dem Konzept», bekennt Marie, «und wurde wirklich ärgerlich auf ihn. Ich versuchte, ihm alles zu erklären, aber er hörte nicht zu. Er wurde laut, und ich wurde laut. Ich brüllte, wie sehr ich meine Stelle hasse und daß ich in jedem Fall tun würde, was ich wollte, ganz gleich, was er dazu sagte. Er stand auf, drohte mir mit dem Finger und sagte: ‹Sprich ja nicht so mit mir! Ich bin immer noch dein Vater!› Ich ging und knallte die Tür hinter mir zu.»

Marie, die in den letzten anderthalb Jahren daran gearbeitet hatte, sich zu behaupten und Selbstvertrauen zu entwickeln, stellte fest, daß sie sich immer noch wie ein schuldbewußtes kleines Mädchen fühlte, weil sie in Gegenwart ihres Vaters explodiert war. «Ich hatte gelernt, daß eine Beziehung nicht gesund ist, in der einer alles sagen kann, was er will, und der andere sich zurücknimmt. Mein neues Durchsetzungsvermögen wirkte sich auf meine sämtlichen anderen Beziehungen positiv aus, aber bei meinem Vater führte es zum größten Krach, den wir je hatten.»

Maries Problem war nicht ihr Durchsetzungsvermögen, sondern daß sie niemals mit ihren Eltern ins reine gekommen war. In Wirklichkeit ging es nicht darum, ob ihr Vater die Entscheidung guthieß, daß sie ihre Stelle aufgab. Ihr Gefühl war vielmehr, daß er ihr niemals vertraut oder sie unterstützt hatte, wenn sie es dringend brauchte, sondern sie als Kind behandelte, das die Konsequenzen seiner Handlungen nicht einschätzen kann.

Für Marie führte der Streit, der eine permanente Entzweiung mit ihrem Vater hätte nach sich ziehen können, zu einem wichtigen Durchbruch. Sie suchte ihn auf, um mit ihm über die anstehenden Themen zu sprechen. «Hätte er mir die Tür vor der Nase zugeknallt, hätte ich ihm einen Brief geschrieben. So wichtig war es mir, darzulegen, wie ich mich fühlte, und mich nicht einfach zu entschuldigen und mit ihm eine oberflächliche Beziehung fortzusetzen, in der ich hätte lügen oder nachgeben müssen.

Vielleicht war mein Vater so schockiert, daß er mir zuhörte, denn wir hatten noch nie zuvor einen solchen Krach gehabt. Ich erklärte ihm, wie wichtig es für mich war, selbständig zu sein und meine eigenen Entscheidungen zu treffen. Ich erzählte ihm, wie sehr es mich verletzte, daß er jedesmal, wenn ich in meinem Leben etwas ändern wollte, Schwarzmalerei betrieb. Ich hatte mein Leben lang auf ihn gehört und hatte dadurch große Ängste vor Veränderungen entwickelt. Jetzt mußte ich hart gegen meine eigene Neigung anarbeiten, immer wieder bei Situationen stehenzubleiben, die zwar bequem waren, mir aber nicht guttaten.

Ich weiß nicht, ob diese Form von Aufrichtigkeit jedem guttun würde, aber was ich weiß, ist, daß mein Vater und ich uns an diesem Tag richtig unterhielten. Und auch wenn ich von ihm nicht freie Bahn dafür bekam, meine Stelle aufzugeben, hatte ich das Gefühl, daß er verstand, warum ich tun mußte, was ich tat.»

Mit unseren Eltern ins reine kommen heißt nicht, daß wir sämtliche frühere Situationen auflisten, in denen sie uns verletzt, zu sehr umsorgt oder zuviel von uns erwartet haben, und dann dafür Entschädigung fordern. Es bedeutet, daß wir die Fähigkeit entwickeln, mit ihnen zu kommunizieren. Das erfordert, daß wir verletzlich sind, entschieden auftreten und unsere Gefühle offen darlegen. Wir hören auf damit, ständig nach Anerkennung zu suchen, und sind statt dessen aufrichtig.

Das wird nicht leicht sein. Einige von uns werden auf sehr viel Widerstand stoßen, wenn sie anfangen, ihren Eltern aufrichtig zu begegnen. Es kann sein, daß unsere Eltern schmollen und uns daran erinnern, was sie alles für uns getan haben. Vielleicht sind sie auch ärgerlich und voller Vorwürfe. Aber unser Ziel ist nicht, sie zu ändern, sondern unser Verhalten im Umgang mit ihnen und damit die Konsequenzen eines Lebens, in dem sie uns zu sehr geliebt und zuviel gegeben haben. Die Herausforderung ist, unsere eigene persönliche Macht und die Kontrolle über unser Leben zu übernehmen. Das erreichen wir, indem wir weniger fordern und uns selbst mehr einbringen. Wir können die Stimmen unserer Eltern nicht abstellen, aber wir können lernen, ihnen realistischer zuzuhören.

Vielleicht denken Sie, das sei ja generell alles schön und gut, aber Sie könnten mit Ihren Eltern niemals ins reine kommen. Es ist beängstigend, sich von emotionalen Bindungen zu befreien, und Ihr Widerstand, Ihr Kommunikationsverhalten im Umgang mit Ihren Eltern zu ändern, ist ein Symptom für Ihr Unbehagen bei der Vorstellung, diese Bindung zu lockern.

Folgende Hinweise werden Ihnen helfen:

● Suchen Sie Unterstützung bei anderen, die ähnliche Probleme haben. Es gibt heutzutage sehr viele Selbsthilfegruppen für die verschiedensten emotionalen Schwierigkeiten. In diesen Gruppen können Sie üben, wirkungsvoller zu kommunizieren. Sie werden dort die Erfahrung machen, akzeptiert und unterstützt zu werden. Und das wichtigste – Sie werden lernen, Ihre Gefühle mitzuteilen, und aufhören, in Ihren Beziehungen Opfer zu sein.

● Akzeptieren Sie Ihre Eltern so, wie sie sind. Vielleicht werden sie immer versuchen, Sie übertrieben zu umsorgen. Vielleicht werden sie immer mehr von Ihnen erwarten, als vernünftig ist, und immer darauf aus sein, Sie zu kontrollieren. Der einzige Mensch, den Sie verändern können, sind Sie selbst. Sie müssen Ihre unrealistischen Erwartungen an Ihre Eltern sowie die Hoffnung aufgeben, daß diese sich verändern und Sie genauso lieben werden, wie Sie geliebt werden wollen.

Sie müssen nicht Ihre Eltern verändern, um die Kontrolle über Ihr Leben zu erlangen. Heute hängt Ihr Leben von Ihnen ab. Sie können sich selbst definieren. Sie sind nicht mehr ohnmächtig. Sie können wachsen und sich verändern. Sie sind nicht auf die Urteile oder die Anerkennung Ihrer Eltern angewiesen. Sie können lernen, sich selbst Bestätigung zu geben und sich auf sich selbst zu verlassen.

● Hören Sie sich selbst genau zu, wenn Sie das nächste Mal Ihre Eltern besuchen. Wie oft halten Sie Ihre tatsächlichen Gefühle und Gedanken in Gegenwart Ihrer Eltern zurück, weil Sie deren Anerkennung möchten? Was würde Ihnen passieren, wenn Sie sie nicht bekämen?

Viele von uns sind in die Falle dessen geraten, was Psychologen als «katastrophale Erwartungen» bezeichnen. Wir glauben, wenn wir aufrichtig mit unseren Eltern sind, werden sie ablehnen, was wir sagen, uns total zurückweisen oder so verletzt sein, daß sie sich niemals davon erholen. Wir nehmen an, daß unsere Eltern aufhören werden, uns zu lieben, wenn wir uns nicht mehr im Rahmen ihrer Anerkennung bewegen.

Hören Sie auf, Ihre Eltern zu lieben, wenn diese etwas tun, was Sie ablehnen? Ebensowenig werden Ihre Eltern aufhören, Sie zu lieben. Es gibt wenige Bindungen im Leben, die so stark sind wie die zwischen Eltern und Kind. Kinder von Eltern, die zu sehr lieben, können versichert sein, daß es viel mehr braucht als ihr unabhängiges Denken und Handeln, um diese Bindung zu lösen.

● Mit Ihren Eltern ins reine kommen heißt nicht, ihnen alles vorzuwerfen, was in Ihrem Leben schiefläuft. Wenn Sie anderen Vorwürfe machen, wälzen Sie die Verantwortung für Ihre Entscheidungen ab, statt sie selbst zu tragen. Übernehmen Sie die Verantwortung für Ihre eigenen Gefühle. Statt zu klagen: «Meine Mutter macht mir Schuldgefühle» oder «Mein Vater behandelt mich wie ein kleines Kind», sagen Sie: «Ich lasse zu, daß ich mich schuldig fühle» und «Ich lasse zu, daß ich wie ein Kind behandelt werde».

● Mit Ihren Eltern ins reine kommen heißt, ihnen Grenzen zu setzen. Sie haben das Recht, über bestimmte Themen nicht zu sprechen. Sie haben das Recht, sie zu bitten, erst anzurufen, bevor sie Ihnen ins Haus fallen. Sie haben auch das Recht, sich Ihre Arbeit, Freunde, Wohnung, Freizeitaktivitäten, Ihren Lebensstil und anderes mehr selbst auszusuchen, ohne auf die ständige Kritik zu lauschen. Sie haben das Recht zu sagen: «Ich habe gehört, was ihr dazu zu sagen habt. Ich höre, daß euch das nicht gefällt; laßt uns also übereinkommen, daß wir nicht übereinstimmen.»

● Mit Ihren Eltern ins reine kommen heißt, alte Rollen aufgeben, die nicht mehr stimmen. Ihre Eltern lieben heißt nicht, daß Sie deren Kleinkind sein müssen. Es bedeutet auch nicht, daß Sie für die Familie Siegermedaillen gewinnen müssen. Untersuchen Sie die Rolle, die Sie in Ihrer Familie eingenommen haben. Ist es die des «Bedürftigen», der «Perfekten», der «Rebellischen», des «Opfers», des «Prinzen» oder der «Dankbaren»?

Fragen Sie sich, ob diese Rolle Sie befriedigt und glücklich macht. Schaffen Sie damit Distanz in Ihren Beziehungen? Untergräbt sie Ihre Selbstachtung? Welche Rolle würden Sie tatsächlich gern spielen? Entscheiden Sie, ob Veränderungen Ihnen nicht mehr bringen würden, und wenn ja, dann suchen Sie sich die Hilfe und Unterstützung, die Sie dafür brauchen.

Veränderungen sind leicht zu beschließen, aber schwer durchzuführen. Die täglich neue Herausforderung ist es, die Menschen veranlaßt, aufzugeben.

Seien Sie nicht zu streng mit sich, wenn Ihnen die alten Wege manchmal verlockend vorkommen. Gehen Sie davon aus, daß das passiert. Machen Sie sich nur dann Sorgen, wenn Sie zu oft rückfällig werden.

Unsere früheren Erfahrungen sind wichtig, aber sie müssen nicht unser ganzes Leben bestimmen. Wir treffen die Wahl. Wir können unsere Vergangenheit erkennen und fortsetzen oder sie verstehen und unsere Zukunft ändern. Die Entscheidung liegt bei uns.

Dank

Viele Menschen haben dazu beigetragen, daß dieses Buch veröffentlicht werden konnte. Wir danken jedem einzelnen von ihnen:

Susan Schulman, unserer literarischen Agentin, die sich von Anfang an für dieses Projekt einsetzte und es bis zu seiner Fertigstellung begleitete;

Marcie Tilkin, die unsere Arbeit mit lebhafter Anteilnahme unterstützt hat;

Nancy Block für stete Ermutigung und Beistand;

Anita Loneiro, die uns überzeugte, daß dieses Buch geschrieben werden müsse;

Jay und Pat Levinson, die uns ein Ziel gewiesen und uns angeregt haben, danach zu streben;

Dr. Michael Franz Basch, Dr. Ann Jernberg und Dr. Joseph Walsh für ihre profunden Erkenntnisse auf dem Gebiet der Eltern-Kind-Beziehungen;

Mark Langgut, Rick Tivers und Alice Graubart für ihr editorisches Geschick und hilfreiches Feedback;

und allen Menschen, die wir für dieses Buch befragen durften und die uns an ihrem persönlichsten Erleben teilnehmen ließen.

Vorschläge zum Weiterlesen

Michael Franz Basch: Understanding Psychotherapy. New York, Basic Books, 1988.

Melody Beattie: Unabhängig sein. München, Heyne Verlag, 1990.

Harold Bloomfield: In Frieden mit den Eltern. Reinbek, Rowohlt Verlag, 1985.

John Bradshaw: On the Family. Deerfield Beach, Health Communications Inc., 1988.

Nathaniel Branden: Liebe für ein ganzes Leben. Reinbek, Rowohlt Verlag, 1985.

Colette Dowling: Perfekte Frauen. Die Flucht in die Selbstdarstellung. Frankfurt am Main, Fischer Verlag, 1989.

Wayne Dyer: Führen Sie in Ihrem Leben selbst Regie. München, mvg, 1989.

Nancy Friday: Wie meine Mutter / My Mother my self. Frankfurt am Main, Fischer Verlag, 1990.

Haim Ginott: Between Parent and Child. New York, MacMillan, 1956.

Howard Halpern: Festhalten oder Loslassen. Hamburg, Isko Press, 1988.

Ders.: Liebe und Abhängigkeit. Hamburg, Isko Press, 1988.

Judi Hollis: Fat Is a Family Affair. San Francisco, Harper / Hazelden, 1985.

Gerald Jampolsky: Lieben heißt die Angst verlieren. München, Goldmann Verlag, 1990.

Alice Miller: Das Drama des begabten Kindes. Frankfurt am Main, Suhrkamp Verlag, 1983.

Salvador Minuchin: Psychosomatische Krankheiten in der Familie. Stuttgart, Klett-Cotta Verlag, 1989.

Robin Norwood: Wenn Frauen zu sehr lieben. Reinbek, Rowohlt Verlag, 1990.

M. Scott Peck: Der wunderbare Weg. Eine neue Psychologie der Liebe und des spirituellen Wachstums. München, Goldmann Verlag, 1989.

Judith Viorst: Notwendige Verluste. München, Heyne Verlag, 1986.

Register